THEORY AND PRACTICE OF AUDITING

审计理论与实务

李越冬 ◎ 主编

胡宁 孙毓璘 何苦 王虓 ◎ 副主编

清华大学出版社

北京

内 容 简 介

本书针对目前存在的三种审计，分别对其理论、常见实务类型以及研究现状进行了论述。本书主要分为三个部分。第一部分为内部审计理论与实务，该部分首先介绍了内部审计的相关理论，如内部审计的定义及特点、审计目标、审计权限、审计内容、审计程序等；然后论述了内部审计的典型实务，如经济责任审计、内部控制审计、建设工程项目审计、风险管理审计等；最后对于内部审计研究进行了综述。第二部分为国家审计理论与实务，该部分首先介绍了国家审计相关理论，如国家审计的模式、特点、流程等；然后论述了国家审计的典型实务，如重大政策跟踪落实审计、资源环境审计、财政审计、领导干部经济责任审计、民生审计等；最后把国家审计研究分为五个阶段，针对每个阶段的研究进行了综述。第三部分为注册会计师审计理论与实务，该部分首先论述了注册会计师审计的相关理论，如注册会计师审计的发展与特点等；然后从八个方面对注册会计师审计的研究进行了综述。

本书封面贴有清华大学出版社防伪标签，无标签者不得销售。
版权所有，侵权必究。举报：010-62782989，beiqinquan@tup.tsinghua.edu.cn。

图书在版编目（**CIP**）数据

审计理论与实务 / 李越冬主编. -- 北京：清华大学出版社，2025.2.
ISBN 978-7-302-68199-1

Ⅰ．F239.0

中国国家版本馆 CIP 数据核字第 2025NE0421 号

责任编辑：陆浥晨
封面设计：李召霞
责任校对：王荣静
责任印制：刘　菲

出版发行：清华大学出版社
网　　址：https://www.tup.com.cn，https://www.wqxuetang.com
地　　址：北京清华大学学研大厦 A 座　　　邮　　编：100084
社 总 机：010-83470000　　　邮　　购：010-62786544
投稿与读者服务：010-62776969，c-service@tup.tsinghua.edu.cn
质 量 反 馈：010-62772015，zhiliang@tup.tsinghua.edu.cn
课 件 下 载：https://www.tup.com.cn，010-83470332
印 装 者：涿州汇美亿浓印刷有限公司
经　　销：全国新华书店
开　　本：185mm×260mm　　印　张：19.25　　字　数：400 千字
版　　次：2025 年 3 月第 1 版　　　　　　　印　次：2025 年 3 月第 1 次印刷
定　　价：59.00 元

产品编号：097456-01

作者简介

李越冬,教授,博导,博士后合作导师,西南财经大学会计学院审计系主任、审计监察与风险防控研究中心主任,审计署联合国项目审计专家,财政部首批国际高端会计人才,国家一流课程"审计学"负责人,教育部全国专业学位水平评估专家,全国普通高等学校本科教育教学评估专家,中国会计学会内部控制专业委员会委员,英格兰及威尔士特许会计师协会(ICAEW)研究员,法国里昂商学院校外博导,四川省学术和技术带头人后备人选,四川省审计学会副秘书长、常务理事,四川省会计学会常务理事、审计委员会副主任委员等。主持参与国家级、省部级、厅局级课题十余项,在《会计研究》《审计研究》、*Accounting Horizons*、*Journal of Business Ethics*、*Emerging Markets Finance & Trade*、*Nankai Business Review International* 等国内外期刊发表论文50多篇,出版专著、教材等6部。

胡宁,2019年7月获上海财经大学会计学博士学位并随即加入西南财经大学会计学院,2020年12月晋升为副教授(破格),2023年6月获长期教职、博士生导师资格(破格),2024年12月晋升为教授(破格)。现担任西南财经大学会计学院现代审计研究所所长、国家自然科学基金通讯评议专家、四川省注册会计师协会人才发展委员会副主任委员、中国政府审计研究中心研究员、西南财经大学会计学院审计监察与风险防控研究中心学术专家。荣获西南财经大学会计学院"光华会计拔尖人才",主持国家自然科学基金项目(72002173、72372133),在 *Journal of Accounting and Public Policy*、*Regulation & Governance*、*Energy Economics*、*Journal of Business Finance & Accounting*、*Accounting Horizons*、*Corporate Governance: An International Review*、*International Review of Financial Analysis*、*International Review of Finance*、*Pacific-Basin Finance Journal*、《会计研究》、《南开管理评论》、《审计研究》等期刊发表论文数篇,出版专著1部。

孙毓璘，美国罗格斯大学管理学博士，西南财经大学会计学院审计系副主任、副教授，硕士生导师。主持及参与多项国家级、省级科研项目，研究方向为企业信息披露、供应链、审计。目前担任西南财经大学会计学院审计监察与风险防控研究中心学术专家、中国政府审计研究中心特聘研究员。曾获四川省青年教师教学竞赛文科组三等奖、西南财经大学青年教师教学竞赛一等奖。

何苦，博士，副教授，毕业于澳大利亚麦瑞克大学，西南财经大学会计学院审计系副主任、西南财经大学会计学院审计监察与风险防控研究中心学术专家，在《审计研究》、*Auditing: A Journal of Theory and Practice*、*Accounting Horizons*、*European Accounting Review* 等国内外知名期刊上发表多篇学术论文，出版专著 1 部。

王虢，高级审计师，西南油气田公司审计部主任。先后获得"全国内部审计先进个人""中国石油天然气集团优秀共产党员""审计先进工作者"等荣誉。作为企业内部审计领军人才，带领团队两次荣获"全国内部审计先进集体"荣誉，多次荣获"中国石油内部审计先进单位"等光荣称号，2023 年荣获国家工信部所属中国信息通信研究院组织的第四届 IT 新治理领导力论坛审计数字化转型领域"年度影响力团队"称号。主持研究的"内部审计监督体系建设"获全国石油石化企业管理现代化创新优秀成果二等奖；自主开发的"审计信息化管理平台"获四川省"内部审计信息化优秀成果"；"十三五"以来，带领团队完成内部审计科研课题 10 项，发表论文 10 余篇，组织申报的 4 项知识产权专利获国家产权局受理；主导研究"全面构建数据驱动审计新模式推动内审战略转型""全面构建'五维度'计划立项新机制，精准服务公司风险管控与成本效益管理"，分别荣获本企业年度管理创新成果一、二等奖。

前言

　　审计作为一种专业的监督与鉴证活动，通过系统、独立地评价组织财务资料及相关经济活动的真实性、合法性与有效性，在保障组织依法运行，提高资源配置效率及促进社会经济健康发展等方面发挥了重要作用。根据实施主体的不同，审计可以分为三种类型，即由组织内部审计人员所实施的内部审计，由政府审计人员所实施的国家审计及由注册会计师事务所实施的注册会计师审计。三种类型的审计虽然在审计思路和流程上具有一定的相似性，但其在功能定位、审计目标以及审计侧重点上却存在巨大差别。市面上现有的审计专业书籍和资料绝大部分都聚焦于单一类型的审计，而未囊括其他类型的审计，不便于读者对不同类型审计的特点进行理解、对比和学习。基于此，本书从理论和实务两个方面，对内部审计，国家审计和注册会计师审计进行系统性介绍。

　　本书分为三个部分，旨在全面介绍审计领域的理论与实务。

　　第一部分深入探讨"内部审计理论与实务"。首先，详细分析内部审计的基础理论，包括其定义、特点、目标、权限、内容、机构设置、程序和质量评价方法，为读者打下坚实的基础。接着，结合实际案例，介绍经济责任审计、内部控制审计、建设工程项目审计、风险管理审计和舞弊审计等常见审计类型，帮助读者理解不同场景下内部审计的关注点和作用。最后，总结当前内部审计的研究现状，梳理其发展历程，并展望未来趋势，为读者提供清晰的研究全貌。

　　第二部分围绕"国家审计理论与实务"展开。开篇从宏观层面解读国家审计的含义、模式和特点，然后详细拆解国家审计的整个流程。在此基础上，介绍了重大政策措施落实审计、资源环境审计、财政审计、领导干部经济责任审计、民生审计等关键审计类型，突出其在保障政策落实、资源保护、财政监管和扶贫中的重要作用。最后，按时间顺序回顾国家审计研究的发展变化，展示各阶段的成果与进步。

　　第三部分聚焦"注册会计师审计理论与实务"。首先，追溯注册会计师审计的发展历程，剖析其专业特性。然后，从会计师事务所的合并与整合、审计与公司治理、审计质量、审计费用、审计需求与契约、审计监管等八个方面系统归纳研究成果，全方位展现该领域研究的深度与广度，帮助读者深入了解专业审计知识。

　　本教材具有以下特点，能切实满足读者学习审计知识的需求。

　　第一，架构清晰全面。本教材系统梳理了内部审计、国家审计、注册会计师审计的理论与研究情况，读者可清晰把握这三种审计的理论发展脉络，对相关研究有全面了解。同时，本教材还介绍了常见的审计类型，能帮助读者更好地将理论用于实际操作。

　　第二，内容讲解注重实效。一方面扎实传授审计基础知识，用平实的语言把复杂的知识讲清楚；另一方面结合经典审计案例，使抽象知识具体易懂，既能便于读者理解，又能培养他们的审计思维能力。

第三，作者阵容强大且多元。既有高校专注学术研究的学者，又有来自实务一线的资深专家，两者结合，使得本教材既能保证理论的深度，又能贴合实际工作，做到知识与实务紧密相连。

第四，在学习方法上，本教材配套了与内容相关的视频，读者只需扫描下面的二维码就能观看，无论是课后复习、课前预习，还是日常自学，都更加便利，有效提升学习效果。

第一部分 内部审计理论与实务

第一章 内部审计的相关理论 ································· 3
第一节 内部审计的定义及特点 ································· 3
第二节 内部审计的目标 ································· 8
第三节 内部审计的权限与内容 ································· 9
第四节 内部审计机构的设置 ································· 18
第五节 内部审计程序 ································· 25
第六节 内部审计质量评价 ································· 41
即测即练 ································· 46

第二章 内部审计的典型实务 ································· 47
第一节 经济责任审计 ································· 47
第二节 内部控制审计 ································· 72
第三节 建设工程项目审计 ································· 74
第四节 风险管理审计 ································· 84
第五节 舞弊审计 ································· 110
即测即练 ································· 131

第三章 内部审计研究综述 ································· 132
第一节 研究文献选取情况 ································· 132
第二节 内部审计职能文献评述 ································· 133
第三节 内部审计质量文献评述 ································· 138
第四节 内部审计实践文献评述 ································· 144
即测即练 ································· 149

第二部分 国家审计理论与实务

第四章 国家审计理论概论 ································· 153
第一节 国家审计的含义、模式及特点 ································· 153

第二节　国家审计的流程 ... 160
即测即练 ... 167

第五章　国家审计的典型实务 ... 168

第一节　重大政策跟踪落实审计 ... 168
第二节　资源环境审计 ... 173
第三节　财政审计 ... 178
第四节　领导干部经济责任审计 ... 183
第五节　民生审计 ... 188
即测即练 ... 194

第六章　国家审计的研究综述 ... 195

第一节　萌芽阶段（1949—1994 年）的研究综述 ... 195
第二节　探索阶段（1995—1999 年）的研究综述 ... 196
第三节　发展阶段（2000—2010 年）的研究综述 ... 198
第四节　完善阶段（2011—2017 年）的研究综述 ... 204
第五节　飞速发展阶段（2018 年至今）的研究综述 ... 208
即测即练 ... 210

第三部分　注册会计师审计理论与实务

第七章　注册会计师审计的理论概述 ... 213

第一节　注册会计师事务所审计的发展 ... 213
第二节　注册会计师事务所审计的特点 ... 229
即测即练 ... 232

第八章　注册会计师事务所的研究综述 ... 233

第一节　会计师事务所合并与整合 ... 233
第二节　会计师事务所审计与公司治理 ... 236
第三节　审计质量 ... 242
第四节　审计费用 ... 250
第五节　审计需求与契约 ... 261
第六节　审计监管 ... 266
第七节　审计报告及其使用 ... 272
第八节　审计行业专长 ... 282

主要参考文献 ... 288

第一部分

内部审计理论与实务

第一章 内部审计的相关理论

1. 理解内部审计的定义和特点；
2. 了解内部审计的目标；
3. 了解内部审计的权限与内容；
4. 掌握设置内部审计机构的主要形式；
5. 掌握内部审计的流程；
6. 掌握内部审计质量的评价方法和内容。

第一节 内部审计的定义及特点

一、内部审计的定义

从内部审计的发展历程可以看出，内部审计源于经营权与所有权的分离，也就是财产所有权人为了解受托人的经营管理责任的履行情况，委派第三方对其经营管理活动进行审计。早期内部审计主要是查错和防止舞弊，虽然不具备内部审计的完整形态，但已具有了内部审计的思想。现代股份有限制公司的出现、经济的不断发展使得各个公司的经营规模不断扩大。因此，许多大公司开始在公司内部设立专门的审计部门，对本公司财务报告的合理、真实性发表意见。目前，内部审计更多地承担着对本单位经营管理活动的合规性、效率效果发表意见的职责。所以，当内部审计的职责越来越重大，内部审计对现代公司越来越重要时，了解和学习内部审计是非常有必要的。

1941年，国际内部审计师协会（Institute of Internal Auditors，IIA）的前身，美国内部审计师协会在纽约成立，约翰·B. 瑟斯顿（John B. Thurstion）为第一任主席。同年，维克托·Z. 布林克（Victor Z. Brink）出版了《内部审计的性质、作用和程序方法》一书，把内部审计上升为理论的高度，标志着内部审计学的诞生，该书的出版推动了IIA的成立。1947年，该协会发布《内部审计职责说明》，对内部审计的定义作出了描述：内部审计是建立在审查财务、会计和其他经营活动基础上的独立评价活动。它为管理提供保护性和建设性的服务，处理财务与会计问题，有时也涉及经营管理中的问题。从该定义可以看出，内部审计的主要职能是评价监督财务与会计问题，对经营管理活动的评价处于次要职责。从1947年开始，IIA对内部审计的定义不断做出完善和修订，1971年，IIA更新内部审计定义为内部审计是建立在审查经营活动基础上的独立评价活动,并为管理提供服务,是一种衡量、评价其他控制有效性的管理控制活动。这标志着内部审计从财务审计向经营审计的方向发展。1999 年,IIA 再次修订内部审计定义,明确提出内部审计的活动包括鉴证活动和咨询活动,内部审计是一项独立、客观的鉴证和咨询活动,旨在增加机构的价值,改善机构的经营。它通过建立系统、合规的方式进行评价并提高机构风险管理、风险控制和管理过程的效率,从而帮助一个机构达到其目标。这一修改标志着内部审计的关键活动从传统的鉴证扩展为鉴证和咨询双职能。到 2001 年,IIA 将内部审计定义为:内部审计是一种独立、客观的鉴证和咨询活动。其目的是为组织增加价值和提高组织的运作效率。它通过系统化和规范化的方法,评价和改进风险管理、内部控制和治理过程的效果,帮助组织实现其目标。2007 年,IIA 对于内部审计的定义是一种旨在增加组织价值和改善组织运营的独立、客观的确认和咨询活动,它通过系统化、规范化的方法来评价和改善风险管理、内部控制和治理程序的效果,以帮助实现组织目标。从上述定义可以看出,IIA 对内部审计的认识是逐步完善的,经过多次修订的定义比最先发布的定义更加精练简洁,也更加科学。同时,内部审计已不再局限于财务与会计问题的处理,而是作为公司内部治理的一部分,是对一个公司具有增值职能的服务。在内部审计后续发展期间,IIA 虽然也对内部审计的相关准则进行了修订,但其定义并没有进行太大的改变。

1985 年 12 月 5 日发布的《审计署关于内部审计工作的若干规定》,第一次提出了关于内部审计的定义:内部审计是部门单位加强财务监督的重要手段,是国家审计体系的组成部分。国家行政机关、国有企业事业组织应建立内部审计监督制度,以健全内部控制,严肃财政纪律,改善管理,提高效益。从上述定义可以看出,内部审计主要针对国家行政机关和国有企事业单位,主要职责是财务监督。1995 年,《审计署关于内部审计工作的规定》(中华人民共和国审计署令第 1 号)再一次将内部审计定义为:内部审计是部门、单位实施内部监督,依法检查会计账目及其相关资产,监督财政收支和财务收支真实、合法、效益的活动,以及法律、法规、规章规定的其他单位,依法实行内部审计制度,以加强内部管理和监督,遵循国家财经法规,促进廉政建设,维护单位合法权益,改善经营管理,提高经济效益。审计署这一定义提出了内部审计执行的主体,丰富了内部审计的职责,强化了其对公司治理、国家治理的作用。2003 年,中国内部审计协会颁布了《中国内部审计基本准则》,该准则定义内部审计为:内部审计,是指组织内部的一种独立客观的监督和评价活动,它通过审查和评价经营活动及内部控制的适当性、合法性和有效性来促进组织目标的实现。该准则正式将内部审计从国家审计的附属中剥离出来,使内部审计拥有和国家审计及民间审计同等重要的地位。随后,我国进一步出台了《内部审计基本准则》(2003)、《内部审计具体准则》(2003—2009)、《企业内部控制基本规范》(2008)及《企业内部控制配套指引》(2010)等一系列政策文件,对内部审计的制度建立和实施及内部审计的日常实践等方面作出了详细的规范指导。2013 年,中国内部审计协会发布了《第 1101 号——内部审计基本准则》,其对内部审计的定义为:内部审计是一种独立、客观的确认和咨询活动,它通过运用系统、规范的方法,审查和评价组织的业务活动、内部控制和风险管理的适当性和有效性，以促进组织完善治理、增加价值和实现目标。2018年，审计署颁布了《审计署关于内部审计工作的规定》（审计署令第11号），其对于内部审计的定义为：内部审计，是指对本单位及所属单位财政财务收支、经济活动、内部控制、风险管理实施独立、客观的监督、评价和建议，以促进单位完善治理、实现目标的活动。2023年，中国内部审计协会对《第1101号——内部审计基本准则》进行了修订，其对内部审计的定义为：内部审计，是一种独立、客观的确认和咨询活动，它通过运用系统、规范的方法，审查和评价组织的业务活动、内部控制和风险管理的适当性和有效性，以促进组织完善治理、增加价值和实现目标。

从这个定义我们可以看出，内部审计首先具有两个特征——独立、客观。什么是独立？独立应该体现在两个方面，第一，内部审计机构的独立，也就是说内部审计机构应该是一个独立的机构，而且需要略高于其他内部部门和机构，因为如果内部审计机构隶属于其他部门，或者与其他部门平行，则无法发挥独立性。第二，内部审计人员也需要保持独立，包括形式上的独立和实质上的独立。形式上的独立是指审计人员从第三者的视角来看是独立的，比如，内部审计机构派出一个审计小组，由A、B、C三人组成，其中，A的配偶就是被审计单位的财务负责人，那么这个审计小组形成的审计结论是不能让人信服的，因为审计小组没有独立于被审计单位。实质上的独立是指审计人员在审计工作过程中兢兢业业，该做的事情都做了。那么什么可以体现审计人员实质上的独立性呢？答案就是审计工作底稿。审计工作底稿可以反映审计师在审计现场是否真正做到了实质上的独立。客观主要是指审计是靠证据得出结论，而不是主观臆断。从上述的定义可以看出内部审计包括两种职能——确认、咨询。确认是指内部审计要发现问题、评价问题，咨询是指内部审计不仅要发现问题、评价问题，还要解决问题。咨询是内部审计重要的职能，因为只有解决问题，才能实现公司的目标和价值，才能有利于公司的治理。因此，内部审计的职能从以前的监督变为目前的服务。从上述定义，我们也可以看出内部审计的目的就是促进组织完善治理、增加价值和实现目标。

国内外对内部审计定义的逐步演化，体现出内部审计的定义是随着实践与理论的发展而不断发展的。内部审计的早期功能局限于查错防弊，这和当时的经济发展水平相一致，随着经济的发展、公司规模的不断扩大，内部审计不再局限于处理财务与会计问题服务，而更多地承担着提高公司经营管理水平的职责。内部审计的职能不断丰富，是符合公司发展需要的。从国内外关于内部审计职能的表述中可以发现，我国对内部审计的定义已经与IIA定义趋同：即内部审计是为促进组织完善治理、增加价值，帮助组织实现目标的服务；内部审计必须保持独立性和客观性；内部审计是一种确认和咨询活动；内部审计采用系统和规范的方法；内部审计的主要任务是对组织的业务活动、内部控制和风险管理进行评估和改善。

综合上述分析，本书认为，内部审计是各个组织内部进行的一种独立、客观的确认和咨询活动，旨在保障各个组织的各项经营管理活动的真实性、合法性、效率性和效益性，是能够提高组织经营管理水平的增值服务。该定义体现：执行内部审计的主体是各个组织内部的相关机构，同时也强调执行主体的独立性，只有保障了独立性，才能保证确认活动真实有效。内部审计实际上是一种确认和咨询活动，对组织具有增值作用。

二、内部审计的特点

通过上述对内部审计定义的分析，可以发现内部审计是不同于外部审计（注册会计师审计、国家审计）的，内部审计具有如下特点。

1）相对独立性

注册会计师审计是被审计单位委托完全独立的第三方对其受托经济责任进行的审计，与被审计单位没有任何关系，国家审计一般来说也是独立于被审计单位的。然而，对于内部审计而言，它是被审计单位自己组织的审计活动，受被审计单位的管理层领导，只是相对于被审计的部门是独立的。因此，对于内部审计而言，独立性是相对的，并不具有注册会计师审计和国家审计独立于被审计单位的独立性。

2）对内提供服务

根据内部审计的定义可以看出，内部审计的执行主体是各个单位自身，并且，内部审计的审计对象也是各个单位内部的各个机构。因此，内部审计为各个单位自身提供确认和咨询服务，只需要对本单位领导部门负责，不需要对外提供其审计结果。

3）职能的广泛性

国家审计是国家审计机关对国家行政单位、国有企事业单位的财务、财政收支活动的真实性、合法性及效益性发表意见。而注册会计师审计是审计单位对被审计单位财务报告的合法性和公允性发表意见。然而，对内部审计而言，虽然也要对被审计单位的财务活动发表意见，但是，内部审计更重要的职能是对本单位经营管理情况提出建议，作为公司治理的一部分，有着提升公司业务质量和价值的责任。因此，内部审计不仅仅局限于对财务报告发表意见，其职能相比于外部审计而言更加广泛。

4）服务具有增值性

从以上对内部审计职能的分析可以看出，内部审计更多的是为本单位的经营管理活动进行确认和咨询的，通过评价本单位的经营管理活动，提出改进意见，从而实现本单位的目标。因此，内部审计不是一项重复、没有价值的工作，它具有增值功能，能够为一个组织带来效益。

5）对内部控制进行审计

内部审计与内部控制是相互联系的，不是割裂的关系。内部审计是内部控制的重要组成部分，而内部控制又是内部审计必须进行审计的对象。无论是我国审计署，还是 IIA 对内部审计的定义，都提及需要对本单位内部控制进行审查。

6）审查程序的简化性

基于现代的审计理论，实施审计程序之前，需要对被审计单位的环境及其情况进行了解，只有在识别、评估风险之后，才能执行具体的审计程序。但是，内部审计是被审计单位自己组织的审计活动，内部审计执行机构已经足够了解本单位的经营环境和重要风险，因此，可以简化审计程序，提高审计效率。

三、内部审计的作用

现代审计理论认为，企业内部审计不能仅仅局限于查错纠弊或仅仅是监督角色。2013年IIA在《有效风险管理与控制的三条防线》中提出了企业风险管理三道防线模型，如图1-1所示，该模型充分展示了企业内部审计在企业风险管理中的关键闸门作用。第一道防线是运营和业务线上的管理者识别与他们的目标和战略有关的风险，决定是否需要应对这些风险，设计适当的内部控制来管理风险。第二道防线是监控风险，包括财务控制、安全控制、质量控制、监察控制、合规控制等。第三道防线由内部审计承担。内部审计就风险管理的有效性为董事会和高级管理层提供独立确认，为改善组织的风险管理和控制程序提出建议。

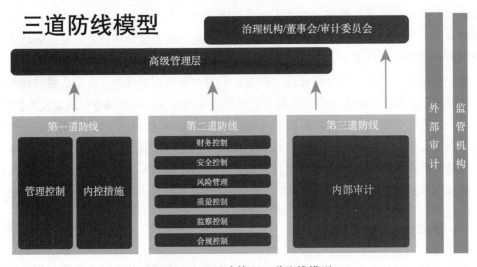

图1-1 企业风险管理三道防线模型

企业风险管理三道防线模型特别强调了企业内部审计的新职能定位，即作为企业管理层高级参谋的作用。因为内部审计是一个完全独立于企业平常架构中的职能部门，不参加具体经营活动，使得它能以公正的态度，客观地从全局的角度出发识别风险、评估风险级别；利用其独立性、权威性指导制定企业控制风险策略。内部审计要在第三道防线上站好岗，不仅仅是识别已知的风险（即企业所面临的主要风险是否均已被识别出来），还要在源头上参与识别新兴的风险领域的风险点，就新兴问题和发生变化的监管要求向运营管理层提出警示，发现适当的风险管理框架、实务和程序，促进和监督运营管理层开展有效的风险管理（即为第一道防线服务）。这就要求内部审计必须从最初的账项导向审计模式、制度导向审计模式，转向风险导向审计模式。把指导思想建立在"合理的职业怀疑假设"基础上，将审计的视野扩大到被审计单位所处的经营环境，制订多样化的审计计划，提升审计计划中关注风险管理的业务比例，捕捉潜在的风险点，将风险评估贯穿于审计工作的全过程。真真正正使内部审计从监督者逐步转变为控制者、协调者、参与者和服务者，从而达到内部审计提升企业价值创造的目的。

第二节 内部审计的目标

根据中华人民共和国审计署令第 8 号《中华人民共和国国家审计准则》的规定，国家审计的目标是通过监督被审计单位财政收支、财务收支以及有关经济活动的真实性、合法性、效益性，维护国家经济安全，推进民主法治，促进廉政建设，保障国家经济和社会健康发展。然而，自刘家义提出国家审计的"免疫系统"功能后，公众对国家审计的功能又有了新的认识。其主要体现在两方面：一是国家审计能强化对公共资源整体性、公共责任落实情况、公共政策执行情况、国际竞争导致的公共风险的监督，保障公共资源和宏观经济等方面安全（左敏，2011）；二是国家审计是国家治理的一个重要组成部分，起着保障我国经济安全运行的作用。根据《中华人民共和国审计法》（2021），国家审计的目标是为了加强国家的审计监督，维护国家财政经济秩序，提高财政资金使用效益，促进廉政建设，保障国民经济和社会健康发展。对于社会审计而言，根据《中华人民共和国注册会计师审计准则》的规定，注册会计师审计的目标为：①为财务报表整体不存在重大错误和舞弊提供合理保证；②对财务报告的合法性和公允性发表审计意见。从内部审计的定义可以看出，内部审计的目标主要是帮助组织实现其目标，根据 2023 年修订的《第 1101 号——内部审计基本准则》第五条：内部审计的目标、职责和权限及内容应当在组织的内部审计章程中明确规定。因此，对于不同的组织而言，内部审计的目标是不一样的。内部审计的目标分为总体目标和具体目标。

一、内部审计的总体目标

内部审计的总体目标与具体目标是相互联系的，总体目标是内部审计要实现的最终目标，而具体目标是实现最终目标的保障。结合当前的实际情况来看，内部审计的总体目标是能够有助于实现一个组织的战略目标，使组织价值得到增值。任何一个组织都有其各自的战略目标，而要实现这样一个战略目标，就需要组织各个机构、各个职能部门协调地发挥作用，而内部审计作为组织治理的一个重要组成部分，其存在的意义就在于帮助本组织实现其战略目标，从而增加组织价值。

二、内部审计的具体目标

结合内部审计的总体目标，内部审计的具体目标应包括以下几个方面。
1）财务报告的合法性和公允性
保障财务报告符合相关的会计法规和政策，以及确保财务报告的真实性，是审计的基本职能，也是内部审计的传统职能。在早期的内部审计中，内部审计的主要职能是针对财务报告的查错防弊，因此，保障财务报告的合法性和公允性应属于内部审计的最基本职能。保障财务报告的合法性是指保证本组织的财务报告符合相关的法律、法规及会计准则；保障财务报告的公允性是指保证本组织的财务报告真实地、公允地反映了本组织的财务状况和经营成果。

2）维护资产的安全完整

从内部审计的产生来看，内部审计源于经营权与所有权的分离，内部审计的实质是受托责任。在受托责任关系中，委托人需要了解受托的财产和权力的使用情况，因此，委托人委派审计人员对受托人的经营管理情况做出评价。对于受托责任的履行情况来说，最基本的职责应是保障受托财产的安全和完整。因此，内部审计的基本目标之一是保证资产的安全完整。

3）保障经营管理的合法合规性

对于任何一个组织而言，经营的合法合规性是其持续经营、完成目标的基本前提。既然内部审计的总目标是帮助一个组织实现战略目标，那么，内部审计只有保障组织经营管理活动符合相关的法律法规，才能实现总体目标。保障经营管理的合法合规包括以下三个方面：第一，组织从事的经营活动要符合相关法律规范的规定，不能有任何违规违纪的行为；第二，组织的所有成员不得有串通舞弊的行为，组织中一旦出现串通舞弊的行为，将会伴随着侵占组织财产、财务造假等行为发生，所以，内部审计人员应发现和防范本组织的舞弊行为；第三，发现并阻止管理层违背委托人利益的行为，由于存在委托人与管理层之间的代理问题，管理层会违背委托人的利益追求自己利益的最大化，例如，装修豪华的办公室、超高的在职消费、不努力工作等，因此，内部审计应及时发现并阻止管理层做出违背组织利益的行为。

4）保障经营管理的效益效率性

任何组织处于社会中都面临着有限的资源，其中一个重要的问题就是一个组织如何优化配置自己所拥有的资源，使其实现效益最大化。内部审计机构非常了解自己所处的组织，再利用绩效审计，可以明确所处组织经营管理的问题，从而实现其战略目标。因此，内部审计有职责发现组织经营管理中的问题，实现组织资源的最优化配置，提高组织经营管理的效率效果。

第三节　内部审计的权限与内容

一、内部审计的权限

根据中华人民共和国审计署令第 11 号，内部审计机构或履行内部审计职责的内设机构应有下列权限：①要求被审计单位按时报送发展规划、战略决策、重大措施、内部控制、风险管理、财政财务收支等有关资料（含相关电子数据，下同），以及必要的计算机技术文档；②参加单位有关会议，召开与审计事项有关的会议；③参与研究制定有关的规章制度，提出制定内部审计规章制度的建议;④检查有关财政财务收支、经济活动、内部控制、风险管理的资料、文件和现场勘察实物;⑤检查有关计算机系统及其电子数据和资料;⑥就审计事项中的有关问题,向有关单位和个人开展调查和询问,取得相关证明材料;⑦对正在进行的严重违法违规、严重损失浪费行为及时向单位主要负责人报告,经同意作出临时制止决定;⑧对可能转移、隐匿、篡改、毁弃会计凭证、会计账簿、会计报表以及与经济活动有关的资料,经批准,有权予以暂时封存;⑨提出纠正、处理违法违规行为的意见和改进管理、提高绩效的建议;⑩对违法违规和造成损失浪费的被审计单位和人员,给予通报批评或者提出追究责任的建议;⑪对严格遵守财经法规、经济效益显著、贡献突出的被审计单位和个人,可以向单位党组织、董事会(或者主要负责人)提出表彰建议。其中,①、④、⑤、⑥说明内部审计人员具有检查权,②、③说明内部审计人员具有参与权,⑦、⑧说明内部审计人员具有制止权,⑨、⑩、⑪说明内部审计人员具有建议权。

二、内部审计的内容

根据中华人民共和国审计署令第11号,内部审计机构或者履行内部审计职责的内设机构应当按照国家有关规定和本单位的要求,对于以下事项进行审计:①对本单位及所属单位贯彻落实国家重大政策措施情况进行审计;②对本单位及所属单位发展规划、战略决策、重大措施以及年度业务计划执行情况进行审计;③对本单位及所属单位财政财务收支进行审计;④对本单位及所属单位固定资产投资项目进行审计;⑤对本单位及所属单位的自然资源资产管理和生态环境保护责任的履行情况进行审计;⑥对本单位及所属单位的境外机构、境外资产和境外经济活动进行审计;⑦对本单位及所属单位经济管理和效益情况进行审计;⑧对本单位及所属单位内部控制及风险管理情况进行审计;⑨对本单位内部管理的领导人员履行经济责任情况进行审计;⑩协助本单位主要负责人督促落实审计发现问题的整改工作;⑪对本单位所属单位的内部审计工作进行指导、监督和管理;⑫国家有关规定和本单位要求办理的其他事项。

在具体实施内部审计的过程中,主要实施的审计有:业务活动审计、内部控制审计、风险管理审计、经济责任审计、信息系统审计、投资审计(建设项目审计)和舞弊审计。

(一)业务活动审计

业务活动审计是指内部审计部门对本单位各项经营业务活动的合法合规性、经济性及效益效果性进行监督和评价。

1. 业务活动审计的目标

内部审计的最终目标是实现组织的目标,那么实现组织目标的前提应该是组织能够顺利运转。因此,对业务活动进行审计是完全必要的。具体说来,业务活动审计的具体目标应该包括以下两个:①合法合规性目标,必须保障组织的各项经营业务活动符合国家的相关法律法规,因为一旦出现违背法律法规的经营业务活动,组织将面临无法正常经营下去的风险;②绩效性目标,绩效性目标指组织的业务活动的经济性、效益性和效果性,组织想要持续生存下去,经营业务活动不仅要合法合规,还要给组织带来持续不断的经济效益。

2. 业务活动审计的内容

根据业务活动审计的内容和目标,业务活动审计的内容应包括以下几方面。①组织的各项规章制度符合相关的法律规范,内部审计人员必须明确组织是否建立国家相关法律法规要求建立的规章制度,同时,内部审计人员还必须明确组织已经建立起来的各项规章制度是否符合法律规范的要求。②业务活动产生的财务信息及非财务信息要真实、完整、可靠,通过业务活动产生各种信息是组织用来改善经营管理的基础信息,通过对财务及非财务信息的分析,可以发现组织业务活动中的不足,从而提出改善措施,提高组织的经济效益。③对业务活动的具体审计,包括销售与收款循环审计、采购与付款审计、生产与存货循环审计及货币资金的审计,通过对各项业务活动的具体审计,内部审计人员需要评价和监督各项业务活动的真实性、经济性和效益效果性,包括与各项业务活动相关的控制活动的有效性。

3. 业务活动审计的方法

内部审计人员应当依据审计的目标、审计风险及重要性,来确定应该采用的审计方法,以获取充分的证据,从而对组织的经营业务活动发表审计意见。在对业务活动进行审计时,除了运用传统审计方法,如观察、询问、检查、分析程序等,在业务活动的绩效性审计时,还可以运用其他审计方法,如比较分析法、因素分析法、量本利分析法、成本效益分析法等。通过上述方法,审计人员不但可以发现该组织在发展过程中出现的趋势,为以后的发展做出预测,提出改善措施,同时,还能发现与其他组织的差距,从而对现有的经营模式进行调整,最终使组织实现经济效益最大化的目标。

(二)内部控制审计

内部控制审计是指内部审计机构对本组织内部控制的审计及运行的合规性、有效性进行监督和评价。

1. 内部控制审计的目标

内部控制审计是内部审计的一个重要组成部分,在对内部控制进行审计时,首先要明确内部控制审计的目标。第一,内部审计人员应该审核本组织内部控制的建立、维护和运用是否符合国家相关法律法规的要求,这是对内部控制进行审计的最基本目标。第二,确保内部控制设计的有效性也是对内部控制进行审计要实现的目标之一,只有设计有效的内部控制,才能保证内部控制发挥其应有的职能。第三,设计有效的内部控制没有得到连贯一致执行,那么内部控制也无法达到其应有的效果,因此,内部控制审计的又一重要目标就是对内部控制执行的有效性进行监督。

2. 内部控制审计的内容

我国注册会计师对内部控制进行审计时,只审计与财务报告相关的内部控制,对与非财务报告相关的内部控制却没有进行审计。然而，内部审计对内部控制进行审计时，不仅需要对财务报告相关的内部控制进行审计，也需要对非财务报告相关的内部控制进行审计。这是由内部审计的目标和内部控制的目标决定的。因此，内部控制审计的内容具体包括如下几个方面。第一，监督和评价与财务报告相关的控制环境、控制活动及信息系统的有效性。内部控制的目标是保证财务报告的可靠性，因此，应当从内部控制的五要素出发进行审计，审核内部控制环境、风险评估、控制活动、信息与沟通及监督是否能够保证财务报告提供真实、可靠的财务信息。第二，监督和评价与非财务报告相关的控制环境、风险评估、控制活动、信息沟通与监督等的有效性，主要包括经营活动的效益效果、对国家法律的遵守、组织目标的实现。对一个组织而言，不仅会有财务活动，还涉及经营活动、管理活动等，同时，一个组织能够生成的信息也不仅会有财务信息，还包括大量的非财务信息。因此，对内部审计中的内部控制审计而言，需要监督和评价的不仅仅是财务活动、财务信息，还包括经营活动、管理活动等非财务活动及非财务信息。

3. 内部控制审计的方法

在审计发展的历史长河中，审计方法论经历了账项基础审计、制度基础审计及风险导向审计。当前，风险导向审计已成为全球通用的审计方法。对内部控制审计而言，注册会计师应按照自上而下的方法实施审计工作，从财务报表层开始，在整体层面了解财务报告内部控制风险，再将关注重点放在企业层面的控制上，逐步将审计工作重点下移至重要流程、重要账户、列报及相关的认定上。内部审计部门在进行内部控制审计时，也可以采用注册会计师自上而下的审计方法，具体说来，可以按照以下思路展开：第一，关注企业整体层面的风险，对企业的控制环境进行评估，识别企业的整体风险；第二，针对企业财务活动、经营活动及管理活动的具体控制活动、控制流程进行测试，评估其有效性；第三，针对财务报告的重要账户、列报及其认定，识别其真实可靠性。内部审计人员在实施审计的过程中，可以适当选用企业内部相关业务活动的专业人士参加审计。审计人员应综合应用观察、检查、询问、问卷调查、穿行测试及重新执行等方法。

（三）风险管理审计

风险管理审计指内部审计机构对组织识别、评估和应对风险的过程进行监督和评价，对风险管理过程的有效性、适当性发表意见，并提出改进意见。

1. 风险管理审计的目标

我国内部审计协会 2005 年发布的内部审计具体准则第 16 号——《风险管理审计》指出，风险管理，是对影响组织目标实现的各种不确定性事件进行识别与评估，并采取应对措施将其影响控制在可接受范围内的过程。风险管理旨在为组织目标的实现提供合理保证。结合风险管理审计的定义及风险管理的定义，可以看出风险管理审计的目标包括三点。①对组织建立的风险管理制度是否符合相关法律规范的规定进行评价，保障各个组织应该根据相关的法律法规建立相应的风险管理体系。②对组织风险管理机制设计的合理性进行评价，风险管理机制的设计是否合理是企业能否有效地进行风险管理的基础，所以，内部审计人员应该对风险管理机制设计的合理性进行评价，保障组织建立的风险管理机制是合理的；③内部审计人员应该对风险识别、评估过程的合理性与有效性进行监督。

2. 风险管理审计的内容

根据风险管理审计的目标，风险管理审计的内容应包括如下几方面。①对风险管理制度进行审计，需要对风险管理制度的合规性及设计的有效性进行审核。风险管理制度应该包括组织制度、目标制度、识别制度、评估制度及应对制度，内部审计人员应该对整个制度进行审计，并提出改进意见。②内部审计人员应当对风险管理的方法进行评价。根据我国内部审计协会发布的内部审计规范，风险评估的方法包括定性法和定量法，通过定性和定量的方法，对组织面对的风险，以及对组织的影响程度进行描述。所以，内部审计人员需要评价相关机构对组织所面临风险的描述的准确性、可靠性及完整性发表审计意见，并提出改进意见。③内部审计人员应当对风险应对措施进行评价，对应对措施的合理性和有效性及成本效益发表意见，并提出改进意见。

3. 风险管理审计的方法

风险管理审计可以运用传统的审计方法，如分析法、审阅法、核对法等，还需要大量运用经济活动分析法、现代风险管理法及数理统计等方法。具体可以运用如下方法：①在识别风险时，可以采用因果分析法、因素分析法、经济活动分析法及统计分析法等；②在衡量风险时，可以采用专家调查法、风险报酬法、风险当量法及蒙特卡罗模拟法等；③在评估风险应对措施时，可以采用避免风险法、分离风险单位法、损失控制法等。

（四）经济责任审计

根据 2019 年中共中央办公厅、国务院办公厅印发的《党政主要领导干部和国有企事业单位主要领导人员经济责任审计规定》，经济责任是指领导干部在本单位任职期间，在其管辖范围内贯彻执行党和国家经济方针政策、决策部署，推动本单位事业发展，管理公共资金、国有资产、国有资源，防控经济风险等有关经济活动应当履行的职责。经济责任审计是指内部审计机构、内部审计人员对本单位所管理的领导干部任职期间的经济责任履行情况的监督、评价和建议活动。

1. 经济责任审计的目标

经济责任审计工作以马克思列宁主义、毛泽东思想、邓小平理论、"三个代表"重要思想、科学发展观、习近平新时代中国特色社会主义思想为指导，完整、准确、全面把握进入新发展阶段、贯彻新发展理念、构建新发展格局对审计工作提出的新任务、新要求，聚焦经济责任，客观评价，揭示问题，促进党和国家经济方针政策和决策部署的落实，促进单位事业高质量发展和防范经济风险，促进领导干部履职尽责和担当作为，促进权力规范运行和反腐倡廉，促进组织规范管理和目标实现。因此，在进行经济责任审计时，应实现如下目标。第一，要根据领导干部职责范围，着重围绕党和国家重大经济方针政策、决策部署在本单位贯彻落实情况，本单位发展战略目标、规划、计划实施情况，主责主业开展情况实施审计。第二，关注重大资金分配、资产处置、公共资源交易等重要领域和关键环节；聚焦内部控制和风险管理，聚焦权力运行和责任落实，聚焦是否造成公共资金、国有资产、国有资源损失浪费、生态环境破坏、公共利益损害等后果；重点揭示与领导干部履职相关的典型性和普遍性问题；大力推动审计整改和结果运用，立足预防和纠正权力失控、决策失误和行为失范，对领导干部开展常态化"经济体检"，发挥审计"治已病，防未病"的作用。

2. 经济责任审计的内容

第一，贯彻执行党和国家经济方针政策及决策部署情况审计；第二，发展战略规划制定及执行情况审计；第三，重大经济事项决策及执行情况审计；第四，组织治理情况审计；第五，内部控制和风险管理情况审计；第六，财政财务管理情况审计；第七，自然资源资产管理和生态环境保护情况审计；第八，境外机构、境外资产和境外经济活动情况审计；第九，党风廉政建设责任和个人遵守廉洁从业规定情况审计；第十，以往审计发现问题整改情况审计。

3. 经济责任审计的方法

内部经济责任审计具有综合性、全面性，以及与个人履职相关等特殊性，单一的审计技术方法难以实现审计目标，需要综合运用各类常规审计方法，以及采用更适合经济责任审计特点的取证和分析方法。实践中，除了审核、观察、监盘、访谈、函证、计算和分析程序等常规审计方法外，还经常采用调查访谈、查阅分析、重点核查、归纳提炼等审计方法，并运用信息化手段和大数据分析，获取相关、可靠和充分的审计证据，加强跨行业、跨领域数据的综合比对和关联分析，以实现对被审计领导干部履职情况全面客观评价并揭示问题、认定责任的目标。

（五）信息系统审计

信息系统审计是指内部审计机构和内部审计人员对组织信息系统建设的合法合规性、内部控制的有效性、信息系统的安全性、业务流程的合理有效性、信息系统运行的经济性所进行的检查与评价活动。

1. 信息系统审计的目标

信息系统审计总体目标是通过对信息系统的审计，揭示信息系统面临的风险，评价信息系统技术的适用性、创新性、信息系统投资的经济性、信息系统的安全性、运行的有效性等内容，合理保证信息系统安全、真实、有效、经济。信息系统审计的具体目标包括：第一，保证信息系统建设符合国家有关法律法规和组织内部制度；第二，信息系统审计应促进信息系统在购置、开发、使用、维护过程中，以及数据在生产、加工、修改、转移、删除等处理中都必须符合国家相关法律法规、准则、组织内部规定等，并应促进信息系统有效实现既定业务目标；第三，提高组织信息系统的可靠性、稳定性、安全性，数据处理的完整性和准确性。

2. 信息系统审计的内容

信息系统审计主要包括对组织层面信息技术控制、信息技术一般性控制及业务流程层面相关应用控制的检查和评价。其中，组织层面信息技术控制审计的内容包括：第一，控制环境，内部审计人员应当关注组织的信息技术战略规划与业务布局的契合度、信息技术治理制度体系建设、信息技术部门的组织架构、信息技术治理的相关职权与责任分配、信息技术的人力资源管理、对用户的教育和培训等方面；第二，风险评估，内部审计人员应当关注组织在风险评估总体架构中关于信息技术风险管理流程，信息资产的分类及信息资产所有者的职责，以及对信息系统的风险识别方法、风险评价标准、风险应对措施；第三，控制活动，内部审计人员应当关注信息系统管理的方法和程序，主要包括职责分工控制、授权控制、审核批准控制、系统保护控制、应急处置控制、绩效考评控制等；第四，信息与沟通，内部审计人员应当关注组织决策层的信息沟通模式，信息系统对财务、业务流程的支持度，信息技术政策、信息安全制度传达与沟通等方面；第五，内部监督，内部审计人员应当关注组织的监控管理报告系统、监控反馈、跟踪处理程序及对信息技术内部控制自我评估机制等方面。信息系统一般性控制是确保组织信息系统正常运行的制度和工作程序，目标是保护数据与应用程序的安全，并确保异常中断情况下计算机信息系统能持续运行。信息系统一般性控制包括硬件控制、软件控制、访问控制、职责分离等关键控制。审计人员应当采用适当的方法、合理的技术手段对信息系统建设的合规合法、信息系统的安全管理、访问控制、基础架构数据保护及灾难恢复等方面开展审计。信息系统应用控制是指在业务流程层面为了合理保证应用系统准确、完整、及时完成业务数据的生成、记录、处理、报告等功能而设计、执行的信息技术控制。对业务流程层面应用控制的审计应当考虑与数据输入、数据处理以及数据输出环节相关的控制活动。信息系统审计除上述常规的审计内容外，内部审计人员还可以根据组织面临的特殊风险或者需求，设计专项审计，具体包括但不限于下列领域：信息系统开发实施项目的专项审计；信息系统安全专项审计；信息技术投资专项审计；业务连续性的专项审计；法律法规、行业规范要求的内部控制合规性专项审计；其他专项审计。

3. 信息系统审计的方法

信息系统审计的方法主要包括访谈法、调查法、检查法、观察法、测试和平行模拟法、程序代码检查、编码比较法、风险评估法等。其中，测试又包括数据测试法、黑盒法、白盒法等。数据测试法是指从计算机输入开始，跟踪某项业务直至计算机输出，以检验计算机应用程序、控制程序和系统可靠性。黑盒法是指当内部审计人员重点关注程序是否达到所需求的功能时，可采用黑盒法来设计测试数据。黑盒法设计出的测试数据除了可以检查程序功能上的错误和缺陷外，还可以检查审计系统用户界面、接口、效率、初始化和终止错误。白盒法是指当内部审计人员主要关注在程序中是否存在错误的执行路线时，可以采用白盒法。白盒法是从程序内部的逻辑结构出发选取测试数据的方法，它的原理是通过审计程序中的所有执行路线来发现程序中的错误和缺陷。平行模拟法是指针对某应用程序，审计人员用一个独立的程序去模拟该程序的部分功能，对输入数据同时进行并行处理，其结果和该应用程序处理的结果进行比较以验证其功能正确性的方法。程序代码检查法是指对被审计程序的指令逐条审计，以验证程序的合法性、完整性和程序逻辑的正确性。编码比较法是指比较两个及以上独立保管的被审计程序版本，以确定被审计程序是否经过修改，并评估程序的改动所带来的后果。风险评估常用技术包括分级技术法和经验判断法。分级技术法是指根据审计对象的技术复杂性、现有控制程序的水平、可能造成的财务损失等各种因素的风险值累计为总风险值，根据分值大小进行排列，分为高、中、低级风险。经验判断法是指内部审计人员根据专业经验、业务知识、管理层的指导、业务目标、环境因素等进行判断，以决定风险大小。

（六）投资审计（建设项目审计）

投资审计是指内部审计机构和内部审计人员依据法律法规和组织内部授权开展建设项目审计，审计对象是所在组织作为投资主体或建设主体所建设的项目。投资主体或建设主体是指对投资资金拥有所有权或者对建设项目拥有决策权、建设管理权、经营管理权，对投资所形成的固定资产有收益权，并因此承担投资的法律责任和风险的法人或自然人。

1. 投资审计的目标

投资审计的总体目标是通过对建设项目建设全过程各项技术经济活动进行监督和评价，确认项目建设与管理活动的真实性、合法性和效益性，促进项目建设质量工期、成本等建设目标顺利实现，提升项目绩效，增加建设项目价值。投资审计的具体目标包括：①规范建设管理，一是要确认建设项目与国家法律法规和行业规范的符合程度，二是要确认项目管理机构和参建单位对本组织内部控制体系的符合程度，三是要确认项目建设中对各项建设设计和施工技术规程、规范以及本项目的设计文件的符合程度，四是要确认项目财务信息、进度信息、投资完成信息的真实性，关注工程数量、质量、建设内容和过程的真实性，同时，审计还应当关注财经制度和廉政纪律执行情况，协助促进反腐倡廉机制建设；②揭示建设风险，内部审计机构关注建设项目在建设各阶段，在工期、质量、成本、安全、环境等管理中可能存在的薄弱环节、偏差和风险，协助项目管理单位查找漏洞和缺陷，促进规范管理和风险防范；③提升建设项目绩效，一是确认项目进度目标任务是否实现，二是确认建设项目质量、安全控制目标是否实现，三是确认项目投资控制及绩效目标是否实现。

2. 投资审计的内容

投资审计的内容主要包括建设项目前期决策审计、建设项目内部控制与风险管理审计、建设项目采购审计、建设项目工程管理审计、建设项目工程造价审计、建设项目财务审计、建设项目绩效审计等。具体到每个审计项目时，审计内容根据开展审计的时间和项目建设进展情况而有所不同。

3. 投资审计的方法

投资审计的方法主要包括检查、计算、分析程序、追踪测试、实地勘察等。其中，追踪测试常用于工程投资控制活动中，工程结算环节的控制测试。追踪测试分为业务测试和功能测试。业务测试是指选择若干具体的典型业务，沿着业务处理过程检查业务处理程序中的各项内部控制是否得到执行。功能测试是指针对某项控制的某个控制环节，选择若干时期的同类业务进行检查，查明该控制环节的处理程序在被审计期内是否按规定发挥了作用。追踪测试主要应用于内部控制测试，审计人员对于被审计单位内部控制的调查结果应该以书面形式记录或描述出来，常用的方法有文字说明法、调查表法和流程图法。

（七）舞弊审计

舞弊审计是指内部审计人员需要识别、纠正组织在运行中的舞弊串通行为，同时也需要对识别的舞弊风险进行报告。

1. 舞弊审计的目标

舞弊是指组织的内部、外部人员采用欺骗等违法违规手段，损害或者谋取组织利益，为自身谋取不正当利益的行为。舞弊可以分为损害组织经济利益的舞弊和谋取组织经济利益的舞弊。损害组织经济利益的舞弊是指组织内部、外部人员为谋取自身利益，采用欺骗等违法违规手段使组织经济利益遭受损害的不正当行为。而谋取组织经济利益的舞弊，是指组织内部人员为使组织获得不当经济利益，而其自身也可能获得相关利益，采用欺骗等违法违规手段，损害国家和其他组织或者个人利益的不正当行为。内部审计旨在维护组织的利益，实现组织的目标，应当对组织不存在重大舞弊行为提供合理保证。因此，舞弊审计的目标应当包括：第一，识别、发现组织在运行过程中存在的舞弊行为；第二，内部审计人员应该保持应有的职业谨慎和职业怀疑态度，识别组织存在的舞弊风险。

2. 舞弊审计的内容

内部审计机关在执行内部审计时，可以通过审计程序、审计方法识别存在的舞弊行为，当然，也可以针对组织的自身情况，进行专门的舞弊审计。在进行舞弊审计时，应该包括如下内容：第一，组织的董事会或者最高管理机构是否营造了诚信道德的文化氛围，以及管理层整体的诚信度，应当对这些情况进行充分的了解，以报告给董事会；第二，从组织的日常经营活动中发现舞弊行为，需要关注员工行为的规范性、合理性，业务活动的授权审批制度是否规范，以及不相容的岗位是否进行了职责分离，还需要考虑内部控制的合理性；第三，警惕组织发生的非日常活动及异常交易，从异常的交易活动中识别是否存在舞弊的风险。

3. 舞弊审计的方法

内部审计人员在进行舞弊审计时可以采用检查、观察、分析、询问等审计方法。舞弊是比较敏感的话题，因此，审计人员还需要运用相关心理学的知识和方法，比如，调查谈话法、疑点突出法、差异对照法、迂回探测法、定向询问法、启动回忆法等。内部审计人员应该保持应有的职业谨慎态度，运用合理适当的审计方法，识别和报告组织的舞弊行为和舞弊风险，必要时，应当咨询专业法律人士。

第四节　内部审计机构的设置

内部审计机构是内部审计工作的基础，科学、有效的内部审计机构是内部审计发挥作用的关键。内部审计要实现其目标，就必须借助内部审计机构来进行，没有内部审计机构就不能开展完整的内部审计活动。

一、设置内部审计机构应考虑的主要因素

由于企业规模、管理形式等的差别，我国并不是所有企业都设置了独立的内部审计机构。内部审计机构的设立主要是出于企业自身的内在需要，否则，内部审计机构很可能沦落为企业的一个闲置机构，内部审计的目标很难实现，内部审计的作用也很难得到发挥。因此，是否设置内部审计机构，以及设置怎样的内部审计机构，应当考虑以下两点。

（一）法律法规的要求

2003年《审计署关于内部审计工作的规定》的第三条指出，国家机关、金融机构、企业事业组织、社会团体以及其他单位，应当按照国家有关规定建立健全内部审计制度。同时，就内部审计机构的设置分三种情况进行了具体规定：第一，法律、行政法规规定设立内部审计机构的单位，必须设立独立的内部审计机构；第二，法律、行政法规没有明确规定设立内部审计机构的单位，可以根据需要设立内部审计机构，配备内部审计人员；第三，有内部审计工作需要且不具有设立独立内部审计机构条件和人员编制的国家机关，可以授权本单位内设机构履行内部审计职责。设立内部审计机构的单位，可以根据需要设立审计委员会，配备总审计师。

（二）企业自身的内在需要

由于企业规模、业务性质的不同，许多企业即使设置内部审计机构，其机构形式也千差万别。实践中，许多因素都会对内部审计机构的形式产生影响，例如：内部审计的范围与下属机构审计的任务；总机构内部审计部门的组织、规模、设立历史等；最高管理层的意向及集中管理与分级管理的成本比较等。因此，对于特大型的企业或下属单位众多的单位来说，宜采用分级管理的方式，即下属单位设置的审计机构在上级机构的统一指导下，独立进行审计；而一些规模不大的企业，要进行内部审计活动，则应当根据需要，设置内部审计机构，或在不设置内部审计机构的情况下，配备专职内部审计人员，以使成本效益达到最优。

二、设置内部审计机构应遵循的原则

内部审计机构是企业开展内部审计活动的基础,有了科学、有效的内部审计机构,才能保障内部审计作用的充分发挥。企业根据自身需要设立内部审计机构,还应遵循五大原则。

(一)独立性原则

独立性指内部审计机构和人员在进行内部审计活动时,不存在影响内部审计客观性的利益冲突状态[①]。独立性原则是设立内部审计组织机构中最重要的原则,内部审计机构只有具备应有的独立性,才能做出公正的、不偏不倚的鉴定和评价。在独立性原则之下,内部审计机构在组织人员、工作、经费等方面应独立于被审计单位,独立行使审计职权,不受股东、总经理、其他职能部门和个人的干预,以体现审计的客观性、公正性和有效性。

为确保内部审计机构的独立性,《中国内部审计准则》(2014年版)规定:内部审计机构应隶属于被审计单位的董事会或最高管理层,接受其直接指导和监督,并取得相应的支持;内部审计机构应通过内部审计章程的制定,明确其职责和权限范围,并报经董事会或最高管理层批准,以确保内部审计活动的正常进行,不受企业内其他部门的干涉和限制;内部审计机构应向董事会或最高管理层提交审计报告及工作报告,并在日常工作中与其保持有效沟通;内部审计机构负责人的任免应由组织董事会或最高管理层经过适当的程序确定,内部审计机构负责人应直接向董事会或最高管理层负责;内部审计机构负责人有权出席或参加由董事会、最高管理层举行的与审计、财务报告、内部控制、治理程序等有关的会议,并积极发挥内部审计的作用。2018年《审计署关于内部审计工作的规定》第六条指出:国家机关、事业单位、社会团体等单位的内部审计机构或者履行内部审计职责的内设机构,应当在本单位党组织、主要负责人的直接领导下开展内部审计工作,向其负责并报告工作。国有企业内部审计机构或者履行内部审计职责的内设机构应当在企业党组织、董事会(或者主要负责人)直接领导下开展内部审计工作,向其负责并报告工作。国有企业应当按照有关规定建立总审计师制度。总审计师协助党组织、董事会(或者主要负责人)管理内部审计工作。

(二)权威性原则

权威性指具有使人信服的力量和威望。内部审计的权威性主要体现在内部审计机构的组织地位和设置层次上,组织地位和设置层次越高、权威性越大,内部审计的作用也就更能得到发挥。通常情况下,内部审计机构隶属于被审计单位的董事会或最高管理层,其组织地位和设置层次得到了保证,外部权威性得以树立。同时,要使内部审计的作用得到更大的发挥,权威性不仅应从组织地位和设置层次上体现,还应通过内部审计工作的质量来树立。内部审计工作质量越高、效用发挥越好,其在公司职员心中的地位越高,对外在权

---

① 王宝庆,张庆龙. 内部审计[M]. 大连:东北财经大学出版社,2013.

威性的巩固作用也就越好。总的来讲，内部审计权威性与作用的发挥是相辅相成的，内部审计的权威性越强，越有利于内部审计作用的发挥，同时，内部审计的作用越大，越能使内部审计机构的权威性得到进一步巩固。

（三）客观性原则

客观性指内部审计人员对有关事项的调查、判断和意见的表述，应当基于客观的立场，以客观事实为依据，实事求是，不掺杂个人的主观意愿，同时，也不为他人的意愿所左右。客观性原则要求审计人员一切从实际出发，注重调查，深入调查了解后才能得出审计结论，并应当保证审计结论的得出有充分、适当的审计证据加以支持。

在实践中，坚持客观性原则要求内部审计人员不能参与任何的管理活动，即内部审计人员应当分清审计责任与管理责任，在履行审计责任的同时，不能参与被审计单位的管理决策活动，保证内部审计人员的客观性和独立性。同时，在提交审计报告前，内部审计部门的负责人需对审计工作的程序、审计工作底稿及审计报告结果进行检查，以获取充分的证据来说明审计工作符合客观性要求。

（四）公正性原则

公正性原则指内部审计人员应具备正直、诚实的品质，公平正直、不偏不倚地对待有关利益各方，不能牺牲一方的利益而使另一方受益。为保证内部审计机构的公正性，针对同一类审计事项的内部审计机构人员要实行定期轮换制度，避免内部审计人员与被审计单位建立较为亲密的关系，从而影响内部审计机构的客观公正。

（五）成本效益原则

内部审计机构根据企业的自身需求予以设置，内部审计机构的形式在不同的企业中千差万别。在内部审计机构的设置过程中，企业应当充分了解自身需求，根据需求来设置适合自身的内部审计机构，这样既节省成本，又能充分发挥内部审计的作用。不管企业设置何种类型的内部审计机构，都应使内部审计机构形成自上而下的有机整体，明确各自分工，充分发挥整体运作效能。

三、内部审计机构设置的主要形式

随着经济全球化和信息技术的应用和发展，企业面临的竞争压力越来越大，同时，企业的规模、机构设置也越来越庞大，企业对内部审计的期望和要求也在发生改变。内部审计作为现代企业制度的重要组成部分，是一种改善组织经营而设计的独立、客观的确认和咨询活动，已成为企业经营管理的重要手段。实践中，内部审计机构设置有两大类：外包和内置。

（一）内部审计外包

内部审计外包指聘请会计师事务所或其他专业人员来执行内部审计工作，将内部审计的职能部分或全部通过契约委托给组织外部的机构来执行。根据企业的自身情况，内部审计外包又分为内部审计整体业务外包和内部审计部分业务外包。内部审计整体业务外包指企业不单独设置内部审计机构，而是将内部审计的全部职能外包给中介机构来完成。内部审计部分业务外包指企业内部审计部门及人员与外部审计部门及人员相互配合、相互协调，共同完成企业的内部审计工作。在这种模式下，一些经常性、不太重要的内部审计工作，由内部审计人员进行；而一些重要的、涉及面较广、需要较高的职业判断技能和合理知识结构的内部审计工作，则由中介组织予以完成。

内部审计外包是社会经济发展及专业化分工的结果。这种模式的优点在于：第一，能充分保证内部审计机构的独立性，相对于受雇于企业的内部审计人员，注册会计师等外部审计人员根据与企业签订的契约开展内部审计工作，与企业的其他职能部门不存在内在的利益冲突和联系，能提供更加独立、客观的评价结果；第二，外包有助于企业获得高质量的内部审计服务，作为内部审计的外包机构，会计师事务所拥有大量管理咨询、资产评估、税务服务等领域的专业人才，其服务领域遍布各行各业，其执业人员注册会计师熟悉不同的经营理念和管理方式，能根据自身经验及被审计单位的经营过程、风险控制和管理活动进行客观评价，并提出切合实际的建议；第三，便于企业的成本控制，内部审计外包在通常情况下，其成本不会发生较大的变动，便于企业确认成本，以进行成本的预算和控制。

虽然内部审计外包有以上优点，但内部审计外包也会给企业带来相应的风险，表现为：第一，内部审计外包会降低公司治理的效果，内部审计在公司治理中扮演着独特的内部监督与信息传递的角色，如果将内部审计外包，尤其是将内部审计整体外包，企业管理层和董事会将丧失一个重要的信息反馈来源，这样势必影响公司治理的有效性；第二，内部审计外包放弃了内部审计的自身资源优势，相对于聘请的中介机构，隶属于内部审计机构的内部审计人员更了解企业的组织文化、业务过程和风险控制方面的特点，而外部咨询机构则只能凭借一些公开的资料，通过询问和观察来了解服务对象，确定审计重点；第三，内部审计外包不利于企业将来建立健全内部审计机构，短期来看，企业将内部审计外包会得到较大的收益，但随着企业规模的扩大，企业将内部审计机构内置是不可避免的趋势，如果企业将内部审计外包，则在企业需要建立内部审计机构时会遇到较大的困难，不利于企业的长期发展；第四，内部审计外包可能加大企业对会计师事务所的依赖，内部审计外包减轻了企业内审人员的负担，但不利于内审人员提高自身的专业素养，培养应有的职业判断，随着时间的推移，内部审计外包会加大企业对会计师事务所的依赖性，从而增加外包成本；第五，内部审计外包存在泄密的可能性。由于承包者是外部第三方，在审计过程中会获知企业内部的信息和秘密，承包者可能为了自己的利益，泄露被审计单位的秘密，还可能与被审计对象勾结起来欺骗委托方。

（二）内部审计机构内置

内部审计机构内置指依据《审计署关于内部审计工作的规定》《中国内部审计基本准则》

等相关法规，在企业内部设置专职的内部审计机构，执行内部审计职责。自20世纪80年代，我国恢复审计工作以来，内部审计机构内置的模式主要有以下几种。

1. 隶属于财务部门负责人模式

内部审计机构设置在财务部门中，内部审计机构的负责人向财务部门负责人报告工作。20世纪80年代初，在我国内部审计的起步阶段，大多数机构选择了这种方式来设置内部审计机构，因为该模式符合内部审计初级阶段财务收支审计的目标。但随着内部审计的发展，这种模式逐渐被其他模式所取代，原因在于：在这种模式之下，内部审计机构的独立性得不到保证，内部审计机构设置的层次、地位等都相对较差，因此，权威性、客观性都有所欠缺。财务部负责人同时管理财务工作和审计工作，即使业务协调上有所便利，但实际上形成了自己监督自己、自己审计自己的局面。而内部审计机构及其人员在制订审计计划、实施审计程序，以及提出审计建议和意见时易受干扰，难以保持应有的独立性、客观性及权威性。

现代企业管理要求企业的内部审计为企业提供整体经营的建议，解决的问题涉及企业经营的各个环节，如果内部审计机构设置在财务部门之下，则内部审计的独立性、客观性等要求不能满足现代企业管理的要求。现代内部审计的职能已逐步拓展为监督、评价、控制与咨询服务，审计的重点也逐步转向以绩效评价为主的管理审计，因此，这种模式在当前的内部审计环境下已不大适用。但如果满足下面两个条件，那么，这种组织模式在当前环境下还有一定的竞争优势。

条件1：企业是集团公司，下设若干个分公司。

条件2：总公司的财务审计由外部事务所完成，分公司的财务审计以"上审下"的方式由总公司审计完成。

隶属于财务部门负责人模式如图1-2所示。

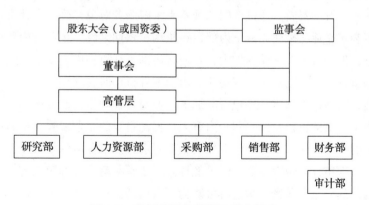

图1-2 隶属于财务部门负责人模式

2. 隶属于总经理等高级管理层模式

该种模式之下，其独立性、客观性及权威性相较于隶属于财务部负责人的组织模式来说都有所提升。总经理等高级管理层拥有丰富的管理知识和经验，熟悉企业的日常经营事务，依照公司章程和董事会的授权行使职权，对董事会负责。内部审计机构隶属于总经理等高级管理层，根据总经理等高级管理层的要求开展工作，并直接向其报告，有利于内部审计机构对企业的日常经营活动进行审计，为经营决策、提高经营管理水平和经济利益服务。但是，在这种组织模式之下，内部审计机构的审计范围过于狭窄，而且由于内部审计部门与其他部门是平行关系，造成内部审计部门的权威性不够。此外，内部审计机构隶属于总经理等高级管理层，不利于内部审计机构对董事会成员的决策和其经济行为进行监督，其设置的层次和地位还不能满足内部审计机构行使这一职权；同时，隶属于总经理等高级管理层的内部审计机构对总经理的经济责任也不能很好地进行客观公正的评价，在审计这一方面的信息时，独立性存在严重阻碍。隶属于总经理等高级管理层的模式如图 1-3 所示。

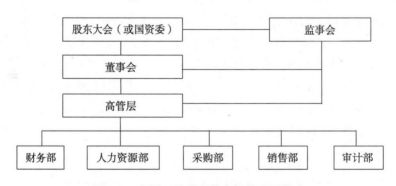

图 1-3　隶属于总经理等高级管理层模式

3. 隶属于监事会模式

监事会是公司的监督机构，通常由股东代表和职工代表组成，有权审核公司的财务状况，保障公司利益和公司业务活动的合法性，依法和依照公司章程对董事会和经理行使职权的活动进行监督。在这种模式之下，内部审计机构的独立性和设置层次都很高，客观性、权威性也都得到满足，便于内部审计机构人员较好地行使职权。但在这种模式之下，由于监事会本身的局限性，内部审计机构在行使职权时，通常会遇到障碍。监事会是公司的监督机构，但监事会的权责对一个公司来讲并不十分明确，而目前来说，监事会在我国多数公司中形同虚设，对董事会决策层人员和总经理等高级管理层的监督检查缺乏，并无直接的管理权，而内部审计机构的主要职责是从企业经营管理活动的实际需要出发，提出改善企业经营管理活动方面的建议。内部审计机构设置在监事会之下，与总经理之间并无直接联系，对企业的经营管理活动的了解过程更加烦琐，会给内部审计人员的工作造成不便。隶属于监事会模式如图 1-4 所示。

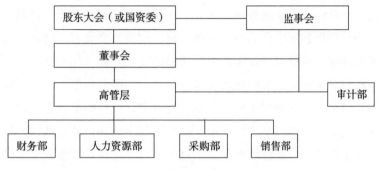

图 1-4　隶属于监事会模式

4. 隶属于董事会模式

在这种组织模式之下，内部审计机构的设置层次和地位较高，独立性也能得到较好的保证。通常情况下，内部审计机构若隶属于董事会，则由审计委员会进行管理。审计委员会主要由独立董事组成，内部审计机构由审计委员会领导，有较强的独立性，便于内部审计人员开展审计工作。内部审计机构对董事会直接负责，与总经理没有直接联系，对企业的经营活动不如内部审计机构设置在总经理之下的组织模式清楚明了，但由于内部审计机构设置层次和地位较高，可以弥补这一缺陷。不过，内部审计机构隶属于董事会，由于董事会的决策基本属于集体讨论制，因此，做出决策的时间过长，不便于正常审计工作的开展。隶属于董事会模式如图 1-5 所示。

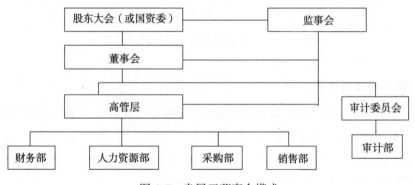

图 1-5　隶属于董事会模式

5. 董事会与高管层的双重领导模式

内部审计机构由董事会和高管层双重领导，既向董事会报告工作，又向高管层汇报工作。这一组织模式既有隶属于董事会模式的优点，同时又克服了内部审计机构不能与总经理等高级管理层直接沟通汇报的缺陷。这种双向负责、双轨报告、保持双重关系的组织形式，与 IIA 的《内部审计实务准则》的要求相一致，其明确指出：内部审计机构是根据高级管理层和董事会所规定的政策来执行职能的，其宗旨、权利和责任的说明是由高级管理层批准，并得到董事会认可的。这一模式下，内部审计机构的独立性强，客观性和权威性也得到保障，便于内部审计人员开展审计工作。不过双重领导、双向负责、双轨报告的模式，在实际工作中容易出现管理混乱、权责不明的问题，管理人员在实务中应当注意。董事会与高管层的双重领导的模式如图1-6所示。

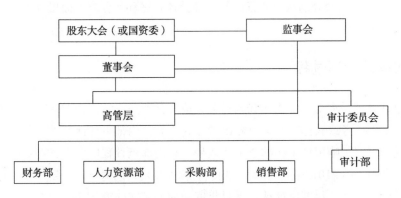

图1-6　董事会与高管层的双重领导模式

除了上面提到的几种模式，目前还有内部审计隶属于党委或者单位党组织，也有内审部门与单位的纪检部门合并在一个大的部门下面。根据审计署2018年颁布的11号令，国家机关、事业单位、社会团体等单位的内部审计机构或者履行内部审计职责的内设机构，应当在本单位党组织、主要负责人的直接领导下开展内部审计工作，向其负责并报告工作。国有企业内部审计机构或者履行内部审计职责的内设机构应当在企业党组织、董事会（或者主要负责人）直接领导下开展内部审计工作，向其负责并报告工作。2023年颁布的第1101号《内部审计基本准则》第二十六条提到，内部审计机构应当接受组织党委（党组）、董事会（或者主要负责人）的领导和监督，并保持与党委（党组）、董事会（或者主要负责人）或者最高管理层及时、高效的沟通。

第五节　内部审计程序

审计程序是指审计师在审计工作中可能采用的，用以获取充分、适当的审计证据以发表恰当的审计意见的程序。审计活动是一种有目的、有组织的活动，为了最大限度地实现既定的审计目标，保证审计工作的质量，降低审计风险，审计必须遵循一定的标准和规范，这种标准和规范就是审计程序。

企业的内部审计程序是企业内部审计人员开展内部审计工作所遵循的工作步骤。它是规范内部审计，提高审计工作质量和审计效率的有力保障。与外部审计不同，内部审计侧重于企业经营管理活动的检查和评价，目的在于完善企业的内部控制，提高经营活动的效率、效果和经济性。内部审计程序通常包括审计计划过程、实施过程、报告过程和后续审计过程四个环节。恰当设计和有效运用审计程序，不仅有利于审计人员有条不紊地开展审计工作，防止工作中的忙乱，避免审计工作偏离审计目的和进行不必要的审计手续，从而节约审计成本，提高审计效率，还有利于审计人员规范地开展审计工作，防止重要审计步骤和手续的遗漏，从而保证审计质量。

我国内部审计协会 2023 年颁发的第 1101 号《内部审计基本准则》和内部审计具体准则第 2101 号至 2109 号分别从总体程序规定和具体程序环节要求方面规范了内部审计程序的基本做法。

一、内部审计计划过程

内部审计计划是内部审计机构和人员为完成审计业务，达到预期的审计目的，对一段时期的审计工作任务或具体审计项目做出的事先规划。内部审计计划过程是进行内部审计工作的前提，直接影响审计工作的效率和效果，在内部审计程序中占有重要地位。根据内部审计具体准则《第 2101 号——审计计划》的相关规定，内部审计计划一般包括年度审计计划和项目审计方案。年度审计计划是对年度预期要完成的审计任务所作的工作安排，是组织年度工作计划的重要组成部分。项目审计方案是对实施具体审计项目所需内容、审计程序、人员分工、审计时间等做出的安排。内部审计计划的工作包括初步了解被审计单位、编制年度审计计划、编制项目审计方案、下达审计通知书等。

审计计划不是一成不变的，也没用固定的格式，需根据实际需要进行编制。一般而言，审计计划的编制要符合以下要求。

（1）客观性。即符合客观实际，能够解决实际存在的问题。具体来说就是要在了解被审计单位经营情况及所在行业的基本情况的前提下进行审计计划的编制。

（2）目的性。即在执行完计划后，达到审计的总目标。若审计计划完成之后，审计目标没有达到，则这样的计划没有意义。

（3）成本效益性。即正确处理审计成本、效率与审计质量的关系。在审计过程中，为保证审计质量，避免审计风险，通常要设置必要的审计程序，这将导致审计成本的增加。在这一过程中，需要考虑审计成本，过高的审计成本会阻碍审计工作的生存和发展。

（4）可操作性。审计计划是审计人员进行审计业务工作的行动指南，是审计方案的具体落实，计划的可操作性是其基本的要求。

审计计划过程是一个持续的、不断修正的过程，贯穿整个审计业务的始终。由于未预期事项、条件的变化或在实施审计程序的过程中获取的审计证据等原因，在审计过程中，审计人员需对审计计划做出更正和修改。

（一）初步了解被审计单位

初步了解被审计单位，审计人员主要通过查阅有关被审计单位的资料和进行实地观察来进行。在审计计划阶段，主要是了解被审计单位的背景资料。背景资料通常包括被审计单位的章程、经营方针、程序说明、组织机构图及以前年度的审计工作底稿、审计报告等。通过查看被审计单位的背景资料，了解组织设计和经营状况，有助于为后续审计工作的顺利展开奠定基础。进行实地观察主要是了解被审计单位的环境，收集和掌握为确定重点领域、编制系统的审计方案所必需的信息。

内部审计的范围可大可小，可简单可复杂。如既可以对组织的整个内部控制进行评价，也可以对内部控制的一个具体环节进行评价，不同的审计目标决定了不同的审计范围。此外，对待不同类型的审计，它们的审计目标和范围也不一样。因此，对被审计单位的初步了解，有利于确定审计目标和范围，从而更好地进行后续的审计工作。

（二）编制年度审计计划

年度审计计划是对年度的审计任务所做的事先规划，与财务预算、销售计划等内容一样，是组织年度工作计划的重要组成部分。年度审计计划由审计机构负责人制订。编制年度计划应当结合内部审计中长期规划，在对组织风险进行评估的基础上，根据组织的风险状况、管理需要和审计资源的配置情况，确定具体审计项目及时间安排。其主要内容包括以下几项。

（1）内部审计年度工作目标。内部审计年度工作目标要根据组织战略、组织年度目标及内部审计工作的需要确定，应该和本机构所制定的内部审计工作手册相关内容保持一致。

（2）需要执行的具体审计项目及先后顺序。由于组织的经营活动和内部控制包括的内容非常广泛，通常内部审计工作无法在一年的时间内涵盖所有内容，因此内部审计存在一个选择被审计单位的过程。确定被审计单位并且安排先后顺序是编制年度审计计划的重要内容。

（3）各审计项目所分配的审计资源。由于内部审计资源是有限的，必须对所选择的审计项目分配好各自所需要的审计资源，包括所需要的审计人员数量及预计耗费的审计工时。

（4）后续审计的必要安排。后续审计是内部审计机构为检查被审计单位对审计发现的问题所采取的纠正措施及其效果而实施的审计。后续审计是保证审计效果的一项必要工作，也是内部审计区别于注册会计师审计的特征之一。内部审计机构负责人必须考虑为后续审计预留必要的审计资源，并列入年度审计计划的内容。

审计项目负责人在编制年度计划前，应当重点调查了解下列情况，以评价具体审计项目的风险：①组织的战略目标、年度目标及业务活动重点；②对相关业务活动有重大影响的法律法规、政策、计划和合同；③相关内部控制的有效性和风险管理水平；④相关业务活动的繁杂性及其近期变化；⑤有关人员的能力及其岗位的近期变动；⑥其他与项目有关的重要情况。

（三）编制审计项目实施方案，下达审计通知书

1. 审计项目实施方案

审计项目实施方案是内审人员为实现审计总目标，主要通过严谨的审计步骤来收集与

审计目标相关的证据，在对被审计单位的基本情况有了初步了解和调查的基础上，对现场审计工作进行具体部署所形成的书面文件。

审计项目实施方案的作用：一是督促现场审计按指令进行，掌握工作进展情况的工具；二是科学调配审计资源、合理调整审计时间和考核审计工作质量的依据；三是降低内部审计风险的有效手段；四是提高审计工作效率和效果的必要措施。

审计项目负责人在编制审计方案时应注意：①做好事前调查；②突出重点；③做好内控制度的测试、评价；④确定重要性水平，做好风险评估；⑤科学合理地配备人力，发挥审计组每个人的特长与潜能。

编制审计项目实施方案应遵循以下原则：①效果性原则，即审计目标具体化；②前瞻性原则，即根据经济发展的趋势和审计环境的变化来编制；③针对性原则，即审计方案是为完成该审计项目而编制的，是针对该项目的特点和被审计单位的具体情况而编制的，它所确定的审计重点和所采用的审计方法均是根据审计目的和审前调查所获得的资料所决定的；④科学性原则，即合理配置审计资源，提高审计监督效应，节约审计成本。

审计方案应包括以下内容。①被审计单位，项目名称。②审计目标和审计范围，审计目标，即对审计范围内的每一部分拟定具体的审计目标；审计范围通常仅涉及完成该项审计任务相关的活动和重要方面，如对购货部门的审计，审计范围集中于购货的来源、视供货者的情况选择购货、使用购货订单购货三个方面。③审计内容和重点。④确定具体审计方法和程序。⑤审计组成员的组成及分工。⑥审计起止日期。⑦对专家和外部审计工作结果的作用。⑧其他有关内容。

审计项目负责人可根据被审计单位的经营规模、业务复杂程度及审计工作的复杂程度，确定项目审计计划和审计实施内容的繁简程度。

2. 审计通知书

审计通知书是指内部审计机构在实施审计前，通知被审计单位或个人接受审计的书面文件。在实施审计前，是指内部审计机构向被审计单位发出审计通知书，正式通知被审计单位，提供有关文件、会计凭证、账册和报表等资料，并为审计组提供必要的工作环境。

审计通知书的内容一般应包括以下内容：被审计单位及审计项目名称、审计目的及审计范围、审计时间、被审计单位应提供的资料和其他必要的协助、审计小组名单和内部审计机构及其负责人的签章和签发时间。

审计通知书的形式有纸质化和电子化，在很多制度不够完善，不注重管理的书面化和程序化的企业，内部审计通知书仅由审计部门发一份电子邮件或打一个电话就算通知了，但这些操作是不恰当的，应以纸质通知书发放。发放形式可以是信件送达，也可以是当面送达。送达时间没有严格规定，一般要求审计通知书提前三天送达被审单位（人员）。特殊审计业务，比如突击审计、违规违纪审计等审计中发现需要启动特殊审计程序的，可以在实施审计时同时送达。下面展示了审计通知书的范例。

审计通知书

×审[××××]×号

  ××关于审计××（审计项目名称）的通知

  ×××（被审计单位）：

    根据×年度审计计划安排，决定出派审计组，自××××年××月××日起，对你单位（××××时间段）（×××内容）（审计目的及范围）进行审计。接此通知后，请予以积极配合，并提供有关资料和必要的工作条件。

  审计组组长：

  审计组成员：

内部审计机构公章
审计机构负责人签字
签发日期：

  抄送：（必要时可抄送组织内部相关部门。涉及组织内个人责任的审计项目，应抄送被审计者本人）

二、审计实施阶段

  审计实施阶段是审计工作过程中最重要的过程，具有承前启后的作用，是对审计计划过程所指定方案的全面执行。这一过程主要是通过对审计项目进行实质性审查，进而取得审计证据，以编制审计工作底稿和做出审计评价等方式来进行审计项目总体控制制度评价。

  内部审计实施过程的主要工作包括：①进驻被审计单位，进行审计测试；②分析审计证据，做出结论或提出建议；③编制审计工作底稿；④与被审计单位讨论审计结果。

（一）进驻被审计单位，进行审计测试

  审计组在审计实施过程中，为全面深入地了解被审计单位业务活动的具体规定和内部控制制度的执行情况，需进驻被审计单位。

  审计测试包括控制测试和实质性测试。控制测试是指测试内部控制运行的有效性，对被审计单位包括与生成会计信息有关在内的内部控制设计和执行的有效性进行了解，并对该内部控制是否得到一贯遵循加以测试的过程。实质性测试是指在控制测试的基础上，为取得直接证据而运用检查监盘、观察、查询及函证、计算、分析程序等方法，对被审计单位具体交易、具体业务、具体余额等进行审查，以得出审计结论的过程。

1. 控制测试

  首先，审计人员需要了解被审计单位的内部控制。审计人员对被审计单位有关业务环节内部控制的控制程序、控制环境、会计系统等进行了解。

  其次，审计人员需要初步评价内部控制制度。一是确定业务环节中各点可能发生错误或舞弊事件的所在，即控制点；二是查明被查单位的内部控制程序是否设计适当，可否达到预防发生错误或舞弊的控制目标。

  再次，审计人员实施控制测试。控制测试采取的方法通常包括询问、观察、检查、重

新执行等。审计人员通过向被审计单位适当人员询问，获取与内部控制运行情况相关的信息；通过观察，看控制运行是否有效；通过检查相关纸质资料，判断内部控制运行情况等。几种方法应当在内部控制测试中结合使用，以获取充分、适当的审计证据。

最后，审计人员需要评价内部控制。控制测试完成后，审计人员需对被审计的内部控制重新评价，确定控制风险，以确定将要执行的实质性测试的性质、范围。

2. 实质性测试

实施完控制测试后，审计人员须对被审计单位的重点项目进一步实施实质性测试。实质性测试的类型分为两种，即分析程序和细节测试。

实质性测试的主要工作包括：①实物盘点，主要是针对有形资产账户记载的内容，如库存现金、有价证券、固定资产等；②检查相关凭证，以确定账簿记录数据的真实性和经济业务的合理性、合法性；③函证，函证是审计人员为印证被审计单位会计记录所记载事项而向第三者发函询证，主要应用于应收账款、应付账款等结算类的业务；④核实和核对相关记录。实质性测试采用的一般方法主要是检查、函证、重新计算等。

（二）分析审计证据，做出结论或提出建议

在实施完控制测试和实质性测试后，审计人员需对所获取的审计资料进行分析和讨论，从而得出审计结论，进而提出审计建议。

在分析审计证据前，需对审计证据按照一定的方法进行分类整理，使之条理化、系统化，然后对各种审计证据进行合理的归纳，并在此基础上形成恰当的整体审计结论。在此过程中，审计人员需重点关注审计证据的充分性和适当性。充分性是指审计证据的数量能足以证明审计事项并形成审计结论，如果一个审计项目收集的审计证据数量不足以形成审计结论，应考虑补充收集新的审计证据或通过其他途径来代替。适当性是指审计证据的相关性和可靠性。审计人员只能利用与审计目标相关的审计证据来证明被审计单位所认定的事项，例如存货监盘结果只能证明存货是否存在、是否有毁损及短缺，而不能证明存货的价值和所有权的情况。审计证据的可靠性受其来源、及时性和客观性的影响，审计人员需选取可靠性高的审计证据支持审计结论。

审计证据的整理、分析方法因审计目标和审计证据种类的不同而有所差异，通常情况下，审计证据的整理、分析方法有以下几种。

（1）分类和排序。对审计证据的分类可按其证明力的强弱、与审计目标关系的相关程度强弱等因素分门别类排序，也可以按照审计事项分类、审计证据与审计事项相关程度排序，从而使审计方案确定的审计事项脉络清楚、重点突出。

（2）比较。主要进行两方面的比较，一是将各种审计证据进行反复对比，从中分析出被审计单位财务状况或经营成果的变动趋势及特征；二是与审计目标进行对比，判断其是否符合要求、是否与审计目标相关。如不符合要求，则需补充收集新的与审计目标直接相关的审计证据。

（3）取舍。审计人员在整理审计证据时，对那些无关紧要的、与审计目标相关度低的次要审计证据应适当舍弃，那些具有代表性的、典型的审计证据应在审计报告中适当反映。取舍的标准包括两个方面：一是金额大小，对于涉及的违规事项金额较大、足以对被审计单位的财务状况或者经营成果的反映产生重大影响的证据，应当作为重要的审计证据在审计报告中反映；二是问题性质的严重程度，有的审计证据本身所揭露问题的金额也许并不很大，但这类问题的性质较为严重，可能导致其他重要问题的产生或与其他可能存在的重要问题有关，这类审计证据也应作为重要的证据在审计报告中反映。此外，对于同一审计事项有不同形式和来源的审计证据，应保留证明力较强的审计证据，如外部审计证据的证明力一般强于内部证据。

（4）汇总和分析。审计人员在对审计证据进行上述分类、比较和取舍的基础上，对其进行综合、汇总，将缺乏联系甚至相互矛盾的审计证据去粗取精、去伪存真、填平补缺、相互印证，得出具有说服力的各个审计事项的结论。

（三）编制审计工作底稿

审计工作底稿是指审计人员在审计工作过程中形成的全部审计工作记录和获取的资料。它是审计证据的载体，可作为审计过程和结果的书面证明，也是形成审计结论的依据。审计工作底稿的编制工作从确定审计项目开始，直到完成审计报告和后续审计，贯穿于整个审计过程。

审计工作底稿主要包括下列要素：①被审计单位名称；②审计事项及会计期间或者截止日期；③审计程序的执行过程及结果记录；④审计结论、意见及建议；⑤审计人员姓名和审计日期；⑥复核人员姓名、复核日期和复核意见；⑦索引号及页数；⑧审计标识与其他符号及说明等。下面展示了审计工作底稿和汇总表的范例。

审计工作底稿

索引号：

被审计单位名称：			
审计事项			
会计期间或截止期间			
审计人员		编制日期	
审计过程记录：			
审计结论或者审计查出问题摘要及其依据：			
处理处罚建议及法律法规依据：			
科目调整要求：			
复核意见			
复核人员		复核日期	

共 页 第 页附件（共 页）

审计工作底稿汇总表

第　页（共　页）

项目名称			
编制人		编制时间	
底稿反映的问题或者重要事项	底稿顺序号	审计结果类文书顺序号	
	1		
	2		
	3		

审核意见：

审核人：　　　　　　　　　　审核日期：

《中国内部审计准则第 2014 号内部审计具体准则》第四条规定，审计人员应当编制审计工作底稿，一是为了提供充分、适当的记录，作为审计报告的基础；二是提供证据，证明其按照内部审计准则的规定执行了审计工作。及时编制审计工作底稿有助于提高审计工作的质量，便于在出具审计报告之前，对取得的审计证据和得出的审计结论进行有效复核和评价。总的来说，审计工作底稿可以达到以下几个目的：①为编制审计报告提供依据；②证明审计目标的实现程度；③为检查和评价内部审计工作质量提供依据；④证明内部审计机构和内部审计人员遵循内部审计准则；⑤为以后审计工作提供参考。

审计工作底稿通常包括审计年度计划、审计项目方案、分析表、问题备忘录、重大事项概要、询证函回函、管理层声明书、核对表、有关重大事项的往来信件（包括电子邮件），以及对被审计单位文件记录的摘要或复印件等。

审计工作底稿的复核工作应当由比审计工作底稿编制人员职位更高或者经验更为丰富的人员承担。如果发现审计工作底稿存在问题，复核人员应当在复核意见中加以说明，并要求相关人员补充或者修改审计工作底稿。在审计业务执行过程中，审计项目负责人应当加强对审计工作底稿的现场复核。内部审计人员在审计项目完成后，应当及时对审计工作底稿进行分类整理，按照审计工作底稿相关规定进行归档、保管和使用。

（四）与被审计单位讨论审计结果

在完成审计工作后，为了保证审计结果的客观、公正，审计法规规定审计机关在出具审计报告前应当征求被审计单位的意见，在审计实施阶段与被审计单位的沟通也是法定程序。审计人员应就报告中的基本情况、审计发现的问题、审计结论、审计决定等征求被审计单位的意见，与被审计单位进行认真充分的沟通，要求被审计单位对审计结果提出口头或书面意见，并将该材料作为审计档案的重要部分予以保存，避免以后出现异议。与被审计单位进行结果沟通的目的是提高审计结果的客观性、公正性，并取得被审计单位、组织适当管理层的理解和认可。

审计人员需与被审计单位对审计结论有关事项进行沟通，沟通的主要事项包括以下几种。

（1）审计发现结论的分歧。主要指审计人员与被审计单位就被审计对象存在的不同意见。例如，在某些交易和事项所采用的会计政策、财务报表披露的内容，以及审计范围、审计报告的措辞等方面，双方可能发生分歧，需要沟通。

（2）重大审计调整事项。即对有重大影响、审计人员认为需要调整的事项，需要沟通。

（3）审计结论及审计报告的措辞。审计人员在编制审计报告时，应向被审计单位告知其审计结论及审计报告的措辞，并使其理解含义。但需注意的是，审计人员得出审计结论时，必须坚持独立、客观、公正的原则，这里的沟通是向被审计单位告知和解释。

（4）审计人员拟提出的关于内部控制及管理方面的建议。审计人员应就审计过程中注意到的、被审计单位在经营管理过程中存在的重大缺陷，向被审计单位提出口头或书面建议。

（5）审计概况及审计依据。需要对审计对象及审计目的、方法等进行说明。

三、内部审计报告过程

审计报告过程是指审计实施过程结束后，审计人员根据审计工作底稿编制审计报告，并将有关文件整理归档的全过程。

审计报告过程的主要工作包括：①编制审计报告；②整理并归还审计资料；③撤离审计现场；④整理审计档案。这里主要对两项进行说明。

（一）编制审计报告

《内部审计具体准则第2106号——审计报告》规定：内部审计人员应在审计实施结束后，以经过核实的审计证据为依据，形成审计结论与建议，出具审计报告。一份成功的审计报告必须能够准确地传递有关审计活动的可靠信息，表明内部审计完成了哪些工作，企业应该关心哪些问题。内部审计报告是指内部审计人员根据审计计划对被审计单位实施必要的审计程序后，就被审计事项作出审计结论，提出审计意见和审计建议的书面文件。它能够较客观公正地反映事实，并且使报告的阅读者接受并采纳审计意见和建议。

1. 内部审计报告的种类

内部审计报告可以根据不同的标准进行划分。依据被审计内容进行划分，可分为财务会计审计报告、经济效益审计报告、任期经济责任审计报告、基本建设审计报告等。根据报告的形式进行划分，可分为书面形式的审计报告和口头形式的审计报告，书面形式审计报告要求文字规范、格式统一、涵盖内容齐全，即包括审计目的、审计范围、审计结果、审计发现、审计结论和审计建议等内容；口头形式的审计报告则要求内部审计人员及时报送审计信息，以便高级管理者能够立即采取决策措施以预防风险的发生。按照报送期限进行划分，可分为期中报告和最终报告。期中报告的作用是在审计程序没有最终完成时，对较为重要的审计发现和审计建议可以中期进行反映和评价，报告形式可以是书面的，也可以是口头的，可以是正式报送方式，也可以是非正式报送方式。最终报告是等待审计程序全部完成以后进行总结和归纳出的审计报告，其在合理性、基本格式、语气、风格等方面充分表现出审计师的执业水平。

2. 内部审计报告编制的基本原则

（1）客观性原则。内部审计报告的编制应当以经过核实的审计证据为依据，实事求是，不偏不倚地反映审计事项。

（2）完整性原则。内部审计报告应基本要素俱全，全面地反映被审计单位的经营活动和管理情况，不遗漏审计中发现的重大事项。

（3）及时性原则。如无特殊原因，审计报告应及时撰写和印发，提高审计信息的时效性，树立审计良好职业形象，以便被审计单位及时整改。

（4）准确性原则。审计报告应条理清晰、简明扼要、观点清楚、易于理解，尽量避免不必要的专业术语，确保段落层次分明、具有逻辑性。

（5）建设性原则。通过对审计发现进行深入分析，审计建议操作性强，有针对性，符合被审计单位实际情况，便于被审计单位整改。

（6）重要性原则。审计报告应依据审计目标，明确审计重点事项，突出审计重点，反映审计重点问题。

3. 内部审计报告的基本内容

（1）审计报告封面。封面内容应包括报告的题目、被审计单位的名称和地址、审计日期或期限、审计小组或部门的名称等。

（2）审计概况。审计概况是对于审计报告的引导，开场白关系到报告内容的言简意赅和总结性内容，其内容往往起到简单传递报告信息的基本作用。包括审计背景的介绍、审计目标和审计范围、审计发现和审计证据、报告内容目录和索引信息，以及被审计单位的审计回复及反馈等。此外，还有审计报告日期及发送日期、参与审计的人员名单和签发人签字等。

（3）审计依据，即实施审计所依据的相关法律法规、内部审计准则等规定。

（4）审计发现的详细内容。对被审计单位的业务活动、内部控制和风险管理实施审计过程中所发现的主要问题进行说明。对于审计发现详细介绍，要组织好先后顺序，重点突出，避免报告篇幅过长、重复等现象的出现。

（5）审计意见和建议。审计意见是针对审计发现的主要问题提出的处理意见。审计建议是对审计发现的主要问题提出的改善业务活动、内部控制和风险管理的建议。

（6）报告中的图表及附录。审计证据中的图表方式是通过分析程序总结出的成果，以帮助分析审计证据。审计图表包括会计表格、财务分析中经济指标对比数据等。

（7）审计报告抄送人员和部门报告总份数及存档要求。内部审计机构的审计报告要按公司规定发送很多既定的领导和部门，在审计报告最后一页的页角，要按规定写清楚抄送人员和部门及需存档案的份数和总发出份数。下面是一个审计报告书和审计决定书的范例。

审计报告书

```
                          审计报告
                   （  年  月  日）审字第  号
                关于      单位      情况的审计报告
××领导：
    一、发现的主要问题
    二、对违法法纪的处理意见
    三、审计建议
                                              审计小组
                                               年  月  日
```

审计决定书

```
                          审计决定
    _____：
        根据    字第    号审计通知书，对你单位进行审计。现将我审定后的审计报告发送给你们，并作出如下决定：


    以上请遵照执行，并将执行结果于    前报送我。
    附：
                                               年  月  日
    报送：
    抄送：
```

（二）整理审计档案

审计档案是指审计人员按照规定归档保管的所有审计案卷的总和，它可为审计单位和有关部门考察、证明提供依据，也可为提高审计工作质量积累资料。例如帮助审计人员系统地回顾审计实践中的经验教训，探索审计工作规律，为今后审计工作提供交流，为处理类似审计项目提供案例等。

审计档案的收集整理工作关系到档案文件材料的完成和质量。审计人员在审计项目实施结束后，应及时收集审计档案材料，按照立卷原则和方法进行归类整理、编目装订组合成卷和定期归档。

审计档案材料主要包括以下几类：①立项材料：审计委托书、审计通知书、审前调查记录、项目审计方案等；②证明类材料：审计承诺书、审计工作底稿及相应的审计取证单、审计证据等；③结论类材料：审计项目回访单、被审计对象整改及反馈意见、与审计项目联系紧密且不属于前三类的其他材料等。

审计资料在归档时，首先要将按一定标准排好顺序，统一编写页号，填写案卷封面和备考表。审计档案材料应当按下列四个单元排列：①结论类材料，按审计程序，结合其重要程度予以排列；②证明类材料，按与项目审计方案所列审计事项对应的顺序，结合其重要程度予以排列；③立项类材料，按形成的时间顺序，结合其重要程度予以排列；④备查类材料，按形成时间顺序，结合其重要程度予以排列。审计档案内每组材料之间的排列要求：正件在前，附件在后；定稿在前，修改稿在后；批复在前，请示在后；批示在前，报告在后；重要文件在前，次要文件在后；汇总性文件在前，原始性文件在后。在审计案卷备考表内应由立卷人签名章、注明日期，并由审计项目负责人和档案保管人员签名盖章，填明检查日期以明确责任。

四、后续审计过程

后续审计是指内部审计机构为检查被审计单位对审计发现的问题所采取的纠正措施及其效果而实施的审计。它既不同于后期审计，又不同于期后审计，是一种完成前期审计工作后继续进行的追踪审计。后续审计是先前审计的再监督，对于审查被审计单位的纠正措施、审查内部控制系统的改善和进一步明确各种风险责任都是重要的一个环节。开展后续审计有利于促进被审计单位管理水平、风险防范能力的深层次提高，是整个项目审计的有机组成部分。

（一）实施后续审计的必要性

1. 有利于提高审计工作的质量

后续审计主要是针对被审计单位查出的问题展开的，如问题是否及时得到纠正，检验审计报告的内容是否符合实际，提出的意见和建议是否切实可行，是对审计工作质量的一种有效的评价与检验，能促使内审人员在审计中深入问题实质，提出有针对性、合理有效的措施，从而提高审计工作质量。

2. 有利于防范和化解风险

内审人员对审计中发现的屡查屡犯的问题，分析根源，对被审计单位提出处理意见和建议，要求被审计单位纠正或改进不足之处。采用追踪检查的方式，督促被审计单位落实纠正措施，防范风险的反复出现。

3. 有利于发挥监督和服务的作用

后续审计集中体现了内部审计的监督和服务职能，一方面对审计发现问题跟踪落实，督促整改，确保监督实效；另一方面后续审计评价纠正措施的实施效果，并根据被审计单位的实际情况，提出切实可行的审计建议和措施，为被审计单位发展服务。

4. 有利于组织内部的责任划分

在内部审计报告中已经包括了审计人员的审计工作和被审计单位对审计工作的反馈，只有经过后续审计才能真正验证哪一方更具合理性，进而真正解决被审计单位存在的问题。

（二）后续审计的步骤

1. 详细阅读被审计单位的审计回复

被审计单位的审计回复是被审计单位对审计报告中的结论、意见或建议的回复。审计人员通过分析审计回复，可了解哪些审计建议被审计单位接受，并已采取切实的措施和纠正行为；哪些被审计单位有不同意见，需要继续沟通；哪些被审计单位行动不明确，需要进一步落实；哪些已被审计单位拒绝，以澄清事实或选定今后工作的方向。

2. 对回复不充分或不回复的部分与被审计单位探讨

内审人员可通过面谈或电话的方式，将被审计单位审计回复不充分或不回复的原因及被审计单位的进一步打算研究清楚。

3. 对重大审计发现实施现场跟踪审计

内审人员可通过面谈、直接观察、测试及检查纠正措施的记录文件对后续审计中被审计单位存在的重大审计发现、采取的措施及纠正行为进行现场审计。

4. 评价被审计单位已经实施的措施及纠正行为的有效性

内审人员需对被审计单位已经实施或准备实施的措施，以及采取纠正行为后的控制环境的各种风险进行重新评估，以评价其有效性。

5. 提交后续审计报告

内审人员要根据后续审计的结果，提交后续审计报告。后续审计报告要说明后续审计的目的、将审计报告的审计发现和审计建议进行列示，概括被审计单位所采取的纠正措施及其有效性的评价结果，阐明后续审计的审查结论。

（三）后续审计的注意事项

1. 提高思想认识

思想上的重视是做好后续审计的重要保证。后续审计是审计工作的必经阶段，是审计工作的程序之一，每个审计项目都有进行后续审计的必要性。因此，内审人员、被审计单位、管理层都必须重视后续审计工作。

2. 确定后续审计的重点

对内部控制的充分性和有效性应更多地关注关键环节、重点部位。突出对未整改问题的审计力度，恰当分析未整改的原因及评估整改的效果和未整改的风险程度。避免面面俱到的全面审计，浪费人力物力。

3. 合理确定后续审计的时间

后续审计是针对被审计单位落实审计建议的整改情况开展的。审计时间过早，审计建议还没有发挥出应有的作用；审计时间过晚，则不能起到及时督促被审计单位执行审计决定的作用。因此，合理安排审计时间是保证后续审计质量的关键。审计人员应根据审计结论、审计建议的具体情况，确定实施后续审计的时间。

4. 完善后续审计方法

审计方法的正确与否决定了工作的质量与效率，要恰当地运用审计技巧和技术。审计人员在进行后续审计时要制定一套完善、行之有效的工作方法，以使所取得的审计证据具有说服力。

5. 做好后续审计评价

后续审计主要是针对整改情况进行的确认性审计，能够有效反映当前业务及内部管理的现状。应根据问题性质，客观做出评价。

某公司内部审计报告

2022 年度，内部审计部在审计委员会及总经理部的指导和大力帮助及各相关部门的配合下圆满完成了 2022 年度的工作计划，具体如下。

一、年度内控管理工作概要

（一）公司层面的内部控制情况

2015 年度，公司持续加强内部控制管理工作。

为促进公司内控管理工作的有序开展，于 2022 年 3 月 18 日，公司制定了《内控管理工作实施方案》，方案中再次明确了公司内控工作组织架构及各层级在内控工作中的职责，为公司内控管理工作的实施提供了制度基础。

于 2022 年 3 月 31 日经公司董事会审批，制定并公布了公司《内部控制缺陷认定标准》。公司董事会根据《企业内部控制基本规范》《企业内部控制评价指引》对重大缺陷、重要缺陷和一般缺陷的认定要求，结合公司规模、行业特征、风险偏好和风险承受度等因素，区分财务报告内部控制和非财务报告内部控制，研究确定了适用本公司的内部控制缺陷具体认定标准。为今后公司内部控制评价工作建立了评价标准。

（二）关联交易的内部控制情况

公司根据公司的《关联交易制度》（2021 年修订），按照有关法律、法规、部门规章及《上市规则》等有关规定，明确划分了公司股东大会、董事会对关联交易事项的审批权限，对公司关联交易的决策程序、信息披露原则等做了明确规定。报告期内，公司无须经董事会审批的超额关联交易事项发生。

（三）对外担保的内部控制情况

公司严格执行《对外担保管理制度》。报告期内，公司已发生的担保事项未有违反《上市公司规范运作指引》及《对外担保管理制度》的情形发生。

（四）重大投资的内部控制情况

公司在《公司章程》中规定了重大投资的基本原则、审批权限、决策程序。报告期内公司严格按照《公司章程》的有关规定，履行对重大投资的审批。

（五）信息披露内部控制情况

公司制定了《信息披露管理制度》，对公司公开信息披露和投资者信息沟通进行有效控制。公司《信息披露管理办法》对信息披露的原则、职责、定期报告、临时报告、程序、敏感信息排查机制、文件管理、保密措施、监督管理与责任追究等做了明确规定，公司在审慎的原则下接受调研，并开展与投资者的沟通，增加公司信息披露透明度及公平性，促进公司与投资者之间关系的良性互动。

（六）对控股子公司的控制情况

公司通过任命和委派管理人员对控股子公司实行控制管理，从而将财务、重大投资、人事及信息披露等方面工作纳入统一的管理体系并制定统一的管理制度。公司定期取得控股子公司的季度、半年度及年度财务报告。

（七）内部控制的检查情况

2022年度，内部审计部对全体子分公司内控工作小组持续开展公司内部控制自我评价工作培训，并对下属子公司及分支机构等15家公司的内控自我评价工作进行了现场检查，超额完成了审计计划。

2022年度，内部审计部对公司的内部控制的自我评价工作已顺利完成，未发现公司内部控制存在重大缺陷或重要缺陷。

二、年度内部审计工作概要

（一）定期报告的审计情况

2022年度，内部审计部持续坚持以财务报表审计为主线，以实现公司的报告目标，即财务报告的真实性和完整性。截至目前，内部审计部已经完成对公司业绩快报、季报、半年报的内部审计，未发现公司财务报告的对外信息披露存在重大错报或漏报。

（二）重点事项的审计情况

2022年度，内部审计部在每季季末的次月进行重点审计事项包括：①公司募集资金使用、对外担保、关联交易、证券投资、风险投资、对外提供财务资助、购买或出售资产、对外投资等重大事项的实施情况；②公司大额资金往来以及与董事、监事、高级管理人员、控股股东、实际控制人及其关联人资金往来情况。内部审计部对上述重点事项每季度均进行了检查，检查结果均向审计委员会进行了报告。

（三）对子分公司的审计情况

2022年度，内部审计部完成了对湖南科伦、岳阳分公司、简阳分公司、广安分公司的现场审计工作，并出具了审计报告，未发现上述公司的财务信息存在重大错报。

三、进一步加强关联交易内控工作

公司 2021 年度已对关联交易的内控缺陷整改完毕。2022 年度，为进一步加强公司关联方识别的工作，切实保证公司关联交易制度的落地实施，确保公司关联交易信息及时完整地披露，公司持续加强对于关联交易的内部控制工作。

（1）严格按照证券法规就未依法履行关联交易审议程序的事项进行审议确认，并予以披露。

（2）就公司的关联方和关联交易进行全面核查。

公司对关联方和关联交易展开了全面自查，包括采取但不限于要求公司实际控制人、董事、监事、高级管理人员及其他关键管理人员提供关联方及其关联交易清单，组织人员查询 2022 年度交易金额及余额在 300 万元以上销售客户、原料及设备供应商、工程施工方、研发单位和其他往来单位的工商信息等措施，以发现是否存在未识别的关联方及关联交易。

（3）加强公司董事、监事和高级管理人员有关关联方和关联交易的培训。

2022 年 1 月，内部审计部会同内控管理部、董事会办公室完善了公司 2014 年 4 月颁布的《关联方交易制度》的实施细则，增加了 OA 流程，设计了《大额客商背景调查表》；并对全集团进行了如何填写《大额客商背景调查表》的培训。

2022 年 2 月，公司组织了董事、监事和高级管理人员及业务部门负责人就关联方、关联交易的相关规定进行了专题学习，并进行了相应培训。

对于上述内控完善措施，内部审计部全程监督，并检查了上述措施的落实情况。

四、年度反舞弊工作概要

为加强公司反舞弊工作管理，保护公司、股东和广大员工的利益，公司制定了《反舞弊制度》，制度对舞弊的定义、反舞弊工作的职责归属、举报渠道、责任追究及处罚等问题进行了明确规定，为今后反舞弊工作的开展提供了思路和方向。

为了将公司廉洁自律的企业文化精神传递给合作方，努力营造健康的经营环境，公司制定了《阳光协议》，协议对业务往来过程中的腐败行为进行了定义，对违约行为的责任追究进行了约定，要求业务人员在与上下游客户签订经济合同时同时签订《阳光协议》。

同时，2022 年 10 月，公司加入了中国企业反舞弊联盟，在反舞弊联盟中我们将吸取各大公司的反舞弊经验，进一步加强本集团的反舞弊工作。

五、总述

2022 年度，我们在董事会审计委员会的指导下圆满并超额完成了 2022 年度的工作计划。2023 年度，我们将继续在董事会审计委员会的领导下，严格按照 2023 年度的审计计划开展工作。

要求：指出该内部审计报告存在的不足和改进措施。

第六节 内部审计质量评价

审计质量对内部审计工作有着重要意义,关系到内部审计机构在组织中的地位和发展。内部审计相对于外部审计来说,审计程序和工作流程相对多变,而审计时间也没有严格的限制。虽然内部审计的灵活性为审计人员提供了便利,但其审计工作的随意性也使内部审计工作的质量得不到较好的保证。为使内部审计得到更好的发展,需要对内部审计工作进行质量评价。

一、内部审计质量评价的原则

要对内部审计工作进行较好的质量评价,首先应遵循一定的原则。原则的确立对评价内部审计质量的目标、方法、程序制定等有相当的指导意义。有了评价的原则,才能明确评价的目标。有了质量评价的目标,才能运用更为贴切合适的方法来达到企业的目标。有了方法,才能为制定质量评价的程序提供指引。因此,进行内部审计质量评价,首先应明确内部审计质量评价的五大原则。

(一) 全面性原则

全面性指内部审计质量评价的范围应当覆盖内部审计工作的方方面面。在质量评价过程中,要从内部审计证据的收集、内部审计程序的执行及内部审计结果的报告等方面进行评价。不能仅就内部审计结果,即内部审计报告进行质量评价,还应从内部审计工作的源头和过程中获得全面的信息,与实际相结合,最终得出评价结论。

(二) 连续性原则

连续性指对内部审计质量的评价应当是连续不断的,而不是一次性的。也就是说,评价内部审计质量应当具有周期性,定期进行内部审计质量评价。通常来讲,企业的内部审计对企业的审计也是周期性的,中审、年审等属于比较重要的事项,对内部审计质量的评价也应跟随内部审计工作的开展而进行,定期评价内部审计的质量。

(三) 可衡量性原则

该原则要求内部审计质量评价的标准应当是一套定量的质量体系,而不是定性的评价。即要求评价标准应当是事先设定的、确切的、反映当前内部审计实际情况的、可以规责的。只有定量的评价标准,才能准确评价内部审计的质量,如果评价标准模棱两可,则会导致评价人员工作开展困难、评价质量不符实际等问题。

(四) 增值性原则

该原则要求内部审计质量评价本身能够为股东创造价值,即该活动是增值的。如果内部审计质量评价成本过高,而评价之后为公司带来的效益低下,可能企业没有动力,也没有必要开展内部审计质量评价活动。而内部审计质量评价的增值性主要体现在两个方面:第一,在内部审计质量评价过程中,提出的反馈、建议、意见作用于内部审计,使内部审计的质量得到提升;第二,由于内部审计质量的提升,因此内部审计对企业的效用更大,使整个组织的运营水平提高,为企业创造价值。

(五)可沟通性原则

该原则要求内部审计质量评价信息能够准确、及时、有效地传递。内部审计质量评价人员对评价过程中发现的问题、提出的建议及评价结果应当及时与相关负责人沟通,以获取准确的信息,为内部审计质量评价结果的准确性提供保障。

二、内部审计质量评价的目标和方法

(一)内部审计质量评价的目标

对内部审计进行质量评价,除了评价原则外,还应确定内部审计质量评价的目标。内部审计指遵循非常严苛的职业道德准则,运用一系列的方法来评估并提升组织的风险管理水平、内部控制质量、公司治理结构的有效性。因此,内部审计质量评价应设定两大类目标。

第一,应当评价内部审计活动是否符合国家相关法律法规,是否符合各利益相关方的要求和期望,是否符合组织既定的规章制度,是否符合组织所在具体行业或所在地内部审计协会的职业规范和道德准则。这是内部审计质量评价最基本的目标,实际工作中,这也是内部审计质量评价必须要达到的要求。

第二,通过内部审计质量评价,还应加强内部审计活动的可信度。现代企业中,内部审计机构的设置层次、地位都相对较高,独立性也较强,但企业中其他职能部门可能对内部审计的认识不足,认为内部审计部门没有实际的权力,对企业的审计也不如外部审计专业。因此,被审计单位部门可能对内部审计活动并不是很配合,也不认为内部审计活动能够为企业创造价值。通过内部审计质量评价,可以找出内部审计活动中的不足之处,增进内部审计部门的业务能力和整体素质,提高内部审计质量,提升内部审计在组织中的形象。

(二)内部审计质量评价的方法

我国内部审计起步较晚,设置的初衷也仅是为了满足行政需求,因此,内部审计虽然经过了30多年的发展,但国内普遍对内部审计质量的认识不足,对内部审计质量的研究也大多停留在理论阶段。就目前来讲,内部审计质量评价的方法主要采用的是对标法,即基于评价现状、建立对标体系、识别差距、提出缩小差距的建议这四个要素的一套科学的系统方法论。

首先,我们应当评价内部审计质量的现状,全方位分析内部审计质量的评价指标,准确把握当前内部审计质量的水平。由于各个公司组织框架不同，内部审计机构的构建也有差别，因此，针对不同的公司，对内部审计质量的评价方法和标准可能千差万别，只有准确认识内部审计的现状，才能基于现状做出较好的判断与评价。

其次，应当建立评价内部审计质量的对标体系。在了解内部审计质量现状的基础上，主动了解各利益相关方对内部审计质量的要求与期望，并将这些期望与要求系统化为一套对标体系，用于内部审计质量评价。在整理对标体系时，可能遇到各利益相关方的期望与要求相矛盾的情况，因此在评价内部审计质量时，应根据内部审计职业道德准则与内部审计规范进行评价，同时根据企业的营业宗旨和目标加以修正，真正做好内部审计质量评价。

再次，对比内部审计质量的现状和整理的对标体系，识别当前内部审计质量的不足之处，分类整理，分析不足原因，形成内部审计质量评价报告底稿。基于对内部审计质量现状的认识及对标体系的对比，针对机构设置、制度建设、审计执行等方面，逐一查找内部审计机构需要改进的地方，分类整理，提出问题。

最后，还应当针对发现的问题，分析原因，提出整改措施。内部审计机构的建设并非一朝一夕就能达到理想状态，在发现问题时，要及时纠正，而针对复杂的问题，则应当制订改进计划，分步实施，不断完善和改进内部审计机构，缩小现状与理想对标体系之间的差距，以不断满足各利益相关者的期望与要求。

三、内部审计质量评价的内容

内部审计质量评价包含内部审计工作的方方面面，只有从各方面全面评价内部审计工作，才能不断完善和改进内部审计机构，达到内部审计质量评价的目的。从内部审计质量评价的内容来看，主要包括五个方面的评价内容：目的与组织、资源和能力、沟通与报告、流程与程序、工具与技能。

（1）内部审计质量评价应当关注内部审计的目的与组织。针对这一点，评价人员主要关注内部审计机构的设置是否合理，层次、地位是否满足内部审计工作开展的要求，内部审计机构的独立性、客观性、权威性是否达到标准，是否还有改进空间。同时，还应关注内部审计机构的相关负责机制，其组织汇报关系属于双重领导还是单一领导，是否具有可归责性，管理逻辑是否清晰。最后，还应关注内部审计机构的设置是否能达到内部审计的目的，组织机构是否最优，能够从哪些方面进行优化。

（2）内部审计质量评价应当关注内部审计机构的资源和能力。内部审计工作质量的提高很大程度上依赖于内部审计部门所掌握的资源。我国内部审计起步较晚，许多机构都不够完善，相关机制也不健全，因此，内部审计的发展暂时处于落后状态。在进行内部审计质量评价时，应当关注内部审计资源的数量和质量、内部审计资源的可获得性及资源的配置问题，只有解决了内部审计机构的资源问题，才能从实质上提高内部审计质量，达到内部审计提升企业质量的目的。

（3）内部审计质量评价应当关注内部审计的沟通和报告。针对沟通方面，在进行内部审计质量评价时，应当关注内部审计人员之间、内部审计人员与被审计单位人员及内部审计人员与高级管理层、董事会之间的沟通是否及时、有效。内部审计人员之间的沟通可以帮助内部审计人员及时发现问题，分享获得的信息，提高审计效率；而内部审计人员与被审计单位人员之间的沟通则着重于获取审计证据，以及与审计人员所关注问题的信息；内部审计人员与高级管理层或董事会的沟通则有助于内部审计人员将获取的信息及时进行反馈。良好的沟通有利于提高审计效率，融洽审计人员之间的关系，创建良好的工作氛围。而报告则主要关注内部审计人员对发现的问题和提出的建议向董事会或高级管理层报告的途径是否有效。内部审计人员对被审计单位进行审计后的结果和反馈只有及时向高级管理层或董事会报告之后，才能发挥提升企业整体质量的作用，否则，内部审计机构纵然发现问题、提出建议，也不能发挥实质性的作用。

（4）内部审计质量评价应当关注内部审计的工作流程和实施程序。在进行内部审计质量评价时，工作人员应当关注内部审计的方法、内部控制的框架与风险评估、内部审计战略与年度计划、内部审计具体项目计划、内部审计项目管理、内部审计计划的执行策略、内部审计测试标准与实践、内部审计记录文档的标准、内部审计问题的追踪与跟进等方面，以评价这些工作流程和实施程序是否能够达到内部审计的目的。只有在对内部审计的工作流程和实施程序全面了解的基础上，才能针对内部审计工作流程和实施程序中的不足之处提出改进建议，提升内部审计质量。

（5）内部审计质量评价应当关注内部审计的工具与技能。这一点主要是针对内部审计机构的软硬件设施，以及内部审计人员的从业能力。随着内部审计的发展，与内部审计相关的方法和软件也逐步兴起，在风险导向型审计的环境下，要想提高审计工作的效率，就要依赖一些审计软件的使用，这有助于我们减少审计工作的复杂程度，同时，也能提高审计工作的效率和质量。而内部审计质量评价还应关注内部审计人员的层次构成和职业发展前景。好的内部审计团队有助于企业内部审计的发展和内部审计质量的提高，内部审计人员的执业能力与工作经验也是内部审计质量评价中的重要一环。好的人才构架及人才培养机制有助于企业内部审计的长远发展，是企业不可多得的资源。

2023年中国内部审计协会颁布的《内部审计质量评估》团体标准（征求意见稿）也是从这几方面对内部审计质量进行评价，具体的评价环节如表1-1所示。

表1-1　内部审计质量评估指标表

评估类别	评估要素	评估要点及分值标准
内部审计治理（26分）	内部审计独立性（12分）	独立性（12分）
内部审计治理（26分）	与组织党委（党组）、董事会（或者主要负责人）或者最高管理层的关系（12分）	接受组织党委（党组）、董事会（或者主要负责人）或者最高管理层的领导（6分）
内部审计治理（26分）	与组织党委（党组）、董事会（或者主要负责人）或者最高管理层的关系（12分）	向组织党委（党组）、董事会（或者主要负责人）或者最高管理层报告（6分）
内部审计治理（26分）	内部审计质量控制（2分）	外部评估（2分）

续表

评估类别	评估要素	评估要点及分值标准
内部审计人员（12分）	内部审计人员职业道德规范（9分）	诚信正直（2分）
		客观性（3分）
		专业胜任能力（2分）
		保密（2分）
	后续教育（3分）	后续教育实施（3分）
内部审计管理（32分）	内部审计机构的管理（15分）	部门管理（8分）
		计划管理（4分）
		项目管理（3分）
	内部审计质量控制（3分）	内部评估（3分）
	人际关系（3分）	人际关系管理（1分）
		与利益相关方建立关系及保持沟通（2分）
	与外部审计的协调（2分）	内外部审计协调机制及效果（1分）
		评价外部审计工作质量（1分）
	利用外部专家服务（2分）	外部专家的聘请（1分）
		对外部专家服务结果的评价和利用（1分）
	审计业务外包管理（3分）	审计业务外包管理程序（2分）
		审计业务外包质量控制（1分）
	后续教育（4分）	后续教育管理（4分）
审计业务流程（30分）	项目审计方案（5分）	项目审计方案的编制（3分）
		项目审计方案的批准及执行（2分）
	审计通知书（1分）	审计通知书的编制与送达（1分）
	主要审计工具和技术（5分）	审计抽样的应用（1分）
		分析程序的应用（2分）
		审计信息化建设（2分）
	审计证据（2分）	审计证据的管理（2分）
	审计工作底稿（5分）	审计工作底稿的编制（3分）
		审计工作底稿的复核与管理（2分）
	结果沟通（3分）	结果沟通的要求（1分）
		结果沟通的内容及异议处理（2分）
	审计报告（5分）	审计报告的编制（2分）
		审计报告的管理（3分）
	后续审计（4分）	后续审计的管理（2分）
		后续审计的实施（2分）

 **案例1-2**

S公司的内部审计机构为审计部,内部审计的机构设置为隶属于总经理的高级管理层。S公司的审计部是在20世纪80年代成立的,创立初期曾隶属于公司办,后来经过公司的多次改革与调整,地位一步步提升,成为一个相对独立的部门。现在的审计部门主要职能包括财务审计、工程审计、合同审计。而在最近两年又新增加了风险管理与内部控制管理,即负责评估公司的风险,降低项目的风险,对公司内部控制的合理性与有效性进行评价与管理。

S公司的内部审计机构即内审部一直属于经营层主导型,但经过一系列调整后,从之前的隶属于厂办、公司办到现在的独立部门、直接对总经理负责,S公司审计部的地位越来越高,独立性与权威性也得到很大的提高。内部审计在企业中的业务面也在不断扩大,从刚开始的单一财务审计职能,发展为财务审计与工程审计并存,再后来不仅负责财务审计和工程审计,还增加了合同审计与供应链审计的内容,到近两年,又新增加了风险管理控制与内部控制管理。内审部人员的队伍也不断壮大,审计成本也在增加,现如今已经是一个担负着S公司财务审计、工程审计、合同审计、供应链审计、风险管理与内控管理的成熟、独立、权威的审计部门。

要求:说明如何提高S公司内部审计机构的审计质量。

 即测即练

自学自测　扫描此码

第二章 内部审计的典型实务

 学习目标

1. 了解经济责任审计的含义、内容和方法等；
2. 了解内部控制审计的含义、内容和方法等；
3. 了解建设工程项目审计的含义、内容和方法等；
4. 了解风险管理审计的含义、内容和方法等；
5. 了解舞弊审计的含义、特点和方法等。

第一节 经济责任审计

一、经济责任审计概述

（一）经济责任审计的含义及其对象

根据《第2205号内部审计具体准则——经济责任审计》，经济责任是指领导干部在本单位任职期间，对其管辖范围内贯彻执行党和国家经济方针政策、决策部署，推动本单位事业发展，管理公共资金、国有资产、国有资源，防控经济风险等有关经济活动应当履行的职责。根据2022年颁布的《第3204号内部审计实务指南——经济责任审计》，经济责任审计是指内部审计机构、内部审计人员对本单位所管理的领导干部任职期间的经济责任履行情况的监督、评价和建议活动。经济责任分为领导责任和直接责任。经济责任审计可分为审计准备、审计实施、审计报告和后续审计四个阶段。审计准备阶段主要工作包括：组成审计组、开展审前调查、编制审计方案和下达审计通知书。审计通知书送达被审计领导干部及其所在单位，并抄送同级纪检监察机构、组织人事部门等有关部门。审计实施阶段主要工作包括：召开审计进点会议、收集有关资料、获取审计证据、编制审计工作底稿、与被审计领导干部及其所在单位交换意见。被审计领导干部应当参加审计进点会并述职。审计报告阶段主要工作包括：编制审计报告、征求意见、修改与审定审计报告、出具审计报告、建立审计档案。后续审计阶段主要工作包括：移交重大审计线索、推进责任追究、检查审计发现问题的整改情况和审计建议的实施效果。

经济责任审计的对象包括党政工作部门、纪检监察机关、法院、检察院、事业单位和人民团体下属独立核算单位的主要领导干部，以及下属非独立核算但负有经济管理职能单位的主要领导干部；企业（含金融机构）本级中层主要领导干部，下属分支机构、全资、控股或占主导地位企业的主要领导干部,以及对经营效益产生重大影响或掌握重要资产的部门和机构的主要领导干部等;上级领导干部兼任下级单位正职领导职务且不实际履行经济责任时,实际分管日常工作的副职领导干部;上级要求及本单位内部确定的其他重要岗位人员。

(二)经济责任审计依据

经济责任审计的依据包括《第2205号内部审计具体准则——经济责任审计》《第3204号内部审计实务指南——经济责任审计》,2019年颁布的《中共中央办公厅、国务院办公厅关于印发〈党政主要领导干部和国有企业领导人员经济责任审计规定〉的通知》,以及2019年颁布的《党政主要领导干部和国有企业领导人员经济责任审计规定实施细则》等关于领导人员经济责任审计的规定。经济责任审计工作以马克思列宁主义、毛泽东思想、邓小平理论、"三个代表"重要思想、科学发展观、习近平新时代中国特色社会主义思想为指导,贯彻创新、协调、绿色、开放、共享的新发展理念,聚焦经济责任,客观评价,揭示问题,促进党和国家经济方针政策和决策部署的落实,促进领导干部履职尽责和担当作为,促进权力规范运行和反腐倡廉,促进组织规范管理和目标实现。

审计评价的依据一般包括:党和国家有关经济方针政策和决策部署;党内法规、法律法规、规章、规范性文件;国家和行业的有关标准;单位的内部管理制度、发展战略、规划和目标;有关领导的职责分工文件,有关会议记录、纪要、决议和决定,有关预算、决算和合同,有关内部管理制度;有关主管部门、职能管理部门发布或者认可的统计数据、考核结果和评价意见;专业机构的意见和公认的业务惯例或者良好实务;其他依据。

(三)经济责任审计的责任界定

1. 领导干部经济责任的类别

领导干部经济责任分为直接责任和领导责任。领导干部对履行经济责任过程中的下列行为应当承担直接责任:直接违反有关党内法规、法律法规、政策规定的;授意、指使、强令、纵容、包庇下属人员违反有关党内法规、法律法规、政策规定的;贯彻党和国家经济方针政策、决策部署不坚决、不全面、不到位,造成公共资金、国有资产、国有资源损失浪费,生态环境破坏,公共利益损害等后果的;未完成有关法律法规规章、政策措施、目标责任书等规定的领导干部作为第一责任人(负总责)事项,造成公共资金、国有资产、国有资源损失浪费,生态环境破坏,公共利益损害等后果的;未经民主决策程序或者民主决策时在多数人不同意的情况下,直接决定、批准、组织实施重大经济事项,造成公共资金、国有资产、国有资源损失浪费,生态环境破坏,公共利益损害等后果的;不履行或者不正确履行职责,对造成的后果起决定性作用的其他行为。

领导干部对履行经济责任过程中的下列行为应当承担领导责任:民主决策时,在多数人同意的情况下,决定、批准、组织实施重大经济事项,由于决策不当或者决策失误造成公共资金、国有资产、国有资源损失浪费,生态环境破坏,公共利益损害等后果的;违反单位内部管理规定造成公共资金、国有资产、国有资源损失浪费,生态环境破坏,公共利益损害等后果的;参与相关决策和工作时,没有发表明确的反对意见,相关决策和工作违反有关党内法规、法律法规、政策规定,或者造成公共资金、国有资产、国有资源损失浪费,生态环境破坏,公共利益损害等后果的;疏于监管,未及时发现和处理所管辖范围内本级或者下一级地区(部门、单位)违反有关党内法规、法律法规、政策规定的问题,造成公共资金、国有资产、国有资源损失浪费,生态环境破坏,公共利益损害等后果的;除直接责任外,不履行或者不正确履行职责,对造成的后果应当承担责任的其他行为。

2. 责任认定的原则

(1)权责一致原则。按照权责对等的原则,综合考虑相关问题的历史背景、决策过程、性质、后果和被审计领导干部实际所起的作用等实质性要件,界定责任,避免简单依据是否分管、是否开会、是否圈阅等形式要件认定责任。

(2)审慎客观原则。责任认定时要秉持审慎客观的态度,对需进行责任认定的问题做到证据确凿、事实清楚、依据准确。责任认定结果应有充分的审计证据支持。

(3)边界清晰原则。根据被审计领导干部履职范围、任职期间、履职过程和尽职要求确定其责任边界,并对责任范围内的审计发现问题进行责任认定。

(4)重要事项原则。在开展责任认定前,需要按照审计发现问题的重要性划分,确定应进行责任认定的有关事项,即应是由于被审计领导干部对其领导或直接分管的工作,不履行或者不正确履行经济责任,造成国家(单位)利益(资产)损失浪费等后果的,以及违反法律法规、国家(单位)有关规定等重要事项。对审计发现的非重要事项无须认定被审计领导干部应承担的责任。

(5)尽职免责原则。在区分主客观因素的前提下,确定被审计领导干部免责情形,包括被审计领导干部已履职尽职或不可抗力因素等情况下的免责。

3. 责任认定的注意事项

在确定被审计领导干部对审计发现问题应承担的责任时,可依据单位对责任类别情形的有关规定进行区分,主要有以下几方面。

(1)区分任期内和非任期内的时间界限。从时间上区分前任后任的政绩、划清前任后任的责任,客观公正、实事求是地评价被审计领导干部任期内的经济责任。因前任的行为延续到本期才产生或造成的遗留问题,现任无管理过错的,应属于前任的责任,在认定时应剔除或附加说明。但也要防止"新官不理旧账",对被审计领导干部在积极处理前任遗留问题、减少或防止扩大不良后果方面有失职问题的,审计仍然要予以揭示并认定责任。

(2)区分被审计领导干部个人决策和领导班子集体决策的界限。判断时应以会议纪要等决策性文件进行认定。对于由被审计领导干部主持相关会议讨论或者以文件传签等其他方式研究,在多数人同意的情况下,决定、批准、组织实施重大经济事项为集体决策,应由被审计领导干部承担领导责任;但上述事项是在多数人不同意的情况下由被审计领导干部决策的,应由被审计领导干部承担直接责任。

(3)区分主观原因和客观原因的界限。由于社会环境或不可抗力等客观原因造成的问题，在被审计领导干部尽职的情况下可予以免责。对由于被审计领导干部个人主观原因造成的问题，如决策失误等，原则上由被审计领导干部个人负责并认定其责任，其中对主观故意，如有意钻政策空子、弄虚作假、牟取私利、贪污浪费等行为，应加重问责。为保护领导干部干事创业的积极性、主动性和创造性，对于符合决策程序、未从中谋取不正当利益、党章党规和法律法规无明令禁止、积极主动挽回损失和消除不良影响等情形，各单位可结合实际，确定免责或从轻定责标准和程序，对被审计领导干部予以免责或从轻定责。

（四）经济责任审计的主要内容

经济责任审计的主要内容一般包括：①贯彻执行党和国家有关经济方针政策和决策部署审计；②发展战略规划制定及执行情况审计；③重大经济事项决策及执行情况审计；④组织治理情况审计；⑤内部控制和风险管理情况审计；⑥财政财务管理情况审计；⑦自然资源资产管理和生态环境保护情况审计；⑧境外机构、境外资产和境外经济活动情况审计；⑨党风廉政建设责任和个人遵守廉洁从业规定情况审计；⑩以往审计发现问题整改情况审计。因此，需要被审计单位提供以下资料。

①任期内企业营业执照、企业基本情况、法人代码证书、开户许可证、企业在银行和非银行金融机构设立的全部账户。

②任期内企业内部管理制度和内部机构设置、职责分工资料，任期服务目标、服务计划及重大经济事项决策会议记录，任期内上级部门历年下达的国有资产保值增值等考核指标。

③任期内历年资产经营计划、经济指标完成情况、重大投资项目及其实施结果、经济合同、对外投资明细表、任期前后有关经济遗留问题（含重大诉讼等）的专门材料。

④任期内历年财务报表、账簿、凭证等会计资料，财产物资盘点表、债权、债务明细及账龄分析表。

⑤任期内企业上级内部审计部门的审计报告、委托社会审计组织出具的审计报告、验资报告、资产评估报告，以及办理合并、分立等事宜出具的有关报告。

⑥任期内有关经济管理监督部门及检察机构出具的重大检查事项结果、处理意见、纠正情况的资料。

⑦任期内企业年度工作总结。

⑧被审计企业领导人员基本情况、任期期限、述职报告及年度个人总结等。上述材料需要求被审计企业及时提供，如不能完整地提供，须要求被审计企业说明原因，提供的资料要分门别类，编号单独保存。

（五）经济责任审计的主要任务

经济责任审计的任务是为组织人事管理部门正确考察、使用和管理干部提供真实可靠的依据；强化领导干部和法定代表人的经济责任意识，保护其合法权益；加强对领导干部和法定代表人的监督与管理，促进廉政建设；维护财经法纪，规范经济行为，促进企业健康发展。具体包括以下两方面。

①实施现场审计。在对企业风险与内部控制进行了解测试的基础上，对企业资产、负债和管理成果的真实性、财务收支的合规性、重大经济决策等情况进行审计。

②经济责任评价。根据现场审计的情况，对企业领导人员任职期间的主要业绩和应承担的经济责任进行评价，并得出较为全面、客观和公正的结论。

（六）经济责任审计方式

经济责任审计一般由内部审计机构与同级组织人事部门商订后，拟定年度项目安排；或者由内部审计机构直接根据同级组织人事部门的书面建议拟定年度项目安排。

经济责任审计采用任中和离任审计结合的方式，逐步建立健全重点部门、重点单位和关键岗位领导干部任期内轮审制度，确保对重点领导干部任期内经济责任履行情况至少审计一次。

1. 离任经济责任审计

根据企业领导人员管理的需要，领导人员不再担任职务时，应当接受离任经济责任审计。在进行离任经济责任审计评价时，要注意分清离任者与前任的经济责任。

2. 任中经济责任审计

任中经济责任审计是指在领导人员任期内，对其履行经济责任情况进行的审计。领导人员任职满一定年限的，可以有计划地安排任中经济责任审计。

3. 同步审计

根据干部管理监督的需要，企业法定代表人和不担任法定代表人但行使相应职权的董事长（总经理）等主要领导干部进行同步经济责任审计。

4. 经济责任审计与其他审计相结合

经济责任审计与投资项目审计等相结合，实现不同审计项目之间的资源共享。经济责任审计以自审为主，根据需要，可聘请企业内部专家或外聘具有相应资质的社会中介机构人员参加审计工作，或者提供专业技术支持，但不得将经济责任审计项目整体委托给其他组织独立实施。外聘人员不能担任组长、主审，不能独立开展外部调查，不能承担现场廉政监督、经费管理、涉密资料保管等工作。外聘人员对其工作结果负责，审计部门对利用其结果所形成的结论负责。

二、经济责任审计实施的过程

在现场审计实施阶段，审计人员主要针对以下内容进行审计。

（一）贯彻执行党和国家经济方针政策及决策部署情况审计

贯彻执行重大政策措施情况审计的目标是通过对被审计领导干部任职期间贯彻执行重大政策措施情况的审查和评价，揭示和反映与被审计领导干部相关的履职不到位、失职渎职等问题，促进领导干部积极、有效履职，防范由此带来的风险，推动重大政策措施在被审计单位落实到位。审计应重点关注是否存在被审计领导干部及其所在单位贯彻执行重大政策措施不坚决、不全面、不到位等情况。

1. 贯彻执行重大政策措施的部署安排情况

①部署安排的及时性和务实性。重点审计被审计领导干部是否为其所在单位贯彻执行重大政策措施进行了部署和具体安排，是否组织制定了实施方案。相关部署和制定实施方案是否及时，内容是否具体务实，是否存在召开会议、下发文件等形式上的部署措施多而实质性的落实举措少的问题，是否存在不作为、慢作为、乱作为的情况。

②实施方案的遵循性、健全性和可行性。重点审计贯彻落实重大政策措施实施方案的内容是否符合党和国家经济方针政策和决策部署的要求，是否存在贯彻执行政策措施打折扣、做选择、搞变通的情况；实施方案是否明确了贯彻执行重大政策措施的时间表、路线图和阶段性目标；是否在结合单位实际制定出台贯彻执行重大政策措施的配套政策措施方面作出了具体工作安排，如包括专门制定或修改完善相关的发展规划、工作计划、规章制度，建立相应领导、管理和监督机制，提供资金、机构人员、场地和物资保障等；实施方案是否做到工作任务、措施方法、职责分配、质量要求具体明确，具体措施具有可操作性。

③实施方案制定是否通过适当的程序。重点审计为制定贯彻执行重大政策措施的实施方案是否充分开展了调查研究、充分进行了论证和广泛征求意见；是否采用了集体决策、审批控制或其他适当的决策程序，确保方案内容符合法律法规、上级决策部署和被审计单位发展实际。

2. 贯彻执行重大政策措施具体安排的落实情况

①重点审计是否认真落实了贯彻执行重大政策措施的实施方案，确定方案的相关工作制度机制和具体措施是否得到执行，责任是否落实到位；是否存在方案落实过程中的打折扣、做选择、搞变通的现象；是否存在表态多、调门高、行动少、落实差等形式主义、官僚主义现象，避免简单依据是否及时召开会议、及时下发文件等形式上的措施评价实施方案落实情况。

②重点审计是否建立监督机制。是否建立贯彻执行过程评价分析机制，结合执行目标和效果及最新政策变化，及时有效纠正有偏差的措施；是否建立并落实监督检查机制，明确监督检查责任、内容和频次要求，对具体措施执行情况实施了有效的监督检查，并逐级汇报贯彻执行过程中遇到的问题及建议；是否建立了责任追究机制，对贯彻执行不力造成不良影响的责任人追究到位。

3. 贯彻执行重大政策措施具体安排的实施效果

①重点审计贯彻执行重大政策措施实施方案确定的工作任务、时间进度、完成目标等是否达到了预设的标准。

②重点审计通过落实贯彻执行重大政策措施的实施方案，被审计单位的工作是否符合

党和国家出台重大政策措施的预期；是否结合经济特点、自然环境等情况创新性地开展工作，取得良好的政策落实效果；是否形成可推广、可复制地推动经济社会发展进步的良好实务。

③重点审计重大政策措施落实对被审计单位的影响，是否做到在不损害国家利益的前提下，维护了被审计单位的长远发展利益，确保某些政策措施落实给单位带来的成本上升、利润减少等不利影响降到了可承受的限度之内，力争实现国家利益与单位利益的双赢，推动被审计单位的可持续发展。

（二）发展战略规划制定及执行情况审计

发展战略规划制定及执行情况审计主要通过对被审计领导干部任职期间所在单位自身战略规划的制定、执行和实施效果开展检查，评价其在符合国家规划、产业政策和上级单位战略规划要求的前提下，制定战略规划、分解落实阶段性任务、采取有效措施保证完成目标任务和效果方面的履职情况。

1. 发展战略规划制定情况

①战略规划制定程序包括：开展充分调查研究、科学分析预测和广泛征求意见，遵循民主讨论和集体决策等程序。

②战略规划是否符合国家战略规划、产业政策等要求，是否与上级单位（部门、系统、行业、企业）制定的战略规划目标一致，是否综合考虑了宏观经济、政治、社会、生态政策、国内外市场需求变化、技术发展趋势、行业及竞争对手状况、可利用资源水平和自身优势与劣势等影响因素。战略规划是否明确发展的阶段性和发展程度，各发展阶段的具体目标、工作任务和实施职责是否清晰。

③在外部环境发生变化时，是否及时对战略规划进行调整和更新。

2. 发展战略规划执行情况

①是否通过发布规章制度、制订年度工作计划、编制全面预算等方式推进规划落地，确保上级单位（部门、系统、行业、企业）及被审计单位制定的战略规划有效实施。

②是否严格执行各项规划，是否存在随意调整战略规划等情况。对战略规划确需作出调整的，是否按照规定权限和程序调整。

③是否建立督办机制，通过逐级开展督查和考评，定期开展监控和报告，推进目标责任制的完成，针对目标责任制落实不力的实际情况，是否进行原因分析，持续改进，并追究责任。

3. 发展战略规划的实施效果

①领导干部任职期间战略规划的阶段性目标任务是否按期保质完成，是否达到预期效果，是否实现预期目标。

②是否存在因不符合国家规划及产业政策调整方向，或监督失职导致规划执行不到位，造成重大资金或资产（资源）闲置或损失浪费、侵占或损害群众利益、破坏生态环境及损害公共利益等严重后果。

（三）重大经济事项决策及执行情况审计

重大经济事项决策及执行情况审计主要围绕事关发展方向及全局等性质重要、涉及数量重大或支出超过一定金额起点（结合单位性质、规模确定）的项目和相关重大事项，对被审计领导干部贯彻执行重大经济事项决策制度和执行效果情况开展审查评价。具体包括以下几个方面。

1. 重大经济决策管理情况

①制度建立健全方面，重点关注是否建立健全了重大经济决策制度，包括预决算管理、基本建设、大额对外投资、大额物资采购、大额资产处置、大额资金运作使用、监督检查和责任追究等；是否对重大经济事项的决策程序、范围、权限和标准作出明确规定；制定的经济决策制度是否符合国家法律法规、产业政策等要求，是否符合单位内部管理制度等要求，是否存在超过其风险容忍度的重大风险。

②决策制定及执行方面，重点关注是否严格遵循单位决策程序等规章制度，决策事项是否经过充分论证，决策内容是否合规合法，决策程序和权限是否合规，是否存在决策程序不明确、权限不清晰、重大经济事项未纳入决策范围等问题；对执行过程、进度的监管、评价和纠偏措施是否有效；被审计领导干部有无违反集体决策原则，违反相关规定直接插手、干预重大经济事项的执行等问题。

③执行效果方面，重点关注重大经济决策事项是否按期完成，是否实现预期目标，包括数量、质量、成本、功能、效益等各项目标或任务；是否因决策不当或失误造成损失浪费、环境破坏、风险隐患等；是否建立健全决策失误纠错机制和责任追究制度等。

2. 重大预算管理决策和执行情况

关注重大预算管理决策机制是否健全，预算编制是否科学，是否存在不编制预算或程序不合规，导致预算缺乏刚性、执行不力等情况，是否制定了预算管理的相关制度，预算是否有效执行，是否按时间进度完成目标，是否存在预算目标不合理，导致资源浪费或发展战略难以实现的情况。在环境发生重大变化时，是否及时采取措施调整，调整程序是否合规。

3. 重大基本建设决策和执行情况

关注重大基本建设决策事项前期管理工作是否扎实，是否具备经批准的基本建设计划，是否取得相关土地、环保等部门的批文，立项论证和可行性研究等工作是否科学合理，有无项目论证脱离实际、擅自变更设计等情况。决策程序是否健全，有无因简化决策程序、领导干部滥用职权造成重大损失的情况。是否存在以"化整为零"等方式规避审批和招标等现象，招标过程是否合法合规，是否存在领导干部干预的行为。承建单位是否具备必要资质和能力，有无违法转包、分包现象；项目建设质量是否合格，工程进度及其调整是否科学合理，是否按规定编报竣工决算，是否存在建设项目长期未进行竣工决算等问题；项目建设和运行效果是否实现预定目标，有无重复建设、违规建设楼堂馆所等情况。

4. 重大采购项目决策和执行情况

关注是否依据《中华人民共和国招标投标法》等相关法律法规制定大额采购管理制度，重大采购项目是否履行了规定的决策程序，是否按规定招标并订立合同；是否存在围标、内外串通虚假招投标、中标价格与实际采购价格相差悬殊、出现重大安全事故或因质量问题遭受损失、中标单位或供货单位存在异常的项目；未列入年度采购计划进行临时采购的重大项目等情况。

5. 重大投资项目决策和执行情况

重点关注决策过程是否科学民主，重大投资项目是否符合国家产业政策，是否围绕主业布局，投资结构是否合理；可行性研究是否充分、准确，资金筹措等技术方案是否经济合理，经济效益分析是否准确；项目执行是否合法、合规，是否严格，按照重大投资项目决策文件执行，有无决策未执行、未全部执行等问题，项目执行过程中是否进行了必要的内部监督；项目最终执行效果是否实现项目目标，是否存在投资决策失误，引发盲目扩张导致资金链断裂或资金使用效益低下等造成严重后果的情况。

6. 重大资产处置决策和执行情况

重点关注重大资产处置决策程序和内容是否符合国家及有关部门、单位内部管理规定，是否进行可行性论证，是否经有关部门批准，资产评估机构是否具备相应资质，资产评估程序是否规范；处置执行是否合法、合规，是否严格执行决策文件有关要求；处置手续是否完整，实物、价值转移及会计处理是否符合有关规定；处置结果是否达到决策目标，是否存在人为干预而造成资产损失或流失等行为。

7. 大额资金运作使用情况

对超过一定金额起点（结合单位性质、规模确定）被纳入大额资金运作使用范围的事项，重点关注审批决策程序是否健全，有无违反集体决策情形，或是否存在超授权决策、超预算审批等；是否制定了大额资金运作使用管理制度，预算内大额资金调动和使用是否合规，手续是否齐全，超预算的资金调动和使用的授权审批是否严格等；大额资金运作使用是否实现预期目标等。

（四）组织治理情况审计

组织治理情况审计主要依据国家法律法规、政策和标准及相关规定，对组织治理环境的完善性和监督约束机制运行的有效性等方面进行审查和评价。本节以企业领导干部经济责任审计为例，对企业的组织治理情况审计进行介绍。

1. 组织治理结构情况

重点关注是否建立健全组织架构、职责边界清晰的法人治理结构，是否建立相互衔接、有效制衡的运行机制；是否依法制定对股东、董事、监事和高级管理人员具有约束力的公司章程，企业是否明确在党组织领导下开展工作，上市公司还应关注是否设立股东大会、董事会、监事会；是否在董事会下设立专门委员会；董事会、监事会的成员组成和任职资格是否符合规定；是否建立独立董事制度；内设机构与部门职责权限是否明晰，不相容职责是否分离，内部机构设置是否科学合理，是否与公司性质、发展战略、企业文化等情况相适应。

2. 组织治理机制情况

重点关注是否有效落实权责对等、运转协调、有效制衡的决策执行监督机制，包括决策与权力分配机制是否健全，是否制定股东、董事、监事、经理的议事、决策规则；上市公司是否制定股东大会、董事会、监事会和高级管理层的议事、决策规则，高级管理人员的聘任程序；激励与监督机制是否健全有效，是否建立领导干部的薪酬与单位绩效和个人业绩相联系的激励机制，是否建立监督与问责机制，对违反法律法规、公司章程规定，致使公司遭受损失的相关人员追究其责任；沟通与报告机制是否健全，是否明确单位内部各层级间的报告路径，以达到向单位内部有关方面报告风险和有效控制信息的目的，上市公司是否按规定进行信息披露；在单位内部是否推广适当的道德和价值观，是否形成和有效推广符合单位实际的企业文化、行为规范、职业道德规范等，以利于实现组织目标。

3. 组织治理执行情况

重点关注党委（党组）与董事会、经理层等治理主体的关系是否理顺，关注党组织研究讨论作为董事会、高级管理层决策重大问题的前置程序是否落实，是否存在弱化或形式化党的领导的问题；关注董事会的决策作用、监事会的监督作用、高级管理层的经营管理作用、党组织的政治核心作用，包括党委（党组）成员、股东、董事、监事、高级管理人员是否正确履行职责；上市公司董事会、董事会下设专门委员会、监事会、股东大会、高级管理层履职是否到位，运作是否规范；对组织治理结果的衡量指标是否达到预期，是否存在因疏于监管造成管理混乱或者导致重大违规违纪违法、经营亏损、风险隐患等问题。

4. 对下属单位管理情况

重点关注被审计领导干部对下属单位管理、监督职责履行是否到位，是否基于整体利益，有无造成危害和后果等，包括关注被审计单位是否按照有关的法律法规建立下属单位治理架构，是否设置了清晰、科学和严谨的治理规则；经营发展战略和意图是否符合上级单位整体战略意图；对下属单位重大经济决策监管是否有效；对上级单位投资的资本资产是否实现了保值增值目标；是否存在因管理层级过多、管理链条过长导致对下属单位管理失控等问题。

（五）内部控制和风险管理情况审计

内部控制和风险管理情况审计主要围绕被审计单位面临的主要风险，对其相关内部控制设计的合理性和运行的有效性，以及风险管理环境、管理机制、风险识别、评估和应对等方面进行审查和评价，促进被审计领导干部重视加强内部控制和风险管理，促进被审计单位稳健运营和可持续发展。本节以企业领导干部经济责任审计为例，依据《企业内部控制基本规范》及其配套指引、《中央企业全面风险管理指引》及其他相关规定，对企业内部控制和风险管理情况审计的内容进行介绍。

1. 内部控制审计

内部控制审计通过访谈、调查问卷、实地查验等方式对内部控制设计的合理性和运行的有效性进行审查和评价，加强内部控制体系监督检查，揭示存在的风险隐患和内控缺陷，进一步发挥审计的建设性作用，促进单位不断优化内控体系。

1）内部控制设计的合理性

重点关注为实现控制目标所必需的内部控制制度，以及程序是否建立且设计恰当，包括内部控制的设计是否以《企业内部控制基本规范》及其配套指引为依据；是否涵盖了所有的关键业务环节，对单位的各层级是否具有普遍约束力；是否与单位的业务模式、风险状况和合规管理要求相匹配等。

（1）内部环境。是否根据国家有关法律法规和组织章程，建立规范的组织治理结构和议事规则，明确决策、执行、监督等方面的职责权限，形成科学有效的职责分工和制衡机制；是否根据经营管理的需要和内部控制要求，建立健全授权分工合理、职责明确、平衡制约、报告关系清晰的内部组织机构；内部控制体系是否完善，包括制定内部控制的总体要求、分业务、分产品操作流程和相关主要风险点的内部控制规定，以及评价制度等；是否制定和实施有利于企业发展的人力资源政策和建立科学有效的激励约束机制；是否加强文化建设，培育积极向上的价值观和社会责任感；是否加强法治教育，增强员工的法治观念，严格依法决策、依法办事、依法监督等。

（2）风险评估。是否根据设定的控制目标对企业风险控制及内部控制状况进行定期评估等；是否建立风险定期评估机制，包括是否建立风险指标识别体系、风险指标计量标准、风险评估工作流程、确定风险应对策略等，以及风险定期评估是否能够及时识别、评估和系统分析影响企业经营目标实现能力的各种风险，是否能够及时调整风险应对策略，合理确定风险应对措施及风险管理目标。

（3）控制活动。是否对各项经营活动实施全过程控制，包括内部控制活动是否有助于企业党委（党组）、董事会（或主要负责人）的决策得以执行，是否能够满足风险管理要求；是否实施不相容职务分离控制，系统地分析、梳理业务流程中所涉及的不相容岗位和部门，形成各司其职、各负其责、相互制约的工作机制；是否建立授权审批控制，明确各岗位办理业务和事项的权限范围、审批程序和相应责任；是否建立会计系统控制，明确会计凭证、会计账簿和财务会计报告的处理程序，保证会计资料真实完整；是否建立财产保护控制措施，包括建立财产日常管理制度和定期清查制度等；是否建立预算控制，强化预算约束；是否开展运营分析控制，及时发现存在的问题并加以改进；是否建立绩效考评控制，科学设置考核指标体系；是否建立信息系统控制制度，确保信息系统安全可靠；是否建立关联交易控制制度，防止利益让渡和虚假交易等；是否建立风险预警和突发事件应急控制，确保突发事件得到及时妥善处理等。

（4）信息与沟通。是否建立信息与沟通制度，明确内部控制相关信息的收集、处理和传递程序，确保信息及时沟通；是否建立信息质量保证机制，准确提供企业管理和控制业务活动所需信息；是否建立内部控制相关信息在企业内部各管理级次、责任单位、业务环节之间，以及企业与外部有关方面之间进行沟通和反馈的机制；是否建立规范的信息披露制度，满足监管等部门和社会公众对信息的需求；是否建立反舞弊机制，以及举报投诉制度和举报人保护制度等。

（5）内部监督。是否建立了内部控制的持续监督机制，明确职责权限，规范内部监督的程序、方法和要求；内控监督是否能够贯穿企业日常经营活动与常规管理工作；是否制定包括设计缺陷和运行缺陷在内的内部控制缺陷认定标准；是否定期对内部控制的有效性进行自我评价，出具内部控制自我评价报告等。

2）内部控制运行的有效性

关注在内部控制设计合理性的前提下，内部控制能否按照设计的内部控制制度和程序正确执行，从而为内部控制目标的实现提供合理保证，包括对内部环境的实际运行情况，日常经营管理过程中的风险识别、风险分析、应对策略，相关控制措施的运行情况，信息收集、处理和传递的及时性、反舞弊机制的健全性、财务报告的真实性、信息系统的安全性，以及内部监督机制在内部控制运行中发挥监督作用等方面进行评价。

2. 风险管理审计

关注是否强调宣传风险管理的重要性，是否认真组织和领导风险管理制度建设工作。执行风险管理的所有管理人员与员工是否充分认识到风险管理的重要性，以及实施风险管理对企业整体运营管理的意义，是否具备胜任风险管理的专业知识和专业技能，是否具有较强的工作责任心和诚实的态度。在全面风险管理战略制定、实施和组织日常活动中是否有与单位性质、规模相适应的风险管理概念；是否关注相关法律法规、税收政策、市场监管、安全管理等对风险的直接影响；是否熟悉单位整个经营过程中的风险特征，并对高风险事项是否采取谨慎介入的态度；在追求目标实现过程中，是否根据单位性质、规模确定其风险接受程度。

1）风险管理机制的健全性和有效性

关注风险管理机制的健全性，包括是否根据单位规模、管理水平、风险管理程度及单位性质等方面的特点，在全体员工参与合作和专业管理相结合的基础上，建立规范化风险管理组织体系，关注全面风险管理制度落实情况，重点关注是否存在超授权管理风险和不履职或不胜任情况，以及风险管理工作记录、授权书等是否齐全。关注风险管理程序的合理性，是否对各业务循环及相关部门的风险识别、分析、评价、管理及处理等活动建立规范、合理、有效的工作流程。关注风险预警系统的有效性，包括是否建立对风险管理信息动态管理机制，定期或不定期实施风险辨识、分析、评价，以便对新的风险和原有风险的变化重新评估等。

2）风险识别的适当性和有效性

关注企业面临的内外部风险是否已得到充分、适当的确认。外部风险包括国家法律法规及政策的变化，经济环境的变化，科技的快速发展，行业竞争、资源及市场变化，自然灾害及意外损失等因素对企业目标的实现产生影响的不确定性等。内部风险包括组织治理结构的缺陷，信息系统故障或中断、企业人员的道德品质、业务素质未达到要求等因素产生的风险等。关注风险识别原则的合理性和识别方法的适当性，包括是否规定各有关职能部门和业务单位的风险识别的职责和标准；是否明确各职能部门收集初始信息的职责及其适当性，是否从战略风险、财务风险、市场风险、运营风险、法律风险等维度收集与该企业风险和风险管理相关的内外部信息；是否对初始信息建立有效的筛选、提炼、对比、分类、组合的机制等；是否适时对风险识别的适当性和有效性进行调整和评估。

3）风险评估方法的适当性和有效性

关注是否建立科学的量化风险评估机制，对收集的风险管理初始信息和各项业务管理及其重要业务信息是否确定风险评估方法和流程；风险评估方法与已识别的风险的特征是否相匹配；风险评估运用的相关历史数据是否充分和可靠；风险评估方法是否适当、有效，包括预警分析、专业判断、综合评价方法的运用；是否对风险评估成本效益进行考核与衡量；是否制定对各项风险的管理优先顺序和策略；是否建立对风险变化信息动态量化管理机制，定期实施风险评估修正，并对新的风险和原有风险的重大变化进行及时评估的监测记录。

4）风险应对措施的适当性和有效性

根据风险评估结果作出的风险应对措施主要包括回避、接受、降低和分担。关注风险应对措施是否适合企业的经营管理特点，包括制定相应的应对措施和整体策略的适当性，风险应对措施的可行性等；是否建立与风险应对措施相关的信息沟通渠道，保证风险管理信息沟通的及时、准确和完整；是否定期对风险管理的有效性进行检验，对存在的缺陷是否及时改进；风险管理职能部门是否定期对各部门和业务单位风险管理工作实施情况和有效性进行检查和检验，提出调整或改进建议。关注采取风险应对措施之后的剩余风险水平是否在单位可以接受的范围之内；关注采取风险应对措施对成本效益的影响，是否进行成本效益考核与衡量等。

（六）财政财务管理情况审计

财政财务管理审计主要关注被审计单位财政财务资金筹集、使用、分配等各项经济活动与经济关系，评价领导干部任职期间，财政财务资金管理的真实性、合规性和效益性，促进领导干部加强各项资金收支管理，落实依法合规经营主体责任。

1. 党政工作部门和事业单位

1）预算编制、批复及调整情况

关注单位预算编制范围的完整性、准确性，是否存在未纳入预算管理的资金；关注预算编制细化情况，是否存在年初预算资金未细化到单位、项目的情况；关注预算调整方案编制的完整性和审批的合规性，是否存在追加预算当年无法执行，是否存在项目结转金额较大的情形下仍安排新增预算的情况。

2）财政支出真实合规情况

关注基本支出真实性、完整性、准确性、合法性，以及揭示与披露的充分性；关注项目立项的真实合理性、申报程序的合规性，项目是否按计划进度组织实施，项目支出反映的业务与项目文本规定的内容是否一致，项目验收手续是否完备，项目目标是否实现；关注"三公"经费和会议费使用情况，以及楼堂馆所建设管理使用情况。关注单位主导和参与分配的专项转移支付资金管理是否合规，是否按要求制定资金管理办法；是否合法合理设置专项资金项目，政策目标是否清晰；专项转移支付资金分配方法是否科学，分配标准是否统一，分配程序是否合规；专项转移资金是否真实，是否存在虚假、截留、挤占、挪用或擅自调整的情况。

3）预算绩效管理情况

单位是否及时下达预算；是否建立健全预算管理和绩效考评机制；考评制度是否突出对专项资金配置效率、使用效益考评，是否具有可操作性，执行是否到位；是否落实绩效管理责任，是否存在资金使用效益不高、损失浪费的问题。

4）履行经济责任监督情况

被审计单位对下属单位经济管理是否严格，是否有效监督财政预算资金使用；是否存在依托部门职权、利用行业资源或部门影响力违规投资获利，获取小集团利益的情况；下属企事业单位对外投资经营是否合规；是否对违规违纪人员落实责任追究。

2. 企业（含金融机构）

1）财务真实性情况

关注企业财务报表编制是否真实、完整、合规，主营业务收入及利润是否真实，是否存在为了完成经营计划或绩效管理指标，调节利润、虚增收入、隐瞒漏计收入，或虚增少计各项成本费用等情况；货币资金业务是否建立严格授权审批制度，岗位设置是否符合不相容职务分离原则，有关印章和凭证的管理程序是否健全；应收账款及存货内部控制制度是否健全有效；应收账款及存货是否真实存在，有无利用应收款项账户隐瞒收支，有无利用计价调节存货成本、虚增虚减盈亏的情况；固定资产、无形资产方面的内部控制制度是否健全有效；资产负债表体现的固定资产、无形资产项目是否真实存在；固定资产的计价方法是否符合规定，资本性支出和收益性支出的划分是否正确并前后保持一致；无形资产的确认计量是否准确，是否合理区分资本化支出和费用化支出；固定资产和无形资产的折旧摊销期限、标准、方法是否正常合理；是否通过调整合并范围调节财务报表；内部交易事项抵消是否合规；关联方的确认及变更是否及时；是否存在向关联方让渡利益或转移利润的情况；关联方信息和交易披露是否充分。

2）经营发展及效益情况

企业经营是否兼顾稳健性与可持续性发展；主要业绩考核和风险监管核心指标是否实现预期目标。企业经营是否实现增长；综合盈利能力是否得到巩固和加强。企业主营业务是否在国际、国内同行业市场具有一定地位或影响力。

3）合规管理情况

企业工程项目管理、物资和服务采购招标、资本运作、资产资源收购及处置是否存在违规操作的情况；涉及金融业务的，信贷、投资、证券、保险、信托、租赁等经营事项是否符合国家法律法规及监管要求。

（七）自然资源资产管理和生态环境保护情况审计

自然资源资产管理和生态环境保护情况审计通过对被审计领导干部任职期间履行自然资源资产管理和生态环境保护责任情况进行的检查，评价被审计领导干部贯彻执行中央有关方针政策和决策部署、遵守有关法律法规、重大决策、完成目标、履行监督责任、组织资金征管用和项目建设运行，以及履行其他相关责任等情况。

1. 贯彻执行中央生态文明建设方针政策和决策部署方面

1）生态文明体制改革相关任务推进落实情况

关注自然资源资产确权登记、主体功能区规划、国家公园体制、多规合一等相关改革任务是否得到有效推进落实的情况，包括：是否存在领导干部本人及所在单位对所承担的改革任务未部署、未落实的情况；是否存在对承担的改革任务未采取措施有效推进，改革任务完成迟于计划时间的情况；是否存在对承担的改革任务在推进中监督检查不够；是否存在对上报的改革任务总结性材料把关不严，相关情况与实际严重不符，甚至弄虚作假的情况。

2）国家有关自然资源资产管理和生态环境保护重大战略贯彻落实情况

关注国家关于生态环境保护的战略发展规划及长江经济带、京津冀协同发展、"一带一路"、粤港澳大湾区建设、长三角一体化发展等重大战略发展规划有关资源环境的要求是否落实，包括：是否存在领导干部本人对中央领导同志或上级领导的资源环境问题指示、批示落实不力的情况；国家重大战略发展规划有关资源环境限制性要求是否被突破等。

3）生态文明建设领域推进供给侧结构性改革、"三去一降一补"的情况

关注去产能等相关供给侧结构性改革政策是否落实到位，包括：承诺的去产能目标是否完成；上报的去产能任务是否存在弄虚作假，是否存在履职不到位的情况；去产能过程中是否做好职工安置和社会稳定工作等。

4）生态文明建设、绿色发展考核在经济社会发展中的作用效果情况

关注经济社会发展考核中有关生态文明建设、绿色发展方面权重是否存在不符合国家要求和规定的情况等。

2. 遵守自然资源资产相关法律法规情况

1）自然资源资产制度建设情况

审查和评价被审计单位制定的制度和规划是否符合资源环境法律法规，是否有效、及时等。

2）制定、批准和审批自然资源开发利用和生态环境保护规划（计划）情况

审查和评价自然资源开发利用和生态环境保护规划（计划）的编制是否有效、及时，包括：是否按照国家有关法律法规或程序制定自然资源管理、生态环境保护的规划、计划；制定的上述规划、计划等是否符合国家有关规定或当地实际情况等。

3）相关重大经济活动或建设项目遵守自然资源资产管理和生态环境保护法律法规情况

（1）审查和评价重大经济活动是否遵守相关法律法规。是否存在领导干部个人决定、主持会议研究决定或指使有关部门违规审批、出让自然资源资产使用权的情况；是否存在违规以自然资源资产出资进行合作的情况；是否存在违规以自然资源资产出资进行租赁经营、抵押贷款、担保或偿还债务等重大资本运作事项的情况。

（2）审查和评价重大建设项目是否遵守相关法律法规。是否存在违规批准不符合生态环境保护和资源开发利用方面政策法规的建设项目的情况；是否存在越权审批或化整为零审批重大建设项目的情况；是否存在重大建设项目未取得生态环境和自然资源等相关审批手续即批准开工建设情况；是否存在违规批准不符合生态环境保护和资源开发利用方面政策、法律法规的重大建设项目投产（使用）等情况。

3. 审查和评价重大决策的制定程序和内容是否符合相关规定

关注经领导干部审批、审签同意的经济决策、资源环境决策等，是否严格落实主体功能区规划、土地规划、城乡规划等相关规划要求；关注经领导干部审批、审签同意的资源环境相关规划、计划是否按照有关规定报批、审查或备案；关注由领导干部签署或主持会议审议通过的资源环境相关规划、计划是否存在与其他相关规划、计划不衔接、不协调的情况；关注经领导干部审批、审签通过的经济发展、资源开发利用相关规划是否存在应开展未开展规划环评工作的情况；关注有关重大投资项目是否应做未做或违规审批环评的情况；关注是否存在擅自放宽或选择性执行国家和地方重点生态功能区产业准入负面清单政策标准的情况；是否存在违反重点生态功能区产业准入负面清单规定，未按期淘汰禁限类产业或未对限制类产业采取关停并转或技术改造升级措施的情况。

4. 完成自然资源资产管理和生态环境保护目标的情况

关注自然资源资产管理和生态环境保护约束性指标管理体系建设及运行情况；关注约束性指标监测、统计数据真实性情况；关注《大气污染防治行动计划》《水污染防治行动计划》《土壤污染防治行动计划》确定的考核目标是否完成；关注其他考核目标特别是领导干部签字承诺的与生态文明建设有关的考核目标完成情况。

5. 履行自然资源资产管理和生态环境保护监督责任情况

关注自然资源资产管理和生态环境保护监督有效性情况；关注自然资源消耗上限、环境质量底线、生态保护红线等资源环境与生态管控情况；关注资源环境承载能力监控预警机制建立运行情况；关注严重损毁自然资源资产和重大生态破坏、环境污染事件预防处置情况；关注对以前年度中央相关专项督察、国家审计和专项考核检查等发现问题的督促整改情况。

6. 相关资金征收管理使用和项目建设运营情况

关注与自然资源资产管理和生态环境保护相关税费、有偿使用收入的征管、分配情况；关注自然资源资产管理和生态环境保护资金投入及使用情况；关注重点项目、设施建设运营情况；关注自然资源资产开发利用和生态环境保护信息系统建设情况；关注用能权、排污权、碳排放权、用水权等管理情况。

（八）境外机构、境外资产和境外经济活动情况审计

以中央企业为例，境外机构、境外资产和境外经济活动情况审计主要关注被审计领导干部对《中央企业境外国有资产督管理暂行办法》和《中央企业境外投资监督管理办法》等国家有关规章制度的落实情况，促进境外投资和资产管理的规范，保障境外资产安全完整和保值增值，确保国家和中央企业的决策部署在境外经营中得到贯彻执行。

1. 境外出资管理情况

（1）关注是否建立健全境外出资管理制度，境外出资是否遵循法律、行政法规、国有资产监督管理有关规定和所在国（地区）法律，是否符合国民经济和社会发展规划及产业政策，是否符合国有经济布局和结构调整方向，是否符合中央企业发展战略和规划。

（2）关注境外出资是否进行了可行性研究和尽职调查，是否评估了企业财务承受能力和经营管理能力，是否采取了必要的措施来防范经营、管理、资金、法律等风险，是否存在违规在境外设立承担无限责任经营实体的情况。

（3）关注境外出资形成的产权是否由中央企业或者其各级子企业持有，根据境外相关法律规定须以个人名义持有的，是否统一由中央企业依据有关规定决定或者批准，依法办理委托出资、代持等保全国有资产的法律手续，并以书面形式报告国资委。

2. 境外机构及资产管理情况

（1）关注境外机构是否建立完善法人治理结构，资产分类管理制度和内部控制机制是否健全有效。是否依据有关规定建立健全境外国有产权管理制度，明确负责机构和工作责任。是否定期开展资产清查，加强风险管理。

（2）关注境外机构是否建立健全法律风险防范机制，严格执行重大决策、合同的审核与管理程序，是否存在盲目开展境外业务造成损失或者风险。

（3）关注境外资产兼并重组、股权转让等事项是否经过社会中介机构评估和国有资产管理机关批准确认，是否存在未按规定对拟收购的海外资产进行评估，或在评估中故意隐瞒风险，境外机构出售、出让海外股权、资产时，是否存在将国有资产低价折股、低价出售，造成国有资产流失等问题。

（4）关注是否建立健全离岸公司管理制度，是否规范离岸公司设立程序，建立离岸公司资金管理相关制度。关注是否存在利用离岸公司造成国有资产流失的情况。

（5）关注是否将境外机构纳入全面预算管理体系，境外企业年度预算目标是否明确，是否及时掌握境外企业预算执行情况。

（6）关注境外机构资金管理情况，是否明确资金使用管理权限，是否严格执行境外机构主要负责人与财务负责人联签制度，大额资金支出和调度是否符合中央企业规定的审批程序和权限，相关制度是否得到严格执行，是否存在由于机制、体制不完善，制度没有得

到严格执行而造成国有资产流失等问题。是否建立境外大额资金调度管控制度，对境外临时资金集中账户的资金运作实施严格审批和监督检查，定期向国资委报告境外大额资金的管理和运作情况。

（7）关注是否依法建立健全境外机构重大事项管理制度和报告制度。境外机构相关重大事项是否按照法定程序报中央企业总部核准，对有重大影响的突发事件是否及时向国资委、中央企业总部报告。

（8）关注是否定期对境外机构经营管理、内部控制、会计信息及国有资产运营等情况进行监督检查，是否建立境外机构生产经营和财务状况信息报告制度，是否按照规定向国资委报告有关境外机构财产状况、生产经营状况和境外国有资产总量、结构、变动、收益等情况。

3. 境外投资管理情况

（1）关注是否结合被审计单位实际，建立健全境外投资管理制度，包括境外投资基本原则，投资管理流程、管理部门及相关职责，投资决策程序、决策机构及其职责，投资项目负面清单制度，风险管控制度，违规投资责任追究制度，境外投资活动的授权、监督与管理制度等。

（2）关注境外投资负面清单管理情况，是否在国资委发布的中央企业境外投资项目负面清单基础上，结合企业实际，制定更为严格、具体的境外投资项目负面清单。

（3）关注是否制定清晰的国际化经营规划，明确中长期国际化经营的重点区域、重点领域和重点项目。

（4）关注是否按照经国资委确认的主业，选择、确定境外投资项目，是否存在违规在境外从事非主业投资的情况。

（5）关注是否对境外投资项目的融资、投资、管理、退出全过程进行研究论证。对于境外新投资项目，是否充分借助国内外中介机构的专业服务，是否进行技术、市场、财务和法律等方面的可行性研究与论证。股权类投资项目是否开展必要的尽职调查，是否按要求履行资产评估或估值程序。是否存在违规决策或未经充分论证评估、项目管控不力或执行不严等情况，造成投资损失或风险。

（6）关注是否定期对实施、运营中的境外投资项目进行跟踪分析。是否建立境外投资项目阶段评价和过程问责制度，对境外重大投资项目的阶段性进展情况开展评价，是否对违规违纪行为实施追责。

（九）党风廉政建设责任和个人遵守廉洁从业规定情况审计

在经济责任审计中开展落实党风廉政建设责任和遵守廉洁从业情况的审计，应当将审计内容限定在经济活动中，重点聚焦经济责任。主要审查被审计领导干部在任职期间落实职责范围内党风廉政建设责任、遵守中央八项规定及实施细则精神和廉洁从业有关规定的情况，促使领导干部做到有权必有责、有责要担当、用权受监督、失责必追究，落实全面从严治党要求。

1. 落实党风廉政建设责任情况

1）党风廉政建设责任制的建立和落实情况

是否实行党风廉政建设责任制，按照中共中央、国务院《关于实行党风廉政建设责任制的规定》，明确领导班子、领导干部在党风廉政建设中的责任；是否制定党风廉政建设落实主体责任清单，建立一级抓一级，层层抓落实的责任传导机制；是否建立党风廉政建设责任制的检查考核机制，上级党委（党组）是否对下一级领导班子、领导干部党风廉政建设责任制执行情况进行检查考核；检查考核情况是否在适当范围内通报，对发现的问题是否督促整改落实；是否建立和完善检查考核结果运用制度，并将考核结果作为对领导班子总体评价和领导干部业绩评定、奖励惩处、选拔任用的重要依据；对党风廉政建设领导不力，职责范围内明令禁止的不正之风得不到有效治理的相关领导干部是否进行责任追究并严肃查处，促进反腐倡廉，落实全面从严治党要求。

2）履行党风廉政建设责任情况

是否全面履行领导责任，加强对被审计单位业务工作和党建工作的领导，推动党的主张和重大决策转化为法律法规、政策政令和社会共识，确保党的理论和路线方针政策的贯彻落实；是否坚持党建工作和业务工作同部署、同落实、同检查、同考核；是否在职责范围内做到"四个亲自"，即重要工作亲自部署、重大问题亲自过问、重点环节亲自协调、重要案件亲自督办，努力解决改革发展深层次难题，敢于承担责任。若被审计领导干部为单位副职，是否按照"一岗双责"的要求督促相关部门按照上级党委和所在单位党委的部署要求，认真抓好职责范围内党风廉政建设任务的落实。

3）加强党内监督情况

是否加强对党内监督工作的领导，落实好党风廉政建设重要情况通报和报告、谈话和诫勉、述职述廉、个人重大事项报告制度，从源头上防治腐败；是否建立通畅的信访举报渠道，认真调查核实举报问题，对发现的违规违纪行为严肃查处并进行责任追究。

2. 个人遵守廉洁从业有关规定情况

1）违反中央八项规定精神和作风建设情况

被审计领导干部是否存在违反中央八项规定精神及其实施细则精神，是否存在"四风"等问题。

2）违反廉洁纪律情况

对照《中国共产党纪律处分条例》，被审计领导干部是否存在违规经商办企业、违规持股、违规兼职取酬、违规从事有偿中介活动；超标准配备办公用房、用车和运行费用；超标准乘坐交通工具；违反公务接待管理规定；违规以考察、学习、招商等名义变相用公款出国（境）旅游；违规利用职权为配偶子女等特定关系人谋取利益等行为；其他违反廉洁纪律规定的行为。

（十）以往审计发现问题整改情况审计

以往审计发现问题整改情况审计主要通过对整改制度制定、工作实施、措施落实和整改效果等情况的审计，确认被审计领导干部及其所在单位对以往审计发现问题的整改效果，进一步督促被审计单位落实以往审计发现问题的整改。

1. 整改制度建立情况

被审计领导干部对其所在单位的审计整改工作推动是否有力；是否制定或完善整改管理制度，制度中相关单位和部门（机构）整改职责是否明确。

2. 整改措施落实情况

被审计领导干部是否牵头制定了整改方案或整改计划，制定的措施是否切实可行；是否存在对查出问题整改不重视、不部署的情况；对措施落实情况是否进行监督和跟踪，是否存在不落实或落实不彻底的现象。被审计单位是否按要求及时向内部审计机构或业务管理部门报告整改情况；整改报告内容是否客观、完整，是否严格按照整改完成标准确认整改状态，有无随意或虚假调整整改状态。

3. 整改效果情况

整改结果是否实现整改方案或整改计划确定的目标；整改效果是否经过适当评估；被审计单位是否因整改工作不力而受到外部监管机构不良评价；被审计单位是否建立了内部审计发问题整改长效机制等。

三、经济责任审计报告阶段

（一）经济责任审计报告的要素

审计报告要素一般包括：标题、收件人、正文、附件、签章、报告日期、其他。

1. 标题

审计报告标题应当说明审计工作的内容，力求言简意赅并有利于归档和索引。一般包括：被审计单位名称、被审计领导干部姓名、（原）职务和审计事项，如"关于××（单位）××（职务）××同志任期（或离任）经济责任审计的报告"。

2. 收件人

内部审计机构出具的经济责任审计报告的收件人可以根据单位的治理结构、内部审计领导体制等确定。一般包括：单位的党委（党组）、董事会（或主要负责人）、协调机构其他成员部门（机构）、被审计单位和被审计领导干部、其他相关单位或人员。

3. 正文

审计报告正文主要包括：基本情况、被审计领导干部任职期间履行经济责任的总体评价、主要业绩、审计发现的主要问题和责任认定、审计意见和建议，以及其他必要的内容。

4. 附件

附件是对审计报告正文进行补充说明的文字和数据等支撑性材料，一般包括：相关问题的计算及分析过程、审计发现问题汇总表及说明、交接确认表、需要提供解释和说明的其他内容等。

5. 签章

审计报告征求意见稿应当由审计组组长签字，内部审计机构最终出具的审计报告应当有内部审计机构负责人的签名或内部审计机构的公章。

6. 报告日期

审计报告的日期一般将内部审计机构负责人对最终出具的审计报告签发日作为报告日期。

7. 其他

审计报告还应当参考公文的一般要求，设有文号、密级和保密期限等要素。

（二）审计报告内容

经济责任审计报告应当全面客观地反映审计结果，既要反映被审计领导干部履行经济责任的主要业绩，也要反映审计发现的主要问题，以及被审计领导干部承担的相应责任。

1. 基本情况

一般包括：审计依据、审计实施的情况、被审计领导干部的任职及分工情况、被审计单位的基本情况等。被审计单位基本情况可以重点反映任职前到审计时的核心财务、业务指标变化趋势情况，详细的财务、业务数据可以通过附件《主要财务业务数据表》的方式反映。

2. 总体评价

总体评价是指综合被审计领导干部主要业绩、主要问题及所应承担的责任类型等情况，对其任职期间履行经济责任情况作出的概要评价。总体评价可以写实评价，也可以在建立完善的审计评价指标体系的基础上，探索进行"好""较好""一般""较差"等量化分等评价。其中，对于被审计领导干部个人遵守廉洁从业规定情况，如果本次审计未发现被审计领导干部本人存在以权谋私、中饱私囊、利益输送等违纪违法问题线索的，应作出"在本次审计范围内，未发现××同志本人在公共资金、国有资产、国有资源管理、分配和使用中存在违反廉洁从业规定的问题"的评价意见。

3. 被审计领导干部履行经济责任的主要业绩

主要业绩是指被审计领导干部任职期间主导提出的经济社会和事业发展、单位发展的工作思路、发展规划、重大举措，并取得公认良好效果的重要发展成果。主要业绩应当简明扼要、具体明确、表述平实，在区分工作基础、环境变化、个人努力程度等主客观因素的基础上客观进行评价，防止把一个单位的成绩简单归为被审计领导干部的个人业绩。此部分表述应有充分的审计证据支持，引用的相关数据要经过审计查证，如无法经过核实又需引用，要注明引用来源。同时，应注意避免此部分内容与审计发现主要问题及其责任认定的内容相互矛盾。

4. 审计发现的主要问题和责任认定

本部分是审计报告的核心内容,包括审计发现的主要问题、被审计领导干部应承担的责任类型,以及审计发现的其他问题。其中,审计发现的主要问题一般应根据项目审计方案确定的重点审计内容,归类列示,并清晰表述被审计领导干部与审计发现问题的关联。责任认定应写明定责依据。审计发现的其他问题是指与被审计领导干部履行经济责任无直接关系,或不宜界定被审计领导干部责任的其他问题,可以在附件《审计发现问题汇总表》中反映,或者在与经济责任审计同步实施的政策跟踪审计、财务收支审计等其他审计项目的审计报告中反映。

5. 审计意见和建议

审计意见是内部审计机构对审计发现的主要问题提出的纠正处理意见。内部审计机构可以在组织授权处理范围内直接提出审计意见;超出组织授权范围的,可以建议组织适当管理层或相关部门作出处理。同时,应当针对审计发现的问题或者审计中了解到的其他不足,深入分析背后的体制性障碍、机制性缺陷和制度性漏洞,有针对性地提出可操作的审计建议,以促进被审计领导干部及其所在单位改进工作、完善制度、深化改革、加强管理、堵塞漏洞,防患于未然。

6. 其他必要的内容

经济责任审计报告一般还应当包括告知被审计领导干部对审计报告有异议情况下的解决途径、明确相关单位和人员审计整改要求的内容,也可以包括告知将进行审计情况通报等内容。但如果本单位规定通过单位另行制发文件方式批转或下发经济责任审计报告,并告知当事人解决途径、明确相关单位和人员审计整改要求、告知审计情况通报的,可以不在内部审计机构出具的审计报告中包括这些内容。

四、经济责任审计评价

内部审计部门应当根据审计查证或者认定的事实,依照法律法规、国家有关规定和政策,以及责任制考核目标等,在法定职权范围内,对被审计领导人员履行经济责任情况做出客观公正、实事求是的评价。审计评价应当与审计内容相统一,评价结论应当有充分的审计证据支持。

(一) 经济责任评价应遵循的原则

1. 全面性原则

审计评价应全面反映被审计领导干部任职期间及职责范围内的经济责任履行情况。评价内容应包括任职期间履行经济责任的业绩、主要问题及应承担的责任。

2. 重要性原则

审计评价应在充分了解被审计领导干部职责的前提下,根据问题的重要性水平,认定是否为被审计领导干部履职期间的问题。一般应重点考虑性质和金额足以影响评价结果的重要经济事项。

3. 客观性原则

审计评价应以法律法规、政策制度、责任目标等为依据，结合单位实际情况以及特定历史背景、宏观经济环境、国家方针政策等外部因素进行评价。

4. 相关性原则

审计评价应当围绕审计目标和审计内容，对被审计领导干部履行经济责任情况进行评价，做到"审计什么就评价什么"，与被审计领导干部履行经济责任情况无关的或超出审计范围的不应评价。

5. 审慎性原则

审计评价应在执行适当审计程序并获得充分审计证据的基础上得出。对于受审计手段所限未经审计核实或超过审计范围的，以及评价依据不够明确、证据不够充分的事项不予评价，确需评价的，应持审慎态度，并如实表述。

（二）审计评价要做到"三个区分开来"

为保护领导干部干事创业的积极性、主动性、创造性，实践中，应认真贯彻"三个区分开来"重要要求，把干部在推进改革中因缺乏经验、先行先试出现的失误和错误，同明知故犯的违纪违法行为区分开来；把上级尚无明确限制的探索性试验中的失误和错误，同上级明令禁止后依然我行我素的违纪违法行为区分开来；把为推动发展的无意过失，同为谋取私利的违纪违法行为区分开来。针对领导干部在改革创新中的失误和错误，审计评价应正确把握事业为上、实事求是、依纪依法、容纠并举等原则，经综合分析研判，可以免责或者从轻定责，鼓励探索创新，支持担当作为。推动建立健全激励与容错免责机制，做到有记录、可追溯、可检查，实事求是地作出审计评价，使审计结论经得起检验。

（三）审计评价的方法

审计评价应根据被审计领导干部的履职特点、岗位性质和实际需要等因素，选定适用的评价方法，可采取纵向比较与横向比较、定量评价与定性评价、分项评价与总体评价相结合的方式进行。

1. 纵向比较与横向比较

纵向比较是将被审计领导干部任职期间不同时期数据或者审计时与上任时的有关数据进行比较分析；横向比较是将被审计领导干部任职期间数据与自然资源禀赋相近、岗位性质相似、行业性质相同的单位进行比较分析，将被审计领导干部履行经济责任的行为或者事项放到发生时的历史背景等客观环境下进行统筹考虑，辩证分析，审慎作出审计评价。通过纵向比较可以判断被审计领导干部就职后为其所在单位带来的增值影响或不利影响主要体现在哪些方面，从而确定被审计领导干部对其所在单位的主要贡献或工作失误情况；

通过横向比较可以在同等管理环境中分析比较不同领导干部的业绩完成情况，便于对其工作的优劣进行较为客观的评价。

2. 定量评价与定性评价

定量评价主要通过分析与被审计领导干部经济责任履行情况相关的数量关系或所具同性质间的数量关系得出量化的评价结论；定性评价主要依靠审计人员的经验，依据相关法规规定、规则或常识，对被审计领导干部履行经济责任情况进行性质上的评价并得出定性结论。定量评价与定性评价之间的关系应该统一且相互补充，并相互结合、灵活运用，以取得最佳效果。

3. 分项评价与总体评价

分项评价是对不同方面的审计内容分别进行评价，得出被审计领导干部相关方面履职情况的评价结论；总体评价是在对分项评价结果汇总分析的基础上，形成对被审计领导干部履行经济责任情况的总体评价结论。审计评价可以写实评价，也可以在建立完善的审计评价指标体系的基础上，探索进行"好""较好""一般""较差"等分类评价。

五、经济责任审计结果运用

（一）审计结果运用范围

审计结果运用是指单位内部相关部门和外部有关单位，根据审计评价结论、审计发现问题（线索）和审计意见建议、对审计成果的综合分析研究结果等，采取的相应整改追责措施及其他推动相应职责部门工作的行为。审计结果运用是经济责任审计的重要环节，关系到审计作用的发挥和审计目标的实现。内部审计机构应当确保审计结果可信、可用、可靠，不断提高经济责任审计成果的层次和水平。

本单位党委（党组）、董事会（或主要负责人）、监事会、高级管理层，业务管理部门及内部审计机构、纪检监察部门、组织人事部门等协调机构成员部门（机构）在各自职责范围内应加强经济责任审计结果运用。组织人事部门应当将其作为考核、任免、奖惩被审计领导人员的重要依据；纪检监察部门对严重违纪违规的问题按相关法律法规进行处理；财务管理等部门应结合审计中存在的问题进行督查整改并规范管理。

经济责任审计结果应作为干部考核、任免和奖惩的重要依据。对正确履行经济责任、工作业绩突出的被审计领导干部，应给予肯定，并作为选拔任用的重要依据。对在履行经济责任中存在问题且负有责任的被审计领导干部，由本单位权力机构追究被审计领导干部及其他有关责任人员的责任。被审计领导干部及其所在单位根据经济责任审计结果落实整改责任，增强干部履职尽责意识，完善组织治理、加强内控和风险管理、推动本单位及所属单位实现高质量发展。经济责任审计结果报告应当按照规定归入被审计领导干部本人档案，单位对审计报告、审计整改报告归入本人档案有规定的，也可一并归档。

（二）审计结果运用方式

1. 完善联席会议制度

一是健全协调机制。联席会议要定期沟通，互通信息，相互配合，形成合力。二是建立重大问题讨论制度。对审计过程中发现的重大问题的定性、处理、评价，可由联席会议讨论商定。三是健全审计成果利用反馈制度。内部审计机构要向组织人事部门报送审计报告，必要时可抄送联席会议成员部门。纪检监察、组织人事和财务等部门对审计报告中有用的信息要加以利用。

2. 健全审计信息报告制度

一是重大问题做专题报告。对审计发现的重大问题要及时向党政领导班子汇报，反映存在的问题、分析产生的原因、请示处理的意见。二是同类问题做综合报告。对多个同类型的部门进行经济责任审计后，要进行归纳分析，找出规律性，提出意见和建议，形成综合报告向党政领导班子汇报，为领导决策提供依据。三是普遍性、倾向性问题做分析报告。对审计过程中发现的带普遍性、倾向性的问题，进行深入的分析和加工，注意从体制、机制、制度和管理上提出预防和解决的意见和建议，向党政领导班子报告，为领导决策服务。

3. 建立审计结果整改落实制度

一是跟踪检查。审计报告出具后，内部审计部门或审计联席会议对被审计单位落实整改情况实行跟踪检查，督促整改。二是通报整改结果。对整改彻底，落实审计意见较好的单位进行通报表扬，对拒不整改的单位进行通报批评，以严肃财经纪律。三是规范案件线索移送制度。审计部门应与纪检监察等部门建立健全案件线索移送制度。审计部门对审计中发现的重大违法违纪案件线索及时移送纪检监察部门；对审计中发现的经济犯罪案件线索及时移送司法部门，纪检监察、司法部门及时将线索利用情况反馈给审计部门。

经济责任审计案例

GL 在 X 集团下属二级子公司 J 公司中担任董事长，负责 J 公司包括副总经理 MC 在内的经营班子的任命，并代表 X 集团与 J 公司签订考核协议。协议只对运输箱量和公司整体利润予以规定，未对具体航线的利润做出规定。该公司副总 MC 按 J 公司领导班子分工，主要负责东亚航线运价的制定。审计发现 MC 在其任职期间利用职权，违反大货量才能获得优惠运价的规定，在某航线上以最低运价给予自己亲属实际出资成立的货代公司，从中牟取个人利益，损害国有企业利益。

要求：分析该案例中，谁应该承担直接责任和领导责任。

第二节 内部控制审计

一、内部控制审计定义及目标

内部控制审计是指内部审计机构对组织内部控制设计和运行的有效性进行的监督、评价和建议的活动。

审计内部控制测评总体目标是：评价内部控制的建立是否科学规范，执行是否有效，是否能够合理保证控制目标的实现，提高经营效率和效果，促进组织实现发展战略。通过内部控制测评，了解其制度建立及执行情况，判断存在的缺陷和薄弱环节，进一步确定下一步审计重点。

二、内部控制审计的主要内容及内部控制缺陷

（一）内部控制审计的主要内容

内部控制是针对内部控制五要素进行审计，五要素的审计内容如下。①内部控制环境。内部审计人员应当评价包括公司治理结构、机构设置和权责分配、内部审计、人力资源政策、企业文化在内的内部控制环境对企业经营管理活动的影响。②风险评估。内部审计人员应当分析企业风险控制目的设置的合理性，评价开展风险评估范畴的全面性、风险评估结果的有效性和风险应对策略的科学性。③控制活动。内部审计人员应评价企业根据风险评估结果设置的内部控制措施的科学性和控制效果的有效性。④内部控制信息和沟通。内部审计人员应评价企业内部控制相关信息在收集、处理和传递程序的科学性，分析信息技术在内部控制信息和沟通中所发挥作用的情况，判断企业在反舞弊工作重点领域相关工作机制的有效性。⑤内部监督制度。内部审计人员应分析企业内部审计机构和其他内部机构在内部监督中的职责权限情况，判断企业实施内部监督的程序、方法和目的要求的科学性，评价内部控制监督制度的有效性。

（二）内部控制缺陷

审计人员在内部控制审计过程中需要关注内部控制存在的缺陷。内部审计人员应当根据内部控制审计结果，结合相关管理层的自我评估，综合分析后提出内部控制缺陷认定意见，按照规定的权限和程序进行审核后予以认定。内部审计人员应当根据获取的证据，对内部控制缺陷进行初步认定。内部控制缺陷按照成因不同分为设计缺陷和运行缺陷。按照其性质和影响程度分为重大缺陷、重要缺陷和一般缺陷。重大缺陷是指一个或者多个控制缺陷的组合，可能导致组织严重偏离控制目标。重要缺陷是指一个或者多个控制缺陷的组合，其严重程度和经济后果低于重大缺陷，但仍有可能导致组织偏离控制目标。一般缺陷是指除重大缺陷、重要缺陷之外的其他缺陷。根据《企业内部控制审计指引》，表明内部控

制可能存在重大缺陷的迹象，主要包括:注册会计师发现董事、监事和高级管理人员舞弊；企业更正已经公布的财务报表；发现当期财务报表存在重大错报，而内部控制在运行过程中未能发现该错报；企业审计委员会和内部审计机构对内部控制的监督无效等。

内部审计人员应当编制内部控制缺陷认定汇总表，对内部控制缺陷及其成因、表现形式和影响程度进行综合分析和全面复核，提出认定意见，并以适当的形式向组织适当管理层报告。重大缺陷应当及时向组织董事会或者最高管理层报告。

三、内部控制审计范围

内部控制审计按其范围划分为全面内部控制审计和专项内部控制审计。全面内部控制审计是针对组织所有业务活动的内部控制进行全面审计，即对内部控制环境、风险评估、控制活动、信息与沟通、内部监督五要素进行审计。专项内部控制审计是针对组织内部控制的某个要素、某项业务活动或业务活动某些环节的内部控制进行审计。

四、内部控制审计报告

内部控制审计报告应当分别对内部环境、风险评估控制活动、信息与沟通、内部监督等要素进行设计，对内部控制评价过程、内部控制缺陷认定及整改情况、内部控制有效性的结论等相关内容作出披露。内部控制审计报告至少应当披露下列内容：董事会对内部控制报告真实性的声明；内部控制审计工作的总体情况；内部控制审计的依据；内部控制审计的范围；内部控制审计的程序和方法；内部控制缺陷及其认定情况；内部控制缺陷的整改情况及重大缺陷拟采取的整改措施；内部控制有效性的结论。企业应当根据年度内部控制审计结果，结合内部控制审计工作底稿和内部控制缺陷汇总表等资料，按照规定的程序和要求，及时编制内部控制审计报告。内部控制审计报告应当报经董事会或类似权力机构批准后对外披露或报送相关部门。

做"轻"或"重"的内部控制

某公司实物产品销售后，由于产品瑕疵导致客户要求退货，经公司物流部门评估后发现破损产品价值已经低于物流费用，如果要求客户退实物反而对公司损失更大。针对该情况，总经理吴某紧急召集物流、财务、IT、内控、销售等部门人员，商讨如何设置该场景下的内控管理流程。

方案一：设置"退款不退货申请审批流程"，具体为：

需求申请（业务）—主管审批（业务）—评估合理性（物流）—退款支付（财务）。

方案二：不设置具体审批流程，具体为：

不需要事前审批，但是进行总额成本管控（即锁定风险敞口），把该场景涉及的成本费用归口业务部门承担，不再归口公司层面承担，财务定期进行复盘抽查。

在该案例中，方案一的内部控制叫作"重"的内部控制。与之对应的方案二，看似放松了控制，因此被认为是"轻"的内部控制。

要求：请结合案例，从内部控制的目标、关键风险、管理层对风险的态度等方面分析两个方案的优缺点，并为该公司作出决策。

第三节　建设工程项目审计

一、建设工程项目审计概述

（一）建设工程项目审计的定义

建设工程项目是指在一个总体设计或初步设计范围内，由一个或几个单项工程组成，经济上进行统一核算，行政上实行统一管理，建成后能够独立发挥生产能力或效益的工程。建设工程项目审计是指依照国家有关法律法规和企业有关制度，对工程建设项目从立项到竣工验收各阶段的真实性、合法性、合规性和效益性进行监督、评价和建议。

（二）建设工程项目审计的目标

1. 建设项目审计的总体目标

通过对建设项目建设全过程各项技术经济活动进行监督和评价，确认建设项目建设与管理活动的真实性、合法性和效益性，促进项目建设质量、工期、成本等建设目标顺利实现，促进提升项目绩效，增加建设项目价值。

2. 建设项目审计的具体目标

1）规范建设管理

内部审计机构以促进项目管理机构和参建单位提升管理水平，理顺建设项目内外部关系，规范建设行为，提升项目质量和效益为目标。一是要确认建设项目与国家法律法规和行业规范的符合程度；二是要确认项目管理机构和参建单位对本组织内部控制体系的符合程度；三是要确认项目建设中对各项建设设计和施工技术规程、规范及本项目的设计文件的符合程度；四是要确认项目财务信息、进度信息、投资完成信息的真实性，关注工程数量、质量、建设内容和过程的真实性。同时，审计还应当关注财经制度和廉政纪律执行情况，协助促进反腐倡廉机制建设。

2）揭示建设风险

内部审计机构关注建设项目在建设各阶段，在工期、质量、成本、安全、环境等管理中可能存在的薄弱环节、偏差和风险，协助项目管理单位查找漏洞和缺陷，促进规范管理和风险防范。

3）提升建设项目绩效

内部审计机构在审计中应当检验建设目标实现程度，提升项目效益，从而增加项目投资人的回报。一是确认项目进度目标任务是否实现。项目按期交付使用，就能尽早实现投资效益。二是确认建设项目质量、安全控制目标是否实现，建设项目的质量、安全风险同时也是审计关注的重要风险。三是确认项目投资控制及绩效目标是否实现。通过对项目造价控制提出切实可行的审计意见和建议，完成阶段性或单项工程造价审计，能直接节约投资，提高项目绩效。

（三）建设工程项目审计的内容

建设项目审计的内容主要包括：建设项目前期决策审计，建设项目内部控制与风险管理审计、建设项目采购审计、建设项目工程管理审计、建设项目工程造价审计、建设项目财务审计、建设项目绩效审计等。具体到每个审计项目时，审计内容视开展审计的时间和项目建设进展情况而有所不同。在项目前期、建设期、完工验收阶段的审计内容主要包括以下几点。

1. 项目前期阶段审计内容

1）基本建设程序的规范性

基本建设程序主要包括制作项目建议书阶段、可行性研究阶段、设计工作阶段、建设准备阶段、建设实施阶段、竣工验收阶段、后评价阶段等，具体阶段划分和审批要求视项目所处行业投资大小、是否使用财政资金等条件各有不同。

对建设程序和前期工作进行审计时需要关注的问题主要有是否违反基本建设程序搞建设、逃避国家审批等。审计时要按照建设投资管理规定，审查项目立项决策的程序，确定项目论证是否充分，有无违反建设管理程序虚报项目和投资等问题。

2）项目前期文件的真实性、科学性和完整性

项目投资估算、概算来自前期工作形成的设计文件，因此，前期文件的真实性、编制的科学性，直接决定了项目能否申请到的建设资金数额，应当加以重点关注。同时，项目前期文件中提到的内外部建设条件是否落实、对项目建成后效益的预测是否科学等也是审计的重要内容。

3）前期工作成果的有效性

前期阶段审计除了关注合规性外，也要关注前期工作成果的有效性。要通过对初步设计、施工图设计的复核发现设计工作中可能存在的错误。

4）项目资金来源的可靠性

主要查处不按承诺筹集、安排配套建设资金，导致工程建设资金严重不足，从而造成建设内容大幅缩水等问题。

融资建设的项目审计中要详细审核融资条件，确认利率和相关约束条款是否高于当时的市场平均水平。对于使用了股权融资方式的项目，需要依据相关法律法规审核股权发起、转让的合规性。

5）工程承发包过程的规范性和合同签订的合法性

工程采用招标投标等方式确定供应商之后，工程建设甲乙双方应当按照招标结果签订承包合同。审计在此阶段应当关注的问题有以下几点。一是未按招标结果签订合同。包括建设单位招标范围或金额小、合同范围或金额大、单位无正当理由未按评标委员会推荐顺序选择中标人、单位违反招标文件实质性约定与中标单位签订补充协议等。二是违规转分包及挂靠。项目业主单位和承包单位违反住建部发布的《建筑工程施工发包与承包违法行为认定查处管理办法》的规定。业主单位违法发包，违规指定工程施工分包单位和物资供应单位等，由关联或者关系单位及人员操控工程，谋取利益造成工程建设成本增高、资金流失，承包单位非法转、分包及挂靠层层截留建设资金，导致建设资金的流失及工程质量的降低。三是合同不完善。工程在签订承发包合同时，不确定单价，或者采取暂定单价，为在工程价款结算中留下人为操作空间；以"原设计漏项、赶工、提高工程质量"等为由，通过设计变更增加工程量或改变原施工处理方式，以提高工程造价。

2. 项目建设期审计内容

项目建设期，即业主、施工、设计、监理等参建各方在合同框架下紧密配合，将各类建设资源的投入转变为建设产品的过程。建设期审计的主要内容包括以下几点。

1）工程管理的规范性和有效性

对工期、质量、安全管理进行审计是建设项目审计的重点和难点。首先，审计项目是否按计划编制工期及施工组织设计并有效执行，是否存在各种因素影响项目工期进展现象；其次，审计项目是否按规定执行各项工程质量控制和验收规范、规程、标准，做好质量管理工作；最后，审计项目是否贯彻落实各项安全管理规定，落实安全生产责任等内容。

2）工程结算的真实性与规范性

首先，审计工程造价管理是否规范，各类资料是否齐全，结算办理制度是否完整，结算程序是否规范；其次，审计月度、年度结算工程量和费用内容是否真实，计算方法是否正确；最后，审计结算办理的依据是否齐全，内容是否真实，重点关注合同完工结算和变更签证的真实性。

3）资金管理和会计核算的真实性与合规性

审计建设项目业主会计账簿和财务报告的核算和披露是否真实、合法。通过检查财务资料发现各类建设业务的不合理支出问题。项目建设的过程伴随着大量采购工作，采购对象包括工程及与工程建设有关的货物、服务。对采购工作开展审计的重点在于工程建设所需的工程、货物或服务的采购方式的选择，以及其运用情况，如是否按规定履行招标投标或询价等采购程序，是否保证所采购工程、货物、服务的成本、供货周期和质量。

3. 项目完工验收阶段审计内容

在工程完工结算和竣工验收阶段，审计工作主要围绕承包单位编制的完工结算的真实性和业主单位编制的竣工决算的真实性、合规性，开展工程造价审计和工程财务审计。审计内容主要包括以下几点。

1）工程竣工结算的真实性

审计竣工结算中是否存在虚列工程、不实签证、高估冒算等，如竞争性费用是否按合同约定计价、不可竞争费用是否按法规政策计取等；审计合同文件与招投标文件中的计价约定是否存在实质性不一致等；审计竣工结算中的计价事项有无需要进一步优化的情况，如设计变更不必要、施工方案偏保守等。

2）工程财务竣工决算的真实性和完整性

依据财务账表和工程竣工报告、竣工图及竣工验收单施工合同、各种施工签证或施工记录和国家或地区颁布的有关规定，审计工程财务竣工决算编制依据是否符合国家有关规定，资料是否齐全，手续是否完备，对遗留问题的处理是否合规。

3）竣工验收的真实性和规范性

审计竣工验收报告是否真实、完整、合法、有效，相关单项验收资料是否经有关主管单项验收的部门认可，工程立项文件、财务资料、合同资料、现场签证资料、结算资料和竣工验收资料是否完整，竣工验收程序是否符合规定，验收委员会会议记录和签字是否完整等。

4）投资效益的真实性

依据项目立项和可行性研究报告，对照项目各项建设目标，逐项审计项目建成后投资效益是否真实达成。建设目标随项目各异，但通常至少包括成本、进度、质量三大目标，各大目标又可以分解成若干项小目标。对这些目标的实现程度，需要逐项核实。

二、建设工程项目审计的类型和组织模式

（一）建设工程项目审计的类型

其类型主要包括：工程结算审计、竣工决算审计、跟踪审计、建设管理审计和专项审计。

1. 工程结算审计

审计机构依据国家有关法律法规和企业有关规定，对工程价款结算的真实性、合规性和准确性进行审查和确认。

审计重点关注工程建设项目是否按批准的初步设计和施工图建设；结算依据是否符合合同条款等有关规定，结算资料和手续是否齐全完备、真实、准确、合规；设备、材料用量是否与实际相符，价格是否真实合理；设计变更单、材料代用单、现场签证单等是否真实、合理、有效，手续是否完备、及时。

2. 竣工决算审计

审计机构依据国家有关法律法规和企业有关规定，在建设单位编制完成竣工决算书后、竣工验收前进行的一项制度性的审计工作。主要对工程建设项目竣工决算的真实性、完整性、合法性和实现的经济效益、社会效益及环境效益进行检查、评价和鉴证。

审计重点关注：投资完成情况和资产交付使用情况、竣工验收条件具备情况、建设程序履行和建设管理情况、投资效益效果，为竣工验收提供依据。

3. 跟踪审计

审计机构依据国家有关法律法规和企业有关规定，对重大项目从投资立项到竣工交付使用阶段的经济管理活动跟踪进行审查、监督、分析和评价的活动。

审计重点关注：事后无法复核及事后审计发现无法挽回损失的工程施工、建设管理活动，如重大设计变更、现场发生的重大非正常情况、隐蔽工程、重要物资采购活动、工程造价结算等关键控制点。

4. 建设管理审计

审计机构依据国家有关法律法规和企业有关规定，以风险管控为导向，以管理活动为主线，对工程项目的计划、组织、决策、实施、控制等管理职能、管控活动和结果进行的审计监督与评价。建设管理审计是指审计机构依据国家及地方有关法律法规和股份公司有关规定，以风险管控为导向，以管理活动为主线，对工程建设项目的计划、组织、决策、实施、控制等管理职能、管控活动和结果进行的审计监督与评价。

审计重点关注：基本建设程序遵循情况，项目管理有关制度建立和执行情况，项目决策、合同履行和科学管理情况，项目进度、质量和投资管控情况，项目管理机构、人员及有关参建单位的职责履行情况等。

5. 专项审计

审计机构依据国家有关法律法规和企业有关规定，根据管理层的要求或工作需要进行的针对工程项目某些方面、某些环节或某项任务而开展的审计。

（二）建设工程项目审计的组织模式

建设工程项目审计的组织模式包括内部审计机构自主审计和委托外部机构审计两种。

1. 内部审计机构自主开展建设工程项目审计

审计部门利用自身的审计资源，对管理权限内的工程项目实施审计，审计组应尽可能配齐工程技术、工程造价、工程管理、工程经济等专业人员，部分人员也可以外聘或从其他部门借用。

2. 委托外部机构开展建设工程项目审计

审计机构在工程建设项目内部审计力量不足时，除涉密事项外，可向社会中介组织购买审计服务。内部审计机构仍需要对委托审计项目的质量承担责任，故需对拟选择的受托机构的执业能力和质量进行必要的调查，对审计目标和具体要求提出清晰明确的意见，对受托机构派出的审计组人员组成和专业结构及审计实施方案审核把关，对受托机构的审计实施工作加强业务督导和检查，对受托机构的质量控制体系进行抽查，对受托机构出具的审计报告进行复核和完善。

三、建设工程项目审计的内容

建设工程项目审计的主要内容包括：投资立项、勘察设计、招标投标、合同管理、工程物资、施工过程管理、工程造价、工程财务及工程绩效等。

（一）投资立项审计

对工程建设项目预可行性研究阶段、可行性研究阶段及立项决策环节各项工作的程序履行、质量及绩效等进行的审计监督与评价。主要审查和评价项目的决策程序和可行性研究报告的真实性、完整性和科学性等。

（二）勘察设计审计

对工程建设项目的勘察设计阶段各项工作质量及绩效进行的审计监督与评价。主要审查和评价勘察设计环节内部控制及风险管理的适当性、有效性；勘察、设计资料的真实性、充分性和可靠性；各设计阶段管理活动的真实性、合规性和效益性。其主要审计内容包括勘察及初步设计管理、施工图设计管理、设计变更管理、设计文件管理等。

（三）招标投标审计

对工程建设项目的勘察、设计、施工、监理、检测、物资采购等招标程序、质量、绩效进行的审计监督与评价。主要审查和评价招投标环节的内部控制及风险管理的适当性和有效性，招投标资料的完整性和可靠性，招投标过程及结果的真实性、合法性、合规性等。主要审计内容包括招投标程序、招投标文件、资质管理、标底文件及开标、评标、定标，可不招标、邀请招标、谈判的原因及支撑性材料等。

（四）合同管理审计

对工程建设项目有关合同内容及其管理工作质量、绩效进行的审计监督与评价。主要审查和评价合同管理环节的内部控制及风险管理的适当性和有效性；合同条款的合理性、完整性、公平公正性；合同的签订、履行、变更、终止的真实性、合法性、合规性。主要审计内容包括合同管理制度、各类合同文件、合同变更与履行、合同签订内容与招标文件的符合性等。

（五）工程物资审计

对工程物资在采购和收、发、存环节各项工作质量及绩效进行的审计监督与评价。主要审查和评价工程物资管理的内部控制，以及风险管理的适当性和效益性，采购资料依据的真实性、充分性与可靠性，工程物资采购活动的真实性、合规性、有效性。主要审计内容包括采购程序、采购计划、采购合同、采购费用，物资价格、验收、检测、入库、出库、保管及维修制度与执行、剩余物资管理等。

（六）施工过程管理审计

对工程建设项目施工过程管理进行的审计监督与评价。主要审查和评价施工管理、控制及风险管理的适当性和有效性；文件、资料完成的及时性、真实性和完整性；工程质量、进度、安全、环保、监理、质检等工作的真实性、合规性和有效性。主要审计内容包括施工管理制度建立与执行，施工、监理、检测等机构及人员的资质，项目管理机构等单位和相应人员履职情况，工程进度、质量、投资、安全和环保等控制情况。

（七）工程造价审计

对工程建设项目各阶段投资进行的审计监督与评价。主要审查和评价工程投资的真实性、准确性、合规性和合理性。主要审计内容包括造价管理制度，投资控制目标，投资估算、概算、预算、工程结算编制和计价依据，总分包、监理、造价咨询等单位工程结算，包括设备及材料价格、合同价款、工程量计算、定额套用、间接费取费标准（取费基数、费率计取等）等。

（八）工程财务审计

对工程建设项目财务管理、核算进行的审计监督与评价。主要审查和评价资金来源、使用及其账务处理的真实性、准确性、合法性、合规性。主要审计内容包括财务管理制度、资金筹措、资金管理与使用、财务管理、成本归集与核算等。

（九）工程绩效审计

对工程建设项目自立项至运营投用全过程资源使用和管理绩效进行的审计监督与评价。主要通过及时发现项目投资建设和运营管理各阶段中存在的问题，从经济性、效益性和效果性对工程建设项目进行评价，揭示存在的薄弱环节和潜在风险，促进完善项目立项决策机制和实现预期效果。

四、建设工程项目审计的程序

（一）审计准备阶段

该阶段主要包括：开展审前调查，编制项目审计方案，明确审计的目标、范围、内容和重点，对审计人员分工和时间做出具体安排；制定并送达审计通知书。

1. 开展审前调查，编制项目审计方案

在开展项目审计之前，审计人员应当通过收集项目基本情况报告、审批过程资料、财务报告、投资完成情况报表等资料，对建设项目建立初步认识，然后对项目审计工作量、工作重点做出评估判断，并作为审计资源调配依据。根据审前调查的结果，编制项目审计方案。审计方案应当报经内部审计机构负责人审定，必要时还应当报组织内部分管审计工作的领导批准，指导审计项目开展。审计过程中该方案可以根据审计发现问题做出必要调整，调整时应当履行规定程序。

2. 制定并送达审计通知书

根据审前调查结果，审计项目负责人应当抽调相关专业审计人员组成审计组，并将审计范围、审计起始时间、审计组成员和组长人选等信息加以明确，列入审计通知书，经规定程序签发后，发送至被审计建设项目管理机构。必要时，审计通知书可抄送审计工作可能涉及的其他部门和参建单位。

（二）审计实施阶段

该阶段主要包括：审计组组织召开审计进点会，建设单位负责人、工程项目负责人、有关部门，以及与审计项目相关的设计、施工、采购、监理、检测等单位和人员参加会议，收集有关资料、获取审计证据、编制审计取证单和审计工作底稿、与被审计领导干部及其所在单位交换意见等。

1. 收集资料和了解情况

审计组按照审计通知书规定时间开展审计工作后，首要任务是全面了解被审计建设项目的现状。审计人员应当按照审计方案进行适当分工，分别收集前期审批、工程施工管理、物资管理、合同结算、财务会计和相关内部控制方面的文件资料，对工程施工管理和物资管理中的重要环节，应当收集实物资料或影像资料。对收集到的资料进行认真阅读和分析，是审计工作的必要程序。全面了解被审计的建设项目后，审计人员即可按照审计分工，开展符合性测试和实质性测试程序。

2. 检查并测试内部控制

审计人员应当根据建设项目管理特点，收集与项目相关的各项制度：包括进度管理、质量管理、安全管理和投资控制等方面的内部控制制度，施工管理、设计管理、物资材料管理等重要环节的操作规程规范，建设项目人员的培训管理、廉政管理、日常办公等制度。根据审计分工，分别开展内部控制制度符合性的测试，目的是发现是否存在制度缺失、制度未执行或执行不严格等现象，为下一步重点审计提供方向。内部控制调查和内部控制测试经常是结合进行的。

3. 执行审计程序并获取证据

审计实施是对各项业务的真实、合法、效益情况进行审计，并获取相关证明材料，以便得出审计结论的过程。主要审计方法包括审核、观察、监盘、访谈、调查、函证、计算和分析程序等。获取证据的主要原则是保证证据的相关性、可靠性和充分性。

审计组开展建设项目审计应当依据项目特点、审计所需证据和项目审计各环节的审计目标选择恰当的审计方法，以保证审计质量和审计资源的有效配置。在审计过程中，审计人员应当努力发挥专业特长，以灵活多样的方式为项目和组织提供意见和建议，协助改善建设项目实施管理，加强项目内部控制和风险管理，提高项目效益。

在建设项目审计中，获取的证据如果是实物证据，如现场观察得到的证据，应当尽量转化为影像证据、证明材料等书面证据,以便保存和管理。

4. 编制审计工作底稿

依据内部审计准则,在实施审计工作的同时,审计人员应当编制审计工作底稿,记录审计程序,归纳审计证据,形成审计结论。

(三)审计报告阶段

该阶段主要包括:草拟审计报告初稿、审计审理、征求意见、修改与审定审计报告、出具审计报告、下达审计意见或决定。

依据项目审计中获取的证据和形成的审计工作底稿,审计组应当在实施必要的审计程序后,出具审计报告。编制审计报告前,审计人员应当就审计概况、审计中所发现的问题和审计意见、建议等事项与被审计单位进行沟通,有些必要的事项,如工程造价审计相关发现涉及合同价款结算调整时,应当征求当事第三方参建单位和其他利益相关方的意见。编制审计报告应做到客观、完整、清晰、及时。审计报告应当包括审计概况、审计依据、审计结论、审计发现、审计意见、审计建议等内容。

(四)后续审计阶段

建设项目后续审计是指内部审计机构为跟踪检查被审计单位针对建设项目审计发现的问题所采取的纠正措施及其改进效果而进行的审查和评价活动。后续审计应当结合项目建设进程,对审计意见落实情况、对审计促进项目质量、成本、进度管理,提升项目整体效益的情况作出客观评价,对整改工作存在的不足提出改进意见。该阶段主要包括:对下达的审计意见,跟踪检查被审计单位针对建设项目审计发现的问题所采取的纠正措施及其改进效果;对审计促进项目质量、成本、进度管理,提升项目整体效益的情况作出客观评价;对整改工作存在的不足提出改进意见;审计材料归档等。

五、建设工程项目审计结果报告及使用

(一)建设工程项目审计结果报告

结果报告主要包括:
①审计报告(含综合审计报告);
②审计意见书;
③审计决定;
④审计机构规定的其他其他方式。

(二)建设工程项目审计结果报告的使用

1. 形成专项或综合分析报告

对建设工程项目审计中发现的重大事项、建设管理中存在的共性问题或较大风险,以

及其他需要引起企业管理层关注的重大问题，应形成专项或综合分析报告上报。

2. 案件线索的报告和移送

对在工程建设项目审计中发现的需要追究有关人员责任的违法违纪案件线索，以及应当由其他部门处理的问题，应移送有关部门处理，并及时跟踪处理结果。

3. 推动发现问题的整改落实

采取有效措施，推动审计发现的问题，能够被切实纠正处理、解决到位，需要立即整改的问题应当及时整改，对于一时难以整改的问题，认真进行研究，提出逐步解决的对策措施，持续跟踪督促，防止屡审屡犯。

案例2-3

（一）工程项目背景

某投资项目线路全长27.7千米，概算总投资154.6亿元，其中工程费用83.3亿元，含建筑工程费55.5亿元、安装工程费9.7亿元、设备购置费18.1亿元。工程总工期为61个月，经招投标土建工程中标金额为50.6亿元，分为28个标段，材料等其他中标金额为16.4亿元，分为18个标段。招投标时间为2013年。

（二）审计过程

审计组介入的时间为2015年。审计的重点为建设项目招投标程序、合同管理及管线迁移工程造价结算的审计，主要的内容是：第一，标的范围是否完整，招投标文件文字表达是否准确，评标办法是否科学，程序是否合法，同时注重审查是否有违法招投标的情况发生；第二，合同文件内容是否完整，语言表达是否清晰，合同条款是否合法，签订程序是否合规，合同价与中标价是否一致；第三，对供电等管线迁移合同及预结算进行审核。

（三）审计中发现的问题

通过对本工程的审计，发现招投标及合同存在以下问题。

第一，招标清单设置不合理造成多项费用重复计列。该工程招标清单未按建设工程工程量清单计价规范的要求编制清单内容，自行增加了多项费用，造成多项费用重复计列，如招标清单中的环保措施费与清单中安全防护、文明施工措施费用重复计列、施工临时围护费的设置与安全防护、文明施工措施费重复计列、劳务工保护保险费与综合单价中意外伤害保险费重复计列等。

第二，评标办法有待改进。施工单位的投标价中部分项目单价远高于控制价或市场价，例如，某标段旋喷桩空桩的单价为200元/米，远高于45元/米的市场价，但总价仍属最低，按评标办法规定（按投标总价评标原则）仍被确认为中标单位。通过经验分析，该项目清单招标可能存在以下问题：一是施工单位有可能采用了项目间的不平衡报价以期达到低价中标高价结算的目的；二是建设方清单设置不合理，为施工单位的不平衡报价提供了条件；三是评标办法存在漏洞，不能单纯以总价作为评标条件，同时要对分部分项单价的合理性予以评估。

第三,合同条款考虑不严谨。在对该工程合同审计时,发现存在三个方面的问题:一是合同条款过于简单,未考虑施工期信息价与工期结束时当月信息价的差异,容易造成结算纠纷;二是合同涉价条款措辞不当,前后矛盾,给结算和审计带来争议和困难,例如,基础土方的回填及外运,在合同工程计量与支付条款中规定包含在基础土方的开挖中,不另行计量,但招标清单中又设置了基础土方回填、外运子项,两者相互矛盾;三是一些合同条款与相关规定不相符,如预付款的付款比例、质保期的约定。

第四,水、电等管线迁移工程乱取费问题。该项目的管线迁改工程采用直接委托形式,均未招标,管线迁移工程计价除按安装定额套项,配套的费用定额取费后,另计取了建设单位管理费、基本预备费、标书编制费、前期工程费等不应由施工单位计取的费用。此问题为普遍性问题,由于供水、供电工程项目的施工被相关部门垄断,工程施工收费随意性较大。

要求:结合案例,请说明跟踪审计在建设工程审计中的作用。

第四节 风险管理审计

一、风险管理审计概述

(一)企业风险和企业风险管理

1. 企业风险

国务院国有资产监督管理委员会在2006年印发的《中央企业全面风险管理指引》中指出:企业风险,是指未来的不确定性对企业实现其经营目标的影响。国资委将企业风险分为:战略风险、财务风险、市场风险、运营风险、法律风险五个主要部分,具体内容如表2-1所示。

表2-1 国资委对企业风险的分类

企业风险	内 部	外 部
战略风险	新技术、新产品、并购风险、品牌建立、收益变化	市场需求变化、失去主要客户或供应商、竞争对手
财务风险	现金流、资产流动性	经济周期、信用风险
市场风险	定价、促销政策	股票市场、外汇汇率、贷款利息、期货市场
运营风险	安全生产、网络安全、环境保护、人力资源、新项目、价格谈判、火灾、车船事故、人身伤亡	管理责任、供应链、水灾、偷盗、恐怖袭击
法律风险	知识产权、员工纠纷	合规、法律改变、诉讼

按照能否为企业带来盈利等机会为标志,将企业风险分为纯粹风险和机会风险。其中,

纯粹风险指只有损失机会而没有获利可能的风险，机会风险是指既有损失的机会，也有获利可能的风险。

2. 企业风险管理

美国反虚假财务报告委员会下属的发起人委员会在 2004 年颁布的《企业风险管理框架》中指出："企业风险管理是一个过程，它由董事会、管理当局和其他人员执行，应用于战略制定并贯穿于企业之中，旨在识别可能会影响主体的潜在事项，管理风险以便其在风险容量之内，并为主体目标的实现提供合理保证。"

我国内部审计协会在 2005 年发布的《内部审计具体准则 16 号——风险管理审计》中指出："风险管理，是对影响组织目标实现的各种不确定性事件进行识别与评估，并采取应对措施将其影响控制在可接受范围内的过程。风险管理旨在为组织目标的实现提供合理保证。"

国务院国有资产监督管理委员会在 2006 年印发的《中央企业全面风险管理指引》中指出："全面风险管理，指企业围绕总体经营目标，通过在企业管理的各个环节和经营过程中执行风险管理的基本流程，培育良好的风险管理文化，建立健全全面风险管理体系，包括风险管理策略、风险理财措施、风险管理的组织职能体系、风险管理信息系统和内部控制系统，从而为实现风险管理的总体目标提供合理保证的过程和方法。"

我们认为，风险管理是对影响组织目标的各种不确定性事件进行识别与评估，并采取应对措施将其影响控制在可接受范围内的过程，通过在企业管理的各个环节和经营过程中执行风险管理的基本流程，培育良好的风险管理文化，建立健全全面风险管理体系，从而为实现风险管理的总体目标提供合理保证的过程和方法。

（二）内部审计与企业风险管理

1. 风险管理审计

我国《内部审计具体准则第 16 号——风险管理审计》的颁布实施，为内部审计开展风险管理审计提供了依据。风险管理审计是适应企业风险管理产生的新生事物，风险管理是对影响组织目标实现的各种不确定性事件进行识别与评估，并采取应对措施将其影响控制在可接受范围内的过程。

截至 2024 年，有很多学者研究风险管理审计，纵观这些学者的观点，我们可以归纳出风险管理审计的定义，内容如下。

（1）风险管理审计是指公司内部审计机构根据公司全面风险管理的目标和政策，采用一种系统化、规范化的方法对公司风险管理过程中的风险评估、风险应对和风险控制活动进行评价和测试，以识别、预警和纠正公司在实施风险管理过程中可能存在的不适或缺陷，进而提高公司风险管理的效率和效果，保障企业战略目标的实现。

（2）风险管理审计是在账项基础审计和制度基础审计的基础上发展起来的一种审计模式，是指审计人员在对被审计单位的内部控制充分了解和评价的基础上，运用一定的审计手段，分析、判断被审计单位的风险所在及其程度，针对不同风险因素状况、程度采取相应的审计策略，加强对高风险点的实质性测试，将内部审计的剩余风险降低到可接受水平。

（3）风险管理审计是对风险管理的设计与执行情况进行测试和评价，并为管理层提供有关风险管理信息的适度保证。风险管理审计的主要任务是审核风险管理政策和经营战略方针；目标是考察风险管理政策设计的适当性、执行的有效性、风险损失处理的合理性；方法包括风险因素优先性策略、预警分析和综合评价等。

其中，风险因素优先性审计规划策略包括：①确定审计领域；②确定风险因素；③根据风险程度确定风险性质（根据固有风险和控制风险的可能性、损失额、频率确定风险等级）；④确定单项因素风险的权重；⑤计算风险分值，进行审计打分；⑥进行风险排序，依据风险程度优先选择高风险项目；⑦配置审计资源，编制审计计划。

预警分析基本程序包括：①分析风险因素、风险事故，捕捉风险征兆；②确定风险存在；③确定可能性、频率、损失额；④评判风险性质和级别；⑤评估风险，与风险评价标准比较，排定风险次序。

综合评价基本程序包括：①测评、定性、风险排序；②鉴别风险管理措施；③评估风险管理措施；④准备风险措施计划；⑤执行风险措施计划。

风险管理审计基本程序包括：①审计计划制订，具体包括年度审计计划、项目审计计划、审计方案；②风险因素识别、分析与评价；③风险管理措施、方法评价；④风险审计报告；⑤后续审计。

2. 内部审计与企业风险管理的关系

作为现代企业管理的重要内容，内部审计与风险管理的联系日趋紧密。内部审计本身就是企业管理的一种手段和方式，是内部管理的延伸；风险管理是企业管理的重要内容，同时也是现代内部审计的重要内容之一，内部审计负有识别和评估风险的责任。风险管理作为管理层一项关键责任，企业管理层对其负有不可推卸的责任；内部审计人员则有职责定期评价并协助其他部门进行风险管理，在改善管理层的风险管理流程效果和效率方面进行检查、评价、报告和提出审计建议，帮助识别、评价和实施风险管理方法和控制。内部审计和风险管理在企业中的目标是一致的，都是为了实现企业的目标。

3. 企业风险管理审计的特征

企业风险管理审计是指企业内部审计部门采用一种系统化、规范化的方法来进行以测试风险管理信息系统、各业务循环，以及相关部门的风险识别、分析、评价、管理及处理等为基础的一系列审核活动，对机构的风险管理、控制及监督过程进行评价进而提高过程效率，帮助机构实现目标。

企业风险管理审计是一种现代审计模式，它具有以下特征。

（1）审计思路和观念发生根本性转变。账项基础审计注重具体交易事项的审查测试；制度基础审计注重内部控制的控制测试；而企业风险管理审计则是注重确认和测试风险管理部门为降低风险而采取的方式和方法。

（2）审计工作重心开始转移。审计人员的审计工作由原来的内部控制审计扩展到所有风险管理技术审计，审计范围扩大了很多。

（3）企业风险管理审计的方法更科学、更先进。企业风险管理审计是利用战略和目标分析的结论，确定关键风险点，进行风险评估，采取必要的措施降低或消除风险。企业风险管理审计还广泛运用数学分析、统计分析和计算机等技术方法，使审计工作更加简单、快捷。

4. 企业风险管理框架

企业风险管理框架又叫风险模型，是用来反映风险管理过程和内容的程序图。具体模型包括澳大利亚—新西兰联合委员会的 AS/NZE-4360（1995年，首部企业风险管理标准）、加拿大标准委员会模型（1998年）、David McNamee 模型（1999年，从企业经营角度将风险管理分为经营风险、行为风险、管理风险三部分，分出风险资产）、COSO 模型（1997年，内部控制——整合框架的企业目标—风险—控制模型）、IIA 研究基金的企业风险管理框架（包括评估风险、整合风险、探究风险、保持向前四部分）、2004COSO 企业风险管理框架模型等。

风险模型是一个有逻辑的规则系统和公式，它可以对组织中每一个商业活动和项目的总体经营风险建立风险模型。许多内部审计人员运用风险模型来帮助他们规划每年的审计活动。

1）AS/NZE-4360 模型

1995年，澳大利亚与新西兰联合委员会公布了风险管理标准，它成为世界上首部比较规范的风险管理规范内容，为建立和实施风险管理过程提供了一般性指南。该委员会公布了风险管理基本模式，后经过修订，于1999年公布新模型——AS/NZE-4360。该模型对企业风险管理内容和过程高度概括、清晰明了，受到普遍认可，如图2-1所示。

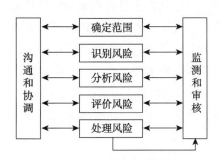

图 2-1　AS/NZE-4360 风险管理过程图

（1）沟通和协调。沟通和协调在风险管理过程的每一步都很重要。因此，在企业内外部风险管理过程中制订一个沟通计划非常必要，计划阐述的问题主要是对风险本身的理解及风险处置措施的选取等。有效的内外沟通及协调可以保证风险管理的顺利实施。

（2）确定范围。确定范围对风险管理至关重要，它提供了风险评估的环境。这一步的主要任务包括：确定风险管理的策略、目标、范围、管理小组及职责等；分析识别风险影响者，风险影响者包括企业内部的雇员、管理者、志愿者等，企业外部的商业伙伴、保密机构、政府机构、环境组织、消费者、新闻媒体等；开发风险评价准则，内容包括风险承受能力和风险处置方式，受技术、经济、法律、社会、可操作性等因素的影响，它们依赖于企业的风险管理策略、目标等，尽管风险评价准则是在建立风险管理环境时开发，但它们可以在风险识别和风险分析方法选定时进一步开发和提炼；定义风险识别过程中的关键元素，把信息安全项目在逻辑结构上分解成一系列的元素，对每一个元素进行风险分析就比较容易了，在信息安全项目分解时一定要全面，要包含所有的重要问题，以保证重大风险不被忽略。

（3）识别风险。对第二步定义的每一关键元素都要系统地检查，以识别什么发生了（产生全面的安全事件列表）和它们是怎样发生的（找出安全事件发生的原因）。风险识别的方法有组内讨论、使用检查列表、人工经验和以往相似项目的记录、调查问卷、系统工程分析等。组内讨论是最有效的风险识别方法，可以充分利用讨论组内每位成员的创造力，并关注新出现的问题；检查列表易于使用，但只能检查出列表上的风险，这就需要经常更新检查列表。通常这些方法可以结合起来使用。

（4）分析风险。分析风险的目的是分离可接受的小风险和不能接受的大风险，为风险评价和处理提供数据。分析风险包括安全事件的后果、后果发生的可能性及它们的影响因子，还包括对现有的管理、技术措施进行安全分析。分析风险的方法有定性分析、半定量分析和定量分析。定性分析法是最常用的方法。可能性表示安全事件发生的概率，可分为不常发生、不太可能发生、可能发生、很可能发生和肯定发生五种情况。后果可以根据对性能、代价及进度等关键因素的潜在影响来考虑，在程度上可分为可忽略、小、中等、重要及灾难五种。

（5）评价风险。评价风险是把第四步分析出来的风险与第二步开发的风险评价准则进行比较，以判断特定的风险是否可接受或是否需要采取其他措施处置。风险评价的结果为具有不同等级的风险列表。如果风险为低风险或可接受的风险，则可以进行最低程度的处理，但应该对低风险和可接受的风险进行监控及定期检查，以保证这些风险仍然是可接受的；如果风险不是低风险和可接受的风险，则要采取降低风险或转嫁风险等风险处置措施。在评价风险时需综合考虑风险管理的目标、风险管理的代价或不对风险进行处置所带来的后果等问题。

（6）处理风险。处理风险的目的是对识别出来的风险采取什么措施，以及谁负责进行处理。风险处置需要根据可行性、代价、风险管理的目标采用最恰当、最实际的方法来把风险降低到可容忍的程度。风险处置的方法有：①回避风险：消极退却；②降低风险：减小安全事件发生的可能性，降低安全事件产生的后果；③转嫁风险：责任外包或保险；④接受风险：承担风险评价准则中规定的企业能够容忍的风险。处理风险应制订风险处置计划，包括落实责任、进度表、预算、预期的处置结果等，还应包括一种机制，用来评估实现风险处置方法的性能准则、个人责任及其他目标。

(7)监测和审核。随着环境的变化及新技术的采用,原来评估的风险可能会过时,因此随着时间的推移,对上面六步输出的结果需要定期回顾。对风险连续的监测与审核可以保证新风险的监测和管理、风险处置计划的实现、管理者和风险影响者对情况的及时了解等。有关风险的定期信息可帮助识别风险的发生趋势、可能遇到的麻烦及出现的其他变化。

风险注册数据库是监控风险的主要管理工具,数据库的字段包含风险等级列表、有关的风险处置计划、每一风险的个人责任等。对风险注册数据库必须定期更新,以保证把新出现的风险添加进去,把过时的风险从数据库中删除掉。

2)COSO模型

风险框架是组织内一般面对的有关经营风险的可视的逻辑图。这个框架通常是一般性的,易于为组织中的多数人理解。COSO的内部控制——整合框架就具有很广泛的适用性。

COSO模型(1997年)从组织目标出发,在完成这些目标的风险及减轻风险所需的扩展等方面探讨内部控制。COSO模型如图2-2所示。

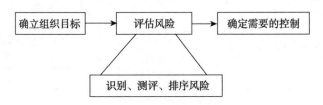

图2-2 COSO模型:目标—风险—控制

(1)控制环境。控制环境是所有其他组成要素的基础,包括以下要素。①诚信和道德价值观。②致力于提高员工工作能力及促进员工职业发展的承诺。③董事会和审计委员会,包括的因素有董事会与审计委员会与管理者之间的独立性、成员的经验和身份、参与和监督活动的程度、行为的适当性。④管理层的理念和经营风格。⑤组织结构,包括了定义授权和责任的关键领域及建立适当的报告流程。⑥权限及职责分配,即经营活动的权限和权责分配,以及建立报告关系和授权协议,它包括以下几点:一是被激励主动发现问题并解决问题,以及被授予权限的程度;二是也描述适当的经营实践,关键人员的知识和经验,提供给执行责任的资源政策;三是确保所有人理解公司目标,每个人知道他的行为与目标实现的关联和贡献的重要程度。⑦人力资源政策及程序。

(2)风险评估。首先,风险评估的前提条件是设立目标。只有先确立了目标,管理层才能针对目标确定风险并采取必要的行动来管理风险。设立目标是管理过程重要的一部分,尽管其并非内部控制要素,但它是内部控制得以实施的先决条件。

其次,识别与上述目标相关的风险。

再次,评估上述被识别风险的后果和可能性。一旦确定了主要的风险因素,管理层就可以考虑它们的重要程度,并尽可能将这些风险因素与业务活动联系起来。

最后，针对风险的结果，考虑适当地控制活动。

（3）控制活动。控制活动是指为确保管理层指示得以执行，削弱风险的政策（做什么）和程序（如何做）。它们有助于保证采取必要措施来管理风险以实现企业目标。控制活动贯穿于企业的所有层次和部门。它们包括一系列不同的活动，如批准、授权、查证、核对、复核经营业绩、资产保护，以及职责分工等。

3）IIA 研究基金的企业风险管理框架

2001 年年底，IIA 研究基金的企业风险管理——趋势和最佳实践将企业风险管理定义为"对影响组织战略及财务目标的所有风险进行评估和响应的一种严格的、协调的方法"，并依据其概念，公布了 IIA 的企业风险管理框架，包括：①评估风险；②整合风险；③探究风险；④保持向前。其企业风险管理方法及过程如图 2-3 所示。

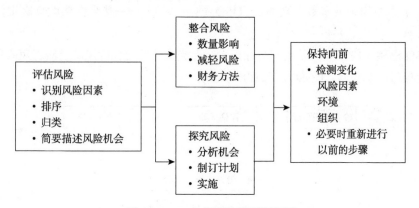

图 2-3　IIA 企业风险管理框架图

1997 年 COSO 企业风险管理框架与 IIA 企业风险管理框架的主要区别在于，COSO 的企业风险管理框架是以企业风险管理为切入点，在程序建立过程中，对影响组织目标实现的风险进行控制设计。而 IIA 的企业风险管理框架更注重风险过程中的适时调整，为实现、维持和发展组织目标而进行风险监测。

4）安达信的信息技术风险管理框架

原世界第一大会计师事务所阿瑟·安达信因涉及安然丑闻事件，已于 2002 年倒闭，但是，它对会计、审计及企业管理方面的贡献不可抹杀。安达信的咨询公司在实践中形成了经营风险管理的框架，如图 2-4 所示。

安达信认为，一旦管理者确认出必须加以管理的信息技术相关风险之后，就需要制定和实施相应的风险管理程序。该程序包括六个步骤。

①确立管理目标和目的。该步骤在于传达高层管理者设定的项目目标和目的，确定风险承受限度。

②评估经营风险。识别危及企业目标实现关键业务的基本因素；探究风险因素、风险事故；辨别风险性质；测评风险程度。

③制定经营风险管理战略。

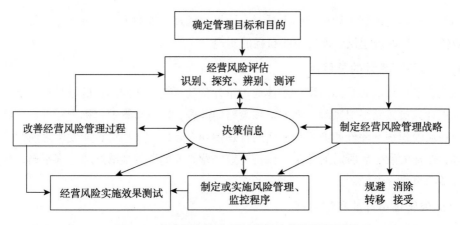

图 2-4　安达信咨询公司经营风险管理框架图

④制定或实施风险管理、控制程序。

⑤监督经营风险管理程序的实施效果。

⑥改善经营风险管理过程。

5)《中央企业全面风险管理指引》的企业风险管理框架

2006 年，国务院国资委印发了《中央企业全面风险管理指引》(国资发改委〔2006〕108 号，以下简称《指引》)，要求各企业结合实际执行。《指引》中的企业全面风险管理框架如图 2-5 所示。

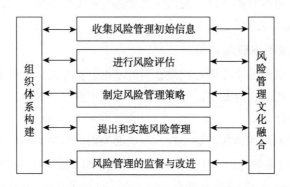

图 2-5　《中央企业全面风险管理指引》风险管理框架图

二、风险管理审计的目标和内容

（一）风险管理审计的目标

对企业风险管理进行监督和评价是现代内部审计发展的结果，企业风险管理审计的目标取决于对企业内部审计的功能定位。众所周知，企业内部审计的目标在于帮助企业实现目标，增加组织的价值和改善组织的经营。企业内部审计的目标决定了企业风险管理审计的目的在于：通过内部审计机构和人员对企业风险管理过程的了解，审查并评价其适当性和有效性，提出改进建议，促使企业目标的实现。

1. 风险管理审计的总目标

风险管理审计的总目标是审计主体通过审计活动所期望达到的目的或最终结果。审计部门和审计人员按照组织风险管理方针和策略的部署，以风险管理目标为标准，审核被审计部门在风险识别、评价和管理等方面的合理性和有效性，在损失可能发生之前做出最有效安排，使损失发生后所需的资源与保持有效经营必要的资源能够达成适度平衡，帮助组织实现预期目标。

2. 风险管理审计的具体目标

风险管理审计的具体目标包括一般审计目标和项目审计目标。前者是所有审计项目必须达到的目标；后者则是按每个风险管理项目分别确定的审计目标，仅适用于某一特定项目的审计。企业风险管理审计的一般审计目标包括：①风险范围确定的合理性，如组织战略范围、业务范围、风险范围等；②风险评价标准与指标体系的科学性，如评价方法、指标设置、指标计算等；③风险识别、评价的科学性；④风险管理措施、计划和程序的合理性；⑤风险实际处理的合理性。

（二）风险管理审计的内容

风险管理包括组织整体及职能部门两个层面。内部审计人员既可对组织整体的风险管理进行审查与评价，也可对职能部门的风险管理进行审查与评价。除此之外，本部分还对主要风险领域审计的内容进行了具体概括。

1. 风险管理机制的审查与评价

企业的风险管理机制是企业进行风险管理的基础，良好的风险管理机制是企业风险管理是否有效的前提。因此，内部审计部门或人员需要审查以下方面，以确定企业风险管理机制的健全性及有效性。

（1）审查风险管理组织机构的健全性。企业必须根据规模大小、管理水平、风险程度及生产经营的性质等方面的特点，在全体员工参与合作和专业管理相结合的基础上，建立一个包括风险管理负责人、一般专业管理人、非专业风险管理人和外部的风险管理服务等规范化风险管理的组织体系。该体系应根据风险产生的原因和阶段不断地进行动态调整，并通过健全的制度来明确相互之间的责、权、利，使企业的风险管理体系成为一个有机整体。

（2）审查风险管理程序的合理性。企业风险管理机构应当采用适当的风险管理程序，以确保风险管理的有效性。

（3）审查风险预警系统的存在及有效性。企业进行风险管理的目的是避免风险、减少风险，因此，风险管理的首要工作是建立风险预警系统，即通过对风险进行科学的预测分析，预计可能发生的风险，并提醒有关部门采取有力的措施。企业的风险管理机构和人员应密切注意与本企业相关的各种内外因素的变化发展趋势，从对因素变化的动态中分析、预测企业可能发生的风险，进行风险预警。

2. 风险识别的适当性及有效性审查

风险识别是指对企业面临的及潜在的风险加以判断、归类和鉴定风险性质的过程。内部审计人员应当实施必要的审计程序，对风险识别过程进行审查与评价，重点关注组织面临的内外部风险是否已得到充分、适当的确认。

（1）审查风险识别原则的合理性。企业进行风险评估乃至风险控制的前提是进行风险识别和分析，风险识别是关键性的第一步。

（2）审查风险识别方法的适当性。风险识别是风险管理的基础。风险管理人员应在进行实地调查研究之后，运用各种方法对尚未发生的、潜在的及存在的各种风险进行系统的归类，并总结出企业面临的各种风险。风险识别方法所要解决的主要问题是：采取一定的方法分析风险因素、风险的性质及潜在后果。

需要注意的是，风险管理的理论和实务证明没有任何一种方法的功能是万能的，进行风险识别方法的适当性审查和评价时，必须注重分析企业风险管理部门是否将各种方法相互融通、相互结合地运用。

3. 风险评估方法的适当性及有效性审查

内部审计人员应当实施必要的审计程序，对风险评估过程进行审查与评价，并重点关注风险发生的可能性和风险对组织目标的实现产生影响的严重程度这两个要素。同时，内部审计人员应当充分了解风险评估的方法，并对管理层所采用的风险评估方法的适当性和有效性进行审查。

（1）审查风险评估方法应重点考虑的因素。内部审计人员应当对管理层所采用的风险评估方法进行审查，并重点考虑以下因素：①已识别风险的特征；②相关历史数据的充分性与可靠性；③管理层进行风险评估的技术能力；④成本效益的考核与衡量；⑤其他。

（2）评价风险评估方法适当性和有效性的原则。内部审计人员在评价风险评估方法的适当性和有效性时，应当遵循以下原则：①定性方法的采用需要充分考虑相关部门或人员的意见，以提高评估结果的客观性；②在风险难以量化、定量或评价所需数据难以获取时，一般应采用定性方法；③定量方法一般情况下会比定性方法提供更为客观的评估结果。

4. 风险应对措施适当性和有效性审查

（1）风险应对措施的主要类型。内部审计人员应当实施适当的审计程序，对风险应对措施进行审查。根据风险评估结果做出的风险应对措施主要包括以下几个方面：①回避，指采取措施避免进行会产生风险的活动；②接受，指由于风险在组织可接受的范围内，因而可以不采取任何措施；③降低，指采取适当措施将风险降低到组织可接受的范围内；④分担，指采取措施将风险转移给其他组织或保险机构。

（2）评价风险应对措施的适当性和有效性。内部审计人员在评价风险应对措施的适当性和有效性时，应当考虑以下因素：①采取风险应对措施之后的剩余风险水平是否在组织可以接受的范围之内；②采取的风险应对措施是否适合本组织的经营、管理特点；③成本效益的考核与衡量。

除此之外，内部审计人员还应向组织管理层报告审查和评价风险管理过程的结果，并提出改进建议。风险管理的审查和评价结果应反映在内部控制审计报告中，必要时应出具专项审计报告。

5. 主要风险管理领域审计内容

1）人力资源风险审计

人力资源风险是由于外部环境的不确定性、人力资源的特殊性及管理能力的有限性导致人力资源本身发生低效率、损失浪费或人力资源本身给组织带来损失的可能性。

（1）人力资源风险类型。人力资源录用风险，是在录用过程中，由于录用时的信息不对称导致不合格人员被录用而形成的潜在风险。

人力资源使用风险，是在使用和培养过程中，由于管理措施不当或人力资源本身原因对组织目标造成损害的可能性。

人力资源流失风险，是由于人力资源流出可能给组织造成损失的可能性，如关键人物离职、泄密导致竞争力下降等。

（2）审计要点。

①个体目标与组织目标的差异。由于追求自己的目标而损害组织利益，或过于迁就组织目标而损害个体利益导致个体积极性受损。

②感情因素。个体对组织的认同感和成就感是重要因素，如果失衡，则会导致个体积极性的挫伤，矛盾冲突引发风险。

③事业发展。如果组织不存在个体发展空间，或组织发展空间与个体发展空间不一致，会导致人力资源流出风险。

④公平因素。组织内部不同员工之间的公平、员工投入与报酬的公平、员工与组织外部比较的公平等，不公平必然引发风险。

⑤薪金福利待遇。薪金福利待遇低下或持续止步不前必然引发风险。感情留人、事业留人、待遇留人，是最好的风险防范措施。

2）采购风险管理审计

（1）外部风险。物资采购外部风险是由于自然环境、价格变动、经济政策、技术进步、质量下降、合同欺诈等因素造成的意外风险。

（2）内部风险。物资采购内部风险是由于采购量不能及时供应生产的需要，造成缺货损失导致生产中断，或是盲目采购物资，造成积压，产生巨大机会成本，这主要是计划不周带来的风险。

（3）审计要点。

①采购决策方案审计（采购数量、采购费用、采购方式）。采购决策是指根据企业经营目标的要求，提出各种可行采购方案，对方案进行评价和比较，按照满意性原则，对可行方案进行抉择并加以实施和执行采购方案的管理过程。采购决策是企业经营管理的一项重

要内容，其关键问题是如何制订最佳的采购方案，确定合理的商品采购数量，为企业创造最大的经济效益。

采购决策的方法既包括定量决策方法，也包括定性决策方法，主要有采购人员估计法、期望值决策法、经理人员意见法、数学模型法和直接观察法等。采购人员估计法是召集一些采购经验较丰富的采购人员，征求他们对某一决策问题的看法，然后将他们的意见综合起来，形成决策结果；期望值决策法是根据历史资料来进行决策；经理人员意见法是先征求部门经理的意见，再做出决策；数学模型法是企业为了达到采购存储总费用最低的目的必须采用的方法，以计算最佳采购批量；直接观察法是采购部门的决策者在对简单问题决策时，按照一定的标准或按关键采购标准，淘汰不符合标准的方案，对符合标准的方案按优劣顺序及可行性排列，选择满意的方案。总之，根据决策问题的特点，选择一种方法或几种方法结合起来，能提高采购决策的正确性，减少采购风险。

②采购计划完成情况审计。采购计划是指企业管理人员在了解市场供求情况，认识企业生产经营活动过程和掌握物料消耗规律的基础上对计划期内物料采购管理活动所作的预见性的安排和部署。采购计划是根据生产部门或其他使用部门的计划制订的包括采购物料、采购数量、需求日期等内容的计划表格。

为了保证采购计划的顺利完成，在实际工作中，企业要建立强有力的管理机构，并保持领导班子的稳定性和连续性，切实加强领导，保证项目采购工作的顺利进行。此外，还要尽早做好采购准备工作，选择合适的采购代理机构等。

③采购成本审计。采购成本指与采购原材料部件相关的物流费用，包括采购订单费用、采购计划制定人员的管理费用、采购人员管理费用等。

④仓储保管审计。仓储保管是指保管人储存存货人交付的仓储物，存货人支付仓储费的一种仓储经营方法。在仓储保管中，仓储经营人以获得仓储保管费最多为经营目标，仓储保管费与仓储物的数量、仓储时间和仓储费率三者密切相关。

仓储企业要加强仓储技术的科学研究，不断提高仓库机械化、自动化水平，组织好物资的收、发、保管保养工作，掌握监督库存动态，保持物资的合理储备。建立和健全仓储管理制度，加强市场调节和预测，与客户保持联系，不断提高仓储工作人员的思想政治水平和业务水平，培养一支业务水平高、技术水平高、管理水平高的仓储工作队伍。

3）营销风险管理审计

（1）营销环境风险。营销环境风险是由于国家的相关政策及风俗习惯的变化对产品销售产生的风险。

（2）竞争对手风险。竞争对手风险是竞争对手的明显优势、市场份额的增加等给企业带来的风险。

（3）消费者需求变化风险。消费者需求变化风险是消费者需求变化、替代品的出现导致产品积压带来的风险。

（4）营销人员风险。营销人员风险是营销人员自身素质与道德造成营销业务的错误与舞弊给企业带来的风险。

（5）审计要点。

①销售决策审计（销售方式、最优售价、特殊定价）。销售决策包括：选择企业服务的市场面，确定企业向市场销售的具体产品的性质和质量，制定合理的价格，展开有效的促销宣传，以及分布合理的销售渠道。

②销售计划执行审计。销售计划是企业为取得销售收入而进行的一系列销售工作的安排，包括确定销售目标、销售预测、分配销售配额和编制销售预算等。从时间长短来看，销售计划可以分为周销售计划、月度销售计划、季度销售计划、年度销售计划等；从范围大小来看，销售计划可以分为企业总体销售计划、分公司销售计划、个人销售计划等。

③销售客户信用审计。对客户信用的审核主要包括以下几方面内容。一是审核客户的财务状况，财务信息直接反映客户经营状况、资产状况和支付能力，需要认真加以核查，从中判断客户的信用能力和风险。通过财务信息审查的客户财务状况主要包括客户利润的增长情况、客户的营运资金状况、客户的资产负债状况及客户资本规模四个方面。二是需要审核客户的产品特征，客户的信用能力往往与其产品的生产和销售特征密切相关，审计人员可以通过仔细了解、核查客户的产品特征，发现客户的信用特点并对风险进行预警分析。三是审核客户的信用记录，通过对客户的交易行为的考察和记录，对其信用程度进行判断。

④销售开单结算审计。销售开单是将货品发出并交付客户的业务处理过程，当所销售的货品发出时，企业可以在发货后销售开单。

⑤市场研究、目标市场选择与开发审计。市场研究是指为实现信息目的而进行研究的过程，包括将相应问题所需的信息具体化、设计信息收集的方法、管理并实施数据收集过程、分析研究结果、得出结论并确定其含义等。所谓目标市场，就是指企业在市场细分之后的若干"子市场"中，所运用的企业营销活动之"矢"而瞄准的市场方向之"的"的优选过程。通过市场细分，有利于明确目标市场，通过市场营销策略的应用，有利于满足目标市场的需要。

三、风险管理审计的方法

（一）风险管理的主要阶段

1. 风险识别

风险识别主要是根据企业的组织目标、战略规划等识别企业所面临的各类内外部风险，是对企业所面临的潜在的各类内外部风险加以判断、归类和鉴定风险性质的过程，实质上就是对风险进行定性研究。内部审计人员熟悉公司的经营管理过程，以风险敏感性分析为起点开展工作，有效识别风险，从潜在的事件及其产生的原因和后果来检查风险，收集、整理可能的风险,并充分征求各方意见以形成风险列表。内部审计人员通常要关注的主要风险有:财务和经营信息不足而导致决策错误;资产流失、资源浪费和无效使用;顾客不满意,企业信誉受损等。

2. 风险评估

风险评估是对已识别的风险,评估其发生的可能性及影响程度。风险评估主要应用各种管理科学技术,采用定性与定量相结合的方式,找出主要的风险源,并评价风险的可能影响,最终定量估计风险大小。风险评估的目的是确定每个风险要素的影响大小,一般是对已经识别出来的风险进行量化估计,从风险发生的可能性和影响两方面对风险进行评估,通过公式:风险值=风险概率×风险影响,计算出风险值。审查时重点考虑以下因素:已识别的风险的特征、相关历史数据的充分性与可靠性、管理层进行风险评估的技术能力、成本效益的考核与衡量及其他因素。

(二)风险识别的方法

风险识别是企业风险管理审计的第一步,是对企业面临的及潜在的风险加以判断、归类和鉴定风险性质的过程,应遵循全面性、系统性、制度化和经常化等原则。由于风险随时存在,因此风险识别和风险分析的过程是一个循环往复的过程。了解企业风险可以使审计师确认影响其审计的风险并追溯其源头,还可以使审计师发现对该企业进行改造的机会。

风险识别方法有很多,如环境分析法、财务报表分析法、流程图法、幕景分析法、决策分析法、动态分析法、文献检查法、实地勘察法、专家调查法、分解分析法等。每种方法都具有自己的优势和局限性,可以根据具体情况综合使用。分解分析法是目前常用的方法。企业是个大系统,将大系统分解为按一定标志构成的子系统,使系统内部的各要素更具同质性,这样有利于探明企业风险的生产源。分解分析法就是将复杂的事物分解成简单的容易识别的事物,从而识别可能存在的风险的方法。如前所述,将影响企业风险的主要因素进行分析后,可以将企业风险分为四类:战略风险、经营风险、财务风险、人力资源风险。然后再对每一种风险进行分析,这种分析可以从不同角度、不同层次进行,并有不同的形式。

审计师在进行内部审计时,可以通过以下方法对企业风险的主要因素进行分析:了解被审计单位的性质、管理体制、经营品种、经营规模、人员结构等,对被审计单位的概况有一个轮廓性的掌握;查阅被审计单位及其下属机构的各种文件,收集被审计单位管理中以文件形式体现的管理制度部分;与被审计单位领导、各层面的管理人员及其他部门人员进行谈话,全面了解被审计单位的风险管理情况;现场查看并查阅被审计单位的财务管理、生产管理、产品质量管理、原材料和产品进出库管理、销售发票管理、业务合同管理,以及各种经营经济事项的审核、批准、指令等资料,深入了解被审计单位在处理经济业务时的相互关系,并深入了解其各项经济业务的处理程序。

（三）风险分析及方法

风险分析是结合企业特定条件（寿命周期、经营战略等），将识别出来的风险的可能性、损失额、发生频率等性质进行鉴别。风险分析的目的是判断风险程度，为合理制定风险管理策略与决定风险处理方案提供充分依据。

1. 风险分析的目标

风险分析的目标是要将比可接受风险严重的次要风险从主要风险中分离出来，并提供数据以有助于风险的评价和处理。

2. 风险分析的程序与内容

1）风险分析的程序

风险分析的程序如图2-6所示。

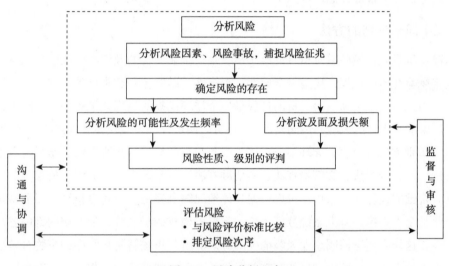

图 2-6　风险分析程序

风险分析一般包括：①分析风险因素、风险事故，捕捉风险征兆，确定风险的存在；②分析风险可能性、风险发生的频率；③分析风险发生的可能影响——波及面及损失额。

2）风险分析的内容

风险分析的内容包括对风险要素（风险因素、风险事故、损失）进行分析，找出风险源，捕捉风险征兆；分析风险后果、可能性及发生频率。风险分析是制定风险策略、确定风险处理方法的前提。

（1）分析风险因素、风险事故，捕捉风险征兆，确认风险的存在。风险因素是指促使或引起风险事故发生的条件，以及风险事故发生时，致使损失增加、扩大的条件，是风险事故发生的潜在原因，是造成损失的间接和内在的原因。根据性质，通常把风险因素分为实质性风险因素、道德风险因素、心理风险因素三种。

风险事故又称风险事件，是引起损失的直接或外在原因，是使风险造成损失的可能性转化为现实性的媒介，也就是说，风险是通过风险事故的发生来导致损失的，如工厂火灾、货船碰撞都是风险事故。

（2）风险管理对风险因素与风险事故的考虑。风险因素借助风险事故形成风险损失。就个别风险而言，风险因素所借助的风险事故是有限的，风险管理就是要根据风险的性质，降低或消除这两个风险要素相遇的机遇，从而降低损失，实现预期目标。

（3）风险征兆指使风险因素与风险事故结合，有可能形成风险损失的各种现实迹象。风险征兆的捕捉方法有寿命周期分析法、SWOT分析法、KSF法、DCCS分析法、盈亏临界点分析法、财务会计与统计指标分析法、财务危机的"五率"衡量法等。

3）风险分析的方法

（1）寿命周期分析法。所谓寿命周期分析法，是指根据组织处在不同的寿命周期阶段经营风险、财务风险等表现出的不同特征来进行风险分析与管理的方法。企业处于不同的生命周期，经营风险和财务风险也不同，如表2-2所示。表2-2表明，企业在创立和导入阶段，由于其资本大多来自投资人，属股权资本，所以其财务风险几乎等于零，而由于其市场地位、社会知名度比较低，产品处于被认知时期，它的经营风险则显得特别高；为了迅速进入成长期，它可能通过大量的促销手段（如低信用政策、赠送）和投入高的广告开支，想方设法抓住顾客，在这个阶段，经营风险还是高，财务方面由于没有很依赖债务筹资，故风险不是很高；进入成熟期，企业及产品被基本认可，营销相对稳定，营销风险与财务风险都趋于中档；进入衰退期，决策机构为获得税收上的好处，往往利用股利政策进行企业融资，也利用债务融资，故财务风险加大，经营上由于业务规模收缩，经营风险降低了，从整体上看，若该状态征兆明显，又无好的措施，那么，企业的持续经营将面临挑战。企业要想"东山再起"，可能实行的方案是企业过程再造。企业过程再造强调革命性变革，需要进行资产重组，开发新产品，实行多元化经营。

表 2-2 产品寿命周期各阶段的风险

阶段	经营风险	财务选择		
		财务风险	融资来源	股利融资
导入期	非常高	非常低	股权资本（风险资本）	零
成长期	高	低	股权资本（私募）	一般
成熟期	中等	中等	债权与股权资本（留存收益）	较高
衰退期	低	高	债务	100%

（2）SWOT分析法。SWOT分析法指对优势（Strengths）、劣势（Weaknesses）、机会（Opportunities）和威胁（Threats）四个方面进行的分析比较，借以明确企业自身面临的境界，抓住机遇、迎接挑战、扬长避短、创长补短，制定出适合企业实际可行的竞争战略。取其英文的字头，简记为"SWOT分析法"。使用SWOT法就是找出企业内部的强项和弱项、外部的机遇与威胁，根据竞争需要找到关键的成功要素。

（3）盈亏临界点分析法。临界点是一触即发的时点。风险管理人士和内部审计人员都应特别注意风险评价标准中的界定值是否到达，从而决定对风险进行何种级别的警报。

风险分析的盈亏临界点分析法是利用管理会计中盈亏临界点的理论原理，事先根据经营战略确定盈亏及不同程度的关键临界值，通过收集的实际会计数据分析是否接近或达到这些临界值点，并将有关信息报告给有关负责人，为风险管理决策提供参考信息。

（4）DCCS法。DCCS分析法又称波士顿矩阵分析模型。其中，D——dog，瘦狗，表示负现金流，亏损；C——cats，问题猫（也有叫Children，问题小孩），表示财务指标和市场行情有时出现背离状态，往往有高市场增长潜力，暂时的现金流为负；C——cows，现金牛，表示现金流和利润皆为正数，但市场潜力需要探讨；S——stars，明星产品，表示虽然暂时的现金流为负数，但存在高市场份额和高市场增长潜力。

以风险为导向理解：dog代表危机产品，cats代表风险产品，cows代表赚钱产品，stars代表优势产品。该方法是将组织经营的产品或项目逐个地进行财务分析，对其现金流量、盈利情况等重要指标进行计算，并分析每种产品或项目的市场份额和增长潜力，然后将这些产品或项目放在一个矩阵图中，对其现有的市场份额和未来的市场潜力进行对比，物竞天择，根据企业自身的资源和市场环境，作出投资决策，一般原则是"杀狗、养猫、挤奶、向明星"。

所谓DCCS分析法，就是在组织存在多品种经营情况下，通过实行产品战略有效组合的风险分析图，分析每种产品财务与市场特征。企业即便实行多元化经营，由于管理资源和资产资源等的限制，加上不同的营销手段和背景，不同产品的风险也是不同的，为配合经营战略目标，需要对这些产品进行风险分析，如图2-7所示。目前，企业家和学术专家在进行投资组合方案分析风险决策时一般使用DCCS分析法。

市场增长	高	问题猫区域 NCF<0（财务战略转型）	明星区域 NCF<0（品牌战略）
	低	瘦狗区域 NCF≤0	现金牛区域 NCF>0
		低　　　　　相对市场份额　　　　　高	

图2-7　DCCS风险分析

（5）财务会计与统计指标分析法。财务会计与统计指标分析法是指通过会计、财务、统计指标数值，分析企业的生存状态、运营情况、经营结果及未来趋势，与设定的风险可能性分析、频率分析应该遵循"大数法则"，即如果有足够的事例可供观察，则这些未知与不测力量将有趋于平衡的自然倾向。那些在个别情况中存在的不确定性和风险，将在大数中消失。大数法则告诉我们，在足够多的风险单位中，实际损失结果与预期损失结果的误差很小。不过，在确定坏账准备率过程中，要求有足够多的赊款数额，这样才能得出合理的坏账准备提取率。

风险可能性分析的结果一般有"很少的""不太可能的""可能的""很可能""几乎是确定的"等几种情况。"很少的"意味着在例外情况下可能发生，"不太可能的"意味着在某些时候不大能够发生，"可能的"意味着在某些时候能够发生，"很可能"意味着在多数情况下很可能发生，"几乎是确定的"意味着在多数情况下预期会发生。

（四）风险评估及审计计划

风险评估是对已识别的内部和外部风险的分析确认和衡量，之所以要对风险进行评估，是因为风险影响企业单位实现其目标或危害其经营。这种评估能帮助确定何处存在风险、风险的大小、确定风险预警的级别，以及需要采取何种措施，也是风险管理审计的基础。风险评估包括两个方面，即风险损失频率估计和风险损失程度的估计。

1. 风险损失频率估计

风险损失频率估计，主要是计算损失次数的概率分布，这需要考虑三个因素：风险暴露数、损失形态和危险事故，三项因素的不同组合，影响着风险损失次数的概率分布。如果企业建有完善的风险管理信息系统，也可根据信息系统提供的历史数据来估计损失频率。一般依据风险发生的可能性可将风险分成五类：几乎不发生，约每一百年或更长时间发生一次；可能但未曾发生，约每二十年发生一次；发生过数次，约每五年发生一次；经常发生，每两年发生一次；绝对发生，一年发生一次或几次。不同的企业还可予以细分。

2. 风险损失程度的估计

风险损失程度的估计也需考虑三个事项：同一危险事故所致各种损失的形态、一个危险事故牵连的风险暴露数与损失的时间性和金额。而对于财务风险损失程度的估计，最新的方法则是风险值法，即在既定的风险容忍度下，市场状况最坏时确认投资组合最大的不可预期损失。同样，也可按风险损失程度将各种风险划分为五类：最严重；很严重；中等；不严重；可忽略。当然，不同规模企业可按不同比例予以划分或细分。

根据以上两种风险划分可编制如表 2-3 所示的风险矩阵表，以判断各类风险的重要性和损失程度。

表 2-3 风险矩阵表

损失频率	损失程度				
	最严重5	很严重4	中等3	不严重2	可忽略1
绝对发生5	10	9	8	7	6
经常发生4	9	8	7	6	5
发生过数次3	8	7	6	5	4
可能但未曾发生2	7	6	5	4	3
几乎不发生1	6	5	4	3	2

如表 2-3 所示，初步可确定 2～4 分为低度风险，5～7 分为中度风险，8～10 分为高度风险。风险度不同，企业的风险控制方法组合也会不同。同时此矩阵表可结合企业实际需求做不同调整。审计人员在评估风险时需考虑如下因素：金额的重要性、资产的流动性、管理能力、内部控制的质量、变化或稳定程度、上次审计业务发展的时间、复杂性、与雇员及政府的关系等。在开展审计业务时，用于检测、证实风险暴露的技术与方法应该能够反映出风险暴露的重大性与发生的可能性。

风险评估的方法分为定性和定量两种方法。定性方法，指运用定性术语评估并描述风险发生的可能性及其影响程度。例如，表 2-3 中具体到两个要素上，风险发生的可能性可以为绝对发生、经常发生、几乎不发生等，而风险的严重程度可以是后果严重、中等、不严重，这均是用定性方式所作的描述，应用起来较简单，但是不够精确。定量方法，是指运用数量方法评估并描述风险发生的可能性及其影响程度。这种描述方式比较精确，也比较客观，但应用难度较大，而且并非适用于所有情况。风险评估过程中，要充分考虑各方面的情况，选择适当的方法，做出客观的评估结论。我国内部审计具体准则第 16 号指出：定量方法一般情况下会比定性方法提供更为客观的评估结果。在风险难以量化、定量评价所需数据难以获取时，一般都采用定性方法。定量方法是目前提倡使用的方法。风险定量评估的方法主要有专家打分法、层次分析法、风险暴露计算模型、沃尔评分法、风险价值法、记分法等。

3. 基于风险评估的审计计划

基于风险评估的审计计划可分为以下两个步骤。

1）评测可利用的资源

企业的风险点众多，而内部审计资源有限且相对不足。编制审计计划的第一步就是要评测共有的内部审计资源，通常根据不同级别的内部审计师可提供专业服务的小时数来计算。在计算可供配量的审计资源时，要考虑审计人员和其他参与审计的专业人员的级别。审计人员有审计员、高级审计人员、审计经理等不同级别，其他部门的工作人员也要按照级别统计审计资源。

2）风险分析及风险排序

根据风险分析和风险排序分配审计资源，按照前述风险评估得出的风险因素分值，在可用审计资源范围内，做出审计资源的配置，编制审计计划。通常审计部门优先对风险较大的项目进行审计，并配备最好的人力资源。在确定审计范围时，要考虑并反映整个公司的战略性计划目标，并每年对审计范围进行一次评估，以反映机构的最新战略和方针。编制审计方案时，应该在评估风险优先次序的基础上安排审计工作。

可见，在审计计划阶段，选择被审计对象是审计工作的起点。被审计对象指的是在企业内部被审计的某个部分，它可以是某个子公司、某项经营活动或某个方案，也可以是一个独立的过程或活动。虽然风险发生的概率及造成的损失难以确定，但选择被审计者时对风险的考虑却是毋庸置疑的，这也是风险导向内部审计的第一步。选择的策略是风险因素优先策略。内部审计师以其特有的视角,系统地分析、识别、衡量企业面临的风险,按照风险的高低,制订年度审计计划,确定被审计者的先后次序,当然,要对特殊要求适当考虑,进而对审计资源进行合理配置。

(五)基于风险矩阵图与风险测试的审计实施

1. 形成风险矩阵图

充分运用风险评估技术,估计风险严重程度和发生的可能性,形成风险矩阵图,如图2-8所示。

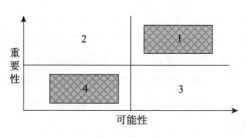

图 2-8 风险矩阵图

如果说以风险评估为基础的审计计划更多地体现了企业整体层面的风险的话,其目的是确定全年审计范围和审计活动项目及先后顺序,那么,风险矩阵图的绘制更突出具体经营过程中的风险,是微观层面风险的显示,是审计计划执行的必然环节,是风险管理审计的深入。其目的是进一步确认审计业务本身面临的风险和风险的严重程度,以此为基础进一步明确审计实施阶段的审计内容和审计重点。如果必要的话,需要按照程序调整审计计划。

编制审计计划发生在审计准备阶段,绘制风险矩阵图发生在审计实施阶段。

2. 风险测试与风险评价

审计测试是审计实施阶段的主要内容,意味着将选择测试的项目变成证据。在风险管理审计中,内部审计师应获得足够的证据,确认企业风险管理目标是否实现。审计测试中通过运用抽样、观察、提问、分析、证实、调查与评估等方法获取有关风险的审计证据,并且揭示出它们的内在品质或特征,目的是为内部审计师形成审计意见提供基础。对内部控制制度进行测试,需要经过穿行测试和小样本测试两个主要阶段。其中,穿行测试可以通过两种途径达到:一是凭证穿行测试,即根据组织的记录来追踪整个活动过程;二是程序穿行测试,即由审计人员对活动的每一步进行一次到两次的测试。穿行测试是从控制点的分析开始的,审计人员针对项目建设活动中的控制点,对项目建设活动分层进行测试。小样本测试的实质是选择少量的行为活动进行测试,其目的是检查内部控制制度实施的有效性程度,即实际活动效果是否达到了预期的目标。

上述两种测试方式依然适用于风险管理审计的测试。这一过程表现在风险管理审计的实施阶段,通过对审计活动风险的实质性测试,得出被审计业务风险情况的真实结论,并形成审计发现,为审计报告的编写奠定基础,提供数据和支撑。

3. 前瞻性的风险管理审计报告

与常规业务审计报告不同，因不确定性的存在，风险管理审计报告也存在"风险"。如何突出审计报告的前瞻性和可用性？如何体现不同使用者对风险管理审计报告的不同需求？如何降低风险管理审计报告的风险？诸多问题需要讨论和关注。

（1）披露风险表现和风险排序。常规业务审计报告主要表述业务执行过程中在真实性、合规性和效益性方面存在的问题及原因分析等内容，而风险管理审计报告的内容应该披露被审计事项的风险点，并按照风险大小的程度进行排列，明确重要风险和关键风险控制点。例如，采购业务的重要风险是舞弊风险，其后果是"质低价高拿回扣"，关键风险控制点是供应商的选择环节（如招标投标等）。

（2）披露被审计单位对利用风险、防范风险的制度、措施及执行情况。常规业务审计报告一般不涉及这方面内容，但风险管理审计报告要从公司治理、内部控制和全面风险管理的整体系统中寻找与具体的风险防范、风险利用有关的规定，并表述这些规定执行的情况。

（3）披露利用风险、风险防范的效果。重点表述风险转化、风险防范的成本、效率和效果，突出风险管理的绩效。

（4）披露风险管理审计的方法、风险评价的条件和标准。结合被审计活动特点，使用恰当的方法和标准，是风险管理审计的必然要求。为提高审计信息的对称性，风险管理审计报告应该对这样的内容有所披露，这样也有助于降低审计报告的风险。

（5）谨慎披露舞弊事项。舞弊是企业面临的主要风险之一，内部审计人员在舞弊审计中的责任是：保持职业警惕性和审慎性，在常规审计过程中注意发现舞弊线索，一旦迹象明朗，则要向组织内合适的部门（一般是纪检监察部门）和高管层、董事会报告。因为舞弊更多地涉及"人"的问题，所以，审计人员在对这部分事项报告时，要注意合法性，最好要咨询法律专家后再做适当披露，以降低越权或违法的风险。

（6）前瞻性地规划提高风险管理质量的建议。常规业务审计报告的"审计建议"部分比较集中在"就事论事"的微观层面，就审计发现的问题，其审计建议——对应，更有针对性。与之相比较，风险管理审计报告应该在微观建议的基础上，更加关注战略管理、方案选择等方面的建议，以便于指导被审计单位高管层今后能够更加重视企业风险管理工作，从根本上提高风险管理审计的增值功能。

（六）风险管理审计的工具方法

1. 风险坐标图

风险坐标图是把风险发生可能性的高低、风险发生后对目标的影响程度，作为两个维度绘制在同一个平面上（即绘制成直角坐标系）。对风险发生可能性的高低、风险对目标影响程度的评估有定性、定量等方法。定性方法是直接用文字描述风险发生可能性的高低、风险对目标的影响程度，如"极低""低""中等""高""极高"等。定量方法是对风险发生可能性的高低、风险对目标影响程度用具有实际意义的数量描述。例如，对风险发生可能性的高低用概率来表示，对目标影响程度用损失金额来表示。

如表 2-4 所示列出了某公司对风险发生可能性的定性、定量评估标准及其相互对应关系，供实际操作中参考。

表 2-4　某公司对风险发生可能性的定性、定量评估标准及其相互对应关系

定量方法 1	评分	1	2	3	4	5
定量方法 2	一定时期发生的概率	10%以下	10%~30%	30%~70%	70%~90%	90%以下
定性方法	文字描述 1	极低	低	中等	高	极高
定性方法	文字描述 2	一般情况下不会发生	极少情况下才发生	某些情况下发生	较多情况下发生	常常会发生
定性方法	文字描述 3	今后 10 年内发生的可能少于 1 次	今后 5~10 年内可能发生 1 次	今后 2~5 年内可能发生 1 次	今后 1 年内可能发生 1 次	今后 1 年内至少发生 1 次

如表 2-5 所示列出了某公司关于风险发生后对目标影响程度的定性、定量评估标准，以及其相互对应关系，供实际操作中参考。

表 2-5　某公司关于风险发生后对目标影响程度的定性、定量评估标准及其相互对应关系

	定量方法 1	评分	1	2	3	4	5
	定量方法 2	企业财务损失占税前利润的百分比/%	1%以下	1%~5%	6%~10%	11%~20%	20%以上
适用于所有行业	定性方法	文字描述 1	极轻微的	轻微的	中等的	重大的	灾难性的
适用于所有行业	定性方法	文字描述 2	极低	低	中等	高	极高
适用于所有行业	定性方法	文字描述 3 - 企业日常运行	不受影响	轻度影响（造成轻微的人身伤害，情况立刻受到控制）	中度影响（造成一定人身伤害，需要医疗救援，情况需要外部支持才能得到控制）	严重影响（企业失去一些业务能力，造成严重人身伤害，情况失控，但无致命影响）	重大影响（重大业务失误，造成重大人身伤亡，情况失控，给企业致命影响）
适用于所有行业	定性方法	文字描述 3 - 财务损失	较低的财务损失	轻微的财务损失	中等的财务损失	重大的财务损失	极大的财务损失
适用于所有行业	定性方法	文字描述 3 - 企业声誉	负面消息在企业内部流传，企业声誉没有受损	负面消息在当地局部流传，对企业声誉造成轻微损害	负面消息在某区域流传，对企业声誉造成中等损害	负面消息在全国各地流传，对企业声誉造成重大损害	负面消息流传世界各地，政府或监管机构进行调查，引起公众关注，对企业声誉造成无法弥补的损害

续表

定量方法1		评分	1	2	3	4	5
	定量方法2	企业财务损失占税前利润的百分比/%	1%以下	1%~5%	6%~10%	11%~20%	20%以上
适用于开采业、制造业	定性与定量结合	安全	短暂影响职工或公民的健康	严重影响一位职工或公民健康	严重影响多位职工或公民健康	导致一位职工或公民死亡	导致多位职工或公民死亡
		营运	对营运影响微弱 在时间、人力或成本方面不超出预算1%	对营运影响轻微 受到监管者责难 在时间、人力或成本方面超出预算 1%~5%	减慢营业运作 受到法规惩罚或被罚款等 在时间、人力或成本方面超出预算6%~10%	无法达到部分营运目标或关键业绩指标 受到监管者的限制 在时间、人力或成本方面超出预算11%~20%	无法达到所有的营运目标或关键业绩指标 违规操作使业务受到中止 时间、人力或成本方面超出预算20%
		环境	对环境或社会造成短暂的影响； 可不采取行动	对环境或社会造成一定的影响； 应通知政府有关部门	对环境造成中等影响； 需一定时间才能恢复； 出现个别投诉事件； 应执行一定程度的补救措施	造成主要环境损害； 需要相当长的时间来恢复； 大规模的公众投诉； 应执行重大的补救措施	无法弥补的灾难性环境损害； 激起公众的愤怒； 潜在的大规模的公众法律投诉

对风险发生可能性的高低和风险对目标影响程度进行定性或定量评估后，依据评估结果绘制风险坐标图。例如：某公司对九项风险进行了定性评估，风险①发生的可能性为"低"，风险发生后对目标的影响程度为"极低"；……风险⑨发生的可能性为"极低"，对目标的影响程度为"高"，则绘制风险坐标图如图2-9所示。

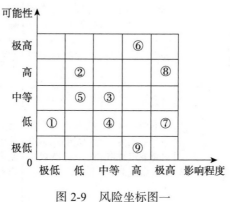

图2-9 风险坐标图一

例如，某公司对七项风险进行定量评估，其中：风险①发生的可能性为83%，发生后对企业造成的损失为2 100万元；风险②发生的可能性为40%，发生后对企业造成的损失为3 800万元；……而风险⑦发生的可能性为55%～62%，发生后对企业造成的损失为7 500万～9 100万元，在风险坐标图上用一个区域来表示，则绘制风险坐标图如图2-10所示。

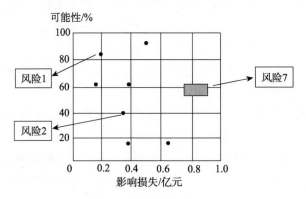

图2-10 风险坐标图二

绘制风险坐标图的目的在于对多项风险进行直观的比较，从而确定各风险管理的优先顺序和策略。例如，某公司绘制了风险坐标图，如图2-11所示，并将该图划分为A、B、C三个区域，公司决定承担A区域中的各项风险，并且不再增加控制措施，严格控制B区域中的各项风险且专门补充制定各项控制措施，确保规避和转移C区域中的各项风险，并且优先安排实施各项防范措施。

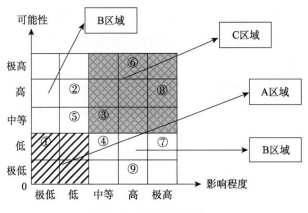

图2-11 风险坐标图三

2. 蒙特卡罗方法

蒙特卡罗方法是一种随机模拟数学方法。该方法用来分析评估风险发生可能性、风险的成因、风险造成的损失或带来的机会等变量在未来变化的概率分布。其具体操作步骤如下所示。

（1）量化风险。将需要分析评估的风险进行量化，明确其度量单位，得到风险变量，收集历史相关数据。

（2）根据对历史数据的分析，借鉴常用建模方法，建立能描述该风险变量在未来变化的概率模型。建立概率模型的方法很多，如差分和微分方程方法、插值和拟合方法等。这些方法大致分为两类：一类是对风险变量之间的关系及其未来的情况做出假设，直接描述该风险变量在未来的分布类型（如正态分布），并确定其分布参数；另一类是对风险变量的变化过程做出假设，描述该风险变量在未来的分布类型。

（3）计算概率分布初步结果。利用随机数字发生器，将生成的随机数字代入上述概率模型，生成风险变量的概率分布初步结果。

（4）修正完善概率模型。通过对生成的概率分布初步结果进行分析，用实验数据验证模型的正确性，并在实践中不断修正和完善模型。

（5）利用该模型分析评估风险情况。正态分布是蒙特卡罗风险方法中使用广泛的一类模型。通常情况下，如果一个变量受很多相互独立的随机因素的影响，而其中每一个因素的影响都很小，则该变量服从正态分布。在自然界和社会中大量的变量都满足正态分布。描述正态分布需要两个特征值：均值和标准差。其密度函数和分布函数的一般形式如下。

密度函数：$\varphi(x) = \dfrac{1}{\sigma\sqrt{2\pi}} e^{-\dfrac{(x-\mu)^2}{2\sigma^2}}, -\infty < x + \infty$

分布函数：$\Phi(x) = P(X \leqslant x) = \int_{-\infty}^{x} \dfrac{1}{\sigma\sqrt{2\pi}} e^{-\dfrac{(t-\mu)^2}{2\sigma^2}} \mathrm{d}t, -\infty < x + \infty$

式中，μ 为均值，σ 为标准差。

由于蒙特卡罗方法依赖于模型的选择，因此，模型本身的选择对于蒙特卡罗方法计算结果的精度影响甚大。蒙特卡罗方法计算量很大，通常借助计算机完成。

3. 关键风险指标管理

一项风险事件发生可能有多种成因，但关键成因往往只有几种。关键风险指标管理是对引起风险事件发生的关键成因指标进行管理的方法。其具体操作步骤如下。

（1）分析风险成因，从中找出关键成因。

（2）将关键成因量化，确定其度量，分析确定导致风险事件发生（或极有可能发生）时该成因的具体数值。

（3）以该具体数值为基础，以发出风险预警信息为目的，加上或减去一定数值后形成新的数值，该数值即为关键风险指标。

（4）建立风险预警系统，即当关键成因数值达到关键风险指标时，发出风险预警信息。

（5）制定出现风险预警信息时应采取的风险控制措施。

（6）跟踪监测关键成因数值的变化，一旦出现预警，即实施风险控制措施。

以易燃易爆危险品储存容器泄漏引发爆炸的风险管理为例。容器泄漏的成因有使用时间过长、日常维护不够、人为破坏、气候变化等因素，但容器使用时间过长是关键成因。

例如，容器使用最高期限为50年，人们发现当使用时间超过45年后，则易发生泄漏。该"45年"即为关键风险指标。为此，制定使用时间超过"45年"后需采取的风险控制措施，一旦使用时间接近或达到"45年"时，发出预警信息，即采取相应措施。

该方法既可以管理单项风险的多个关键成因指标，也可以管理影响企业主要目标的多个主要风险。使用该方法，要求风险关键成因分析准确，并且易量化、易统计、易跟踪监测。

4. 压力测试

压力测试指在极端情境下，分析评估风险管理模型或内控流程的有效性，发现问题，制定改进措施的方法，目的是防止出现重大损失事件。其具体操作步骤如下。

（1）针对某一风险管理模型或内控流程，假设可能会发生哪些极端情境。极端情境指在非正常情况下发生概率很小，可一旦发生，后果十分严重的事情。假设极端情景时，不仅要考虑本企业或与本企业类似的其他企业出现过的历史教训，还要考虑历史上不曾出现，但将来可能会出现的事情。

（2）评估极端情景发生时，该风险管理模型或内控流程是否有效，并分析对目标可能造成的损失。

（3）制定相应措施，进一步修改和完善风险管理模型或内控流程。

以信用风险管理为例对压力测试进行说明。一个企业已有一个信用很好的交易伙伴，该交易伙伴除发生极端情境外，一般不会违约。因此，在日常交易中，该企业只需"常规的风险管理策略和内控流程"即可。采用压力测试方法，是假设该交易伙伴将来发生极端情境（如其财产毁于地震、火灾、被盗等），被迫违约对该企业造成重大损失。而该企业"常规的风险管理策略和内控流程"在极端情境下不能有效防止重大损失事件，为此，该企业采取了购买保险或相应衍生产品、开发多个交易伙伴等措施。

硅谷银行风险管理审计案例分析

硅谷银行2023年股东委托书披露，在市场环境发生剧变的情况下，该行首席风险官长达8个月的长期空缺，为其后续的诸多事件埋下了伏笔。在这之前，硅谷银行在流动性管理方面还存在缺陷，风控履职不到位，也没有针对利率风险状况做相应的管理，而且僵化地套用风险模型进行风险管理。2023年3月13日，该行股东提起诉讼要求硅谷银行提供损害赔偿，这一举动也彰显了股东对管理层风险监控履职的不认可。

此外，在利率下行周期，为获得更高的收益，2020—2021年，硅谷银行将新增超过1 100亿美元存款的70%配置于长久期的住房抵押类证券（增持800亿美元MBS），致使资产负债结构严重失衡。

硅谷银行一直专注于服务PE/VC机构和初创企业的融资需求，客户集中度较高，资产端和负债端客户高度重叠；资产集中度也很高，资产种类和期限结构高度集中，由此引发

"多米诺骨牌"效应,流动性瞬间蒸发。

虽然硅谷银行核心一级资本充足,但在合规经营方面,尤其是在推进《巴塞尔协议Ⅲ》实施方面是失策的,没有做好集中度风险管理、科学规划和配置资本等工作,导致投资者丧失信心,发生银行挤兑,最终导致硅谷银行倒闭。

要求:请从风险治理、风险偏好、风险策略及《巴塞尔协议Ⅲ》的实施等维度,剖析硅谷银行危机爆发的原因,并探讨商业银行如何完善风险管理体系,避免发生类似银行危机事件。

第五节 舞弊审计

一、舞弊审计概述

(一)舞弊审计的概念

美国《审计准则公告第 16 号》中规定:舞弊就是故意编制虚假的财务报表。我国《第 2204 号内部审计具体准则——对舞弊行为进行检查和报告》中指出,舞弊是指组织内、外人员采用欺骗等违法违规手段,损害或者谋取组织利益,同时可能为个人带来不正当利益的行为。《中国注册会计师审计准则第 1141 号——财务报表审计中对舞弊的考虑》中对舞弊的定义是:舞弊是指被审计单位的管理层、治理层、员工或第三方使用欺骗手段获取不当或非法利益的故意行为。舞弊是一个宽泛的法律概念,但相关准则并不要求注册会计师对舞弊是否已经发生做出法律意义上的判定,只要求关注导致财务报表发生重大错报的舞弊。

综上所述,我们认为舞弊指公司内、外人员采用欺骗等违法违规手段,谋取个人不正当利益,损害正当的公司经济利益的行为;或谋取不当的公司经济利益,同时可能为个人带来不正当利益的行为。

舞弊具有如下特征。

(1)舞弊是一种违反法规的行为。舞弊所采用的手段是不符合国家的法律、法规或是违反组织的规章制度。

(2)舞弊是一种故意的行为。舞弊与错误的区别在于这一行为是有目的、有意而为之的,即主观上具有故意的特征。

(3)舞弊行为可能损害组织的利益,也可能是为组织谋取利益,但这种谋取的利益是通过不正当手段获得的,当该行为被曝光后,最终会给组织带来伤害。

(4)舞弊行为可能给舞弊者带来不正当利益。舞弊者本人可能从舞弊行为中获取间接或直接的个人利益,但这不是舞弊的必然现象。

(5)舞弊的实施者可以是组织内部人员,也可能是组织外部的人员,通常外部人员实施的舞弊都会损害组织的利益。

舞弊行为的存在，表明组织的控制存在着薄弱环节，如果不能加以制止，可能会对组织产生更进一步的破坏。因此，不管舞弊行为涉及的金额有多大，其性质都是严重的。

舞弊审计是指审计人员对被审计组织的内部人员及有关人员为谋取自身利益或为使本组织获得不当经济利益而其自身也可能获得相关利益采用欺骗等违法违规手段使组织经济利益遭受损害的不正当行为，使用检查、查询等审计程序进行取证并向委托者或授权者出具审计报告的一种监督活动。

（二）舞弊审计的分类

从组织经济利益的角度来看，舞弊可以分为损害组织经济利益的舞弊和谋取组织经济利益的舞弊。

1. 损害组织经济利益的舞弊

损害组织经济利益的舞弊指组织内外人员为谋取自身利益，采用欺骗等违法违规手段使组织经济利益遭受损害的不正当行为。有下列情形之一者属于此类舞弊行为。

（1）收受贿赂或回扣。

（2）将正常情况下可以使组织获利的交易事项转移给他人。

（3）贪污、挪用、盗窃组织资产。

（4）使组织为虚假的交易事项支付款项。

（5）故意隐瞒、错报交易事项。

（6）泄露组织的商业秘密。

（7）其他损害组织经济利益的舞弊行为。

由于组织的运营环境不同，可能还有上面未列举的损害组织经济利益的其他类型舞弊行为发生，需要内部审计人员运用职业经验判断来确定究竟哪些行为可能损害组织的经济利益。

2. 谋取组织经济利益的舞弊

谋取组织经济利益的舞弊是指组织内部人员为使本组织获得不当经济利益而其自身也可能获得相关利益，采用欺骗等违法违规手段，损害国家和其他组织或个人利益的不正当行为。

谋取组织经济利益的舞弊行为可以使组织的经济利益增加，从局部和短期看，这种舞弊行为给组织带来了利益，其防范工作不像前一种舞弊行为那样被管理层所重视。甚至在内部审计机构和人员发现该类型舞弊时，管理层可能还会给予舞弊者某种程度的保护。但这种舞弊行为会损害国家或其他组织、个人的经济利益，从长远看，这类舞弊行为一旦被揭露，组织的经济利益还是会受到损害，如失去资本市场的信任、组织形象受损、支付违法违规的罚款等。这种损害行为也可能使舞弊者获得不正当的个人利益。内部审计机构应向适当的管理层说明该类型舞弊对组织长远发展带来的负面影响，并争取高级管理层支持其对该类型舞弊的预防和检查。有下列情形之一者属于此类舞弊。

第二章　内部审计的典型实务

（1）支付贿赂或回扣。

（2）出售不存在或不真实的资产。

（3）故意错报交易事项、记录虚假的交易事项，使财务报表使用者误解而做出不适当的投融资决策。

（4）隐瞒或删除应对外披露的重要信息。

（5）从事违法违规的经营活动。

（6）偷逃税款。

（7）其他谋取组织经济利益的舞弊行为。

与财务报告相关的舞弊种类包括侵占资产和对财务信息做出虚假报告。

侵占资产是指被审计单位的管理层或员工非法占用被审计单位的资产。这种行为通常包括贪污收入款项、盗取货币资金、实物资产或无形资产，使被审计单位对虚构的商品或劳务付款，以及将被审计单位资产挪为私用。对财务会计报告做出虚假报告是指企业为了营造虚假的财务状况和经营成果，而编造的不真实的财务报表。虚假财务报表有两种类型：人为编造财务报表数据和利用会计方法选择调整财务报表的有关数据。

（三）舞弊审计的固有特点

相对于传统的财务审计，舞弊审计有其固有特点。

1. 思维方法

传统财务审计的思维特点是：根据既定的会计准则和审计准则，抽取样本数据，根据实际情况对照公认准则，得到具体发现，从而得出结论。这是一个从一般到特殊的演绎推理过程。舞弊审计是审计人员通过观察、询问，执行特殊程序和技术收集证据，从一个又一个疑点开始审查，即"跟随谎言去追寻真相"，用一个个有力证据说明疑点，最后得出结论，将特定的舞弊行为揭穿。这是一个从特殊到一般的思维过程。

2. 审计切入点

财务审计的切入点是以内部控制为基础，以防范审计风险为目标，关注当期会计数据中的错误是否超过重要性水平。舞弊审计首先考虑的是行为动机、舞弊机会及控制的薄弱环节，关注的是例外事情、古怪事情。这些事情往往由奇怪的人，在奇怪的地点、奇怪的时间发生奇怪的次数，而奇怪的数字则不论金额大小。正所谓"大错不犯、小错不断"，正是舞弊审计要关注的。

3. 审计目的

财务审计的目的通常是发现偏离公认会计准则的重大差异事项，以验证财务报表揭示的公允性、合法性、充分性。如果审计人员严格按照审计准则要求进行审计工作，并尽到应有的职业谨慎，却没有发现被审计单位的舞弊行为，审计人员一般不需要承担责任。而舞弊审计的目的在于调查揭露故意歪曲事实与非法占用资产的舞弊行为，确定舞弊损失的金额，以及问题的影响程度和范围，关注例外事项、不正常事项和潜在发出危险信号的事项，寻找舞弊证据，侦破舞弊案件。

4. 审计程序和方法

财务审计严格按照既定的审计准则，从了解内部控制、控制测试、实质性测试等环节进行规范审计取证。如果在实施必要审计程序后，仍不能获得所需要的审计证据，审计人员可以发表保留意见或无法表示意见。而舞弊审计最重要的思维方式是站在舞弊者的角度思考问题，寻找内部控制的薄弱环节。舞弊审计更多的是一种直觉判断过程，是一门艺术，而不是一种正式分析方法。舞弊审计必须做到有证据，不能凭推理去设想与舞弊有关的事项，一旦发现舞弊行为的蛛丝马迹，就要一查到底，一般不考虑成本效益原则。

（四）舞弊审计的一般原则

组织管理层应对舞弊行为的发生承担责任。建立健全并有效实施内部控制，预防、发现及纠正舞弊行为是组织管理层的主要责任。

内部审计机构和人员应当保持应有的职业谨慎，合理关注组织内部可能发生的舞弊行为，以协助组织管理层预防、检查和报告舞弊行为。

内部审计机构和人员应在以下几个方面保持应有的职业谨慎。

（1）具有预防、识别、检查舞弊的基本知识和技能，在执行审计项目时警惕相关方面可能存在的舞弊风险。

（2）根据被审计事项的重要性、复杂性及审计的成本效益性，合理关注和检查可能存在的舞弊行为。

（3）运用适当的审计职业判断，确定审计范围和审计程序，以发现、检查和报告舞弊行为。

（4）发现舞弊迹象时，应及时向适当管理层报告，提出进一步检查的建议。

内部审计并非专为检查舞弊而进行的，即使审计人员以应有的职业谨慎执行了必要的审计程序，也不能保证发现所有的舞弊行为。

另外，组织应做好舞弊检查的保密工作。

（五）舞弊审计的产生原因

对于舞弊产生的原因，国外有著名的舞弊三角理论、GONE 理论、冰山理论等。归纳起来，舞弊产生的原因主要有以下几个方面。

1. 动机

无论何种舞弊，首先是有一定动机的。舞弊的行为动机主要有四种：第一是经济动机，就是为了使自身的经济利益最大化；第二是利己动机，是为了追求个人地位和威信；第三是思想动机，是为了所谓的"报仇"，为了使某个人得到应有的惩罚，为了证明自己"高人一等"；第四是精神病动机，为舞弊而舞弊，为盗窃而盗窃，通常会导致惯性犯罪。其中，经济动机是主要的，也是最常见的。压力、贪婪、欲望、需要都会导致动机的产生。

2. 压力

（1）员工的压力。员工压力包括：经济压力（生活所迫、贷款买房、奢侈生活、高额债务、经济损失等）；工作压力（独裁式管理、过于严格的制度、对工作不满、工作业绩得不到充分承认、工资待遇太低、升职机会少、不友善的工作环境、期望过高的预期、害怕失业等）；恶习（赌博、酗酒、吸毒等）；其他压力和偶发事件。

（2）组织的压力。组织压力包括：法律要求；贷款需要；发行股票；避免"戴帽"或退市；减轻税负。

3. 机会

机会是导致舞弊行为产生的条件，包括内部控制不健全、缺乏惩罚措施等。受到的信任程度越大、地位越高、权力越大，暴露程度越小，产生舞弊的可能性就越大。

（1）员工的机会。员工的机会主要有控制措施的缺乏、无法评价工作质量、缺乏惩罚措施、信息不对称、无能力觉察舞弊行为、无审计轨迹等。

（2）组织的机会。组织的机会主要有法律不健全、公司治理结构不健全、内部人控制、一股独大的国有股权虚置、注册会计师监管的缺失等。

4. 忠诚性的缺失

忠诚性的缺失是指组织内部拥有权力和责任的个人或集体，容易导致舞弊行为的工作态度或道德观念。忠诚性是自始至终都按照最高的道德价值标准来行动的一种能力，是对受托责任尽职尽责的忠诚度。正是由于忠诚性的缺失，动机、压力和机会才导致舞弊。但是人们一般在舞弊时不会意识到自己忠诚性的缺失，而会寻找许多自我安慰的借口。

二、舞弊审计的目标和内容

舞弊审计的目标在于调查揭露故意歪曲事实与非法占用资产的舞弊行为，确定舞弊损失的金额及问题的影响程度和范围，关注例外事项、不正常事项和潜在发出危险信号的事项，寻找舞弊证据，侦破舞弊案件。

舞弊审计涉及管理层舞弊审计和雇员舞弊审计。除此之外，本部分还对财务收支舞弊审计、贿赂舞弊审计及"小金库"问题等内容进行了论述。

（一）管理层舞弊审计

1. 组织管理层的主要责任

内部审计机构和人员应当保持应有的职业谨慎，合理关注组织内部可能发生的舞弊行为，以协助组织管理层预防、检查和报告舞弊行为。

预防、发现和纠正舞弊行为是组织管理层的责任。健全有效的内部控制可以遏制舞弊行为的发生。组织的管理层有责任建立健全有效的内部控制制度，并且应当根据内部审计人员的报告和建议，对已发生的舞弊行为进行制止和纠正，对可能的舞弊进行追查、预防，进一步完善内部控制制度。

内部审计机构是组织内部控制的重要组成部分，内部审计人员的责任是通过审查和评价组织内部控制的适当性、合法性和有效性来协助遏制舞弊，有责任发现组织内部控制的重大缺陷。即使是在不以舞弊行为为主要目标的常规内部审计过程中，内部审计人员也应以职业谨慎警惕可能引发舞弊的机会。内部审计人员必须了解足够的舞弊知识来识别可能发生舞弊的线索。

但是即使以应有的职业谨慎进行内部审计活动，也不能保证内部审计人员能够发现所有的舞弊现象。设计良好的内部控制也可能会因人员的串通、故意伪造文件等各种因素而失效。这些正是内部审计人员运用正常的审计程序而无法审查出来的。

2. 内部审计人员应有的职业谨慎

应有的职业谨慎是内部审计人员应具备的合理谨慎态度和技能。舞弊行为的发生与组织内部控制存在的漏洞相关，并且总会留下一些迹象。如果内部审计人员保持合理的职业谨慎，就能够对这些漏洞或迹象保持警觉，进而可以提醒管理层采取措施预防或发现舞弊行为。

内部审计机构和人员应在以下几个方面保持职业谨慎。

（1）具有预防、识别和检查舞弊的基本知识和技能，在执行审计项目时警惕相关方面可能存在的舞弊风险。

这要求审计人员不仅具有财务知识，还需要对管理学和组织运营方面有相当程度的了解，有足够的工作经验及对任何异常现象都不放过的职业怀疑态度。

（2）根据被审计事项的重要性、复杂性及审计成本效益性，合理关注和检查可能存在的舞弊行为。

内部审计人员所开展的日常审计工作并不是专门用来针对预防、发现和报告舞弊的，因此，只依靠日常工作程序不能保证发现所有的可能引发舞弊的内部控制漏洞或发现所有已经存在的舞弊行为，需要延伸采取必要的其他程序。由于检查和发现舞弊所需要的成本比日常审计工作大得多，审计人员不可能测试每一项交易业务；此外，揭示舞弊不能运用推理作为依据，而需要有明确的证据，这也增加了揭示舞弊的审计成本。因此，不可能要求审计人员对所有可能存在舞弊的疑点都保持同等的关注程度，而只能根据其可能对组织造成危害的影响程度和揭示舞弊成本等因素综合考虑，保持合理的关注。

（3）运用适当的审计职业判断，确定审计范围和审计程序，以发现、检查和报告舞弊行为。

在内部审计中，审计人员若发现存在控制薄弱环节，需要进一步追查，以便发现可能存在的舞弊行为。在确定延伸审计程序的范围、程度等事项时，审计人员需要考虑被审计事项的重要性、复杂性和审计的成本效益等因素，并运用职业知识判断对发现、检查和报告舞弊所应采取的审计范围与程序。

（4）发现舞弊迹象时，应及时报告适当的管理层，提出进一步检查的建议。

适当的管理层指有权进行相应决策，对舞弊行为进行制止、纠正或完善相关的内部控制制度以预防舞弊行为的管理层。内部审计人员应当在发现舞弊迹象时，及时向适当的管理层报告，并提出相应的调查、纠正和完善制度等相关建议，供管理层参考。

3. 管理层舞弊主要出于信贷资金和纳税的需要

企业为获得金融机构的信贷资金或其他供应商的商业信用，在经营业绩欠佳、财务状况恶化时必然会对会计报表进行舞弊粉饰。因为在市场经济中，金融机构出于风险考虑和自我保护的需要，都不愿将资金给亏损企业或缺乏资信企业。企业为取得银行信贷资金，必然采取虚增资产、虚减负债的办法，以达到获取银行信任的目的。其主要手段有：①高估资产；②捏造收入；③少计或不计支出；④少提折旧；⑤收益性支出列为资本性支出；⑥虚拟资产、不良资产长期挂账不予转销；⑦负债转到收益或资本；⑧隐瞒亏损交易；⑨不披露资产抵押情况；⑩隐匿负债。总之给外界展示的企业形象是"我很有钱、很有实力"。企业为了公司上市、分红或特定政治目的进行的舞弊，也属于这一类型。

企业所得税是在会计利润的基础上，通过纳税调整，将会计利润调整为应纳税所得额，再乘以适用的企业所得税税率而得出的。企业基于偷税、漏税或推迟纳税等目的，往往也会舞弊粉饰会计报表。其手段主要有：①低估资产；②捏造支出；③少计、不计或推迟计列各种收入；④多提折旧；⑤资本性支出故意列为收益性支出；⑥虚拟资产、不良资产提前转销或多转销；⑦收益转为负债；⑧采用各种形式隐瞒交易利润；⑨虚增销货成本；⑩加大负债。总之给外界展示的形象是"我很穷、我很可怜"。

4. 管理层舞弊的现实需要分析

管理层的现实需要可以归纳为以下几个方面：①业绩考核；②信贷资金；③发行股票；④政绩。

纳税方面，对下列公司应保持警惕：①高速增长公司；②生命线上挣扎的公司；③新上市公司；④股权集中公司；⑤内部监控薄弱公司（独立董事与内部审计缺失等）。

5. 管理层舞弊行动"三部曲"

管理层舞弊行为"三部曲"如图 2-12 所示。对于管理层舞弊行为，可以通过传统的内部控制测试、计算、检查、观察、询问、比较、比率分析等方法进行追踪，一般是可以揭露出来的，只要审计人员敏感地抓住各种舞弊特征，紧跟线索不断追查下去，必能将舞弊昭"然于天下"。

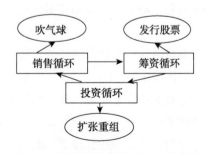

图 2-12 管理层舞弊行动"三部曲"

除此之外，舞弊审计还有自己特有的审计方法——延伸性审计程序，即追踪舞弊的审计程序。延伸性审计程序并没有一个范围限制，它取决于审计人员的思维、想象力和组织管理当局的合作程度，只要审计人员认为必要，任何合法程序都可以成为延伸性审计程序。部分程序如下。

（1）评价重大的非经常性交易的合理性。

（2）复核各种会计估计政策及运用情况。

（3）检查各种会计调整分录。

（4）检查各种大额往来账户的真实性和合法性。

（5）突击检查盘点实物资产以发现虚增虚减情况。

（二）雇员舞弊审计及防范

1. 雇员舞弊的表现形式

（1）费用报销舞弊（个人消费公款报销）。

（2）工资薪金舞弊。

（3）挪用公司资产。

（4）出租出借账号。

（5）侵吞公司资产（截留、私分、盗窃）。

（6）私设"小金库"。

（7）商业贿赂或回扣。

2. 雇员舞弊的延伸性审计程序

（1）突击盘点两次现金，第一次盘点时，舞弊者一般准备充分不容易发现，在出其不意的第二次盘点中，很容易发现现金的贪污盗窃行为。

（2）突击检查实物，发现短缺资产。

（3）检查大额货币资金来龙去脉的真实合法性，以发现截留、转移等现象。

（4）对客户及供应商进行调查访问，可以发现采购人员、销售人员的舞弊行为。

（三）财务收支舞弊审计

1. 虚构收入舞弊审计

（1）常见舞弊手段主要包括：虚假销售（无中生有）；高估销售收入（虚增金额）；提前确认收入（截止错误）；低估坏账准备，从而高估应收账款；拖延坏账注销时间；客户退回商品，在会计期末记录；在折扣期限内收款，未记录给客户的折扣。

（2）舞弊如何发现。

①收入金额绝对值比较（以三年为限）。

②毛利率=（销售净额－销售成本）÷销售净额。

毛利率上升（高估收入、低估销售折扣退回，高估存货、低估购货、低估销售成本）可能发生舞弊。

③应收账款周转率＝销售净额÷应收账款。

④应收账款周转期＝365÷应收账款周转率，由于虚构的应收账款无法收回，所以延长了收账期。

⑤净利率＝净利润÷销售净额，当发生收入舞弊时，公司在虚增收入时未能增加相应费用，从而使该指标上升。

2. 存货/销售成本的舞弊审计

（1）基本原理分析。

①期初存货＋本期购货－期末存货＝销货成本。

②高估期末存货是实施舞弊又一选择，因为这样一来，不仅增加了净利润，而且也增加了资产，从而达到粉饰资产负债表的目的。

③收入舞弊是高估利润表上的收入与资产负债表上的应收账款，不会对下一会计期间产生影响。

④存货舞弊在高估了某一会计期间"期末存货"的同时，也高估了下一会计期间的"期初存货"，使得下一会计期间的净利润可能被低估。如果管理当局想在以后的会计期间继续高估净利润，就需要继续高估期末存货，而且高估的金额必须能够抵销由于上期期末存货被高估而引起的本期净利润的减少。这样一来，势必会导致存货更大金额的错报，从而使舞弊更容易被发现。

（2）常见舞弊手段主要包括：不计、少计购货；推迟购货记录（截止错误）；高估购货退回；提前记录购货退回（截止错误）；未将折扣从存货成本中扣除（在折扣期限内）；低估单位销货成本；未结转销货成本；陈旧存货未注销；未计提存货跌价准备；高估存货价值、高估存货数量；记录虚购存货、存货数量与单价乘积计算错误。

（3）舞弊如何发现。

①关注会计报表金额本身的变动情况。

②比较同行的会计报表数字。

③比较会计报表数字与实物资产数字。

④毛利率分析：当高估存货余额时，销货成本通常被低估，毛利率就会增加，表明可能发生收入舞弊或存货舞弊。

⑤存货周转率＝销货成本÷平均存货，高估存货、低估销货成本，使该比率下降。

⑥存货周转期＝365÷存货周转率，高估存货时，存货周转率下降，存货周转期延长。

⑦存货舞弊会使存货账户余额不断增加，使毛利率上升、存货周转率下降、存货周转期延长。

⑧财务指标的大小并不重要，真正应关注的是各个会计期间财务指标的变动。

3. 低估负债舞弊审计

（1）常见舞弊手段主要包括：漏计、少计、推迟应付账款、各种借款和应付工资等负债；将预收款、定金确认为营业收入；未记录各种预提费用；未经授权，以公司资产抵押借款；未记录可能发生的或有负债。

（2）舞弊如何发现。

①相关负债账户余额过小。

②与同行业进行比较分析。

③连续几个年度的账户余额比较，特别关注：已注销的负债、负债减计额的重大变动、本期确认的金额远远小于前期。

④流动比率和速动比率上升，有可能发生了舞弊。

⑤财务费用分析：财务费用 = 借款平均余额×平均借款率 + 应付票据平均余额×平均利息率 − 应收票据平均余额×平均利息率 − 银行存款平均余额×平均存款利率。

4. 会计报表披露舞弊发现

（1）流动项目与长期项目的分类不正确，特别是流动负债与长期负债的分类。

（2）带有误导性的报表附注，如未披露重大事项、抵押、贴现，或有事项等。

（3）一块试金石：（净利润 − 经营活动现金流量）÷ 资产总额。该比率应当在零附近上下波动，如果该指标表现为正数且不断增大，要么公司存在财务问题，要么发生了会计报表舞弊。

三、贿赂舞弊与审计

（一）行贿与受贿

1. 行贿形式

（1）现金贿赂。在商业活动中，行贿方将现金给付交易对方或权力部门作为贿赂，以谋取商业利益的形式。这种贿赂有时在事前为了拉拢对方或权力部门的关键人物；有时在事中，例如，在采购业务中，供应商给予采购单位的负责人一定的回扣；有时在事后，即在求人办事之后作为"答谢"。

（2）非现金财产贿赂。这种贿赂目的与前者相同，只是将现金改为实物，这种方式往往更加隐蔽。例如：赠送房产与汽车、古玩与字画、银行卡与超市卡；节假日以看望朋友名义行贿实物；权力机关相关人员发生婚丧嫁娶等红白喜事时投其所好，给其各种实物形式的"好处"等。

（3）入股分红。这种贿赂方式给付的不是现金和财物，而是股份。给对方单位负责人或者其家属一定的股份，让其获得分红或股票上涨的利得。

（4）其他贿赂，指除上述现金贿赂等方式以外的各种贿赂。例如，旅游贿赂，娱乐贿赂，打麻将故意"输钱"，为其子女、亲戚、朋友安排工作、帮助出国等。

上述贿赂形式可以用账内资金行贿，也可用账外资金行贿，即从"小金库"开支。

2. 受贿形式

（1）负债挂账，即受贿方收到现金或其他财物时，将其入账，并且作为企业的负债长期挂账。

（2）捐赠收入，受贿方将收到的现金或其他财物作为接受捐赠入账，作为单位的积累。

（3）假借赞助费、促销费、场地费、宣传费、劳务费等名义，收取对方单位或个人财物的受贿行为。

上述受贿往往是集体性质的受贿，如果是个人受贿，那么受贿资金的去向一般有以下几种：存放在家中、转移给亲戚朋友、送子女出国求学等。

（二）行贿受贿的基本财务处理

1. 行贿方财务处理

现金或其他财物贿赂，一般以"销售费用"或"管理费用"的名义进行支付、报销。入股分红，以利润分配的方式，将贿赂资金支付给受贿方，通过"利润分配"账户，将资金分离出去。

2. 受贿方财务处理

负债挂账，即将收到的贿赂资金，挂在"其他应付款""预收账款"等往来账户。捐赠收入，即在实际收到贿赂时，计入单位的"净资产"科目，如事业单位计入"事业基金——一般基金"科目、企业计入"资本公积"科目。赞助费、促销费、场地费，即企业在采购环节、结账环节、店铺租用环节假借促销费、宣传费、劳务费等名义，将受贿资金计入"其他业务收入"科目。

行贿受贿双方账内账外表现形式如图 2-13 所示。

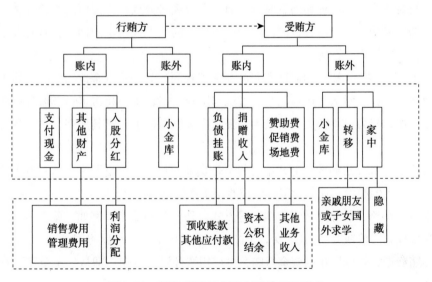

图 2-13　行贿受贿双方账内账外表现形式

（三）行贿受贿自身行为的内部控制分析

在受贿行为中，有主动受贿与被动受贿之分。主动受贿其实就是索贿，自己主动要求受贿而不考虑风险，贪图金钱财物，这种受贿此处不予探讨。被动受贿是自己本意不想受贿，出于环境、人情等原因不得已而受贿，这就有一个内部控制的防范问题。行贿方在行贿时是多方位的，既要行贿高层领导中的正职与副职，也要行贿相关中层干部和具体业务经办人。其表现形式如图2-14所示。

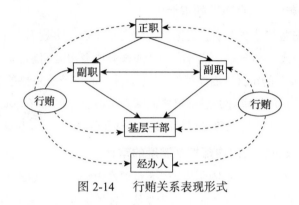

图2-14　行贿关系表现形式

被动受贿的相关人员一定要做好相关内控防范措施，以下具体程序可以供参考。第一，严词拒收，按照法律制度办事，这一做法可能给对方的感觉是不留情面，无情无义。第二，收到钱财后及时退回相关人员，说明情况。第三，及时上交相关组织，充分运用反腐败专用账户及时上交，并取得上交的相关凭证，以规避法律责任。第四，平时做好相关日记账，说明受贿资金的来龙去脉，并且在可能的情况下与相关证明人一起做好平行记账工作，相互之间可以证明。第五，加强思想沟通，注重与行贿人员思想感情交流，申明大义、分析利害，劝退行贿。

行贿人在行贿过程中也有相关的内控防范措施：第一，严密防线，封锁消息，单线联系，只把行贿行为的信息控制在行贿方自己和受贿方，其他人员一般不知晓；第二，反调查措施，行贿受贿一旦被他人发现，就会采取声东击西、制造假象、销毁证据等方法，想方设法阻止调查；第三，变通行贿方式，通过旅游、借钱、打麻将等方式进行行贿活动，或通过赝品进行行贿，然后让受贿人到指定地方以真品索回巨额现金，巧妙利用第三方进行行贿等；第四，推卸责任，说明行贿是不得已而为之，因为体制不健全、制度不合理，为自己的违法行为寻找理由、推卸责任。

（四）审计发现贿赂的途径

不论是行贿方还是受贿方，他们对待贿赂资金的方式不外乎两种：一是记录在账内，二是在账外循环。传统的审计方法都是注重以账表凭证为基础或主要审计对象的，对于账外的贿赂资金无法查证。因此，审计人员应该改变方法，拓宽思路，注重审计策略的运用，创造性地开展工作。通过审计发现商业贿赂的途径归纳如下。

1. 加大对相关会计科目的审计

通过前面的分析我们知道，行贿方和受贿方涉及的贿赂资金如果在账内，一般会计入"销售费用""管理费用""其他应付款""预收账款""事业基金——一般基金""资本公积""其他业务收入"等科目。因此，审计人员应该着重检查上述相关账户，通过传统的检查、观察、分析性复核、询问、账证核对、账实核对等方法来发现是否存在商业贿赂。其中分析性复核尤其重要，可以采用比例分析法、趋势分析法分析数据是否有异常。

2. 加强对账外账、"小金库"的审计

对于很多涉及贿赂的企业来说，无论是行贿还是受贿，多数不会体现在账上，总是要想方设法设置账外账或"小金库"来解决资金的来源或者出处问题。所以审计人员必须加强对账外账、"小金库"的审计。而账外账、"小金库"的审计历来都是审计的重点与难点，这就要求审计人员摆脱传统审计的思维定式，深入了解企业的市场环境、经营环境及经营特点，以敏锐的目光、变换的视角来观察问题、分析问题，从各种联系中寻找蛛丝马迹。

3. 注重对交易双方业务的内部控制制度的审计

如果受贿方是个人，那么收取的资金就无所谓账内账外了，要想利用前两种方法开展审计工作就会显得"力不从心"。然而，凡是涉及了贿赂的交易肯定不会严格按照正常的程序办事，也就是行贿受贿方相关业务的内部控制制度没有执行到位或没有设计到位。审计人员在审计过程中，首先应结合被审计单位所处的行业和经营特点了解被审计单位的内控制度，检查其设计和执行情况。凡是设计不到位或者执行不到位的环节都很可能是商业贿赂的高发地点，应该作为审计重点。

4. 强调内查外调，拓宽审计思路

商业贿赂由于其"账外暗中""一对一"等特点，往往只有将账内检查与外围查证、账面检查与逻辑分析相结合，才能寻找到蛛丝马迹，从而找到突破口。审计过程中，要注重跳出账内信息，注重外围调查，充分发动群众，从与被审计单位相关的往来单位发现疑点，寻找突破口。

（五）贿赂舞弊审计案例——上海某银行收受贿赂审计

1. 案例介绍

20××年7月初，某银行审计部派出审计小组，对其上海分行进行例行中期审计，在审计过程中，审计小组通过分析性复核发现上海分行贷款核销的比率偏高，比全国同类金融机构高出40%左右，涉及金额达2.8亿元。审计小组认为以上情况有收受贿赂或回扣舞弊的重大嫌疑，立即将情况向总行汇报，同时提出进行舞弊检查的建议。总行对此高度重视，立即责成组成专家审计组，制订舞弊检查审计计划和审计方案，确定审计时间为7月7—12日。专家审计组由高某、陶某、温某组成，并于7月7日开始审计，编制审计工作底稿如表2-6至表2-11所示。

表 2-6　收受贿赂或回扣舞弊审计程序表

单位名称：某银行上海分行		签名	日期		
项目：收受贿赂或回扣舞弊	编制人	高某	20××-07-07	索引号	1-1
截止日期：20××年6月30日	复核人	陶某	20××-07-07	页次	1
一、审计目标 1. 确定贷款核销内部控制制度是否建立健全 2. 审计调查贷款核销舞弊嫌疑是否属实 3. 确定贷款核销舞弊是否构成经济犯罪 4. 确定构成经济犯罪的涉案金额以及可能造成的经济损失					
二、审计程序				执行情况	
1. 调查、测试贷款核销管理的内部控制制度是否健全有效				已执行	
2. 对贷款核销明细表进行分析性复核，确定是否异常				已执行	
3. 如有异常，根据发现的线索深入追查				已执行	
4. 抽查原始凭证、原始文件				已执行	

表 2-7　贷款核销内部控制调查表

单位名称：某银行上海分行		签名	日期		
项目：贷款核销内部控制调查	编制人	陶某	20××-07-07	索引号	1-2
截止日期：20××年6月30日	复核人	高某	20××-07-08	页次	1
调查内容		是	否	备注	
1. 是否建立健全贷款核销管理制度		是			
2. 贷款核销管理体制是否适应贷款核销管理要求			否		
3. 贷款核销是否经房贷部经理审核		是			
4. 贷款核销是否经风险管理部门审核			否		
5. 贷款核销是否经主管副行长审批		是			
6. 贷款核销是否经行长审批		是			
7. 贷款核销是否经风险管理部门追踪检查			否		
8. 贷款合同是否建立台账		是			
9. 内部审计部门是否对贷款核销进行过审计			否		
审计小结：上海分行贷款核销管理制度建立健全，但贷款核销管理体制不顺，组织机构设置不全，制度执行不力，贷款核销风险很高					

表 2-8　分析程序审计流程表

单位名称：某银行上海分行		签名	日期		
项目：分析程序审计流程	编制人	温某	20××-07-07	索引号	2-1
截止日期：20××年6月30日	复核人	高某	20××-07-09	页次	1
一、审计目标 确定贷款核销的舞弊嫌疑是否属实					
二、审计流程				执行情况	
1. 获得贷款核销明细表				已执行	
2. 对贷款核销明细表进行分析				已执行	

表 2-9　贷款核销明细表

单位名称：某银行上海分行		签名	日期		
项目：贷款核销明细表		编制人	陶某	20××-07-09	索引号	2-2
截止日期：20××年 6 月 30 日		复核人	高某	20××-07-10	页次	1
审计结论或者审计查出问题摘要及其依据	专案审计组运用排序、筛选的方法，对贷款核销明细表中的贷款核销数据进行分析，列出了贷款期限 2 年以内、贷款金额 1 000 万元以上的可疑客户清单，涉及金额达 2.8 亿元
潜在风险及影响	违规贷款核销风险
审计意见及建议	加强贷款核销管理
复核意见	结论可以确认

表 2-10　审计抽查流程表

单位名称：某银行上海分行		签名	日期		
项目：审计抽查流程		编制人	温某	20××-07-10	索引号	3-1
截止日期：20××年 6 月 30 日		复核人	高某	20××-07-11	页次	1

一、审计目标

确定贷款核销的舞弊嫌疑是否属实

二、审计流程	执行情况
1. 审查可疑的已核销贷款人的贷款资格是否合规、业务经营是否正常、贷款核销理由是否成立	已执行
2. 审查可疑的已核销贷款审批文件是否齐全、核销程序是否完备、审批人是否为同一人或同几人	已执行
3. 审查可疑的已核销贷款原始文件是否有可疑之处	已执行

表 2-11　审计抽查表

单位名称：某银行上海分行		签名	日期		
项目：审计抽查		编制人	陶某	20××-07-11	索引号	3-2
截止日期：20××年 6 月 30 日		复核人	高某	20××-07-12	页次	1
审计结论或者审计查出问题摘要及其依据	经审查，可疑的已核销贷款人的资格符合规定，业务经营正常，但贷款核销理由比较牵强。可疑的已核销贷款经办人均为风险处孔某，审批人均为风险处处长战某。可疑的已核销贷款均有当地法院的法律文书作为证据，经办人均为法院工作人员邹某。专案审计组到法院进一步核实，发现法院档案中并没有相关法律文书，法律文书为邹某伪造
潜在风险及影响	违规发放个人住房按揭贷款风险
审计意见及建议	加强个人住房按揭贷款管理
复核意见	结论可以确认

2. 案例分析

（1）收受贿赂或回扣舞弊审计属于损害组织经济利益的舞弊审计。《内部审计具体准则第6号——舞弊的预防、检查与报告》将舞弊行为归纳为损害组织经济利益的舞弊和谋取组织经济利益的舞弊两类。损害组织经济利益的舞弊指组织内外人员为谋取自身利益,采用欺骗等违法违规手段使组织经济利益遭受损害的不正当行为。收受贿赂或回扣属于损害组织经济利益的舞弊情形之一。在现实生活中,收受贿赂或回扣舞弊行为是一种比较常见的舞弊行为,影响极其恶劣,应作为舞弊审计的重点之一。

(2)收受贿赂或回扣舞弊具有高度的隐蔽性,在内部审计手段有限的情况下,审计查处难度非常大。一般来说,收受贿赂或回扣舞弊很大一部分是通过举报发现的,也有一些是通过"红旗"标志法和分析程序法发现的。本案例内部审计人员实施了分析程序,获取并确认贷款核销的舞弊嫌疑。

(3)专案审计组实施了审计抽查程序以确认贷款核销嫌疑。这里特别要说明的是,收受贿赂或回扣舞弊的取证难度较大,在可能会造成较大损失的情况下,可以寻求司法途径解决取证难题。

(六)"小金库"问题

1. 什么是"小金库"

一般认为,凡是违反法律法规及其他有关规定,应列入而未列入符合规定的单位账簿的各项资金(含有价证券)及其形成的资产,均属于"小金库"。"小金库"的存在,不仅会导致会计信息失真,扰乱市场经济秩序,造成国家财政收入和国有资产的流失,而且违背了科学发展观的要求,扭曲了市场对资源的合理配置,削弱了政府宏观调控能力,影响了经济平稳较快发展,甚至会诱发和滋生腐败现象,严重败坏党风政风和社会风气。具体来讲有:违规收费、罚款及摊派设立"小金库";用资产处置、出租收入设立"小金库";以会议费、劳务费、培训费和咨询费等名义套取资金设立"小金库";经营收入未纳入规定账户核算设立"小金库";虚列支出转出资金设立"小金库";以假发票等非法票据骗取资金设立"小金库";上下级单位之间相互转移资金设立"小金库"等。

2. "小金库"的表现形式

(1)在收入方面有:截留收入转移账外、违规收入、超标准收费不入账、出租资产收入不入账、变卖资产收入不入账、下属单位上交管理费不入账、交款收入不开发票、返还收入、手续费不入账等。

(2)在支出方面有:虚报冒领(假出差、假工资、无中生有),重复报销,大头小尾票据,假发票、假业务,真发票、假业务,假发票、真业务等。

(3)已脱钩的经济实体代行行政职能,采取"一条龙"服务,"搭车"收取代办费、咨询费等。

(4)以履行部门职能为借口,投资兴建新的经济实体,用财政资金运作牟取私利,职能部门与经济实体职责不分,行政性收费与经营性收费混淆。

3. "小金库"的发现途径

(1)账外发现。与不同层次人员交谈发现矛盾、从文件资料发现线索(年终总结、会议纪要、目标管理责任书等）、从被审计单位的关联单位发现线索。

（2）现金突击盘点。监盘现金时，如果调整后的账面现金余额小于或大于实际库存现金，且存在较大的盘盈或盘亏，均可能是私设"小金库"所为。对于存放于保险柜的存折、存单，不管是单位户或是个人户，一般都是小金库资金。

（3）银行账户检查。银行对账单中一进一出金额相同的资金，是否进行了相应的账务处理。如果账面未做处理，基本可以认定还有其他银行账户或存在出借银行账户情况；检查银行对账单存款余额与单位存款日记账余额，如果长期不符且数额较大，应查明原因；检查"银行存款"账户摘要栏目，有无概念模糊的内容。

（4）固定资产管理与清查。处置固定资产收入与房屋出租收入，往往形成账外资产。

（5）延伸审计。检查企业组织的下属单位、工会、食堂等单位的资金运动，是否存在上级单位资金的体外循环、逃避检查等。

（6）逻辑性分析。结合被审计单位职能与工作范围、规模，对支出的逻辑性进行有效分析，如学校食堂的超市采购发票、小规模单位的大额发票现象等。

（7）往来款调查分析。债权类会计账户是否存在违反规定出借资金或对外投出资金，跟踪利息收入与投资收益去向；债权类会计账户长期挂账，是否存在资金已收回但未在账面反映，向债务人函证；债务类会计账户，是否存在属于收入性质而长期挂账等现象。

四、舞弊审计的方法

舞弊审计方法包括舞弊预防、舞弊检查和舞弊报告三个流程。

（一）舞弊预防

舞弊预防是指采取适当行动防止舞弊的发生，或在舞弊行为发生时将其危害控制在最低限度以内。

由于各类舞弊行为总是带有故意欺骗的特征，造成了组织的内部控制失效，如果没有及时制止，可能会使这些舞弊行为蔓延，给组织带来重大的损失。因此，舞弊行为不论其涉及金额的大小，在性质上都应被认为是严重的。组织应当建立健全有效的内部控制，预防舞弊行为的发生。

1. 舞弊预防的主要途径

建立健全组织的内部控制并使之得以有效实施是预防舞弊的主要途径。有效的内部控制通过职责分离、监督性检查、双重控制、合理性校验、完整性校验和正确性校验等各种控制手段，可以减少舞弊行为发生的机会。因此，建立健全有效的内部控制，是预防舞弊的主要途径。

但是，应当注意到，即使是有效的内部控制，也有可能因为人员的串通等各种因素而失效。因此，还需要有舞弊的检查、报告等措施，对确实发生的舞弊行为进行追查、报告，将可能的损失降低到最低限度。

2. 内部审计人员在工作中应关注的方面

内部审计人员在审查和评价内部控制时,应当关注以下主要内容以协助组织预防舞弊。
①组织目标的可行性。
②控制意识和态度的科学性。
③员工行为规范的合理性和有效性。
④经营活动授权制度的适当性。
⑤风险管理机制的有效性。
⑥管理信息系统的有效性。
上述内容是内部控制中与舞弊预防密切相关的要点。

组织目标设置不当,超越了执行人的能力范围,反而会对执行人产生不当的压力,使执行人可能会为达到目标而不择手段,甚至舞弊。因此,组织的目标应当充分考虑组织的客观环境与实际情况,设置得当,使执行者通过努力可以达到。

组织控制意识和态度是否正确、科学决定了组织能否设计出符合组织实际情况、有效的内部控制。员工行为规范对员工的行为直接起到了指导和规范的作用,行为规范是否合理、有效将决定员工的各种行为是否会与组织目标相一致。经营活动授权制度是对各种舞弊行为最为直接的监控手段,各种职责的分离、授权,确保了各个层次的执行人难以滥用职权,做出超越权限的指令,限制了舞弊行为发生的机会,同时也限制了舞弊行为确实发生时的损失程度。

风险管理机制是组织用于应对、消除面临的各种风险的解决方法和策略。因此其有效性对于最大限度地消除风险、减少风险带来的损失具有重要的意义。

组织的管理信息系统不仅处理组织内部的信息,同时也处理外部的信息。信息在组织内部的交流与沟通,可以使员工更好地完成其职责。同时,管理信息系统对信息的收集与整理也使得员工的工作得到了一定的监督和约束,可以有效地降低舞弊行为发生的机会。

内部审计人员应当对上述几个要点加以关注,并对可能存在的缺陷及时进行反映,以完善组织的内部控制。

3. 可能导致舞弊发生的情形

除内部控制的固有局限外,还应考虑可能会导致舞弊发生的下列情况。
①管理人员素质不佳。
②管理人员遭受异常压力。
③经营活动中存在异常交易事项。
④组织内部个人利益、局部利益和整体利益存在较大冲突。
⑤内部审计机构在审计中难以获取充分、相关、可靠的证据。

由于内部控制的固有局限性,内部控制不可能防范所有的舞弊。上述情形的存在更容易促使舞弊者利用内部控制的固有限制,绕开内部控制进行舞弊。舞弊者在组织中所处位置越高,越容易绕开内部控制实施舞弊,或更容易掩盖舞弊行为,审计人员应对此保持警惕。

内部审计人员应关注内部控制运行的有效性及其可能存在的风险高发点。由于舞弊的方式多种多样，可能存在着本章未列举到的易于进行舞弊的控制薄弱环节。在进行内部控制审计时，为了发现舞弊线索，内部审计人员需要进行风险分析，对每一控制要点的审计都考虑以下因素。

①组织现有条件招致重大违法行为的风险。

②组织内拥有权力和责任的个人或集体，出于某种原因或动机从事违法活动的可能性。

③组织内拥有权力和责任的个人或集体工作态度或道德观念有问题，以致进行违法活动的可能性。

在正常情况下，内部审计机构在审计过程中应取得充分、相关和可靠的审计证据，如果不能取得与审计相关部门的支持与配合，则难以取得符合上述要求的审计证据。审计部门应尽可能取得被审计部门等相关机构的理解与支持，若被审计部门等相关机构在没有合理解释的情况下，依然抵触内部审计机构的工作，审计人员应对此保持警惕，考虑其中隐含舞弊的可能性。

4. 对发现舞弊迹象的处理

内部审计人员应根据审查和评价内部控制时发现的舞弊迹象或从其他来源获取的信息，考虑可能发生的舞弊行为的性质，向组织适当管理层报告，同时就需要实施的舞弊检查提出建议。

内部审计人员应当在日常工作过程中对可能存在的舞弊保持警惕，当审计人员发现舞弊的迹象时，就应报告适当的管理层，使后者能尽快采取措施，遏制舞弊造成的影响。报告的形式可以是口头报告，也可以是书面报告，无论审计人员的报告结果如何，其在做出报告时，都应有合理的证据支持。

（二）舞弊检查

1. 舞弊的检查及其实施者

舞弊检查指实施必要的检查程序，以确定舞弊迹象所显示的舞弊行为是否已经发生。

遏制舞弊是组织管理层的责任，决定是否进行舞弊的检查及如何进行舞弊的检查也同样是组织管理层的责任。内部审计人员的责任是协助管理层完成这一责任。

舞弊的检查通常由内部审计人员、专业的舞弊调查人员、法律顾问及其他专家实施。在某些情况下，由内部审计人员负责检查舞弊可能更为有效，但针对舞弊的检查与内部审计人员日常工作内容毕竟不相同，因此，往往还需要其他专业人士的共同努力才能完成检查舞弊的工作。

2. 内部审计人员检查舞弊的工作要点

内部审计人员舞弊检查的要求有以下几个方面。

①评估舞弊涉及的范围及复杂程度，要避免对可能涉及舞弊的人员提供信息或被其所

提供的信息误导。由于舞弊者通常会消除舞弊痕迹，或破坏、篡改记录，提供虚假的信息，以及舞弊时往往伴随着相关内部控制被破坏，因此，在常规审计中可以信任的审计证据，或同样条件下取得的可靠审计证据，在舞弊检查中就可能存在着不足以信任或不可靠情形，审计人员应对此保持警觉，以获取可靠的审计证据。

②对参与舞弊检查人员的资格、技能和独立性进行评估。通常，在舞弊检查工作中所面临的工作内容往往比较复杂，时间要求紧迫，因此，对内部审计人员的技能要求也高于日常审计工作，需要经验丰富的人员，以应对复杂的局面。在一般性内部审计工作中强调独立性，在舞弊检查中特别强调独立性，除了与前者有相同的要求外，特别强调审计人员应尽可能排除个人偏见和先入为主的思维模式。

③设计适当的舞弊检查程序，以确定舞弊者、舞弊程度、舞弊手段及舞弊原因。舞弊检查的工作程序与常规审计不同，它可能需要专门技术与专业人员的支持，针对已经发现的舞弊线索，采取特殊的审计程序与方法，属于发现性工作。例如，在日常审计工作中，审计人员寻求整体的合理性、有效性，则舞弊检查中除了从整体的分析中查找线索外，更侧重于微观的、细节的合理性。在舞弊检查中需要对经济利益流出和流入组织的环节特别注意，重点突出那些容易受到舞弊袭击的资产。

④在舞弊检查过程中与组织适当管理层、专业舞弊调查人员、法律顾问及其他专家保持必要的沟通。在舞弊检查过程中，人员的配置往往无法预测，因为随着检查所发现的内容不同，要求马上跟进检查的方面也不同。审计人员应与参与检查舞弊的各个方面和人员保持有效的沟通，利用其他专业人士的经验与能力，使检查工作能达到效果。

⑤保持应有的职业谨慎，以避免损害相关组织或人员的合法权益。在舞弊审计中，审计人员应对法律知识有所了解，以免由于采取了不恰当的审计程序或方法，损害相关组织和人员的合法权益，使自己处于不利的地位。

3. 舞弊检查结束后的工作内容

在舞弊检查工作结束后，内部审计人员应评价查明的事实，以满足下列要求。
①确定强化内部控制的措施。
②设计适当程序，对组织未来检查类似舞弊行为提供指导。
③使内部审计人员了解、熟悉相关的舞弊迹象特征。

内部审计的工作不仅要具有监督和评价的功能，更重要的是应当对组织的建设起到促进作用，即内部审计工作应具有指导性。确定强化内部控制的措施和设计适当程序，为组织未来检查类似舞弊行为提供指导就体现了内部审计的这一作用。同时，通过对检查过程中所了解的舞弊迹象特征的总结，使内部审计人员在工作过程中不断地自我完善。

（三）舞弊报告

1. 舞弊的报告方式

舞弊报告指内部审计人员以书面或口头形式向适当管理层报告舞弊预防、检查的情况及结果。

由于舞弊检查具有机密性，因此舞弊的报告提交对象应是适当的管理层，通常向组织的高级管理层或董事会报告，报告的层次至少应比舞弊涉及层次高一级。舞弊的报告形式可以是口头，也可以是书面；可以在检查工作结束后提交，也可以在检查工作进行过程中提交。采取口头报告和在检查过程中进行报告的目的是及时让适当管理层知晓目前所发现的情况，以便其决定是否采取和采取什么措施来遏制舞弊行为，而在完成舞弊检查工作后，应提交正式的书面报告。

2. 需要向适当管理层报告的情形

发现舞弊是一个渐进的过程，由线索引起而逐渐地深入。审计人员在发现舞弊线索或需要适当管理层采取措施时，就应及时向适当管理层报告，报告的形式可以是口头报告，也可以是书面报告。

在舞弊检查过程中，出现下列情况时，内部审计人员应及时向适当管理层报告。

①可以合理确信舞弊已经发生，并需深入调查。

②舞弊行为已导致对外披露的财务报表严重失实。

③发现犯罪线索，并获得应当移送司法机关处理的证据。

内部审计机构的工作是检查舞弊，其本身没有权力对如何处置舞弊行为做出决策，因此当确信舞弊已经发生或舞弊行为已导致对外披露的财务报表严重失实时，审计人员需要通报适当管理层，使其决定是否需要采取进一步的措施。内部审计人员应和适当的管理层讨论所发现的舞弊行为，由后者决定是否向外部权力机构通报所发现的问题。此时，审计人员的责任范围将扩大到对组织内部适当管理层负责。

3. 完成舞弊检查后的审计报告

审计人员在完成舞弊检查后，应提交书面报告。内部审计人员完成必要的舞弊检查程序后，应从舞弊行为的性质和金额两方面考虑其严重程度，出具相应的审计报告。

①报告的内容应包括舞弊行为的性质、涉及人员、舞弊手段及原因、检查结论、处理意见、提出的建议及纠正措施。内部审计人员在完成舞弊检查工作后提交的报告中，应体现检查的过程及审计人员的专业判断，不仅阐明舞弊的成因、责任人、性质，还应提出改进的建议和纠正措施，后者体现了内部审计机构的建设性，也是为了实现组织利益的最大化。

②从成本效益原则考虑，内部审计人员对不同性质和金额的舞弊行为的处理应不同。性质轻且金额小的舞弊行为，对组织造成的危害较小，可以不特别指出，一并纳入常规审计报告；对性质严重或金额较大的舞弊行为，为引起管理层足够的重视，应单独出具专项审计报告。如果该舞弊行为涉及公众利益，对公众影响重大或十分敏感，即该行为极可能引发法律后果，则应当取得法律专业人士的帮助。

需要强调说明的是，对舞弊性质和金额的判断同等重要，即使某些金额较小但性质严重的舞弊行为也应被重视。决定采取何种方式报告舞弊检查结果时，需要运用内部审计人员的职业判断。

虚构经济业务套取资金用于账外私分

A证券公司成立于1991年,是国内首批综合类证券机构,在全国设有264个营业部。2020年6月至9月,财政部检查发现,A证券公司所属子公司原创办企业B公司(2018年8月成立,A证券公司所属子公司持股48.02%,并委派一名董事长,另两名高管为公司成立时从A证券公司离职的人员;A证券公司于2019年12月底退出股权)以虚假经济业务事项开出的票据套取资金2110万元用于账外私分,导致会计信息严重失真。

B公司成立后,为了尽快打开市场开展相关业务,于是制定了公司激励制度,对员工按业绩进行考核并予以奖励,对介绍客户的人员按照招揽业务一定比例进行提成。但由于高额奖励和招揽业务高额提成是违法违规无法正常开支的费用,于是B公司采取了虚构经济业务、虚列费用方式,将2110万元资金转入合同签约方银行账户,实际控制账户资金,脱离财务监管,进行账外分配。具体舞弊手段是:2019年3月、4月和8月,B公司以虚构的经济业务为背景资料签订6份合同,用212张发票列支费用2110万元,用于私分(所谓的"发放奖金"),并偷逃企业所得税和个人所得税。

要求:请结合案例中B公司虚构经济业务的手段和特点,在阐明违法行为产生的动机和原因的基础上,提出有关防范建议。

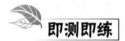

自学自测　扫描此码

第三章 内部审计研究综述

 学习目标

1. 了解内部审计职能相关文献；
2. 了解内部审计质量相关文献；
3. 了解内部审计实践相关文献。

第一节 研究文献选取情况

一、背景介绍

在本章，我们对国内外内部审计相关文献进行评述。内部审计，按照国际内部审计师协会（2007）的定义，是"一种旨在增加组织价值和改善组织营运的独立、客观的确认和咨询活动，它通过系统化、规范化的方法来评价和改善风险管理、内部控制和治理程序的效果，以帮助实现组织目标"。作为公司治理的重要组成部分，内部审计通过发挥其监督咨询职能，对于企业达成经营目标，保证价值增长有重要作用。然而无论学术界还是实务界，都长期以来都缺乏对内部审计的关注。

21世纪初，随着"安然""世通"等一系列舞弊案件的发生，特别是随着美国《萨班斯—奥克斯利法案》的颁布，内部审计在防范企业财务舞弊，完善公司内部治理等方面的重要性日益凸显。在我国，国家审计署于2003年颁布《审计署关于内部审计工作的规定》，正式将内部审计从国家审计的附属中剥离出来，使得内部审计拥有和国家审计及民间审计同等重要的地位。随后，我国进一步出台了《内部审计基本准则》（2003）、《内部审计具体准则》（2003—2009），《企业内部控制基本规范》（2008）及《企业内部控制配套指引》（2010）等一系列政策文件，对内部审计的制度建立和实施，以及内部审计的日常实践等方面做出了详细规范指导。伴随着实务界对内部审计的重视程度不断加大，相关政策法规的逐步完善，与内部审计相关的学术研究激增。但是现有研究无论是在对于内部审计的职能定位，内部审计的质量衡量，抑或是在对于内部审计的实践等问题上仍然存在相当的争论和不足。

本章的目的在于对后《萨班斯—奥克斯利法案》时代的内部审计相关文献进行总结回顾，并在此基础上结合评述指出未来可以研究的方向。具体而言，我们选取了2005—2021年间发表于国内外主流会计审计学术期刊上的83篇文献，并按照研究主题将这些文献划分为内部审计职能，内部审计质量衡量和内部审计实践三个方面；针对每个方面，接下来对相关文献进行系统性回顾，指出现有文献存在的争论和不足，并尝试给出可以进一步研究方向的建议。最后，我们对本章进行总结，提出研究结论。

接下来将阐述文献选取的标准和来源；在第二节至第四节，依次按照内部审计职能、内部审计质量衡量及内部审计实践的顺序对已有文献进行评述，最后进行总结。

二、文献选取

为了尽可能全面刻画后《萨班斯–奥克斯利法案》时代的内部审计研究状况，我们对2005—2021年间发表在国内外主流会计审计期刊上的所有内部审计相关文献进行评述，而不论其研究方法或是理论基础。为此，我们首先列举出了用于文献搜索的关键字和关键字组合。这些关键字和关键字组合包括：内部审计，内审，内部审计质量，审计委员会，internal audit, audit committee，IAF 以及 IAQ。接下来，我们限定搜索时段为 2005—2021 年，在外文期刊数据库 Web of Sicence 和 JSTOR 及中国知网中使用上述关键字及关键字组合进行全文搜索以收集相关文献。由于这些期刊数据库只囊括了已出版的文献，我们也进一步使用百度、谷歌等搜索引擎对那些已经接受且即将出版的文献进行收集。为了筛选出具有一定学术影响力的高质量文献，我们要求所收集的英文文献来源于等级在（Association of Business Schools，ABS）三星以上的期刊，但同时我们也收集了那些发表于等级在 ABS 三星之下的专业期刊（如 *Managerial Auditing Journal*）上的文献。而对于中文文献，我们则将所收集文献的来源期刊限定为《审计研究》《会计研究》《南开管理评论》及《管理世界》。按照以上标准，我们初始收集了 121 篇与内部审计相关的国内外文献。在排除那些与内部审计相关性不大的文献之后，我们最终确定保留 83 篇文献。

在完成对文献的收集之后，我们进一步按照这些文献的研究主题对它们进行整理分类。为了保证分类的准确性，对于每一篇文献，我们安排至少两名研究人员对其阅读分析并整理出研究框架。随后，研究人员之间相互对所整理的研究框架进行检查探讨，直到最后达成一致结论。在完成以上步骤完成之后，我们将所收集到的 83 篇文献最终分为三个方面：内部审计的职能；内部审计的质量衡量及内部审计的实践，并针对每个方面撰写文献评述。在评述撰写以及后期反复修改的过程中，我们也随时在需要时回顾文献，举行讨论，以确保文献分类的准确性。

第二节 内部审计职能文献评述

我们首先对探讨内部审计职能方面的文献进行评述。在我们收集的 83 篇文献中，共有 28 篇文献被归为这一方面。文献的研究主题，方法和研究结论如表 3-1 所示。内部审计的职能一直是学术界和实务界所关注和争论的热点问题。对内部审计职能的定位，不仅关系到内审部门在企业组织治理中的作用发挥，同时也直接影响企业对内审人员的招聘与

表 3-1　内部审计职能文献列表

作者和年份	研 究 问 题	研 究 方 法	研 究 结 论
Mihret and Grant（2017）	内部审计的职能	规范研究	内部审计并作为组织内的控制机制
Maayan and Carmeli（2016）	内部审计的培训职能	问卷调查	内部审计人员承担了一些对企业内部财会人员的培训工作
Brender, Yzeiraj and Fragniere（2015）	内部审计作为促进公司治理的工具	访谈	在其公司治理角色中，内部审计执行风险管理和控制流程的审计，也可以执行治理流程的审计
Chambers and Odar（2015）	内部审计人员如何发挥其监督职能	规范研究	内部审计未能发挥其"监督者"作用
D'Onza, Lamboglia and Verona（2015）	企业管理人员对内部审计师信息技术审计的满意度	访谈	IT 审计满足了企业管理人员的要求，但他们希望在 IT 治理流程方面得到 IAF 的进一步支持
Trotman and Trotman（2015）	温室气体排放报告和能源报告	访谈	内部审计应参与此类报告，因为它已被视为外部报告流程的一部分
Mihret（2014）	劳动过程理论视角下的内部审计职能	规范研究	内部审计可以被看作是一种控制机制
Vinnari and Skaerbaek（2014）	内部审计作为一种工具实施风险管理	访谈	强调了内部审计在风险管理中的作用
Héroux and Fortin（2013）	内部审计对企业信息化建设的作用	访谈	内部审计在信息化建设中的作用尚未完全发挥。它主要关注信息系统控制的风险评估和评价
Roussy（2013）	内部审计的职能	访谈	内部审计人员扮演着监督者和帮手两个角色
Anderson, Christ, Johnstone and Rittenberg（2012）	内部审计的培训职能	调查	内部审计师也会承担一些诸如对财会部门人员进行专业知识培训的工作
Arel, Beaudoin and Cianci（2012）	内部审计对企业财务舞弊的影响	实验	内审人员能够识别并准确评估企业的财务舞弊风险，并根据所评估的舞弊风险对审计计划和后续审计程序做出相应调整
Lenz and Sarens（2012）	内部审计职能的演化	规范研究	将内部审计定位为董事会/审计的代理人委员会，同时作为管理层的合作伙伴
Leung, Cooper and Pera（2011）	内部审计的监督职能	调查	内部审计人员的任务和监督目标之间缺乏相关性。鉴于此，内部审计师可能无法很好地发挥其治理监督作用
Lin、Pizzini, Vargus and Bardhan（2011）	内部审计师在披露企业内控重大缺陷中的作用	档案研究	重大缺陷的披露与内部审计师的教育水平呈负相关
Ridley, D Silva and Szombathelyi（2011）	内部审计师在可持续性报告中的作用	规范研究	内部审计可以在对企业可持续性报告提供保证作用，尽管尚未得到推广
Soh and Bermie（2011）	内部审计的职能如何确保其有效性？	访谈	内部审计的职能很难定义，因为它的变化比用来衡量其有效性的方法更快
Norman, Rose and Rose（2010）	内部审计与管理层欺诈风险的关系	调查和实验	内审人员能够识别并准确评估企业的管理层欺诈风险

续表

作者和年份	研究问题	研究方法	研究结论
Holt and DeZoort（2009）	内部审计报告对投资者信心的影响	实验	内部审计报告的存在会影响投资者的判断，尤其是在欺诈风险较高的情况下
Sarens et al.（2009）	内部审计职能	案例研究	内部审计的职能非常复杂
Archambeault, DeZoort and Holt（2008）	内部审计作为提高企业透明度的工具	访谈	内部审计报告可以补充现有的披露，增加外部利益相关者对治理质量的信心，并激励内部审计师的勤勉
Asare, Davidson and Gramling（2008）	内部审计对企业财务舞弊的影响	实验	在内部审计职能发挥完善的情况下，企业会计人员更倾向于选择不确认那些明显存疑的收入和资产
Coram, Ferguson and Moroney（2008）	内部审计对企业发现和自我报告舞弊的能力的影响	调查	拥有内审部门的企业更有可能发现并自我报告欺诈行为
GoodwinStewart and Kent（2006a）	内部审计的职能	调查	只有1/3的公司拥有内审部门。内部审计的主要职能在监督
Davidson, GoodwinStewart and Kent（2005）	内部审计对盈余管理的约束作用	档案研究	内部审计降低了企业盈余管理水平
时现等（2011）	内部审计功能定位、目标选择和报告关系的确定	规范研究	内部审计在公司治理中的作用随公司治理模式的变化而变化、内部审计活动受公司治理水平的影响而呈现出不平衡发展状态
王守海等（2009）	内部审计对盈余管理的约束作用	档案研究	内部审计降低了企业盈余管理水平
郑伟等（2014）	内部审计如何影响部企业内部控制	档案研究	高水平内部审计对企业内控环境，风险评估以及信息与沟通等内控机制的正常运行都有重要促进作用

后期培训。现有文献关于内部审计职能的观点主要分为两类：一类观点认为内部审计在企业组织中主要发挥监督职能；另一类观点则认为除了监督职能之外，内部审计还具有其他职能。

一、内部审计的监督功能

传统观点认为内部审计的主要职能在于监督（GoodwinStewart and Kent，2006a；Zain and Subramaniam，2007；Prawitt et al.，2009；Stewart and Subramaniam，2010）。在现代股份制企业中，由于所有权和经营权相分离从而导致了企业经理人和股东之间存在信息不对称。相较于股东，那些直接参与企业日常经营的经理人掌握了更多有关于企业的内部信息。为了自身利益最大化，这些经理人则有可能利用他们所拥有的信息优势以从事有损于股东利益的活动，由此产生企业的代理问题。正是基于委托代理理论，许多研究都将内部审计视作为企业的一种监督治理机制，认为内部审计可以通过提高企业信息透明度，进而起到降低股东和经理人之间的信息不对称，缓解代理问题的作用（Archambeault et al.，2008；

Labelle et al.,2010）。这些研究强调，内部审计主要通过两种途径实现其监督职能：①提高企业会计信息质量；②防止、发现和披露企业的财务舞弊以及重大内部控制缺陷。

前期文献从多个角度，采用多种方法对内部审计的监督职能进行了实证检验。其中，Davidson 等（2005）以澳大利亚2000年度的343家上市企业为样本，研究发现相对于其他企业，那些建立了正式内审部门的企业，其盈余管理程度更低。而 Prawitt 等（2009）及 Abbott 等（2016）则在美国市场也发现了类似证据。在我国市场，王守海等（2009）从内审人员的专业胜任能力和独立性，以及内审部门规模三个方面综合衡量企业内部审计水平，同样发现企业的内部审计水平与可操作性应计利润呈现显著负相关关系。此外，Holt 和 DeZoort（2009）则是利用实验研究方法，发现外部投资者认为内部审计水平较高企业所生产会计信息更加可信。这些证据均表明内部审计能够切实起到提高企业会计信息质量的作用。与此同时，也有一些研究则是探索了内部审计与企业内控缺陷，以及财务舞弊发生率之间的关系。在这些研究中，Norman 等（2010）及 Arel 等（2012）采用实验研究方法，发现内审人员能够识别并准确评估企业的财务舞弊风险，并根据所评估的舞弊风险对审计计划和后续审计程序做出相应调整；而 Asare 等（2008）同样通过实验研究发现，在内部审计职能发挥完善的情况下，企业会计人员更倾向于选择不确认那些明显存疑的收入和资产。与这些实验研究的结论类似，Coram 等（2008）选取2004年度发生在澳大利亚和新西兰市场上的491起财务舞弊事件为样本，发现对于那些设立正式内审部门的企业，其发生财务舞弊事件的概率显著低于其他企业。除此之外，Lin 等（2011）则研究了企业内部审计水平与内控重大缺陷之间的关系，他们从内审人员受教育水平，内审人员的实务经验及内审人员对企业前期财报差错更正数等多个角度衡量企业内部审计水平，发现当企业的内部审计水平越高时，他们报告内控重大缺陷的概率就越低。

上述研究均提供了内部审计能够发挥其监督职能的有力证据。然而，也有一些研究对内部审计监督职能的有效性提出了质疑。Chambers 和 Odar（2015）及 Leung 等（2011）分别以在美国和澳大利亚市场上执业的内部审计师为对象，通过使用调查问卷及实地访谈的方法研究了这些内部审计师对内审监督职能的看法。他们的调查研究显示，大部分的内部审计师认为他们日常所执行任务与内审监督职能所要求的关联性较弱。而 Brender 等（2015）则通过对文献回顾，认为虽然内部审计被长期视为一种监督治理机制，但实际情况可能并未如此。他们同时也呼吁更多的研究对内部审计的其他职能展开探索。接下来，我们对那些探索内部审计其他职能的研究进行回顾分析。

二、内部审计的其他职能

与传统的认为内部审计只有单一监督职能的观点不同，一部分研究强调内部审计的职能并非是单一或者不变的。其中，Soh 和 Bennie（2011）认为内部审计的职能不只局限于监督，而是复杂且处于不断演变过程中的。随着企业组织经营时段或是经营环境的改变，内部审计的职能也应当随之发生改变。而我国学者时现等（2011）在通过对比亚太地区企业内部审计功能定位、目标选择和报告后，也认为内部审计在公司治理中的作用随公司治理模式的变化而变化、内部审计活动受公司治理水平的影响而呈现出不平衡发展状态。Sarens 等（2009）及 Lenz 和 Sarens（2012）则认为内部审计的职能非常复杂，并强调单纯从经典委托代理理论出发并不足全面刻画内部审计的职能——内部审计所需要负责的对象除了股东之外，同样包括经理人、审计委员会、税务部门、市场监管方等一系列企业内外部利益相关者。受这些观点启发，Roussy（2013）将内部审计描述为企业组织的"监督者"和"帮手"，认为除了监督之外，内部审计同样具有咨询职能，通过提供可以提高经营效率的咨询服务帮助企业创造价值。而 Vinnari 和 Skaerbaek（2014）及 Mihret（2014）则强调内部审计更加类似于一种控制机制，在企业的风险管理中发挥着核心作用。

除此之外，也有部分研究将内部审计的职能定位于帮助企业完成诸如人员培训、内部控制运行、信息化建设及可持续性发展等战略活动。Anderson 等（2012）及 Maayan 和 Carmeli（2016）的调查问卷研究显示，除了本职工作之外，企业内部审计师也会承担一些诸如对财会部门人员进行专业知识培训的工作。而我国学者郑伟等（2014）则以 2012 年沪市 355 家 A 股上市企业为样本，研究了内部审计对企业内控运行的影响。他们参照王守海等（2009）的研究，从内审人员独立性和专业胜任能力及内审部门规模三方面衡量企业内部审计水平，发现高水平内部审计对企业内控环境，风险评估，以及信息与沟通等内控机制的正常运行都有重要促进作用。另外，Héroux 和 Fortin（2013）在对企业信息化建设的研究中发现，内部审计在企业信息化系统的风险评估和风险控制中发挥了重要作用。与 Héroux 和 Fortin（2013）的研究结论类似，D'Onza 等（2015）通过对全球范围内 1800 名内部审计师进行调查问卷研究，发现在大部分内部审计师所描述的日常工作内容中，与企业信息系统相关的风险控制活动都占到了很大比重。随着近年来对于社会责任，节能环保等企业可持续发展方面的关注加强，尽管数量稀少，一些研究也开始探讨内部审计在此方面所发挥的作用。其中，Soh 和 Martinov（2015）和 Ridley 等（2011）认为企业的内部审计人员能够起到协助编写各类可持续报告，并提高这些报告可靠性的作用。而 Trotman 和 Trotman（2015）则是通过对美国 29 位上市企业审计委员会成员、高级会计师及内审人员的访谈，发现内部审计人员在保证企业社会责任报告及温室气体排放报告的可靠性方面都发挥了重要作用。

三、文献评述和未来研究方向

在对前期文献进行回顾之后，我们可以发现，现有的研究对内部审计的职能定位并没有达成共识。尽管大多数研究都认为内部审计的职能在于监督，但也有一部分研究强调，除了监督之外，内部审计同时也具有许多其他职能。综合所有研究来看，内部审计似乎已经成为能够帮助企业解决组织内外部问题的"万金油"，具有多种不同职能。但这种观点，容易对内部审计主要职能的定位造成混淆，不利于内部审计功能的发挥。更加严重的是，如果企业内外部利益相关者对于内部审计职能的定位不一致，则有可能造成内审部门目标混乱，进而降低内部审计的价值。

即使是内部审计师协会也未能明确内部审计的职能。根据最新修订的《内部审计准则》(2017)，内部审计师除了从事鉴证和咨询业务之外，也可以根据所在企业组织的需要承担其他工作。这一规定使得内部审计的职能定位更加模糊不清。正如上文所述，对内部审计职能的定位不清将会对内部审计的日常实践和功能发挥造成严重阻碍。因此，未来的研究可以对内部审计的职能进行进一步探索，厘清内部审计的主要和次要职能。此外，由于可能承担多种职能，内部审计人员在执业的过程中也会面临潜在的利益冲突，陷入道德困境。例如，直接参与协助企业的一些战略活动可能会对内部审计师的独立性造成威胁，从而阻碍其监督职能的发挥。未来的研究也可以进一步探索如何在内部审计承担多种职能的情况下，解决或缓解内部审计师所面对的道德困境。

与检验内部审计监督职能的研究相比，关注内部审计的其他职能，特别是协助企业进行战略活动职能的研究数量稀少。未来的研究可以进一步探索内部审计在企业进行战略活动时所发挥的作用及途径。例如，随着近年来大数据、数字货币和区块链等技术的兴起，未来的研究可以关注内部审计如何帮助或保障企业运用这些新兴技术。此外，内部审计如何帮助企业执行可持续发展活动也是未来值得研究的一个话题。对于这一话题，未来的研究可以进一步探索企业内审水平和各类非财务信息可靠性之间的关系。最后，由于公开数据的获取较为困难，未来的研究可以试图通过其他渠道获取企业内部数据，而调查问卷、实验研究及实地调研也是探索内部审计职能较好的研究方法。

第三节 内部审计质量文献评述

在对内部审计职能相关文献进行回顾之后，我们接下来评述有关内部审计质量方面的文献。这部分文献在所有我们收集的文献中占比最大，共38篇，如表3-2所示。由于对内部审计职能的定位不同，现有研究对内部审计质量的衡量方式也有所区别。与前一部分对内部审计职能相关研究的划分类似，我们将这些关于内部审计质量的研究同样分为两类：①与内部审计监督职能质量相关的研究；②与内部审计综合职能质量相关的研究。下面，我们分别对这两类文献进行回顾，并在本部分最后对所有文献进行评述。

表3-2 内部审计质量文献列表

作者和年份	研 究 问 题	研究方法	研 究 结 论
Bartlett, Kremin, Saunders and Wood（2017）	专业人士对内部审计职能的看法	实验	专业人士普遍对内部审计的职能界定不清
Chen, Chung, Peters and Wynn（2017）	内审人员的激励性薪酬对内部审计质量的影响	调查	激励性薪酬对内审质量有负面影响，特别是当激励性薪酬以股票或股票期权的形式支付时，因为这损害了内部审计师的独立性
Trotman and Duncan（2017）	不同利益相关者对内部审计质量的看法	采访	审计委员会成员关注输出，管理者关注结果，内部审计者关注过程，内部审计负责人关注输出和结果

续表

作者和年份	研究问题	研究方法	研究结论
Bartlett et al.（2016）	外部审计师对内审质量的看法	实验	与外包的内部审计业务相比，外部审计人员对内部审计师的审计质量持负面看法
Pike, Chui, Martin and Olvera（2016）	外部审计师参与制定内部审计计划对内部审计质量的影响	实验	外部审计员认为参与编制内部审计计划使得内部审计师更加独立，内审质量更高
Roussy and Brivot（2016）	利益相关者对内部审计质量的看法	采访和文献分析	外部审计师把注意力集中在他们认为确保产出所必需的条件上，以判断内部审计质量。内部审计员和审计委员会成员对内部审计质量的判断是建立在对高层管理人员有用程度的基础上的。内部审计师协会则根据内部审计对标准和最佳实践的符合程度来判断审计质量
Boyle, DeZoort and Hermanson（2015）	内部审计部门隶属关系与舞弊行为评估的关系	实验	内部审计部门隶属于审计委员会的时，内部审计师对企业舞弊风险评估较高
Burton et al.（2015）	求职者对内部审计职位的看法	实验	求职者认对内部审计职位所要求的具体工作不清，因而更有可能申请类似的被标为"会计"的职位
Christ, Masli, Sharp and Wood（2015）	内部审计人员从事培训业务对内部审计质量的影响	采访	内部审计人员从事培训工作和较低的内部审计质量之间有显著关系
D'onza, Selim, Merlville and Allegrini（2015）	内部审计职能如何增加组织的价值	调查	当内部审计由审计委员会管理时，内部审计师的独立性加强，从而增加组织的价值
Ege（2015）	内部审计质量和管理不当的可能性	档案研究	对审计质量和胜任能力的衡量与管理不当行为负相关。管理不当行为被揭露后，企业通过提高内部审计胜任能力来提高内部审计质量
Omar and Stewart（2015）	激励性薪酬对内部审计人员客观性的影响	实验	以公司业绩为基础的激励性薪酬对内部审计师的独立性是一种威胁。内部审计师在做决策时似乎会产生一种影响公司业绩的偏见
Lenz, Sarens, and D'Silva（2014）	影响内部审计职能有效性的各种因素	调查	影响因素分为四个维度：组织、内部审计资源、内部审计过程和内部审计人员的关系
Abdolmohammadi（2013）	内部审计外包的相关影响因素	调查	积极影响职能外包的因素有审计委员会的参与程度、技能的缺乏和审计工作人员的空缺。研究证明，外包和增值活动之间存在负相关关系
Zaman and Sarens（2013）	审计委员会和内部审计职能之间存在的非正式互动	调查	审计委员会与内部审计师之间的非正式互动和正式会议，在这两个机构之间的关系中发挥着重要作用
Holt（2012）	企业管理层参与制定审计计划对内部审计质量的影响	实验	当企业管理层参与内部审计师审计计划制定时，内部审计师的独立性将会受到损害
Prawitt, Sharp and Wood（2012）	内审业务外包对会计风险的影响	档案研究	会计风险在内审工作外包给外部审计师时比将分配给内部审计师时要低
De Zwaan, Stewart and Subramaniam（2011）	内部审计人员参与企业风险管理的情况以及他们向审计委员会报告故障的意愿	实验	内审部门参与企业风险管理的程度越高，其向审计委员会披露风险管理过程中的缺陷的意愿越低

续表

作者和年份	研究问题	研究方法	研究结论
Desai, Gerard and Tripathy（2011）	不同的内审业务完成渠道——内部审计、协同完成和外包——对外部审计师（对内审）依赖性的影响	实验	外包和协同完成内审业务被认为比完全由内部人员完成内审质量更高；因此，外聘审计员对这些安排下的内审工作的依赖性更高
Prawitt, Sharp and Wood（2012）	内审外包如何有助于降低外部审计费用	档案研究	将内审业务外包的企业支付了更低的审计费用
Brandon（2010）	来自内部审计外包对内部审计质量的影响	实验	内部审计外包将提高从事内审人员的独立性
Desai, Roberts and Srivastava（2010）	开发一个模型以帮助外部审计师评估内部审计的强度	档案研究	该模型基于三个因素：专业胜任能力、工作绩效和客观性。并发现内部审计外包会产生良好的审计质量
Schneider（2010）	内部审计师的激励薪酬和股权对审计程序的影响	实验	内部审计员可能不愿意将审计程序扩大到可能影响组织收益的程度，因为这样做可能对他们的薪酬产生负面影响
Christopher, Sarens and Leung（2009）	从内审部门和管理层及审计委员会之间的关系的角度，对其独立性进行批判性分析	调查	当企业内审部门隶属于审计委员会时，内部审计师日常执业的独立性更能得到保障
Prawitt, Smith and Wood（2009）	内部审计师与盈余管理的关系	档案研究	以异常的应计利润和分析师的预测来衡量，内部审计质量与盈余管理呈负相关关系
Glover, Prawitt and Wood（2008）	内审人员从事咨询业务对他们工作质量的影响	实验	从事咨询业务将导致内部审计师独立性受损
Abbott, Parker, Peters and Rama（2007）	将内部审计外包给外部审计师	调查	公司将许多非经常性的内部审计活动外包给外部审计师。有效的审计委员会与常规性的内部审计工作外包呈正相关关系
张庆龙等（2014）	内审人员人格类型和内审质量	档案研究	外倾型、直觉型和判断型内部审计人员的工作绩效较为出色
陈莹等（2016）	内部审计与公司价值	档案研究	当董事长或总经理对内部审计的重视程度较高，或外部审计质量较高时，内部审计质量能够显著促进公司价值
吕梦和王兵（2021）	内部审计总监的外部审计经历与公司盈余质量	档案研究	审计总监有外部审计经历的公司盈余质量更差
傅黎瑛（2008）	内部审计业务外包中审计师的独立性问题	规范研究	针对内部审计外包中面临的独立性和决策标准两个问题做出深入思考，并进一步提出了相关的政策与实务建议
王兵等（2018a）	企业内审部门负责人同时兼任监事会成员如何影响企业投资效率	档案研究	审计总监兼任监事能显著提高企业投资效率，表现在能降低投资过度和减少投资不足，并且这一结论不受企业产权差异的影响
王兵等（2018b）	企业内审部门负责人同时兼任监事会成员如何影响企业盈余管理	档案研究	内部审计负责人兼任监事会成员能显著抑制公司盈余管理行为
李世辉等（2019）	企业内审部门负责人同时兼任监事会成员如何影响企业违规	档案研究	内部审计负责人兼任监事会成员能显著降低企业违规行为

续表

作者和年份	研究问题	研究方法	研究结论
张庆龙（2013）	内部审计质量评价体系	问卷调查	运用能力要素法的层次结构，论述了我国企业内部审计职业通用胜任能力的主要职业知识、职业技能和职业特质
刘世林（2010）	企业内部审计地位探讨	规范研究	内部审计只有依附于监督系统而成为监督支持系统和监督信息系统，才能成为一个合格的治理要素
范经华（2013）	内部审计质量评价体系	规范研究	利用平衡计分卡原理构建了审计质量控制评价指标体系
闫学文等（2013）	基于价值导向的内部审计评价体系研究	规范研究	从内部审计增加组织价值的内涵、机理出发，对基于价值导向的内部审计质量进行了评价

一、内部审计监督职能质量

正如前文所示，以往大部分的研究都是基于经典委托代理理论，认为内部审计是通过提高企业会计信息质量，从而缓解企业代理问题的一种监督治理机制（Gramling and Vandervelde，2006）。在这种观点之下，许多研究都受到 DeAngelo（1981）关于外部审计质量研究的影响，尝试从内部审计师的独立性和专业胜任能力两个方面衡量内部审计质量。其中，一部分研究从企业组织内部治理的角度研究了可能影响内部审计师独立性的因素。这些研究大多数都定位于探讨内审部门在企业中的隶属关系，并认为相比于隶属于管理层，内审部门直接隶属于审计委员会更有助于提高企业内审人员的独立性（Anderson，2012；Archambeault et al.，2008；D'Onza et al.，2015；Prawitt et al.，2009；Stewart and Subramaniam，2010；刘世林，2010；王守海等，2009；2010；郑伟等，2014）。而相关的实证研究也为这一观点提供了支持。其中，Christopher 等（2009）及 Zaman 和 Sarens （2013）分别以在澳大利亚和英国企业中任职的内部审计师为研究对象，通过调查问卷研究发现绝大部分的内部审计师均认为当企业内审部门隶属于审计委员会时，他们日常执业的独立性更能得到保障。Boyle 等（2015）的实验研究同样也表明相比于企业内审部门隶属于管理层的情况，当内审部门隶属于审计委员会时，内审人员的独立性更高，其行为也更加保守。另外，一些研究也进一步发现当企业审计委员会的独立性越高时，企业内部审计人员的独立性也会越高（Abdullah et al.，2018；Ismael and Roberts，2018；Oussii and Taktak，2018）。而王兵等（2018a；2018b）和李世辉等（2019）则利用我国企业特殊的监事会和独立董事并存制度，研究发现当企业内审部门负责人同时兼任监事会成员时，内审人员的独立性更高。除了这些讨论企业内部治理的研究之外，也有部分研究探讨了内审业务外包如何影响内审人员的独立性。由于从事外包内审业务的人员并非企业雇员，因此这部分研究普遍认为外包内审业务有助于提高内审人员的独立性（Gramling and Vandervelde，2006；Stewart and Subramaniam，2010；Pike et al.，2016；Prawitt et al.，2012；傅黎瑛，2008）。相关的实证研究通常通过实验研究方法对比企业自身雇佣的内部审计人员和外包的内审人员在具体业务执行上的表现（Abbott et al., 2007; Brandon, 2010; Desai et al., 2011; Desai et al., 2010）。这些研究发现外包内审人员在不同任务上的执业表现均显著高于企业自身雇佣的内审人员，由此证实内审业务外包有助于提升内审人员的独立性。

以上研究表明良好的公司治理及内审业务外包均有助于提升企业内部审计人员的独立性。除此之外，也有部分研究对那些可能会负面影响内审人员独立性的因素进行了探索。Schneider（2010）研究了企业内部审计师的薪酬组成对他们独立性的影响。以157位在美国企业中任职的内部审计师为实验对象，Schneider（2010）发现当内部审计师持有激励性薪酬或是所任职企业的股票时，他们披露企业财务舞弊的概率显著低于那些持有固定薪酬的内部审计师，由此表明激励性薪酬及股票权益将会降低内部审计师的独立性。Omar和Stewart（2015）则在不同场景复刻了Schneider（2010）的研究，他们以在澳大利亚和马来西亚执业的内部审计师为样本进行实验研究，发现即使是在不同文化背景下，激励性薪酬都会导致内部审计师独立性受损。此外，DeZwaan等（2011）及Glover等（2008）分别以在澳大利亚和美国市场执业的内部审计师为研究对象，也是通过实验研究方法，发现内部审计师的独立性随他们执行咨询业务业务量的上升而下降。Christ等（2015）和Messier等（2011）的研究显示，要求内部审计师执行培训业务同样将导致他们独立性受损。而Holt（2012）和Norman等（2010）则从企业内部治理的角度出发，研究发现当企业管理层参与内部审计师审计计划制定时，内部审计师的独立性将会受到损害。

与探讨内部审计师独立性的文献相比，那些关注于内部审计师专业胜任能力方面的研究则不仅数量较为稀少，而且研究结论也并不相同。Desai等（2011）和Bartlett等（2016）认为在企业的内部审计业务外包给会计师事务所时，由于那些专门从事内审业务的外部审计师拥有更多行业经验，他们在执行内部审计时所具备的专业胜任能力将高于专门从事某一特定企业内部审计的内聘审计人员。而Abdolmohammadi（2013）则认为企业自身聘用的内部审计师更加熟悉本企业的业务流程和高风险点，因而具备外包内审人员所不具备的专业胜任能力。此外，Bartlett等（2016）及Burton等（2015）强调由于当前对于内部审计职能界定不清，企业很难招募到高素质内部审计人员，从而造成内部审计人员整体专业胜任能力下降。然而Trotman和Duncan（2017）则认为，要求内部审计人员从事一些诸如咨询等的业务，会加强他们对企业运行的了解，从而提升他们的专业胜任能力。我国学者王守海等（2010）和郑伟等（2014）以企业正式建立内审部门与否衡量内部审计师的专业胜任能力。他们认为企业建立正式的内审部门将有助于提高企业内部审计师的专业胜任能力。另外一些针对个体内部审计师的研究则认为内部审计师的学历、职称、外审经历及性别等个体特征都会对内部审计师的专业胜任能力造成影响（张庆龙等，2014；陈莹等，2016；吕梦和王兵，2021）。

二、内部审计其他职能质量

仅仅从内部审计师的独立性和专业胜任能力上衡量内部审计质量无疑存在不可避免的

缺陷：此类研究忽略了内部审计质量的其他重要方面（Trotman and Duncan，2017）。另外，尽管采用了多种研究方法，基于经典委托代理理论对内部审计监督职能质量进行探索的研究仍然在很大程度上忽略了除股东之外企业其他利益相关者对内部审计质量的认知。基于这一观点，Roussy 和 Brivot（2016）强调由于企业不同利益相关者对内部审计质量的认知存在差异，单一从股东的角度定义内部审计质量显然是不合适的。而 Trotman 和 Duncan（2017）则是通过对美国市场 36 位内部审计师、审计委员会成员、企业高管及外部审计师等内部审计重要利益相关者进行访谈，验证了 Roussy 和 Brivot（2016）的观点。根据他们的访谈结果，每类利益相关者都具有自身所独有的关于内部审计质量的认知和评估方法。也正是基于这些访谈结果，他们最终开发了一种综合多类利益相关者认知的内部审计质量框架。除此之外，Lenz 等（2014）则从组织框架、内部审计资源、内部审计流程及内审部门与企业其他部门之间关系这四个维度建立了内部审计质量评估框架。国内的一些学者也尝试从多维度构建综合衡量内部审计质量的指标体系。其中，范经华（2013）将内部审计的目标分解为成果、客户、内部业务流程及学习与成长四个方面，通过一系列财务指标和非财务指标之间的相关关系，构建了多种指标组成且相互联系的内部审计质量综合评价体系。张庆龙（2013）从内部审计职业对人员素养的要求出发，将内审人员的素养分为职业知识要素、职业技能要素及职业特质要素三方面，并从这三方面衡量内审人员的执业质量。而闫学文等（2013）则从利益相关者、财务业绩、业务流程和学习创新四个维度构建了多指标内部审计质量衡量体系。

三、文献评述和未来研究方向

对内部审计职能定位的不同，导致了对内部审计质量的认知不同。传统观点认为内部审计的职能主要在于监督，因此关于内部审计质量的研究大多都直接借鉴外部审计质量相关的研究，从内部审计师独立性和专业胜任能力两个方面刻画内部审计的审计质量。然而，这类研究忽视了除企业股东之外的其他利益相关者对内审质量的认知。由于尝试从多角度综合衡量内部审计质量的研究稀缺，我们认为未来的研究可以进一步探索不同利益相关者对内部审计质量的认知和评估方法，从而尝试构建包含多种利益相关者认知的内部审计质量衡量体系。这类研究非常具有价值，因为利益相关者对内审质量的认知可以影响到内部审计的实践，进而影响到内部审计职能的发挥。

未来的研究也可以进一步拓展现有的内部审计质量综合衡量框架。例如，未来的研究可以通过调查问卷和访谈等方式进一步确定各类利益相关者对不同内审质量衡量指标的信赖程度。由于前期研究通常针对特定类型的利益相关者只测试一种指标，未来的研究可以尝试获取利益相关者对内部审计质量评估方式的综合观点。例如，他们如何衡量使用的不同质量指标，每个指标的权重是多少，以及在什么条件下权重可能发生改变。

最后，我们暂时没有找到任何探索关于行业政策，如内部审计师协会于 2017 年颁布的内部审计质量保障和提高计划（Quality Assurance and Improvement Program），如何影响内部审计质量或是如何影响不同利益相关者对内审质量认知的研究。这是值得研究的一个问题。未来的研究可以探索那些获取了内部审计质量保障和提升计划认证的内部审计师，其审计质量是否，或在什么情况下比那些没有获取认证的内部审计师审计质量高，而不同的利益相关者对此认证又持何种看法。此外，鉴于相关的档案数据获取难度较大，对质量保障和改进计划的探索可以参照以往关于内部审计质量的研究，对不同的利益相关者及认证的评估人员进行调查或访谈。

第四节 内部审计实践文献评述

在第三个也是最后一个方面的文献评述中，我们将首先回顾那些讨论内部审计师如何在内部审计流程不同阶段（计划、执行、总结和跟进）执行任务，履行责任的研究。接下来，评述那些探索外部审计师如何利用内部审计成果的研究。最后，我们也对另外一些有关于内部审计师职业道德的研究进行了总结。鉴于这部分评述只包含17篇文献，而内部审计实践又直接决定了内部审计职能发挥以及内部审计质量提升，未来的研究可以深入对这些问题进行探讨。如表3-3所示总结了关于第三个主题的文献。

表3-3 内部审计实践文献列表

作者和年份	研究问题	研究方法	研究结论
Kidron, Ofek and Cohen（2016）	如何判断企业何时准备在内部审计后进行整改	规范研究	提出了一个识别企业整改决定因素的模型
Li, Chan and Kogan（2016）	提出了一个对内部审计系统产生的异常进行优先处理的框架，并通过实验进行了验证	实验	该框架由六个阶段组成：①使用定义的规则生成异常，②使用信念函数为异常分配怀疑分数，③异常发现，④异常调查，⑤使用反向传播的规则更新置信度，以及⑥使用规则学习算法添加规则
Roussy and Rodrigue（2018）	内部审计师述职报告中内部审计师的印象管理	文本分析	有迹象表明印象管理策略有利于管理者和内部审计师。内部审计师是与管理者合作的，而不是与审计委员会合作
Hoos, Kochetova-Kozloski and d'Arcy（2015）	首席内审执行官沟通对内部审计师判断的影响	实验	当存在模棱两可的情况时，首席内审执行官的态度会影响内部审计师的判断
Abbott, Parker and Peters（2012a）	内部审计外包对审计收费的影响	档案研究	内部审计外包降低了审计成本，被外部审计人员认为更可靠
Abbott, Parker and Peters（2012b）	外部审计延迟与内审的存在之间的联系	档案研究	利用内审的工作有助于缩短外部审计的时间，从而减少其成本
GoodwinStewart and Kent（2006b）	内部审计如何影响部审计费用	档案研究	企业的内部审计水平越高，其所需要的支付的外部审计费用就越低
Roussy（2015）	内部审计师如何处理日常实务中的冲突	访谈	内部审计师在实施内部审计程序时，依靠一个复杂的流程来处理日常冲突

续表

作者和年份	研究问题	研究方法	研究结论
Everett and Tremblay（2014）	内部审计师的职业道德	访谈	现有的内部审计师职业道德准则在对于内部审计师所需遵守的职业道德的规定上模糊不清
Fanning and Piercy（2014）	内部审计师对人际亲和力、讨论和会计信息的使用	实验	即使内部审计师提出建议是错误的，内部审计师的亲和力及其在讨论中的主题组织能力都可以积极影响管理者的判断
Mahzan and Lymer（2014）	通用审计软件及其成功实施方式	访谈	内部审计中的业绩预期和辅助条件是内部审计成功执行的重要因素
Nickell and Roberts（2014）	内部审计职业道德分析述评。	述评/规范研究	提出了一种分析框架供内部审计师参考以应对其工作中可能面对的职业道德方面的问题
Shin, Lee and Park（2013）	强化内部审计制度的相关内部控制	案例研究	提出了一种以加强与内部审计相关的内部控制的方法
Burton, Emett, Simon and Wood（2012）	内部审计师如何说服管理者	实验	当与管理者偏好不一致的经营建议被提出时，管理者会改变他们的观点。他们更多地依赖量化信息，而不是非量化信息
Guthrie, Norman and Rose（2012）	内部审计师对欺诈举报指控的评估	实验	内部审计师认为匿名举报指控不如有确切来源的指控可信
王守海等（2010）	内部审计如何影响部审计费用	档案研究	企业的内部审计水平越高，其所需要的支付的外部审计费用就越低
Stefaniak, Houston and Cornell（2012）	审计师对企业管理层的认同程度如何影响其对企业内控缺陷的评估	实验	当内部审计师对企业管理层的认同感越强，他们发现企业内控缺陷的概率越低

一、内部审计流程

在为数不多的试图揭开内部审计日常实务"黑盒子"的研究中，Roussy（2015）的研究贯穿了内部审计流程的每个阶段。通过对美国市场上 42 位内部审计师的访谈，Roussy（2015）研究了内部审计师在审计流程每个阶段的日常执行中所可能面对的利益冲突及他们解决这些冲突的方式。根据她的分析，内部审计师似乎拥有多种解决利益冲突的方法，并能够根据他们所面临的各种具体利益冲突采取合适的应对方法。她同时也指出，从解决利益冲突的方法可以体现内部审计师在日常执业中容易受到企业管理层的影响，从而缺乏独立性。除此之外，其他针对内部审计实践的研究都关注于内部审计流程的特定阶段。我们暂时没有找到关于内部审计计划阶段的研究，而在执行阶段，一部分研究提出或是讨论了那些可以帮助内部审计师执行内审任务的技术工具（Mahzan and Lymer，2014；Li et al.，2016；Shin et al.，2013）。但却没有相关研究对这些技术工具的效果进行检验。另外，Hoos 等（2015）的研究发现，对于一些模棱两可的证据，首席内审执行官（chief audit executives）的态度将会对他们内审团队成员的职业判断造成重大影响。而 Guthrie 等（2012）的一项实验研究则表明，在对待企业内部舞弊举报时，内部审计师认为那些实名举报相比于匿名举报更加可信。在内部审计的总结阶段，Fanning 和 Piercy（2014）通过实验研究发现，即使内部审计师提出建议是错误的，这些建议都可以影企业管理层的判断。Burton 等（2012）则研究了当内部审计师所提建议与管理层想法不一致时，内部审计师如何说服管理层。他们的研究发现，相比于非量化的定性描述，使用具体的量化信息更有助于内部审计师说服管理层。在最后的跟进阶段，我们暂时没有找到专门探讨内部审计师是如何跟进工作的研究。其他研究，如 Kidron 等（2016）则提出了一种技术工具以帮助内部审计师确定企业或是特定业务部门是否已准备好实施内部审计建议。而 Roussy 和 Rodrigue（2018）则使用一些未公开的企业内部审计师的述职报告，在讨论内部审计师责任履行时简要分析了关于内部审计跟进阶段的信息。

二、内部审计对外部审计师的影响

外部审计的目的在于对被审计单位财务报告的合法性和公允性提供合理保障，其业务范围和内容与内部审计有一定重合性。因而在日常执业过程中，为了节约审计成本，提高审计效率，外部审计师通常对被审计单位的内部审计成果加以利用。前期一些研究也对内部审计如何影响外部审计师审计行为这一问题进行了探索。在这些研究中，Goodwin 和 Kent（2006），Abbott 等（2012a）及王守海等（2009）均探索了企业内部审计水平与外部审计费用之间的关系。他们的研究发现企业内部审计水平和外部审计费用之间呈现负相关关系，当企业的内部审计水平越高，其所需要的支付的外部审计费用就越低。而 Abbott 等（2012b）更是发现了对于那些内部审计水平较高的被审计企业，外部审计师在对它们执行审计时所花费的时间更少。这些研究都表明了外部审计师会对被审计企业的内部审计成果加以利用，从而提高了他们的审计效率。然而探讨内部审计如何影响外部审计质量的研究依然缺乏。现阶段也缺少讨论外部审计师在何种阶段，以及外部审计师是如何利用内部审计成果的研究。

三、内部审计执业道德文献

最后一部分与内部审计实践相关的文献则着重探讨了内部审计师职业道德。其中，Everett 和 Tremblay（2014）对内部审计师的职业道德相关问题进行了初步探讨。他们认为现有的内部审计师职业道德准则在对于内部审计师所需遵守的职业道德的规定上模糊不清，从而阻碍了内部审计实践的顺利开展。Nickell 和 Roberts（2014）在他们的研究中也支持了这一观点，他们同时也提出了一种分析框架供内部审计师参考以应对其工作中可能面对的职业道德方面的问题。而 Stefaniak 等（2012）则通过实验方法，研究了内部审计师对所任职企业管理层的认同感如何影响他们对内控缺陷的判断。他们的研究发现，当内部审计师对企业管理层的认同感越强，他们发现企业内控缺陷的概率越低。

四、文献评述和未来研究方向

鉴于相关研究的缺乏，我们对内部审计实践的相关内容知之甚少。因此，未来的研究可以对内部审计流程的每一阶段深入研究。当然，我们也知道进行内部审计流程相关的研究难度较大，尤其是档案式研究，因为相关数据非常难以获得。因而未来的研究可能需要通过其他方法，如访谈、案例研究、调查和实验来进行。

关于内部审计的计划阶段，未来的研究可以关注企业内部审计师如何制定审计目标和审计计划，并进一步分析内部审计师的审计目标和审计计划在多大程度上符合他们所在企业组织的战略目标。此外，正如以往研究所表明的，内部审计师会在总结阶段就报告中的调查结果和建议与企业管理层进行协商。未来研究也可以探索在内部审计的计划阶段，内部审计师如何与企业管理层交流互动以确定审计目标和审计计划。对于内部审计的执行阶段，未来的研究可以进一步探索内部审计师在执行任务过程中所使用的技术工具、所实施的审计程序及如何根据所收集的审计证据做出判断。另外，内部审计师在执业过程中的团队合作和相互交流也是非常值得研究的话题。此类研究有助于我们了解内部审计师如何执行集体任务，以及如何建立职业判断。关于内部审计的总结阶段，现有的研究主要探讨了与内部审计师如何就他们所报告的调查结果及所提出的相关建议与企业管理层协商。未来的研究可以针对内部审计师的述职报告，通过文本分析之类的方法进一步对内部审计的各类产出进行探索。而研究者则可以通过协商或现场访问等方式和获取企业的内部审计师述职报告。最后，对于内部审计的跟进阶段，未来的研究可以根据内部审计师述职报告，探索企业对内部审计师所提出建议的履行情况。通过问卷调查或访谈的方式探索企业管理层如何看待内部审计师所提出的建议也是值得进一步研究的话题。

通过利用被审计单位的内部审计成果，外部审计师可以节约他们的审计成本，同时高质量的内部审计成果也有助于提高外部审计质量。现有研究将研究重点放在内部审计成果如何降低外部审计师审计成本之上，对内部审计是否可以影响外部审计质量的关注较少。未来的研究可以探索内部审计质量和外部审计质量之间的关系。另外，未来的研究也可以进一步关注外部审计师在他们审计的各个阶段利用了被审计单位的哪些内部审计成果，以及他们是如何利用这些成果这些话题。此类研究可以通过问卷调查或者是访谈等方法完成。

最后，内部审计师的职业道德是其职业的基石。高水平的内部审计实践不仅需要内部审计师具有良好的技术能力和对所在企业组织的充分了解，还需要高度的职业道德，以及发现道德困境并妥善解决它们的能力。鉴于前期研究对内部审计师的职业道德提出了质疑（Everett and Tremblay，2014；Roussy，2015），未来的研究可以进一步使用实验等研究方法，探索内部审计师执业中可能面临的道德困境，以及对于这些道德困境的应对措施。

在此章，我们对2005—2021年间所有发表在高质量会计审计期刊上的内部审计相关文献进行了评述。我们共收集83篇有关于内部审计的文献，并按照研究主题将这些文献分为三个方面：内部审计职能，内部审计质量及内部审计实践。我们对每个方面的文献进行回顾，并在此基础之上对这些文献评述并指出未来可以进一步研究的方向。

在内部审计职能方面，大多数的研究都以经典委托代理理论为基础，将内部审计的职能定位于监督。然而，内部审计师所面对的相关利益方不仅限于企业股东，也包括企业管理层、外部审计师及政府税务部门等。虽然有一部分研究初步探索了内部审计的其他职能，但数量却相对稀少。我们认为未来的研究可以进一步探索内部审计的其他职能。同时，如果对内部审计职能定位不清，则可能会阻碍到内部审计职能的正常发挥。未来的研究也可以探索如何权衡内部审计不同职能的重要性。

在内部审计质量方面，由于对内部审计职能的定位不同，对内部审计质量的衡量方式也不尽相同。一部分将内部审计职能定位于监督的研究，参照外部审计质量的衡量方式，从内部审计师的独立性和专业胜任能力两个方面衡量内部审计质量。这些文献探讨了诸如企业内审部门隶属关系、企业内部治理结构、内部审计外包、内部审计人员薪酬构成及内部审计人员从事非监督任务等因素对内部审计质量的影响。而另一部分强调内部审计具有多种职能的研究则尝试从不同维度综合衡量内部审计质量。我们认为未来的研究可以进一步确定不同利益相关者对内部审计质量的认知和依赖程度，从而构建更为合理的内部审计质量衡量体系。未来的研究也可以探索相关政策或准则的发布对内部审计质量的影响。

在内部审计实践方面，我们分别从内部审计流程、外部审计师如何利用内部审计成果，以及内部审计师职业道德三个方面进行了文献评述。我们发现现有的关于这三方面的研究数量都很稀少。在内部审计流程方面，现有的研究主要关注于内部审计的执行阶段，而对于其他的计划，总结和跟进阶段的研究缺乏。在外部审计师如何利用内部审计成果方面，现有的研究主要关注内部审计对外部审计师审计成本的影响，对于外部审计师审计质量的关注较少，而且，现有文献也未能回答诸如外部审计师利用了哪些内部审计成果及外部审计师如何利用这些成果等问题。对于内部审计师职业道德，仅有的少数研究关注了内部审计师职业道德准则和内部审计师对企业管理层的认同感。我们认为无论是在内部审计实践方面，还是在内部审计师职业道德方面，未来的研究都有广泛的可探索空间。而由于公开数据的获取难度可能较大，我们也建议研究者未来可以通过协商、实地调研等方式获取企业内部数据，或是使用实验的研究方法。

总而言之，通过对以往的文献进行回顾，我们发现尽管在后《萨班斯-奥克斯利法案》时代，内部审计相关的研究呈爆炸式增长，但我们无论是对于内部审计职能，内部审计质量或是内部审计实践仍然知之甚少。我们希望本文献综述能够给予未来研究者一定启示。我们认为未来的研究者可以选择多种理论框架，使用多种研究方法及从多种视角对内部审计各个方面做出更进一步的研究。

思考题：

1. 内部审计的职能应该是什么？
2. 内部审计每种设置存在的优点和缺点是什么？
3. 内部审计的权限是否过大？
4. 内部审计开展的几种类型各自的特点是什么？

5. 你觉得为了内部审计的研究方向包括哪些？可否针对一个方面谈谈自己的想法。
6. 分析下面这个案例。

S公司的内部审计机构为审计部，内部审计的机构设置为隶属于总经理等高级管理层。S公司的审计部是在20世纪80年代组建成立的，创立的初期曾隶属于公司办，后来经过公司的多次改革与调整，地位一步步提升，成为一个相对独立的部门。现在的审计部门主要职能包括财务审计、工程审计、合同审计。而在最近两年又新增加了风险管理与内部控制管理，即负责评估公司的风险，降低项目的风险，对公司内部控制的合理性与有效性进行评价与管理。

S公司的内部审计机构即内审部一直属于经营层主导型，但经过一系列调整后，从之前的隶属于厂办、公司办到现在的独立部门、直接对总经理负责，S公司审计部的地位越来越高，独立性与权威性也得到很大的提高。内部审计在企业中的业务面也在不断扩大，从刚开始的单一财务审计职能，后来发展为财务审计与工程审计并存，再后来不仅负责财务审计和工程审计，又增加了合同审计与供应链审计的内容，到近两年，又新增加了风险管理控制与内部控制管理，内审部人员的队伍也在不断壮大，审计成本也在增加，现如今已经是担负着S公司财务审计、工程审计、合同审计、供应链审计、风险管理与内控管理的一个成熟、独立、权威的审计部门。

要求：说明如何提高S公司内部审计机构的审计质量。

第二部分

国家审计理论与实务

第四章 国家审计理论概论

 学习目标

1. 了解国家审计的历史；
2. 理解国家审计的内涵；
3. 掌握当代国家审计的分类；
4. 了解国家审计的研究状况。

第一节 国家审计的含义、模式及特点

一、国家审计的含义

国家审计又称政府审计，指由国家审计机关依据《中华人民共和国宪法》《中华人民共和国审计法》等法律法规，对所有管理和使用国有资金的单位、项目和事项进行检查审核、监督的专门性活动。国家审计监督是一种专职和专业行为，是独立的、由专门机构和专职人员依法进行的监督[1]，监督范围包括被审计单位财政收支、财务收支及有关经济活动的真实性、合法性和效益性[2]。真实性主要是：确定财政、财务收支是否与实际情况相符合，是否已经发生，有无差错、虚假、舞弊行为等；各种经济信息是否客观、真实、全面、正确地反映了实际的财政、财务收支状况和经营管理成果，政府各项经济责任是否如实履行，向社会和公众所发布的信息是否真实无误，所作承诺有无如约兑现等。合法性主要是确定各项财政财务收支是否符合法律和规章制度的规定，包括财政财务收支的发生是否违反法律规定，财政财务收支程序是否合法，各项会计处理是否遵循了法律和会计准则的规定，特别是对政府是否依法行政、规范行政，其行政执法行为是否客观、公正等进行审计监督。效益性是审计机关对审计事项的经济效益、社会效益和环境效益进行审计监督，着重解决财政财务收支活动是否符合经济性、效率性、效果性。

随着政治经济社会的发展变革，国家审计逐渐超出传统的财务审计范围，发展出资源环境审计、经济责任审计、金融审计、财政审计、投资审计和信息系统审计等新型国家审

---

[1] 刘家义. 论国家治理与国家审计[J]. 中国社会科学, 2012(6): 60-72+206.
[2] 刘家义. 国家治理现代化进程中的国家审计：制度保障与实践逻辑[J]. 中国社会科学, 2015(9): 64-83+204-205.

计。2015年12月8日，中国政府网公布中共中央办公厅、国务院办公厅印发的《关于实行审计全覆盖的实施意见》，根据该实施意见，审计机关要建立健全与审计全覆盖相适应的工作机制，科学规划，统筹安排，分类实施，注重实效，坚持党政同责、同责同审，通过在一定周期内对依法属于审计监督范围的所有管理、分配、使用公共资金、国有资产、国有资源的部门和单位，以及党政主要领导干部和国有企事业领导人员履行经济责任情况进行全面审计，实现审计全覆盖，做到应审尽审、凡审必严、严肃问责。可见，国家审计的范围非常广泛。国家审计是党和国家监督体系的重要组成部分，近年来在推动党中央政令畅通、助力打好三大攻坚战、维护财经秩序、保障和改善民生、推进党风廉政建设等方面发挥了重要作用。

二、国家审计的模式

由于各国政治制度、经济制度和文化传统的不同，国家审计机关在设置、隶属关系和地位上亦有较大差别，由此形成了各具特色的国家审计模式。根据国家审计权的隶属关系，国家审计模式可划分为司法型、立法型、独立型和行政型。相应的也就存在以上四种类型的国家审计机关。

（一）司法型国家审计模式

在司法型审计体制下，国家审计机构隶属于国家的司法部门，具有司法性质。这类审计机构一般都拥有司法权，国家审计人员具有司法地位，享有司法权力。司法型国家审计模式主要存在于法国、意大利、西班牙、葡萄牙、希腊、巴西、古巴、乌拉圭等国，这些国家的国家审计机关法律名称为"审计法院"。其中，法国和意大利的司法型审计体制最具代表性。

司法型审计体制的特点主要有以下几方面。①审计机构独立于政府之外的最高财务司法机构。该模式偏重于强调审计机构的权威性，并以法律的形式增强了这种权威性；同时，通过权威性的增强，突出了审计机构的独立性，从而强化了国家审计的功能与作用。②司法型审计体制具有显著的稳定性。由于审计法院的高级官员采用终身制，所以有效地保证了审计机构的稳定性与审计方针政策的一贯性，可以避免由于政治或战争造成的动乱而导致可能出现的报复行为，也有效地保证了审计机关的人员素质和工作质量。③司法型审计体制下的国家审计机关提供的是一种微观的服务。司法型审计体制下的国家审计机关虽然也向议会提供服务，但由于审计机关本身同时具有一定的司法职能和司法权力，需要根据经济责任的履行情况，奖励或惩罚有关政府官员或其他责任者，因此它提供的服务在很大程度上是一种具有微观特征的服务。这种模式相对于立法模式而言，更侧重于审查和追究当事人的财务责任，而不注重于向议会提供建设性的批评和建议。

司法型国家审计模式下的缺点有以下两点。①国家审计缺乏有效制衡。国家审计依附司法既有国家审计权，又有司法裁判权，权力过分集中，不利于权力间的有效制衡，容易产生腐败。②国家审计缺乏灵活性，往往成为事后审计。审计法院进行绩效审计，主要锁定在目标是否实现，社会效益和经济效益如何等方面。而这种审计有时很难与成文法的规定相一致，甚至违规违法。由于审计法院都是按成文法进行国家审计，成文法的原则性、刚性较强，所以司法型国家审计机关一般很难突破成文法规定而去评价审计项目。尽管有些国家审计机关对绩效审计采取了非司法程序，但这种"灵活"性也是法定的灵活性，也是原则性的另一种体现。这里的非司法程序是相对司法程序而言的。非司法程序仍然是法律程序，不是不依法的程序。

（二）立法型国家审计模式

立法型审计模式产生于三权分立的政治体制。审计机关隶属于立法部门，审计制度在某种程度上是一种确保三权分立的制衡机制。在立法型审计模式下，国家审计机构隶属于立法部门。由于这种模式最早在英国建立并实行，后来在美国得到发展和完善，立法型的审计体制亦称"英美模式"。目前立法型国家审计主要有英国、美国、加拿大、澳大利亚、奥地利、以色列、挪威等国家。英国、美国、加拿大等国家的审计体制是这种体制类型的典型代表。立法型国家审计机关名称不一：英国称"审计署"，美国称"审计总署"，澳大利亚称"审计长办公室"，奥地利称"审计法院"，有的国家称"审计委员会"等。实行立法型审计体制的，基本上都是立法、行政、司法三权分立的国家。较为完善的立法机构体系是保证其立法型审计体制职能发挥的前提。

立法型审计体制模式，采取审计机构向代表议会负责的形式，代表纳税人对政府所承担的受托责任（或经济责任）加以制衡。因此立法型审计体制下的国家审计机构均与其各国的议会或国会保持密切联系，主要向议会提供服务，审计结果对议会负责。其主要功能是协助立法部门对行政部门及国有企事业的财政财务收支的合法性、经济性、效益性和效果性进行监督，向立法部门提供信息，并在一定程度上影响立法机构的决策。

在立法型审计体制下，政府审计机构都具有很强的独立性，这些审计机构的法律地位一般都通过国家立法予以保证，因而也具有很大的权威性。审计机关的工作涉及国家政治经济生活的各个方面，具有广泛的审计范围。所以，在国家大量干预社会经济活动的当代社会，立法型审计体制具有很强的宏观服务职能。此外，在立法型审计体制下，政府审计机构只有调查权，没有处理权。它虽然不直接下达审计决定，但可以通过公开审计建议结论，对资金使用人产生约束，并对议会的决策产生一定影响。

立法型国家审计模式弊端主要是有以下两点：一是立法型国家审计容易成为政治工具，立法机关的成员为了获得选票，未必会把国家利益放在第一位，容易产生短视行为；二是国家审计受制于立法，权威性被弱化，从美国会计总署的情况看，会计总署不仅要根据国会的需要和决定进行审计，而且审计的结果对被审计对象没有法律约束力。会计总署不能作出审计处理，只能作出审计报告，而要使审计结果具有法律效力，必须经过国会转化成决议。正是由于国家审计机关隶属立法机关，但它又不是立法机关，不能立法，更不能执法，这就决定了立法型国家审计自身的权威性较弱。

（三）独立型国家审计模式

独立型国家审计是在司法型国家审计基础上演变而来。所谓独立，指这种国家审计独立于政府、议会、法院之外，单独形成国家政权的一个分支，可以不带政治偏见地、公正地行使监督职能。它按照法律所赋予的职责独立地开展工作，只对法律负责，但向议会提交报告。其组织形式是会计检查院或审计院，此类审计制度下的审计机关的独立最强。这一类型的典型国家是德国和日本，荷兰也采用此模式。德国的最高国家审计机关称为联邦审计院，日本的最高国家审计机关称为会计检查院。

独立型审计体制的特点主要是独立性强。在这种体制下，政府审计机构独立于国家立法、司法、行政机构之外，不受任何干涉地履行职责；只服从法律，能够根据自己在审计过程中发现的问题和收集的资料，进行客观的分析，做出公正的判断。德国和日本的国家审计机关的法律地位是独立的，不受任何权力的干涉，只服从法律，这就保证了国家审计具有很强的独立性。另外，审计人员受法律保护，使审计人员无后顾之忧，能独立地行使职权，从而增强了国家审计的独立性。

独立型审计体制的缺陷主要表现在以下几方面。①向人民负责的国家审计价值在实践中被扭曲。独立型国家审计"只服从法律"，一定意义上体现了向人民负责的国家审计价值，但在实践中，这一价值往往被扭曲。从德国的法律规定看，该国法律将联邦审计院的职责定为"协助立法和政府作出决策"。这是一种权力服务观，即某种权力向另一种权力服务的价值观点，这与国家审计实行独立的目的相背。因此，德国的国家审计"只服从法律"，只是在形式上独立于立法、司法和行政，在实践中并未真正做到国家审计向人民负责。②审计结果的处理被弱化。德国和日本的独立型国家审计是相对西方国家三权分立而言的，但又割不断与立法、司法、行政的国家政治制度的联系。例如，德国联邦审计院拥有公正无私的调查权，但没有处理权，从而导致审计结果的处理和落实方面缺失了国家审计的监督。同时受限于资本主义利益集团的制约，国家审计权无法对立法、司法、行政的权力进行有效的制衡。因此，独立型国家审计对审计结果的处理被弱化。

（四）行政型国家审计体制

行政型国家审计因审计机构属于政府行政序列而得名。在行政型审计体制下，国家审计机构从属于政府行政部门。在这种情况下，审机关以隶属关系划分有两种形式：一种是审计机构作为政府部门的一个部门，另一种是审计机构直属于某一政府行政机构。目前采用这种审计模式主要有巴基斯坦、泰国、越南、中国等。行政型国家审计机关的名称有"审计署""审计局""监察院"等。

行政型审计体制的特点主要有以下几方面。①国家审计权力完备。行政型审计机构的独立性虽不如立法型和司法型体制强，但由于行政型国家审计是国家行政的组成部分，因此就能充分运用行政权来实施审计。从一些国家的情况看，行政型国家审计职权较为全面，不仅具有行政检查、调查、报告等权力，还具有行政裁决和处理处罚权力。可见，行政型国家审计具有行政执法的权力，这种权力的完备性是立法型、司法型和独立型国家审计所无法比拟的。②国家审计效率较高。基于行政型审计体制下审计机关所处的地位，使它不必向立法部门提供服务，从而可将更多的精力投入到对政府财政经济工作的检查中。而且，由于政府部门拥有广泛的行政权力，所以，行政型审计机构在审计工作的开展和审计建议的执行方面都具有较为有利的条件。③独立性较弱。在行政模式中，国家审计与被审对象行政部门之间也不存在行政隶属关系和利害关系，即国家审计是对被审对象的外部监督，但双方却同属于行政系统，同由一个最高行政权力机构或最高行政权力者领导。这样，国家审计成为行政系统内的内部监督，其独立性不及前三种审计模式。但是，对于行政模式而言，国家审计实质是代表更高层次的权力系统对下级权力系统的监督和管理。其"半独立性"的特点能保证国家审计按照更高层次的权力系统（从总体上讲是国家的统一意志），及时、有力、有效地对社会再生产或整个国民经济的发展运行进行宏观与微观的监督和调控，从而实现国家审计的目的。可见，"半独立性"是行政模式国家审计发挥其职能作用的客观要求和重要条件。④审计范围广。行政模式国家审计主要是围绕着更高层次权力机构或国家的决策需要展开审计服务。尽管国家审计的职责和任务也有法律规定，但范围较大，涉及国民经济的各个方面，对于审计任务也多为概括性界定。因此，更高层次机构的意志在相当大程度上左右着审计机关的工作目标和任务。另外，国家审计也是根据国家在某个时期特定政治经济形势和经济发展目标来展开工作的。因此，国家审计的具体目标和任务就在各个时期呈现出差异，具有不定性。[①]总体而言，政治制度决定国家审计类型，国家审计承载着政治制度。如三权分立的国家（美、英、法、德、瑞等），由于具体情况不同，有的国家审计机关由议会领导，实行立法型审计模式；有的国家审计机关就隶属司法系统，才能更好发挥审计监督作用。可见，建立审计模式要因地制宜，不可一概而论。审计类型本身无所谓"最好""最劣"之分，只要适合于本国国情，能真正发挥经济监督和制衡作用，就是有效的。

如表4-1所示是法国、美国、日本与我国审计模式的比较。

表4-1 国家审计模式比较

代表国家	司法型	立法型	独立型	行政型
	法国	美国	日本	中国
最高审计机关	审计法院	会计总署	会计检察院	审计署
隶属关系	国家司法部门	议会	单独设置	政府行政部门
审计服务重点	经济责任的履行情况、偏重微观服务	向议会提供以财政预算为轴心的宏观服务	向立法部门报告，偏重宏观服务	围绕上级权力的决策需要
审计职能的发挥	偏重于事后审判和裁决，一定程度上束缚了审计职能的发挥	强有力的立法体系和完善的立法程序、大量的人财物力资源支持	需要强有力的立法体系和完善的立法程序加以保障	需要政府机关高度的自律、强有力的内审

[①] 杨肃昌. 世界四大审计模式比较与启示[J]. 南开经济研究，1992(3): 61-66.

续表

代表国家	司法型	立法型	独立型	行政型
	法国	美国	日本	中国
领导地位	审计法院的大法官实行终身制,拥有充分独立的调查权	最高领导为审计长,由国会提名,总统任命,任期为15年,不能连任	由国会两院同意,天皇批准,内阁任命,任期7年,可连任1次	审计署审计长由国务院总理提名,全国人民代表大会决定人选并有权罢免,任期与政府同届
经费来源	由各级议会确定	由议会确定	国会直接核定	由同级财政部门审议
独立性	强	较强	最强	强
权威性	最强	强	较弱	强

三、我国国家审计特点

（一）国家审计的独立性强

1. 组织上的独立性

审计机构是单独设置的,不隶属于其他任何部门或业务机构。审计署受国务院总理领导,地方审计机关受各级地方人民政府主要负责人的领导,同时,其独立于被审单位,与被审单位在组织上无行政隶属关系。

2. 工作上的独立性

审计机构与人员不直接参加日常的经济计划与管理工作,审计人员是按照《宪法》《审计法》等法律赋予的职责进行工作的,独立编制审计计划,独立取证和审核检查,作出评价,独立作出审计结论,提出处理意见,不受其他行政机关、社会团体和个人的干涉,这种监督具有法律效力。同时,按照《审计法》及审计署制定的审计规范,审计机关对被审计单位违反国家规定的财政财务收支行为和违纪违法行为,不仅拥有检查权,而且拥有行政处理权、移送行政处理及提请司法处理权等,具有很强的独立性。

3. 人事上的独立性

审计署审计长由总理提名,全国人大常委会任命,地方各级审计机关主要负责人由政府提名,地方人大常委会任命。而且下级审计机关负责人的任免调动,要征求上级审计机关意见,这种人事安排的独立,有利于保持稳定性。

4. 经济上的独立性

国家审计的审计经费及收入有稳定的来源,不受被审计单位的制约。经费是独立的,列入财政预算,由各级政府承担,保证其执法的独立客观性。

（二）国家审计的强制性大

1. 主导地位上的强制性

国家审计是依据宪法在县级以上人民政府内部建立的,代表国家实施审计监督,并在业务上对内部审计和社会审计进行管理、指导和监督。这种管理、指导和监督是强制性的，是不以内部审计和社会审计的意愿为转移的，这构成了国家审计在整个审计组织体系中的主导地位。

2. 审计立项上的强制性

国家审计的审计立项可以依据自我编制的年度审计计划、本级人民政府或上级审计机关临时交办的事项、国家审计组织本身临时掌握的线索等。由此可见，国家审计的审计立项是以法定程度和自我工作需要为主要依据的，而不受被审计单位和其他方面的左右和干涉。

3. 审查权限上的强制性

国家审计机关依照国家法律规定独立行使审计监督权，不受其他行政机关、社会团体和个人的干涉。这既反映了国家审计的独立性，也表现出国家审计的强制性。因为在这种审计活动中，国家审计机关是行为主体，其审计程序、审计方法方式的运用或选用是以完成审计任务、提高审计工作效率为指导原则的，被审计单位在审计活动中的配合情况尽管也影响着审计工作效果，但总体上讲，被审计单位必须无条件接受审计机关的监督检查。

4. 审计处理上的强制性

就某一项具体的国家审计工作而言，在其最后阶段应写出审计报告，做出审计结论和决定，并送达被审计单位及有关协助执行部门或单位，这些单位或部门应主动地、自觉地予以执行或协助执行，否则审计机关可依法依规采取一定的手段和方法，促进审计结果的整改。

（三）国家审计的权威性高

（1）规范国家审计行为的《审计法》在我国法律体系中处于较高的地位。《宪法》是国家的根本大法，它把审计监督制度确立为国家财经经济管理中的一项基本制度。《审计法》是具体规定国家审计监督制度的基本法律，它以《宪法》关于审计监督的规定为依据，是对《宪法》有关规定的具体化，在规范国家审计监督制度方面，是仅次于《宪法》的国家法律。同时，《审计法实施条例》等法规、《国家审计准则》等部门规章也是国家审计机关对被审单位审计并对审计中发现问题进行处理、处罚的依据。

（2）审计机关与审计人员根据《宪法》规定直接在各级人民政府的主要行政首脑的领导下，依法独立行使审计监督权并向其负责和报告工作，不受本地行政机关、社会团体和个人的干涉，使国家审计具有代表行使监督权力的权威性。

（3）根据《审计法》规定，审计机关不但可以对各级政府机构、国有大中型企业事业单位进行经济监督，还可以对经济执法部门如财政、税专、金融、工商行政、物价、海关等专业经济监督部门进行"再监督"，促使其依法履行监督职责。不仅可对微观层次进行监督，而且可对宏观管理层次加以监督。由于审计机关专司审计监督，不承担其他业务工作，与其监督对象无直接利害关系，居于客观公正的超脱地位，其监督工作更具有权威性。

（四）国家审计的综合性广

国家审计是综合性的经济监督部门。一方面，具有监督面广的特点，它通过对综合反映经济活动的财政、财务收支进行审查、鉴证、评价，从不同侧面、不同环节上监视着经济活动的运行轨迹，在宏观调控中发挥着其他经济监督无法替代的综合性作用。另一方面具有监督层次广的特点，不仅可通过大量的微观审计，直接督导微观主体依法开展经济活动，促进宏观调控措施在微观层次的落实和微观经济效益的提高，而且能够通过对广泛的微观审计活动的综合分析，向决策部门反映情况，提出建议，促进宏观调控的改进与完善，间接提高宏观经济效益。

我国早就对审计机关提出了"审计全覆盖"的重大历史使命与要求。2014年1月，在国务院第二十六次常务会议上，李克强总理提出，要实现审计全覆盖，凡使用财政资金的单位和项目，都要接受审计监督。2014年10月23日，党的十八届四中全会审议通过的《中共中央关于全面推进依法治国若干重大问题的决定》提出"对公共资金、国有资产、国有资源和领导干部履行经济责任情况实行审计全覆盖"的总体要求。2014年10月27日，《国务院关于加强审计工作的意见》明确"实现审计监督全覆盖，促进国家治理现代化和国民经济健康发展"。2015年12月，中共中央办公厅、国务院办公厅印发《关于实行审计全覆盖的实施意见》，指出"审计机关要建立健全与审计全覆盖相适应的工作机制，科学规划，统筹安排，分类实施，注重实效，坚持党政同责、同责同审，通过在一定周期内对依法属于审计监督范围的所有管理、分配、使用公共资金、国有资产、国有资源的部门和单位，以及党政主要领导干部和国有企事业领导人员履行经济责任情况进行全面审计，实现审计全覆盖，做到应审尽审、凡审必严、严肃问责"。2021年6月，中央审计委员会办公室、审计署印发的《"十四五"国家审计工作发展规划》提出，"要着力构建全面覆盖的审计工作格局，强调党中央重大政策措施部署到哪里、国家利益延伸到哪里、公共资金运用到哪里、公权力行使到哪里，审计监督就跟进到哪里，做到审计全覆盖纵向与横向、有形与有效、数量与质量相统一"。

综上所述，审计全覆盖，是指审计机关在一定周期内对依法属于审计监督范围的所有管理、分配、使用公共资金、国有资产、国有资源的部门和单位，以及党政主要领导干部和国有企事业领导人员履行经济责任情况进行全面审计。努力实现审计全覆盖，既是贯彻落实党中央、国务院决策部署的要求，也是依法履行好审计监督职责的举措。

此外，一般的专业经济监督，其监督职能只是在特定范围内的单项监督，而国家审计，则可以对这些专业经济形式各业务范围内的经济活动进行监督与再监督，形成不同层次、不同角度的经济监督网络，加之在审计监督的过程中，国家审计监督具有独立性强、强制性大、权威性高的特点，使国家审计监督具有一定综合协调作用。当前，我国建立以国家审计为主导，国家审计与内部审计、社会审计三大审计主体之间相互协作、协同发展的"三审协同"工作机制。这既是审计全覆盖实现破题的一个重要切入点，也是新时代对审计工作的新要求。

第二节 国家审计的流程

国家审计程序通常包括制订审计计划、审计实施、审计报告和审计整改四个阶段。

图 4-1 以衡水市审计局为例，展示了审计执法的基本流程。

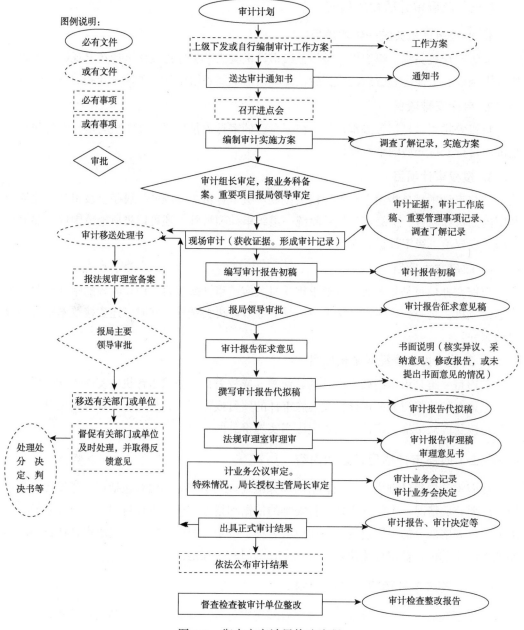

图 4-1　衡水市审计局执法流程

图片来源：http://xxgk.hengshui.gov.cn/eportal/ui?pageId=2312805&articleKey=2515878&columnId=794308.

一、制订审计项目计划

审计机关应根据国家形势和审计工作实际，对一定时期的审计工作目标任务、内容重点、保证措施等进行事前安排，作出审计项目计划。

（一）政府审计项目的构成

1. 上级审计机关统一组织项目

上级审计机关统一组织项目是指上级审计机关为了更好地发挥审计在宏观调控中的作用，围绕政府工作重心所确定的在所辖区域内由下属各级审计机关统一开展的审计项目。

2. 自行安排项目

自行安排项目是指各级审计机关根据自己的审计力量情况，在本机关审计管辖和分工范围内自行安排开展的审计项目。

3. 授权审计项目

授权审计项目是指由上级审计机关授权下级审计机关实施的、属于上级审计机关管辖范围内的审计项目。上级审计机关除统一组织审计项目外，还可以将所辖范围内的部分审计项目授权给下级审计机关实施。

4. 政府交办项目

政府交办项目是指各级政府要求审计机关实施审计的项目。由于我国的审计机关是政府的组成机构之一，各级审计机关在接受上级审计机关领导的同时，还要接受本级人民政府的领导。

5. 其他交办、委托或举报项目

其项目一类是由本级政府以外的其他领导或权力部门要求审计机关实施审计的项目；另一类是由其他部门委托审计机关实施审计的项目或提请审计机关配合审计的项目；还有一类是接受群众举报，审计机关决定应当实施审计的项目。

（二）政府审计项目计划的内容

政府审计项目计划由文字和表格两部分组成。文字部分的内容包括：上年度政府审计项目计划完成情况，本年度审计项目安排的依据和指导思想，审计目的，完成计划的主要措施等。表格部分的内容包括：审计项目名称、类别、级别和数量，完成审计项目的时间要求和责任单位，被审计单位名称及其主管部门和所在地区等。

（三）政府审计项目计划的编制

为保证政府审计项目计划的科学有效和切实可行，既要注意充分利用审计资源，又要留有一定机动余地；既要注意突出重点，安排任务均衡，又要避免出现重复。尤其应注意在规定的时间内，按照规定的程序，按时完成计划的编制。

（四）政府审计项目计划的调整

经过审批确定的政府审计项目计划，规定了审计机关在一定时期内的工作目标和责任，是审计机关开展审计工作的重要依据。政府审计项目计划一经下达，审计机关应当努力完成,并制定初步的审计方案。没有特殊情况,政府审计项目计划不应变更和调整。

(五)制定政府审计工作方案

审计工作方案内容主要包括审计目标、审计范围、审计内容和重点、审计工作组织安排、审计工作要求等。

(六)政府审计项目计划执行情况的报告、检查和考核

其主要内容包括计划执行进度、审计的主要成果、计划执行中存在的主要问题及改进措施与建议等。

二、审计准备

根据审计项目计划确定的审计事项组成审计组,并应当在实施审计三日前向被审计单位送达审计通知书;遇有特殊情况,经本级人民政府批准,审计机关可以直接持审计通知书实施审计。上级审计机关对统一组织的审计项目应当编制审计工作方案,每个审计组实施审计前应当进行审前调查,编制具体的审计实施方案。

(一)组成审计组,进行调查了解

审计组由审计组组长和其他成员组成,实行审计组组长负责制。审计组组长由审计机关确定,审计组组长可以根据需要在审计组成员中确定主审,主审应当履行其规定职责和审计组组长委托履行的其他职责。

调查了解被审计单位及其相关情况,审计人员可以采取下列方法:第一,书面或者口头询问被审计单位内部和外部相关人员;第二,检查有关文件、报告、内部管理手册、信息系统的技术文档和操作手册;第三,观察有关业务活动及其场所、设施和有关内部控制的执行情况;第四,追踪有关业务的处理过程;第五,分析相关数据。

判断重要性时,可以关注下列因素:第一,是否属于涉嫌犯罪的问题;第二,是否属于法律法规和政策禁止的问题;第三,是否属于故意行为所产生的问题;第四,可能存在问题涉及的数量或金额;第五,是否涉及政策、体制或者机制的严重缺陷;第六,是否属于信息系统设计缺陷;第七,政府行政首长和相关领导机关及公众的关注程度;第八,需要关注的其他因素。

(二)根据项目初步调查结果,编制具体的政府审计项目实施方案

审计实施方案的内容主要包括:审计目标,审计范围,审计内容、重点及审计措施,审计工作要求,项目审计进度安排、审计组内部重要管理事项及职责分工等。采取跟踪审计方式实施审计的,审计实施方案应当对整个跟踪审计工作做出统筹安排。专项审计调查项目的审计实施方案应当列明专项审计调查的要求。

(三)开展审前培训

审前培训是紧紧围绕本次审计的工作目标,组织人员对审计组进行的培训。其内容包括:认真学习与审计项目有关的财经制度和政策法规,掌握与被审计企业相关的国家政策、行业规范、制度规定、会计准则,明确审前调查工作的思路和方向。

(四)送达政府审计通知书

政府审计通知书是审计机关通知被审计单位接受审计的书面文件,是政府审计组执行审计任务、进行审计取证的依据。审计通知书的主要内容包括:被审计单位名称,审计依据、范围、内容和方式,必要的追溯、延伸事项,审计起始和终结日期,审计组组长及成员姓名、职务,以及对被审计单位配合审计工作提出的要求、审计机关公章及签发日期等。在政府审计通知书正文之后,通常还有两类附件,一类是要求被审计单位配合审计工作的一些调查材料和表格,另一类是对审计人员提出的廉政要求和规定。

三、审计实施

审计人员通过审查会计凭证、会计账簿、财务会计报告,查阅与审计事项有关的文件、资料,检查现金、实物、有价证券,向有关单位和个人调查等方式进行审计,取得证明材料,并按规定编写审计日记,编制审计工作底稿。

(一)进驻被审计单位

下发审计通知书后,政府审计组随即可以进入被审计单位实施审计工作。在向有关单位人员进行调查取证时,审计人员要出示工作证件和审计通知书副本。为了保证审计工作中沟通有效及审计工作的顺利进行,取得被审计单位领导及其工作人员的配合,可以召开由被审计单位负责人、财会人员、相关负责人和审计人员参加的审计启动工作会议。

(二)对内部控制进行控制测试

政府审计组应当根据对被审计单位内部控制初步调查的结果,对内部控制的可信赖程度做出进一步的测试、评价,评估相应的重大舞弊、错报、控制风险,并重新审查原拟定审计方案的可行性。

(三)对审计项目进行实质性测试

实质性测试是项目审计工作的中心环节,它既是审计人员收集、鉴定和综合审计证据的过程,又是审计机关出具审计意见书和作出审计决定的基础。

1. 收集审计证据

收集审计证据时,审计人员应该注意:第一,从被审计单位外部获取的审计证据比从内部获取的审计证据更可靠;第二,内部控制健全有效情况下形成的审计证据比内部控制缺失或无效情况下形成的审计证据更可靠；第三，直接获取的审计证据比间接获取的审计证据更可靠；第四，从被审计单位财务会计资料中直接采集的审计证据比经被审计单位加工处理后提交的审计证据更可靠；第五，原件形式的审计证据比复制件形式的审计证据更可靠。

2. 检查重大违法行为

重大违法行为指被审计单位和相关人员违反法律法规、涉及金额比较大、造成国家重大经济损失或对社会造成重大不良影响的行为。

审计人员调查了解被审计单位及其相关情况时，可以重点了解可能与重大违法行为有关的下列事项：第一，被审计单位所在行业发生重大违法行为的状况；第二，有关的法律法规及其执行情况；第三，监管部门已经发现和了解的与被审计单位有关的重大违法行为的事实或者线索；第四，可能形成重大违法行为的动机和原因；第五，相关的内部控制及其执行情况；第六，其他情况。

3. 做好审计记录

审计记录包括调查了解记录、审计工作底稿和重要管理事项记录等。

调查了解记录指调查了解的事项，对重要问题的可能性评估并根据评估结果进一步确定审计事项和审计应对措施。

审计工作底稿的内容主要包括：审计项目名称；审计事项名称；审计过程和结论；审计人员姓名及审计工作底稿编制日期并签名；审核人员姓名、审核意见及审核日期并签名；索引号及页码；附件数量。

重要管理事项记录的最终目的是保证审计的独立性和审计结论的客观公正，证明审计行为的合规性、充分性和恰当性，并为复核、审理和以后的检查提供依据。

四、审计整改

审计组对审计事项实施审计后，应当向审计机关提出审计组的审计报告。审计组的审计报告报送审计机关前，应当征求被审计对象的意见。

（一）汇总审计资料，并由政府审计组编写审计报告

审计组在起草审计报告前，应当讨论确定下列事项：第一，评价审计目标的实现情况；第二，审计实施方案确定的审计事项的完成情况；第三，评价审计证据的适当性和充分性；第四，提出审计评价意见；第五，评估审计发现问题的重要性；第六，提出对审计发现问题的处理处罚意见；第七，其他有关事项。审计组应当对讨论上述事项的情况及其结果作出记录。

（二）征求被审计单位意见

审计组实施审计或专项审计调查后，应当提出审计报告，按照审计机关规定的程序审

批后，以审计机关的名义征求被审计单位、被调查单位和拟处罚的有关责任人员的意见。

（三）对审计报告进行复核、审定和审理

审理机构以审计实施方案为基础，重点关注审计实施的过程及结果，主要审理下列内容：第一，审计实施方案确定的审计事项是否完成；第二，审计发现的重要问题是否在审计报告中反映；第三，主要事实是否清楚，相关证据是否适当、充分；第四，适用法律法规和标准是否适当；第五，评价、定性、处理处罚意见是否恰当；第六，审计程序是否符合规定。

（四）做出审计处理，起草审计移送处理书

审计移送处理书的内容主要包括：第一，审计的时间和内容；第二，依法需要移送有关主管机关或单位纠正、处理处罚、追究有关人员责任事项的事实、定性及其依据和审计机关的意见；第三，移送的依据和移送处理说明，包括将处理结果书面告知审计机关的说明；第四，所附的审计证据材料。

（五）整理审计文件，建立审计档案

审计档案是审计活动的真实记录，是审计工作的重要历史资料，也是国家档案的一个组成部分。审计档案实行政府审计组负责制，政府审计组组长对审计档案反映的业务质量进行审查验收。政府审计组在将审计报告报送后，就应着手项目审计立卷归档工作。审计文件材料应当按照结论类、证明类、立项类、备查类四个单元进行排列。

（六）行政复议和审计整改检查

1. 行政复议

审计决定书经审定，处罚的事实、理由、依据、决定与审计组征求意见的审计报告不一致并且加重处罚的，审计机关应当依照有关法律法规的规定及时告知被审计单位、被调查单位和有关责任人员，并听取其陈述和申辩。

2. 审计整改检查

审计机关主要检查或了解下列事项：第一，执行审计机关作出的处理处罚决定情况；第二，对审计机关要求自行纠正事项采取措施的情况；第三，根据审计机关的审计建议采取措施的情况；第四，对审计机关移送处理事项采取措施的情况。

审计机关可以采取下列方式检查或了解被审计单位和其他有关单位的整改情况：第一，实地检查或了解；第二，取得并审阅相关书面材料；第三，其他方式。对于定期审计项目，审计机关可以结合下一次审计，检查或了解被审计单位的整改情况。检查或了解被审计单位和其他有关单位的整改情况应当取得相关证明材料。检查报告的内容主要包括：第一，检查工作开展情况，主要包括检查时间、范围、对象和方式等；第二，被审计单位和其他有关单位的整改情况；第三，没有整改或没有完全整改事项的原因和建议。审计机关对被审计单位没有整改或没有完全整改的事项，依法采取必要措施。审计机关对审计决定书中

存在的重要错误事项,应当予以纠正。审计机关对审计组的审计报告进行审议,提出审计机关的审计报告;对违反国家规定的财政收支、财务收支行为,依法应当给予处理、处罚的,在法定职权范围内作出审计决定或向有关主管机关提出处理、处罚的意见。

第五章 国家审计的典型实务

学习目标

1. 了解重大政策跟踪落实审计;
2. 了解自然资源资产离任审计;
3. 了解财政审计;
4. 了解精准扶贫审计。

第一节 重大政策跟踪落实审计

一、重大政策跟踪落实审计概述

国家重大政策跟踪落实审计,指审计机关依法对各地区、各部门贯彻落实国家重大政策措施和宏观调控部署情况,主要是贯彻落实的具体部署、执行进度、实际效果等进行监督检查。审计机关开展国家重大政策跟踪落实审计,既可以专门组织,又可以结合其他各类审计统筹实施。审计机关通过开展国家重大政策跟踪落实审计,揭示政策措施贯彻落实中存在的突出问题,及时总结改革发展中的创新举措和取得的成效,推动中央和地方各级党委、政府重大决策部署落实到位,促进政令畅通和经济平稳运行、健康发展。

政策跟踪落实审计(以下简称政策跟踪审计)应当遵循下列基本原则:坚持依法审计;坚持问题导向;坚持客观求实。

(一)组织领导

对中央部门和中央企业(含金融企业)的政策跟踪审计,由审计项目计划确定的相关业务司、派出审计局和特派办实施。对地方政府的政策跟踪审计,由特派办和地方审计机关负责实施。其中:特派办负责审计署年度审计项目计划和年度工作安排确定的地区,重点跟踪省委、省政府贯彻落实党中央、国务院重大决策部署情况;省级审计机关按照审计署年度审计项目计划和年度工作安排的要求,重点组织对本级政府相关部门和下级政府落实省委、省政府贯彻落实党中央、国务院重大决策部署具体措施情况的跟踪审计工作。除单独立项的政策跟踪审计项目之外,各级审计机关在组织开展财政、金融、企业、民生、资源环境、投资、经济责任、涉外等审计项目时,应当关注党和国家重大政策措施落实情况,并将审计发现的问题纳入政策跟踪审计报告。

(二)审计对象和内容

政策跟踪审计的对象,包括中央各有关部门、各级地方政府和国有企业(含金融机构),必要时延伸审计相关单位、社会组织等。政策跟踪审计应当围绕党中央、国务院决策部署,审计党和国家重大政策措施落实情况。同时,根据不同时期经济社会发展的要求和国家宏观调控的主要方向,应当突出不同时期、不同地域的审计重点。政策跟踪审计的内容主要包括:评价贯彻落实的总体情况;揭示政策落实过程中存在的主要问题;总结经验;收集分析研究政策建议;反映整改情况。

(三)审计实施

政策跟踪审计应当以一个自然年度为一个审计周期,每个审计周期按季度划分为四个工作阶段。审计机关应当在全面审计基础上,把握每个工作阶段的工作重点。审计署财政审计工作领导小组办公室会同相关业务司依据党的全国代表大会、中央委员会全体会议、中央经济工作会议等确定的中心工作,制定政策跟踪审计工作年度指导意见。

对中央部门和中央企业(含金融企业)的政策跟踪审计,各相关业务司、派出局和特派办应当根据审计项目计划按季度实施。对地方政府的政策跟踪审计,各特派办在保证年度内对年度审计计划所涉地区全覆盖的情况下,每季度根据审计要点和本地区贯彻落实党和国家重大政策措施情况于非现场审计实施前提出本季度审计地区,报审计署财政审计工作领导小组办公室备案后执行。

政策跟踪审计应当采取非现场审计与现场审计相结合的方式。每季度的非现场审计原则上安排在该季度最后一个月的上半月,主要开展政策研究、审计调查和数据分析,现场审计从该季度最后一个月的下半月开始,至次月月中结束,原则上控制在20个工作日以内。

(四)审计报告和整改

各项目实施单位应当在现场审计结束后向被审计地区和部门征求意见,报告反映的数据应当截至季度末。其中:各特派办、派出局审计组以本单位名义征求意见,相关业务司以署办公厅名义征求意见;征求意见结束后向审计署报送正式报告,及时向有关地区和部门出具审计报告并督促整改。审计署各项目实施单位和省级审计机关一般在季度末次月底前,向审计署报送上季度政策跟踪审计报告。审计署各项目实施单位的政策跟踪审计报告应当采用"一报告三清单"模式,即审计报告、典型经验做法清单、审计发现问题清单和政策建议清单。

审计报告应当包括总体评价、审计情况、审计建议和整改情况等。总体评价既包括正面评价,也包括对审计发现主要问题的简要概括;审计情况按审计专题,对问题进行归类概括反映,单个具体问题纳入审计发现问题清单;审计建议应当围绕审计发现的主要问题,提出有针对性、可操作性建议;整改情况应当反映以前发现问题的整改情况,包括整改较好情况、边审边改情况和未及时整改的问题等。

典型经验做法经验清单反映各地区各部门在全国有推广价值的好经验好做法,包括具体经验做法和成效等。列入清单的典型经验做法要紧扣党中央、国务院重大决策部署，在解决重点难点问题上具有典型性、创新性和可复制性，并已经过实践检验，取得较好成效。

审计发现问题清单是当季度发现问题的具体描述，包括问题分类、具体问题和审计意见。问题分类要与报告正文相对应，具体问题表述一般应包括违法违规事实、定性及依据、问题产生原因、责任主体、处理处罚意见及依据、审计建议等。

政策建议清单主要反映经审计核实的被审计单位、行政相对人提出需要出台或修订法律法规政策的意见建议，包括涉及政策方面、提出建议单位、具体建议、需要研究办理的部门等。

（五）审计质量控制和责任

各项目实施单位负责组织本单位政策跟踪审计项目审核审理工作，负责专题指导的业务司负责专题审计结果复核工作，严把质量关。业务司在汇总审计综合报告过程中，重要事项在报经署领导同意后，可提交审理司审理。各审计组组长对审计项目的质量负总责，对审计问题事实不清、数据错误、定性不准等事项承担责任；各项目实施单位对未认真履行审核、审理等职责，导致未发现审计报告等材料中存在质量问题承担责任；负责专题指导的业务司对未认真履行复核责任，导致综合报告汇总过程中出现的重大错误或疏漏、造成严重不良影响的事项承担责任；审计署财政审计工作领导小组办公室对综合报告上报过程中出现的重大错漏、造成严重不良影响的事项承担责任。

二、重大政策跟踪落实审计案例

2018年7—8月，S市C区审计局成立审计组对S市C区2018年第三季度贯彻落实重大政策措施情况进行了跟踪审计。本次审计以C区社区健康服务中心（以下简称"社康中心"）医疗服务能力建设情况为范围，检查与社康中心相关的重大政策措施的实际落实情况。本次审计工作中延伸审计了C区人民医院、C区中医院及其部分社康中心等单位。

（一）项目背景

根据《国务院办公厅关于印发稳增长促改革调结构惠民生政策措施落实情况跟踪审计工作方案的通知》（国办发明电〔2014〕16号）要求，审计署在2015年印发了《2015年度稳增长促改革调结构惠民生防风险政策措施落实情况跟踪审计工作方案》和《审计署关于印发进一步发挥审计作用促进稳增长政策措施贯彻落实若干意见的通知》（审政研发〔2015〕30号），就此拉开了稳增长促改革调结构惠民生防风险政策措施落实情况跟踪审计项目的序幕。近些年，各级审计机关对重大政策措施跟踪审计越来越重视，且从2017年开始需要出具正式审计报告，确立为正式审计项目。

（二）项目实施简明过程

第三季度贯彻落实重大政策措施情况跟踪审计项目围绕促进民生政策落实情况开展审

计。重点检查2017—2018年上半年该区社康医疗服务能力建设情况，包括医疗设备、药品、专业技术人员的配备等；民生项目的推进情况，包括老年免费体检、孕前优生健康检查、新生儿遗传代谢病免费筛查等项目；基本公共卫生服务功能的发挥情况，包括疫苗接种、高血压等慢病管理、家庭医生签约等；其他与社康相关的重大政策措施实际落实情况。

（三）项目查出的主要问题

1. 社康中心配置未能达到"一社区一社康"的目标

根据《S市政府关于发展社区健康服务的实施意见》（以下简称《实施意见》）的要求，原则上一个社区设置一个社区健康服务中心，但截至2018年6月30日，C区仍有26个社区尚未配置社康中心，未能达到"一社区一社康"的要求。

2. 社康服务人员配备未能满足居民的实际需求

根据《实施意见》的要求，原则上社区健康服务机构按每万名居民配备2名全科医师，1名公共卫生执业医师，医师与护士按1∶1的标准配备。截至2018年6月30日，该区每万名居民拥有的全科医生、公共卫生执业医师的比例分别为1.36人、0.19人，医师与护士比例为1∶0.88，尚未达到《实施意见》的要求。

3. 租赁业务用房制约社康中心发展

C区社康中心的业务用房全部或部分为租赁的社康中心共有94家，占总数的73.44%。各社康中心业务用房中租赁方式比重较大，存在以下制约因素：一是部分业主不断提高租金和不愿意签订长期租赁合同等不确定因素较突出；二是部分租赁业务用房无产权，导致消防和施工许可无法申报，严重制约了装修改造进度等；三是由于租期不稳定或较短，造成部分医院不愿对社康中心的装修或改造等事项投入资金。

4. 部分社康中心业务用房面积未能达到"社康中心"的配置要求

根据《实施意见》的要求，设置社区健康服务中心建筑面积应不小于400平方米。但截至2018年6月30日，C区社康中心中，业务用房面积低于400平方米的仍有25家，未能达到"社康中心"的配置要求。

5. 社康中心未能实现电子健康档案、电子病历与医院的互联互通

根据《国务院办公厅关于推进分级诊疗制度建设的指导意见》（国办发〔2015〕70号）的要求，要实现电子健康档案和电子病历的连续记录及不同级别、不同类别医疗机构之间的信息共享，确保转诊信息畅通。但截至2018年6月30日，C区社康中心信息化建设仍滞后于社康的发展需要，具体表现为：一是社康中心不同业务采用不同的业务软件，且软件间基本互不兼容；二是医院与社康中心之间的信息仍未实现充分交换和互通，无法实现信息共享。

6. 各公立综合医院慢病患者转诊比例未能达到30%的目标

根据《关于加快推进慢病患者双向转诊工作的通知》的有关要求，到2017年12月公立综合医院门诊部、住院部诊治后的慢病患者的30%要转诊转介至社康中心进行健康管理。

但截至 2017 年 12 月 31 日，该区整体慢病转诊转介比例仅为 3.85%。

7. 家庭医生工作的开展与居民的获得感和满意度仍存在一定差距

根据《关于做好 2018 年家庭医生签约服务工作的通知》（国卫办基层函〔2018〕209 号）的要求，要合理确定签约服务的目标和任务，把工作重点向提质增效转变，不断提高居民对签约服务的获得感和满意度。截至 2018 年 6 月 30 日，审计发现家庭医生的开展与居民的获得感和满意度还存在较大差距，主要体现在家庭医生签约率较低、服务的居民覆盖面相对偏小、服务方式相对单一、对家庭医生工作的评价考核指标体系尚不健全、社康中心人员配备不足、转诊通道相对单一等方面。

8. 慢病实际管理人数未能完成任务目标

截至 2017 年底，该区高血压和 2 型糖尿病实际管理人数仅达到任务数的六成，未完成该市卫生计生委、财政部门关于做好近期国家基本公共卫生服务项目工作的通知中的管理任务。

9. 推动社会力量举办社康中心的进度相对缓慢

根据《S 市推动社会办医加快发展若干政策措施》相关要求，鼓励社会力量通过新建、转型、改制等方式举办社康中心。但截至 2018 年 6 月 30 日，该区仅有四家民营社康中心，占正常营业社康中心 3.13%。

（四）审计整改情况及成效

1. 积极推进，完善社康中心管理体系

区卫计局进一步加大工作力度，印发了《C 区卫生和计划生育局关于印发 C 区社区健康服务机构管理办法的通知》《C 区卫计局关于开展社康机构类别评定的通知》，并研究编制了《C 区社区健康服务机构设置规划（2019—2025 年）》，开展社康中心的类别评定，按照标准将社康机构划分为一类社康中心、二类社康中心和三类社康站，变更一批未达标的"社康中心"名称，并通过积极推进新建、改扩建等方式升级改造社康中心、积极推动社会力量举办社康站等方式，尽快建立较为完善的社区健康服务体系。

2. 双管齐下，努力提升社康中心医疗及公卫服务能力

通过该区各有关部门的通力合作，社康中心业务用房问题已取得较大进展，已列入规划但未建成的社康用房约 60 处，未来建成后将极大缓解社康业务用房的压力，为提升社康中心医疗及公卫服务能力提供有力支持。区卫计局已将该目标列入《C 区关于进一步深化医药卫生体制改革的若干措施》，加大对全科医生的政策倾斜力度，同时统筹各医院每季度开展一次全科医生招聘，并开展全科医生技能培训中心建设，加强社康中心的人才队伍建设。

3. 加强督导，积极推动双向转诊工作

该区卫计局加强督导，多措并举加快推进慢病患者健康管理和双向转诊工作，推进分级诊疗制度的落实，具体包括加大对下转工作的督导力度、督促医院院长制定整改进度时间表、落实双向转诊工作主体责任、进一步畅通双向转诊的通道和管理激励机制等措施，力争 2019 年实现上级下达的任务和目标。目前该区高血压、糖尿病管理任务完成率从低于全市平均水平提升到高于全市平均水平。

4. 加大宣传，不断提高家庭医生签约率和居民期望值

该区卫计局围绕国家基本公共卫生服务项目的指标要求，探索形成基本公共卫生服务团队管理模式，建立高效、流畅的社康公卫服务项目工作架构，加大宣传力度，充分发挥考核导向作用，有效提升社康中心基本公卫服务功能。该区卫计局和各医院制定了强化方案，开展了家庭医生签约服务工作全区巡讲，常规开展家庭医生培训，通过制定宣传片和印发宣传折页等加大宣传力度，设置家庭医生签约诊室或签约服务区，试点"全人照顾"服务模式，不断提高家庭医生签约率和居民期望值。

5. 主动作为，尽快实现电子健康档案、电子病历与医院的互联互通

该区卫计局加大各信息系统整合力度，积极将相关情况反映给市卫计委，打通社康中心与医院间的信息通道。目前，S 市卫计委正在开展相关工作，计划免疫、妇幼保健等系统基本信息已实现了互联互通，传染病防治系统也已制定了相关方案准备实施，慢病防治系统正在更新换代，精防系统出于安全考虑暂不进行对接；另外，该区正在建立区级卫生信息平台项目，该平台建成后，可提取市卫计委返回的社康信息数据，实现不同社康与不同医院之间的信息共享。

资料来源：http://audit.sz.gov.cn/zwxx/jgsz/qtjg/sjxh/sjal/content/post_1948484.html.

第二节 资源环境审计

一、资源环境审计概述

（一）定义

资源环境审计，是审计机关以习近平生态文明思想为指引，落实绿色发展理念，对政府和企事业单位有关自然资源开发利用管理和生态环境保护情况（包括但不限于财政、财务收支活动）实施的审计监督。资源环境专项审计的对象主要是各级政府中承担自然资源管理和生态环境保护的自然资源（含林草）、生态环境、水利、住房城乡建设、海洋、农业农村等行政主管部门和财政、发展改革等部门，以及使用资源环境相关财政资金，从事资源勘查、开发、利用、保护或会对生态环境产生直接影响的企事业单位。

资源环境专项审计的内容涵盖范围方法，包括：①生态文明领域重大决策部署、资源开发利用和生态环境保护重大事项审批以及规划（计划）的落实情况；②土地、水、森林、草原、矿产、海洋等自然资源资产的管理开发利用情况；③大气、水、土壤等环境保护和环境改善情况；④森林、草原、荒漠、河流、湖泊、湿地、海洋等生态系统的保护和修复情况；⑤各地区、相关部门遵守自然资源资产管理和生态环境保护法律法规情况、完成自然资源资产管理和生态环境保护目标情况、履行自然资源资产管理和生态环境保护监督责任情况；⑥自然资源资产和生态环境保护相关资金征管用和项目建设运行情况；⑦其他与自然资源资产管理和生态环境保护相关的事项。开展资源环境审计，有利于促进政府及相关主管部门和企事业单位牢固树立绿色发展理念，切实履行资源环境监管职责，有利于促进资源环境政策法规制度的建立、健全、完善和有效执行，有利于促进资源环境相关资金征收、管理、分配、使用以及相关项目建设运行的规范有效。

其中领导干部自然资源资产离任审计是常见的资源环境审计切入口，即审计机关依法依规对主要领导干部任职期间履行自然资源资产管理和生态环境保护责任情况进行的审计。本章以领导干部自然资源资产离任审计为例解析资源环境专项审计。开展领导干部自然资源资产离任审计，是贯彻落实党中央关于加快推进生态文明建设要求的具体体现，对于领导干部牢固树立绿色发展和绿水青山就是金山银山的理念，坚持节约资源和保护环境的基本国策，推动形成绿色发展方式和生活方式，促进自然资源资产节约集约利用和生态环境安全，完善生态文明绩效评价考核和责任追究制度，推动领导干部切实履行自然资源资产管理和生态环境保护责任具有十分重要的意义。

自然资源离任审计的主体一般为审计机关（政府审计），内部审计机构或审计机关可以委托民间审计机构单独或协作审计机关共同完成，即审计主体多元化。审计内容是审计机关根据法律或授权对领导干部任职期间自然资源资产开发、自然环境污染防治、生态环境保护责任履行情况进行监督、检查、评价工作，依法对政府及相关部门、企事业单位和个人保护、管理、开发、利用自然资源资产的活动，以及对自然资源资产有关的财政支出等管理活动的合规性、经济性、效益性展开审计。具体可将审计内容分为水资源、大气资源、森林资源、草原资源、土地资源、海洋资源等的管理开发利用情况、政策合规性、财政使用合理性等。一方面审计督察过程中要揭示领导干部对自然资源资产的管理政策、管理利用和生态环护中存在的突出问题及影响自然资源常貌和生态环境安全中存在的风险隐患，并及时沟通和解决；另一方面要强化问责，落实责任、促使领导干部树立正确的"绿色生态"政绩观，推动领导干部守法、守纪、守规、尽责，切实履行自然资源资产管理和生态环境保护责任，促进自然资源资产节约型和集约型开发利用和生态环境安全。

（二）审计方法

自然资源资产负债表是开展审计必不可少的一项审计工具，也是审计评价的依据，要想清晰地了解自然资源资产的情况，可以通过自然资产负债表实现。该表中会清晰标明每种自然资源的情况，期初的数量、期末的数量、期间的变化多少，通过设立会计账户来分类汇总每种自然资源的不同情况，并按照每种自然资源的不同属性，设置有特色的账户。包括领导干部任期内自然资源资产的增值和消耗、离任时自然资源资产的剩余价值，以及优化程度和自然资源恶化等情况，即将自然资源资产进行量化后的价值，这也是编制自然资源资产负债表最主要的硬性指标，同时资产的数值化也为之后审计工作的开展打下基础。

在自然资源离任审计中，审计人员积极探索运用现代审计技术方法，如"大数据"信息技术和地理测绘技术等现代科学技术手段。使用"大数据"信息技术，是因面对复杂多样的自然资源资产，很难准确量化领导干部在任职过程中取得的经济成果是否消耗了太多资源，同时自然资源资产审计的基础数据非常庞大，依靠审计人员人工进行数据收集和分析的难度很大。大数据时代的到来，促进审计信息技术的发展，"总体分析、系统研究、发现疑虑、分散验证"等数字审计方法将逐渐应用于审计业务，优化审计业务模块。大数据技术是利用各地区资产的实时动态监测，建立信息共享网络系统，整合国家审计大数据。审计人员可以依靠数据库来调用数据，获取信息，建立数据分析平台。如国土资源方面的"一张图"数据库和综合监管平台，就是利用地理信息技术审计湖泊、开垦、占用耕地，植树造林、跨境采矿和改变土地利用，大大提高审计工作效率。探索运用现代审计技术方法的同时，还要综合运用传统审计方法。传统的经济审计方法在自然资源资产审计中不可或缺，但这些方法运用存在一定的局限性，必须吸收运用审计理论研究新成果，包括市场价值法、经济净现值法、调查评价法、决策和风险分析法等审计新方法。在各类自然资源资产的计量分析时采用不同方法，例如，对水资源短缺、废弃物占地等原因造成的经济损失可采用机会成本法；对林木、草坪等产生的绿色效益可采用资产价值法；对污染企业造成的环境污染可采用人力资本法等。在灵活运用传统审计方法中赋予各类自然资源资产审计的新内容。

（三）审计难点

当前，资源审计当中，普遍存在着审计数据获取困难的问题，这种情况在县级审计中尤为常见。县级审计组获取的数据多是从地方年鉴、工作总结及政府各部门提供的分散数据获得，数据质量不全、不细、不连续，甚至不同部门提供的数据还存在不同的情况。自然资源审计工作的审计要求相对较高，需要对自然资源的增产变化量的数据进行分析，审计内容涉及区域内自然资源的分布、数量、权属等多个方面，数据不全的问题十分突出，数据质量不能满足统计需要。

此外，数据断档问题十分严重，数据采集频率不够是出现数据断档的直接原因。而填补数据断档需要消耗大量审计力量，县级审计机关的能力有限，难以填补缺失数据。自然资源种类多样，各类资源的情况也由不同部门掌握，难免出现执行标准不同的问题，一种资源被多个部门掌握的情况也屡见不鲜，针对同一类资源提供的不同数据给审计人员甄别、取舍数据造成了困难。

二、自然资源离任审计案例：领导干部自然资源资产离任审计应用地理信息技术初探——某县领导干部自然资源资产离任审计案例

（一）审计目标

2016年，受G市委组织部的委托，G市审计局对某县领导干部自然资源资产管理和生态环境保护责任履行情况进行审计。

根据审计试点方案要求，结合领导干部所在地区实际，审计组选取当地主要自然资源资产森林、土地、矿产作为试点，按照"摸清情况、揭示问题、分析原因、界定责任"的总体思路，通过审计试点，摸清被审计领导干部任期内主要自然资源资产实物量（含数量和质量）和生态环境质量状况变化情况；揭示资源环境领域存在的重大违法违规问题、严重损毁自然资源资产和重大生态破坏环境污染典型问题；对领导干部履行自然资源资产和生态环境保护责任情况进行审计评价并界定责任，提出加强自然资源资产管理和利用的建议，促使当地党委、政府更加关注自然资源节约循环高效利用、加大自然生态系统和环境保护力度，强化领导干部对生态文明建设的责任，并为有关部门加强干部管理监督提供参考依据。通过审计试点，探索形成一套比较成熟、符合实际的审计规范。

（二）审计难点和重点

要核实自然资源资产实物量（含数量和质量），自然资源资产审计监督对象由传统的项目资金转变为地理空间信息数据，由原来点、线构成的平面审计视角转换为面向多维位置、方位、时间的立体空间，传统技术无法满足，这是审计的重点和难点。在本次审计中，G市审计局领导高度重视，及时引入地理信息技术专业人才，协助审计组探索应用地理信息系统（geographic information system，GIS）技术开展审计工作，充分利用有关部门地籍数据、遥感影像数据等多种地理信息，解决违法用地难以查找、土地矿产区域难以界定、面积难以丈量等自然资源审计难题，拓宽审计思路，有效地提高审计效率、提升了审计精度，取得了明显成效。

（三）数据审计对象

以国土资源、环境保护、水利、林业等部门相关信息系统数据及遥感影像为主，结合财政部门资金支付系统和财政供养人员数据、工商部门企业登记数据、税务部门纳税数据等开展关联分析。审计数据时间范围，以2012年8月至2016年4月底为起止时间，重要事项延伸至相关年度。

（四）项目具体实施过程

1. 审计准备阶段

（1）学习中央、自治区关于开展领导干部自然资源资产离任审计文件，提高认识，确定审计目标、审计人员、审计方法和手段。同时参加国家审计署举办的领导干部自然资源资产离任审计视频培训，了解全国开展自然资源资产离任审计情况，借他山之石攻玉。

（2）组成审计组。从该局人员专业结构来看，有一定投资、计算机、财会等专业知识，但无地理信息系统专业技术人员，通过局领导协调，从国土局聘请了地理信息系统专业技术人员一名。

（3）了解地理信息系统知识。地理信息系统是一种特定的空间信息系统，是在计算机硬、软件系统支持下，对整个或部分地球表层（包括大气层）空间中的有关地理分布数据进行采集、储存、管理、运算、分析、显示和描述的技术系统。地理信息系统的对象是地理实体，地理实体数据的最根本特点是每一个数据都按统一的地理坐标进行编码，实现对其定位、定性、定量和拓扑关系的描述。地理信息系统以地理实体数据作为处理和操作的主要对象，这是它区别于其他类型信息系统的根本标志。

2. 审计实施阶段

审计事项一：审查采矿区距离重要河流情况（本案例确定距河流 300 米范围）

审计思路：被审计领导干部所在地处几条重要河流的源头，而且矿产资源丰富，采矿带来经济发展的同时是否给当地百姓带来污染是我们关注的重点之一。根据《中华人民共和国矿产资源法》第二十条，非经国务院授权的有关主管部门同意，不得在下列地区开采矿产资源：重要河流、堤坝两侧一定距离以内的规定，因此，为保护重要河流水质，开采矿产资源不能靠近重要的河流。

审计方法和步骤。

步骤一：从国土部门获取地区遥感影像数据及矿产数据，首先将遥感影像数据加载到地理信息系统相关系统。

步骤二：对加载的遥感影像进行黑边处理，以准确反映当地地理信息。

步骤三：在处理好的遥感影像图上，加载获取的矿产资源数据。

通过上述三个步骤，把矿产区域叠加反映在遥感影像图上。

步骤四：进行缓冲区分析，设置矿产与河流距离为 300 米，即可以筛选出符合要求的矿区。

审计事项二：审查各矿区区域是否存在重叠

审计思路：森林、土地、矿区边界存在争议是自然资源资产管理中常发生的事，根据《国土资源部关于进一步完善采矿权登记管理有关问题的通知》（国土资发〔2011〕14号）中第 14 条，除同属一个矿业权人的情形外，矿业权在垂直投影范围内原则上不得重叠。涉及和石油、天然气等特定矿种的矿业权重叠的，应当签署互不影响，确保安全生产的协议后，办理采矿许可证的规定，审计人员利用地理信息系统软件相关功能对矿区是否存在重叠进行检查，解决了潜在的纠纷隐患。

审计方法和步骤：

步骤一：对矿产资源数据进行拓扑检查。

（1）使用 ArcCatalog 软件，在文件夹中新建个人数据库，并在个人数据库中新建要素数据集，选择参考系。

（2）在新建的要素集中导入要素数据，将矿产资源数据导入。

（3）新建拓扑，选择不能重叠的规则，对数据进行处理。

步骤二：加载拓扑，显示结果。在 ARCMAP 中，加载上述处理的拓扑数据，存在拓扑错误的数据就是两矿区之间存在重叠情况。

审计事项三：审查造林面积的真实情况

审计思路：被审计领导干部任职期间，造林是主要任务之一，涉及上级补助资金较多，由于林地面积宽广，地处高山地带，无法丈量，我们将造林事项的真实作为重点审计内容之一。根据当地林业部门提供的数据资料，将上年的造林数据加载到当年的遥感影像数据上，然后将这两年的林地采伐和征占用的数据都加载进来，确保造林数据在这两年中没有被利用。然后一一进行观察、比较，将在2015年影像上已造林的数据还明显不是林地的地块挑选出来，并到实地进行查看。

步骤一：加载2015年的遥感影像数据，并对影像数据进行去黑边处理。（同审计事项一的步骤）。

步骤二：将2014年的造林数据及2014年、2015年的林地采伐和征占用的数据都叠加在2015年的遥感影像图上。

步骤三：对加载后的图像进行观察、对比，将已造林的数据但还明显不是林地的地块筛选出来，作为疑点数据。

步骤四：由于造林林地分布在各处深山，具体位置难以确定，因此，我们在手机上下载某互动地图 App，用来为实地查看造林情况，进行导航，并通过手机坐标精确定位造林区域。

第三节　财　政　审　计

一、财政审计概述

（一）财政审计的基本内涵

财政审计是对财政资金筹集、供应、使用全过程是否合理、合法、有效、正常而进行的审核、稽查。从1995年《审计法》颁布实施，我国财政收支审计工作进入一个新的历史发展时期。各级审计机关以"两个报告制度"为中心，即向本级政府提出预算执行情况审计结果报告和受政府委托向人大常委会提出预算执行和其他财政收支情况审计工作报告，积极开展了对本级预算执行情况的审计监督工作。

（二）财政审计的内容及对象

财政审计的对象主要是参与国家财政收支管理及有关经济活动的各级政府和相关部门、各级财政的预算单位和其他管理分配使用财政资金的单位，主要包括：①管理分配使用财政资金的本级政府及其组成部门、直属机构，下级政府和其他有关部门、单位；②负责征收财政收入的税务、海关和其他有关部门、单位；③其他取得财政资金的单位和项目等。

审计机关依法对政府的全部收入和支出、政府部门管理或其他单位受政府委托管理的资金，以及相关经济活动进行全面审计，主要内容包括以下内容。①财政预算执行及决算草案审计。对各级政府预算执行及决算草案进行审计，主要监督检查预决算的真实、合法和效益情况，以及财税政策执行、政府预算体系建设、重点专项资金管理使用、财政体制运行、政府债务管理等情况，促进加快建立现代财政制度，建立权责清晰、财力协调、区域均衡的中央和地方财政关系。②部门预算执行及决算草案审计。对各级党政工作部门、事业单位、人民团体等的部门预算执行和决算草案进行审计，主要监督检查部门预决算的真实、合法和效益情况，重点关注贯彻中央八项规定及实施细则精神、"三公"经费和会议费支出等情况，促进严格预算约束，建立全面规范透明、标准科学、约束有力的预算制度。③税收审计。对海关、税务系统收入征管情况进行审计，主要监督检查依法征收、税制改革推进，以及结构调整、科技创新、大众创业、环境保护等方面税收优惠政策落实情况及效果，推动清费立税，完善税收体系，促进建立税种科学、结构优化、法律健全、规范公平、征管高效的税收制度。

（三）财政审计的特点

财政审计有以下三个特点。一是宏观性。财政审计涉及财政政策、财政体制、财政制度等国家宏观调控方面的事项，要重点关注政府间财政关系及财政政策与货币政策、产业政策等方面的协调情况，并对涉及宏观政策方面的问题做出审计评价。二是整体性。财政审计要对政府的所有收入和支出进行监督，涉及政府活动的方方面面；同时，财政审计要从国家治理的高度对财政活动进行总体把握，形成一个完整的体系，对财政管理的总体情况做出评价。三是政策性。财政审计通过对政府部门财政收支规模、结构、管理和政策实施效果的审查，揭示预算分配和执行中存在的突出问题，提出完善资金分配、加强预算管理等方面的建议，促进提高政策实施效果。

（四）财政审计的流程

以财政预算审计为例，财政预算审计流程主要包括选择财政审计预算对象、确定财政预算审计目标、实施财政预算审计、财政预算审计反馈及整改、公布财政预算审计结果等过程（见图5-1）。

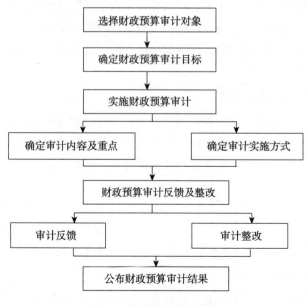

图 5-1　财政预算审计流程

1. 选择财政预算审计对象

选择不同的审计对象，就会产生不同的审计效果，财政预算部门单位较多，审计机关不可能全部对其进行审计，因此，选择审计对象非常重要，在审计资源有限的情况下，要合理配置审计资源，准确选择审计对象。对于财政预算资金较大、收支支配权较大的机关、企事业单位及下属单位较多的企事业单位，需纳入重点审计部门。

2. 确立财政审计目标

审计目标是审计机关开展审计业务要最终达到的效果，其特性主要表现在审计的合法性、可靠性和经济性。一方面，财政预算审计目标是开展审计业务，及时发现被审计单位在财政预算收支中是否合法可靠。另一方面，通过开展审计业务，及时发现被审计对象存在的资金问题，提出有效的对策建议，并加以整改，从而调整财政收支数量、结构等，建议完善的财政预算监管体系，使国家财政资金得到有效的使用。

3. 实施财政预算审计

首先，要确定审计内容和重点。确定审计内容时，结合国家大政方针和当前的社会焦点，针对被审计单位的具体情况，分析其特点、不足及需要改进之处，从而根据不同单位的实际确定合理的审计内容。确定审计重点时，需要把握几个原则：关于重点决策必须审计、关于重大投资必须审计、关于专项资金必须审计、关于民生政策必须审计、关于资源环保必须审计、关于财力状况必须审计。审计财政资金真实性的同时，注重对重大经济项目、重大建设项目的财政预算落实情况及重要行政审批、国有资产监管等事宜的审计，关注财政资金的投向领域，确保财政资金严格按照预算计划执行。把财政预算制定、财政预算追加、财政预算公布与财政预算审计结合起来，实施全过程的财政预算监管审计。

其次，要确定审计实施方式。审计机关往往采取上下联动的组织形式，对同系统、行业的审计项目进行整合审计，上级审计机关组织审计并汇总审计结果，深入分析审计过程中查出的问题，把握规律性的问题，深挖深层次原因，提出有针对性的对策建议，从而规范某个系统、行业的财政收支。

4. 财政预算审计反馈及整改

审计反馈主要包含评价、处理和建议三部分。审计评价主要包括三个原则，即依法评价原则、客观公正原则及实事求是原则。审计处理严格依据法律法规开展，把审计出的问题如实反馈给被审计单位。审计建议旨在让被审计单位纠正问题，完善内部控制制度，提高被审计单位财政预算执行水平。

财政预算审计完成后，需要根据审计建议，提出相应的整改措施，并将其落到实处。审计机关发现的问题，必须认真加以整改，整改完成后要及时向审计机关反馈整改情况。审计机关客观公正地将财政预算审计整改结果向人大常委会报告，对存在的问题不遮掩、不姑息。

5. 公布财政预算审计结果

公布审计结果不只是审计活动的总结报告，也是向社会公开宣传审计业务的重要渠道。审计结果的公布形式，除了传统的纸质审计报告外，也可以采用传媒渠道公布审计结果，如新闻报道、专题发布会等，从而让群众非常便捷地了解审计结果。关于涉密信息的审计，应依据国家密级要求实施。审计整改结果同时向社会公布，不但让群众了解审计中发现的问题，也让群众了解整改过程和整改成效。

二、财政审计案例：国企土地被私卖背后的秘密交易①

2008—2011 年，我国土地市场价格不断走高。然而就在 2011 年，一家国有企业开发的楼盘中，居然有一块区域在未经评估的情况下，以几年前的买价转让给三家民营企业，使这三家民营企业获利上亿元。最终，该国企相关责任人因出卖国家利益、非法获利数百万元换来了七年的有期徒刑。

2015 年 6 月底，审计署公布的移送已办结的违法违纪问题处理情况中提到，审计发现，某央企集团公司所属 D 市某房地产开发有限公司（以下简称"A 公司"）原董事长陈某在未进行资产评估的情况下，决定将该公司正在开发的 6.26 万平方米商业用地按账面金额作价转让给一家企业，实际上却由另三家企业实施开发，这三家企业通过开发经营获利上亿元，陈某等人涉嫌受贿。

审计署将上述问题线索移交中央纪委查处。2014 年，人民法院以受贿罪判处陈某有期徒刑七年，并处没收个人财产 200 万元，追缴违法所得 280 万元。

（一）审计背景

A 公司不仅是当地最大的房地产公司，也是当地最早成立的房地产公司，其前身为 D 市某油田公司下属的一家做新材料砖的企业。20 世纪 90 年代初，陈某受命"拯救"这家当时濒临破产的砖厂。他选择了新材料砖作为转型突破口，一举成为业界领头羊。至今网上还能搜索到不少赞颂他的文章，有些文章还提到他勤奋清廉，曾上交"退不回去的好处费 300 多万元"。

2000 年左右，背靠油田公司的这家砖厂又抓住福利分房取消后房地产市场异军突起的机会，逐渐发展成 D 市最大的房地产公司，当地超过 1/3 的楼盘都由该公司开发，几乎占据了 D 市最好的地段。

尽管 A 公司已是 D 市最大的房地产公司，但相对于央企集团母公司这艘巨轮来说，其资金量并不大，只能算得上母公司的"孙辈"企业。为什么审计人员盯住了它？

审计人员介绍说，近年来对央企的审计中发现了一些共性问题。例如，一些央企旗下的二级、三级企业，其业务并不是母公司的主营业务，而且因为层级太多、疏于管理，出现了不少问题，因此审计人员对此格外关注。

（二）审计过程

陈某本人也想不到，是一次违规使用公章，让其出卖国家利益的行为露出了马脚。2011

---

① https://www.audit.gov.cn/n6/n1560/c117395/content.html.

年3月底,审计组来到D市,那时天空中还飘着雪,凛冽的寒风吹在脸上,提醒人们这里的春天还未到来。

当时A房地产公司正在D市最繁华的路段开发一处新楼盘。在当地人看来,这个楼盘的位置寸土寸金,未来的升值空间巨大。可就是这样一片升值潜力巨大的地块,却被陈某轻松挖走了一块,作为自己非法获利的筹码。

审计人员在检查A公司的资料时发现,2011年初该公司有一笔两亿元的资金入账,来源于一家公司(由3家企业共同出资组建)。这笔钱在账目上没有说明。没有任何经济往来,为什么一家企业要给A公司两亿元?这笔钱到底是何用途?

一连串的问题并没有得到A公司的解释,相关人员一律缄口不语。审计人员经多方了解和查阅资料得知,在该公司正开发的40多万平方米地块中,有6万多平方米实际由3家民营企业开发,所有细节只有公司董事长陈某一人知晓。同时,审计人员还发现,这6万多平方米的土地价格是按2008年A公司取得土地时的价格售卖给了3家企业。

2008—2011年,我国土地市场价格不断走高,为什么A公司会以3年前的拿地价格出让一块升值潜力巨大的土地?此外,国有企业转让已取得的土地,是有严格法律程序的,但从现有情况看,这个地块的出让疑问重重。

辗转调查后,审计人员拿到了A公司向3家企业转让土地的一份合同。一个细节引起了审计人员的注意——这份合同盖了该公司的章,而公司却没有这次用章的记录。这份合同上的章是如何盖上的?又是谁盖的章呢?

据审计人员了解,那次没有被登记的用章人,正是该公司董事长陈某。身为单位的"一把手",偶尔用公章未作登记,不足为奇。但审计人员以职业的严谨性作出判断——应该继续深挖下去。很快,事实清晰地呈现了出来。

(三)审计发现的问题

随着调查的深入,审计人员进一步发现了其中的秘密——虽然A公司开发的地块中有6万多平方米土地已转让给了上述3家企业,但并未办理过户手续,开发的楼盘还是用A公司的名义,甚至连销售都借用A公司的名义。

3家企业开发的楼盘夹杂在A公司的楼盘中,购房者根本不知道自己买的是谁开发的楼盘。卖房收益归3家企业所有,但因为一切手续都是以A公司的名义办理,所有风险都由A公司承担。

审计人员进一步调查发现,这3家企业其实并没有资金实力。为了拿地,他们联手借款向A公司购买土地,并在未建房的情况下即开始以A公司的名义进行预售,收了预售款后先还了借款,还有大量盈余用于建房。

由此,违规链条逐渐清晰:首先,上述国有企业的土地未经任何法律手续就以原购买价格转让给了民营企业;其次,土地转让后没有办理过户手续,以至于国有企业还将承担各种风险;最后,上述3家企业并不具备房地产开发资质。

为什么陈某会冒着多重违规的风险，为上述 3 家企业谋利？土地卖了为什么不过户？这一系列不合常理的表现背后，到底有什么隐情？

在审计人员因此开展了一轮紧锣密鼓的调查后，又一份合同引起审计人员的注意。这份合同显示，A 公司负责办理所有房屋交易需要的手续，在这个过程中，相关收益是民营企业的，风险由 A 公司承担。这完全是一份不平等合约，A 公司为何接受呢？审计人员仔细辨认，发现这份合同上盖的是 A 公司已经申报作废的一枚公章。

（四）整改成效

一枚公章使用时没有登记，另一枚公章是作废的，两个细节更让审计人员产生了疑问。

陈某以非公开手段为上述 3 家企业提供帮助，他图什么呢？于是，审计人员对这 3 家企业进行了延伸审计。经过延伸审计，陈某与上述企业间的利益链随即得以揭示。审计人员发现，自 2012 年起，其中一家企业通过多种渠道向陈某的妻女提供了人民币共计 200 万元。而且陈某安排得也很巧妙，他在土地转让、民营企业卖楼后有收益的当年并没有收取好处费，而是在之后的 2012 年才开始收取。

经查，A 公司的上级企业 D 市油田公司时任副总经理范某也参与了这起异常的土地交易。2014 年，在对陈某案进行判决的同时，人民法院以受贿罪判处范某有期徒刑 5 年 6 个月，并处没收个人财产 7 万元，追缴违法所得 30 万元。

至此，一桩国有企业土地被违规转让、民营企业获利数亿元的秘密交易终于大白于天下，相关责任人也受到了法律的惩罚，也由此揭示了我国国有企业经营管理中存在的诸多问题。如何加强和改进对企业国有资产的监督，防止国有资产流失，切实提高国有企业经营效益，不能不引起持续关注和深思。

第四节 领导干部经济责任审计

一、领导干部经济责任审计定义

2010 年 12 月颁布的《党政主要领导干部和国有企业领导人员经济责任审计规定》明确要求审计机关对地方各级党委、政府、审判机关、检察机关，中央和地方各级党政工作部门、事业单位和人民团体等单位的主要领导干部，以及国有和国有控股企业的法定代表人进行经济责任审计。通过审计，促进政府机构和官员依法行使权力，使权力与责任相匹配，有效发挥规范、制约和监督的作用。

2019 年 7 月 7 日，《党政主要领导干部和国有企事业单位主要领导人员经济责任审计规定》（以下简称《规定》）正式实施，2010 年版的《党政主要领导干部和国有企业领导人员经济责任审计规定》同时废止。新《规定》对多个方面的经济责任审计规定进行了调整，有利于充分发挥审计的监督作用,同时促进全面深化改革,为国家治理体系和治理能力现代化起到推动作用。《规定》不仅明确了经济责任审计工作的指导思想,而且在评价内容、责任界定等方面进行了优化,对实际审计工作形成了良好规范。领导干部经济责任审计的目的不仅在于发现和解决领导干部经济责任方面的问题,更重要的是提高领导干部的自觉意识和廉洁自律意识。本节的研究重点在于通过分析领导干部经济责任审计的内容和方法,结合案例提出相应的完善建议,对实际经济责任审计工作具有重要意义。

二、审计范围

由于部门领导干部肩负着政务之责的同时也肩负着经济之责,权利相对集中,将这些权利真正做到为民所用,为民所谋,真正用到实处,是党和国家对部门领导干部的基本要求。因此,进行部门干部经济责任审计时,不仅应对其涉及的政府性收支和有关经济往来进行审计,还要将其是否遵循法律法规,是否廉政律己纳入审计范围。

《规定》中对经济责任进行了概念界定,主要是指任职期间之内,领导干部对相关经济活动应当履行的职责。相关经济活动包含贯彻执行党和国家经济方针政策、管理公共资金、国有资产、防控重大经济风险等活动。领导干部经济责任审计的对象十分广泛,例如中央和地方各级党政工作部门、事业单位和人民团体等单位的正职领导干部、主持工作 1 年以上的副职领导干部、国有及国有控股企业的主要领导人员等都是经济责任审计的对象。《规定》主要从不同主体的角度对领导干部经济责任审计的内容进行了界定,具体见表 5-1。

表 5-1　领导干部经济责任审计主要内容和重点

序号	主要内容	审计重点
1	贯彻执行党和国家经济方针政策、决策部署情况	主要审查领导干部是否对党和国家经济方针政策及决策部署进行落实,审查相关工作是否落实到位,并对相关方针政策的执行效果进行检查
2	地区或部门重要发展规划和政策措施的制定、执行和效果情况	主要审查领导干部是否及时制定了相关规划和措施,并且通过评价体系对规划和措施效果进行检查
3	重大经济事项的决策、执行和效果情况	主要审查领导干部对重大经济事项的全面落实情况,包括决策是否科学、执行是否到位、是否取得了理想效果等
4	财政财务管理和经济风险防范情况,项目、资金等管理使用和效益情况,以及在预算管理中执行机构编制管理规定情况	主要审查被审计单位财务方面的情况,从中发现领导干部的经济责任问题,并提出整改建议,最大限度地降低经济责任风险
5	在经济活动中落实有关党风廉政建设责任和遵守廉洁从政规定情况	审计工作中,不仅要对领导人员贯彻执行党风廉政建设和廉洁从政规定的情况进行审计,而且要对领导干部是否形成了廉洁自律意识进行检查,推动领导干部自觉意识的形成
6	以往审计发现问题的整改情况	通过追踪审计等方式,检查是否对以往发现的审计问题进行了整改,整改是否全面、及时,对整改效果等方面进行审查
7	其他需要审计的内容	除了上述内容之外的审计工作

三、审计方法

基本分析法、线索筛选法等属于一般性经济责任审计方法，在实际审计工作中如果一味照搬则会影响审计效果。实际审计工作中也存在审计方法落后、未能具体问题具体分析等问题，这主要是由经济责任审计方法更新不及时、缺乏创新意识等因素导致的。因此，审计机构和人员应当不断创新经济责任审计方法，提高审计的真实性、可靠性和科学性。一是应当根据被审计主体的具体经济责任和活动选取科学的审计方法，可以在一般方法的基础上进行修正和延伸，提高经济责任审计方法的适用性。二是应当引入大数据等先进的科学技术，丰富经济责任审计方法的内涵，促进科学技术的有效融合，从而实现审计方法的创新。这样才能更好地应对经济责任审计工作中出现的新问题、新风险。

四、领导干部经济责任审计案例[①]

（一）审计背景及目标

根据工作安排，××县审计局对县××局局长王某任期经济责任履行情况进行审计。审计的主要目标是围绕权力运行和责任落实两个重点，对审计中发现的问题进行深入研究，分析产生问题的原因，有针对性地提出审计建议，促进党政领导干部遵守财经法纪，维护经济安全、推进依法行政和廉政建设，促进党政领导干部更好地履行经济责任，为组织部门管理和使用干部提供参考依据。审计的重点是该同志履行经济责任情况以及守法、守纪、守规、尽责情况。并以该局收支及有关经济活动的真实、合法和效益情况为基础，重点审计该局机关办公室、法规股等股室文件资料管理、财务报账制度执行、执法案件管理等方面情况，延伸审计该局下辖3个派出机构。共发现9个方面问题，涉及问题金额111.96万元，向纪检监察机关移交案件线索1起，1人受到党内严重警告处分，揭示重大经济运行风险和安全隐患4项，以《审计专报》形式向县政府主要领导进行汇报，得到县领导批示。整改问题资金6.04万元，促进增收节支和挽回经济损失6.04万元，出台和完善制度8项。

（二）审计步骤和方法

（1）查阅单位收发文件、会议纪要和纪检监察部门近年来的检查情况，重点关注领导干部的权责履行情况。

调阅单位收发文件、会议纪要等有关资料，听取该同志任职期间履行经济责任情况的述职报告。审计组与单位中层以上干部同志进行座谈，了解该领导干部任期履职履责情况和单位工作流程，确定应关注的关键岗位和重点环节，为后期开展审计工作做好基础性工作。通过查阅单位文件、会议纪要等资料，审查被审计领导干部在工程项目、资金管理、人员管理等方面做出决策的合法性、合规性和科学性。审计组通过历年支出数据对比分析，

---

① http://www.neibushenji.com/index.php/neibushenjixinwen/1431.html.

发现该单位存在变相列支费用疑点后，与负责重要事项记录人员及主管人员进行谈心、谈话，取得前期报备为"遗失的"一本领导班子会议纪要。该会议纪要记录该局班子会议一致通过"确有不便支出的项目或执行费用，一律可变通为可开支项目"的意见。通过扎实的调查取证，审计组将此重大问题向县审计局主要领导进行了直报，经领导批准后，将此重大违纪问题移交县纪委监委。

（2）加强现场实地调查和固定资产盘点，发现存在收取租房户水电费未入账及费用报销不合理的问题。

在审计过程中，审计组通过实地察看该单位门面房出租情况，发现该局门面房出租管理不规范。审计组利用周末走访部分租户，了解周边租金行情，发现该单位除正常收取租金外，还按照实际用量收取租户水电费，但在财务账内未发现该笔收入。通过突击盘点，发现出纳处存有银行存折1本，内存近年来收取租户交纳的水电费2万元。在证据面前，出纳不得不道出收取租户水电费未入账也未上缴县财政的事实，该资金主要用于单位日常经费周转。对私存私放资金问题，审计组按规定进行了处理。

（3）运用数据分析技术，提升发现案件线索手段。

充分利用数据分析审计方法，创新审计思路，节约审计时间，提高审计效率。该单位为行政事业单位，主要资金来源是财政拨款收入，支出主要是办公、交通、差旅等日常经费开支。通过分析、对比各年度办公费、交通费、招待费开支规模，发现该单位各年度支出项目出现大幅增减现象，可能存在变相列支费用问题。对此，审计组展开对此项重大问题的关注，对各项支出重新进行详细分类，累计支出明细，核算实际使用情况，与相关经办人员进行沟通、谈话，发现、突破串联防线，了解到各类变通支出资金使用去向，取得第一手证据材料。通过此次审计探索，为今后审计行政事业单位财务支出的真实、合理提供了新的思路和方法。

（4）紧盯执法关键岗位，揭露行政执法人员失职渎职。

依法行使行政执法权对于维护法律权威至关重要。审计过程中，审计组调阅该局罚没收入台账及上缴入库情况，下乡抽查了该局收缴罚没款情况，发现存在罚没票据未送达和未及时送达当事人现象。调查情况为部分罚没票据已开尚在执法人员手中，该局责令经办人员限期整改。走访辖区3个派出机构，查阅办案台账、罚没款开票及案件结案，发现存在部分处罚对象未执行处罚决定的问题。通过进一步调查了解，未执行处罚决定的案件，主要是当事人经济困难等原因应收未收或"老赖"案件超出申请人民法院强制执行期限。审计期间，该局对未处理的遗留案件进行了再次梳理，将部分可通过法院执行的案件移交法院申请强制执行，将部分疑难杂症案件分解到人，确保行政执法的严肃性和公正性。

（三）审计成果与成效

1. 促进增收节支，减少损失浪费

对未缴税金及附加3.5万余元、收入未入账2万元、重复列报支出0.5万元的问题，该局按规定补缴了税金及附加，对未入账资金补记入账并上缴非税收入专户，重复列报支出予以收回并上缴非税收入专户。

2. 依法移送违法违纪问题线索

审计发现 2013—2017 年，该局经办人员使用办公用品、装潢制作、车辆维修等发票报销日常公务、来人接待、文明单位创建、扶贫慰问等支出 29 万余元的问题。对此问题，依法移送县纪律检查委员会处理。

3. 揭示风险隐患，维护经济安全

（1）审计揭示的未缴税金及附加问题引起了该局现任领导的高度重视，要求财务人员对漏缴税金问题及时与税务部门对接，核算欠缴税款及滞纳金事项。同时，该局积极筹措资金补缴税款，维护国家税收安全。

（2）审计揭示的收入未入账问题，该局在审计期间将未入账资金上缴县财政，并将资金补记入账。

（3）审计揭示的重复列报支出问题，通过抽查 2016 年度差旅费支出情况，发现单位差旅费支出中存在同一人员重复列报同日下乡或出差伙食补助费现象。该局在审计期间收回多报差旅费并上缴县财政。

（4）审计揭示的变相列支费用问题，县审计局以《审计专报》形式向县领导反映，县领导进行了批示，请各单位举一反三，严格加强财务管理，确保各项支出真实合理，严肃财经纪律，杜绝浪费，严禁变相支出，切实提高资金使用效益。同时，审计组主审受县纪委监委邀请，以审计案例的形式对部分县直单位进行培训和业务指导，培训会情况在有关媒介上得到宣传。

4. 推动完善制度，建立长效机制

2018 年，该局在财务管理和费用报销方面出台了《××县××局财务报账审签制度》等 8 项制度的通知，进一步规范单位财务管理，堵塞漏洞。如针对审计报告中反映的"公务接待费支出不规范"问题，制定出台了《××县××局公务接待制度》，要求公务接待一律由局办公室出具公务接待函，坚持"不铺张不浪费"及"谁主管，谁陪同"的原则，严格控制陪餐人员名额。针对审计报告中反映的"支出依据不充分"问题，制定出台了《××县××局办公用品使用管理制度》，要求办公用品由局办公室工作人员负责登记，要登记清楚时间、用品数量、用途和经办人，购买实行月结制度，不得累计，每月 20 日前由后勤股出纳负责结算，以清单为准，登记不清者，不予报账。

5. 加大违法违纪问题责任追究

此次审计共向纪检监察机关移交变相列支费用 29 万余元，案件线索 1 起。2018 年 8 月，县纪律检查委员会给予该局原局长王某党内严重警告处分。

6. 强化审计查出问题整改

审计组积极跟踪督促该局对审计查出问题的整改，下发督查整改通知，要求认真整改有关问题，现场督促指导整改工作。该局现任局长高度重视，召开审计整改工作专题会议，研究落实整改工作，认真进行整改，审计反映的9项问题基本整改完毕，收回各项违规资金6万元。通过这次审计和推动整改，完善了该局财务工作制度，健全了内部管理制度，制止了铺张浪费，确保票据报销规范、齐全，提升了行政事业单位财务管理水平。

第五节　民　生　审　计

一、民生审计概述

（一）民生审计的基本内涵

民生审计是指审计机关以维护国家和社会安定和谐为目标，依法对与人民群众利益最为密切的民生资金、项目和政策进行的审计监督。民生审计的目标是促进深化改革、保障和改善基本民生、维护人民利益，确保政策要求、预算安排、资金拨付和民生项目落地生根、不断完善和发挥实效，推动提高民生保障水平。民生审计的对象主要是各级政府中参与扶贫、"三农"、就业、社会保障、科技、文化、教育、医疗、救灾等民生政策制定与执行、资金和项目管理的行政主管部门或单位。近年来，秉持着"民生无小事"的态度，审计机关围绕医疗、教育、就业、养老托幼、扶贫助困以及保障性安居工作、老旧小区改造等相关民生事项开展审计，促进各项惠民富民政策落到实处。审计人员深入揭示了失业补助被蚕食、政府持有的公租房被违规融资抵押和担保、部分学校违规收费和处置资产、一些地区拖欠截留农户分红和务工工资等侵害群众切身利益的问题。

其中，精准扶贫审计助力国家打赢脱贫攻坚战、实现共同富裕，起到了极其重要的作用，在国家审计当中书写了浓墨重彩的一笔，因此本章以此为精准扶贫审计的开展讲解民生审计。

精准扶贫审计根据法律或授权，由审计机关（主要是政府审计机关）、内部审计机构采取专门的审计程序与方法，以扶贫资金分配及使用的真实性、合法性和效益性审计为主线，对现行精准扶贫政策的贯彻落实情况及精准扶贫政策目标的实现程度进行监督、评价和鉴证，考核监督各级政府和部门在扶贫治理活动中的责任履行情况，分析政策缺陷和制度漏洞及其产生的原因，并提出政策修补、制度改进及风险防范和化解的审计整改建议。

保障和促进政府全面有效地履行扶贫治理责任是政策跟踪审计的本质目标。不同于传统财政财务收支合法、合规性审计，实施精准扶贫政策跟踪审计不仅在于监督公共经济资源配置、管理和利用的经济性、效率性与效果性，还在于分析评估精准扶贫政策措施的合法合理性、判断精准扶贫政策执行过程中对相关要求的遵循状况，以及识别影响精准扶贫政策有关的因素，发现偏差与缺陷，提出相应的措施，促进精准扶贫政策的完善，最后确定精准扶贫政策措施实施的效果与政策制定原始目标和意图相符程度。

（二）相关法规

2013年11月，习近平总书记首次提出"精准扶贫"的重要理念，作出了"实事求是、因地制宜、分类指导、精准扶贫"的重要指示。"十三五"规划纲要明确提出,要建立扶贫政策落实情况跟踪审计机制。全国各级审计机关和广大审计人员深入贯彻落实习近平总书记关于扶贫工作的重要论述,按照党中央、国务院的决策部署,扎实开展扶贫审计工作,助力全面打赢脱贫攻坚战。

2016年,审计署向全国各级审计机关印发《关于进一步加强扶贫审计促进精准扶贫精准脱贫政策落实的意见》(以下简称《意见》)。作为第一份单独印发的扶贫审计工作指导性文件,《意见》明确了扶贫审计工作原则、审计重点以及确保审计成效发挥作用,为全国各级审计机关做好新时期扶贫审计工作提供了基本遵循,指明了发展方向。

2017年,《审计署关于在打赢脱贫攻坚战中进一步加强扶贫审计的意见》《审计署办公厅关于印发贯彻落实"十三五"脱贫攻坚规划具体措施的通知》《审计署办公厅关于"十三五"期间定期报送扶贫审计工作有关情况的通知》等多个文件相继出台,进一步明确了"十三五"期间扶贫审计的重点任务,建立了全国扶贫审计情况定期报送制度。

2018年,为深入贯彻《中共中央、国务院关于打赢脱贫攻坚战三年行动的指导意见》,审计署及时印发《关于贯彻落实脱贫攻坚战三年行动指导意见 进一步深化扶贫审计的通知》,认真组织开展以扶贫领域腐败和作风问题为重点内容的专项审计,持续开展"三区三州"等深度贫困地区、"一卡通"惠农补贴资金等审计,指导全国扶贫审计工作向纵深推进。

2019年,审计署举办全国审计机关聚焦推动解决"两不愁三保障"突出问题视频培训,深刻把握脱贫攻坚新形势新任务新要求。同时,组织编写了35万字的《扶贫审计方法指引》,印发7000多册,供各级审计机关参照执行,进一步规范了扶贫审计工作。

(三)精准扶贫审计的主体

国家审计机关、内部审计组织和第三方独立审计机构是我国实施精准扶贫审计的主体。但综观国内外精准扶贫审计现状,在审计实践过程中国家审计机关占主导地位,这是由政府在扶贫治理中的投资地位和审计机关的权威性决定的。当然,我们必须意识到,尽管国家审计具有法定性特征,其独立性强、强制性和权威性高使其能在一定阶段内牵头推动精准扶贫治理审计。但从长远来看,扶贫治理工程周期长、内容复杂,仅仅依靠政府的投资和监管去实施是远远不够的。事实上,扶贫治理与扶贫项目运作、企业的配合息息相关,项目内部审计或企业内部审计可以详细了解本项目(或企业)的扶贫治理情况,也最具能力从中发现当前扶贫治理存在的问题,并提出切实有效的解决方案。同时,会计师事务所等社会审计组织所代表的独立审计相对国家审计和内部审计,其独立性最强,发表的审计报告的可信度最高。因此,扶贫治理审计实行审计主体多元化,加入内部审计和社会审计的力量是十分必要的。

(四)精准扶贫审计的对象

精准扶贫审计的对象包括以单位为主体的各级政府和相关部门、以人为主体的地方党政领导干部和工作人员。此外,为保证审计独立性,精准扶贫审计应采取上级审下级的方式，由上级审计机关开展对下一级地方政府和领导干部的审计工作。

（五）精准扶贫审计的不足

精准扶贫、精准脱贫相关政策措施落实情况本质是国家重大政策措施落实跟踪审计的内容。扶贫资金审计的重点要看是不是按照中央有关统筹整合使用财政资金的要求使用资金，是不是按照规范程序调整资金用途，是不是把资金真正用到扶贫开发上。扶贫脱贫工作涉及政府各部门，涵盖金融、医疗、教育、交通等多方面，项目繁多，资金来源和使用范围广。精准扶贫审计难以做到面面俱到，特别是基层审计，需要投入的审计资源较多。在审计监督全覆盖的背景下，我国有待审计的项目数量也在大幅度增长，除了要对央企、国企、事业单位等进行审计外，还需要对公益项目和社会保障等各方面进行审计，不仅审计项目复杂，而且审计范围较广，审计难度较大。一方面，这使得分配给精准扶贫审计的时间不足，但扶贫脱贫本身周期较长，扶贫政策的效果很多时候不能在短时显现，这严重削弱了审计的速度和质量。另一方面，全方面审计使得投入精准扶贫审计人员不足，而且审计人员缺少扶贫相关知识，专业胜任能力不够。在大数据背景下，高端信息化审计人才严重匮乏，大数据技术的应用程度偏低，大大延缓了数据收集、整理及后续统计处理工作，严重降低了精准扶贫审计的工作效率。

我国在绩效审计方面研究起步较晚，绩效审计法律法规缺乏，绩效审计流程和方法也不完善，绩效审计理念宣传也不够到位。目前我国一些扶贫审计工作人员仍缺乏绩效意识，没有从根本上认识到绩效审计工作的内容和意义，在对扶贫资金进行审计时，更多关注的是扶贫资金的使用用途是否规范，而忽视了扶贫资金起到了多大作用。即使有些审计机构会对扶贫资金作用进行一定的评价，但也基本上都是事后审计，几乎很少有事前事中的绩效监控，而且事后审计的模式缺乏固定的标准，随意性较强。此外，普通民众在扶贫审计中的积极性不够，参与度不高，信息提供不及时或失真，也极大影响了绩效审计的实施。

从扶贫资金审计工作的性质上来看，表现出较强的复杂性和长期性，要完成对扶贫资金使用全面准确的披露，往往会存在较高的难度。不同于其他审计工作，扶贫资金的任务量较大，而且审计环境非常复杂，由审计署牵头进行全国范围内审计的成本较高，因此几乎不可能进行每年一审。从近年来我国扶贫资金的审计实践来看，我国扶贫审计普遍存在信息披露不完全的问题。主要表现在：大多扶贫审计仅公开最后的审计结果，而包含审计过程等信息的审计报告相对较少，且在审计范围和内容的披露上有所规避；我国地方审计机构设立的特殊性，地方审计机关受当地政府直接领导，地方政府在扶贫问题上表现出较为显著的敏感性，导致最后的审计结果披露受到外界较多的干扰。

精准扶贫审计属于新的审计项目方式，而目前我国尚未颁布相应的法律法规或解释性文件对其进行规范，导致扶贫审计过程中缺乏统一的具体操作指导，在实际审计工作中审计人员对于怎样获取和分析扶贫资料、怎样使用具体的审计方法、怎样客观评价扶贫政策落实绩效、怎样出具扶贫审计报告等方面存在争议，这使审计效果大打折扣。此外，对精准扶贫审计的问责机制方面也未作出明确的规定，使得审计发现的问题屡审屡犯，得不到有效整改。大数据环境下的精准扶贫审计更是全新领域,在扶贫数据采集、分析、处理、储存等方面都没有审计准则规范,审计风险也更大。

二、精准扶贫审计案例

案例5-1

审计促进精准扶贫政策落地见效

一、审计背景及目标

党的十八大以来,以习近平同志为核心的党中央从全面建成小康社会要求出发,把脱贫攻坚工作纳入"五位一体"总体布局、"四个全面"战略布局,作出一系列重大部署和安排,全面打响了脱贫攻坚战,促使发展成果更多更公平地惠及全体人民。2017年,H审计局派出审计组,对B县扶贫资金开展专项审计。审计组以"精准、安全、绩效"为主线,紧紧围绕精准识贫、精准扶贫、精准脱贫三个关键环节,促进扶贫资金一分一厘都用到实处。最终,审计发现该县存在超建档立卡户范围发放危房改造资金、光伏产业未充分发挥效益、教育扶贫资助政策执行不到位等问题。

二、审计发现的问题及整改成效

该县2017年建档立卡贫困村14个,贫困户近1万户、贫困人口2万余人,是全市的重点帮扶县之一。

通过调查了解得知,该县农村贫困户享受的各类资金都统一打卡发放至贫困户的农村居民一卡通账户。因此,在进点以后,审计人员第一时间与财政、扶贫部门联系,取得全县农村居民的一卡通账号和建档立卡贫困户信息。审计组在对该县农村贫困户危房改造工程资金的发放情况进行梳理时发现一个异常的卡号。经过计算机筛选比对,该卡号不属于一卡通账户。随后,审计人员到该县住建部门,调阅了农村贫困户危房改造工程资金申报的书面材料。通过翻阅资料,审计人员发现该卡号为一张城镇居民低保卡号。这意味着该户为城镇户口,不应该享受农村贫困户的危房改造资金。审计组指出问题后,住建部门工作人员承认是工作疏忽导致,在审计期间已让该户全额退还超范围发放的补助资金。

此外,由于该县对于建档立卡贫困户的危房改造补助标准高于一般农村危房改造补助标准。因此,审计人员将住建部门发放的建档立卡贫困户的危房改造补助与扶贫办提供的贫困户信息进行比对,发现有数户不在贫困人员名单,但按照建档立卡贫困人员的标准发放危房改造补助,超范围发放补助。

光伏电站是该县落实产业扶贫政策的"重头戏"。该县的光伏电站建设主要包括每个贫困村2座各30kW的电站,及贫困户的3kW的家庭电站。3年期间共建设有30kW的集体光伏电站24座,3kW的家庭电站605座。这些电站是否能够正常运转,是否真正能够给贫困户带来每家每年3000元的稳定收益?带着这些疑问,审计人员在入户调查时重点关注了村集体及家庭光伏电站的运转与收益情况。

光伏电站的电表安装位置通常很高，审计人员借来板凳、梯子，挨家挨户查看，并做好记录。在查看的时候，发现部分电表上显示一行代码"error unconnected"，并且电表没有正常运转。在记录该代码后，审计人员咨询该县供电部门员工，但他们表示，光伏电站的情况他们并不熟悉，需要咨询专业人员。审计人员立即联系该县光伏电站的中标企业，得到答复该代码为报错代码，说明该电站不能正常运转。为了解光伏电站发挥的效益，审计人员要求中标企业提供近3年该县光伏电站的报修、维修、定期巡检等记录。同时，联系该县供电部门，要求其提供村集体及贫困户光伏电站电费结算情况。电费结算单显示，截至审计时，该县2015年建成的225座家庭分布式光伏电站电费结算情况显示，结算至2016年12月的90户中，低于2000元的有20户，占22.2%。收益与预期年均增收3000元左右有较大差异。

审计结合入户调查了解的情况及供电部门、光伏施工企业提供的发电量、报修维修数据发现，光伏电站未能达到预期收益主要因为个别地区电压不稳造成发电不正常、部分家庭光伏电站安装条件不达标、农户维护及使用意识不到位等原因。找准了症结所在，审计人员与该县扶贫部门进行了深入沟通，要求其督促有关部门加大光伏电站相关知识宣传，要求电网企业确保农村电网改造升级质量满足光伏发电上网需求，电站中标企业健全运维体系，定期核查维护设备，各方协力保障光伏扶贫发挥最大效益。

治贫先治愚，扶贫先扶智。教育是阻断贫困"代际传递"的治本之策。审计重点关注对教育扶贫资金的投入、拨付、分配、管理及使用效益等情况，着力打通教育扶贫资金最后一公里。

审计人员在建档立卡人员中筛选出符合国家、省、市、县各类教育资助标准的学生，与教育部门的资助情况进行比对，发现存在应享受教育扶贫资助而未享受的现象。因各级教育资助政策较多，该县教育部门人员表示核实有困难。为进一步深入了解情况，审计人员带着筛选出来的名单，深入乡镇、村社，开展入户调查。在审计人员不断努力下，审计核实发现该县学前教育、义务教育、普通高中教育和中等职业教育阶段的建档立卡贫困家庭学生有59%未享受相应教育扶贫资助。随后，该县根据审计意见，为900多名贫困学生补发了资助资金65万元。

资料来源：https://sjt.ah.gov.cn/xwzx/sjdt/jyjl/40230653.html。

斩断伸向扶贫资金的"黑手"——四川扶贫资金审计案例解析

一、审计背景及目标

2014年，四川省审计厅派出审计组，对某县级市扶贫资金开展专项审计。在前期对市扶贫移民局、财政局和以工代赈办等扶贫资金管理单位审计中，无论是项目申报、审批，还是资金拨付及管理，都基本符合相关规定。审计组决定对重点资金、重点项目和重点企业进行实地抽查,看看国家扶贫政策的"最后一公里"即项目资金落地执行的情况如何。

二、审计发现的问题及整改成效

审计人员分成3个基层乡村抽查小组,克服山道崎岖、坡陡路远、颠簸晕车等困难,对重点乡镇连片扶贫开发项目进行抽查。针对扶贫项目是否按实施方案执行、补助资金是否及时发放到农户手中、是否达到预期的社会和经济效果等问题,审计人员们深入乡镇、村社,进行实地询问和调查。

一个被分到对该市某村茶叶低改扶贫项目开展实地调查的审计小组,很快发现了问题。在前往项目所在地的路上,该村村长和村支书各骑一辆摩托车,给审计人员随行带路。审计人员却发觉,一路上村长总是采取抄近路的方式,希望能提前到达项目地。当审计人员到达项目实施现场询问当地茶农时,茶农们纷纷回答:"(项目)实施了的""我们都满意""肥料和补助款都领到了""感谢党和政府好政策"……

异口同声的回答,让审计人员心中疑窦顿生:为什么农户们都还不知道审计组的来意,就异口同声地回答问题?更奇怪的是,一些茶农的表情还有些奇怪和别扭。而当审计人员有意询问个别茶农具体细节时,对方的回答支支吾吾,目光不自然地望向旁边的村干部,表现出明显为难的情绪,有的人甚至闭口不再细说。通过这些细节,审计人员判断其中必有隐情!

审计小组决定采取其他审计措施核查其中破绽。"财政扶贫资金实行的是县级财政报账制管理办法,凡是扶贫项目资金支出,均应到县级财政报账,如果有虚假报账,账目上一定能发现蛛丝马迹!"一位审计小组成员介绍说。

审计人员立即返回镇财政所,打算从镇财政所向市财政局上报项目资料入手,寻找突破口。通过对报账资料的详细检查,审计人员发现,其中有一张金额10多万元、实物量为50余吨的购买复合肥料发票,开具的销售单位是一名个体户。

"这么大的销售金额,竟然是一家个体户销售的,明显不符合常理!"审计人员马上警觉起来,进一步检查发现,根本没有购买肥料运货单、运费结算单、肥料发放清单等应该具备的关键证明资料。审计人员分析称,很可能存在虚假购置化肥经济事项、报账套取资金的问题收集相关证据后,审计人员立即对采购经办人进行突击询问,通过讲解有关法律法规开展政策攻心,结果证实,该项目果然没有购买化肥,发票确实是找个体户虚开的。

审计小组又进一步抽查了两个年度发放补助的花名册,发现花名册也存在问题:虽然不同年度的人员顺序有变化,但领取的补助金额和签名字迹两年几乎都一模一样。审计人员立刻找到镇上负责编制补助工资花名册的经办人员进行单独询问,经办人最终交代称,镇干部自行编造补助人员花名册和技术人员的工资名单,统一私刻茶农私章,套取扶贫项目资金。

真相至此大白:茶叶低改扶贫项目根本没有实施,项目补助也没有发放给茶农。截至审计时,通过此方式套取的扶贫资金共计60余万元,仍结存在镇财政所尚未使用。

案件引起该市政府及有关部门高度重视。该市纪委迅速启动程序进行处理,被套取的

60余万元资金成功追回,如数归还到市财政局统筹用于扶贫项目,14名相关责任人员被追责,其中2名责任人受到党内严重警告处分,12名责任人受到党内警告处分。随后,该市政府和相关管理部门又相继出台了系列规范扶贫项目建设和资金管理的制度办法。

财政贴息作为扶贫资金的一部分,是一项惠民措施。贫困地区的一些企业、贫困户为了实现自身发展,会到当地银行或农村信用社去申请贷款。为了支持企业发展和贫困户脱贫致富,国家通过贴息的方式,对取得贷款的企业和个人进行补贴和扶持。

2014年12月,审计人员在对财政扶贫贷款贴息资金进行审计时,发现某县级市的一家畜禽养殖专业合作社通过一笔300万元的扶贫贷款,享受了6.8万元的财政贴息。

审计组决定对该企业的银行贷款是否真实、享受的贴息资金是否准确、享受贴息的项目是否带动贫困户增收情况进行核实。

审计组兵分两路,一路去银行核实贷款,另一路直奔该企业实地调查。审计人员在银行核实相关贷款资料时发现,银行的信贷管理系统中无该企业300万元的贷款,也没有收到过该企业的贷款利息。这一情况引起了审计人员的高度警觉,审计组立刻采取对银行的相关负责人进行谈话、进行外围调查等措施,通过审计人员的法律政策宣传和再三要求提供贷款合同和结息清单等资料的情况下,该银行负责人和相关人员承认出具了虚假的贷款合同和结息清单的事实。

在已掌握这笔贷款相关材料均系伪造的情况下,另一路审计人员又与该企业负责人进行了多次交锋,在事实面前,该企业负责人终于承认了其串通银行内部工作人员,伪造了借款金额为300万元的虚假个人综合消费贷款合同,并按照合作社申请财政贴息的需求,伪造了借款支取凭证和偿还贷款利息票据,最终骗取扶贫贷款项目财政贴息6.8万元的事实。

该市政府督促市财政局全数追回扶贫专项资金,同时责成制定并落实整改措施,严令今后不得再发生类似问题,相关责任人也受到了相应的处理。

资料来源:https://www.audit.gov.cn/n4/n19/c78379/content.html.

自学自测　扫描此码

第六章 国家审计的研究综述

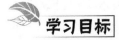

了解国家审计各发展阶段研究状况。

第一节 萌芽阶段（1949—1994 年）的研究综述

一、1949—1981 年

新中国成立之初，我国国民经济经过调整、恢复阶段，进入大规模经济建设时期。此阶段，我国对于经济工作的检查和监督没有给予应有的重视，审计工作承续革命根据地和解放区审计工作的做法（陈太辉，2008），由财政和监察等部门负责财政预算决算的审查和预算执行的监督、检查和处理各部门、各单位违反财经法纪等问题，这种做法延续到 1952 年。

1954 年，我国设立监察部（2018 年改为国家监察委员会），其受国务院领导，任务主要包括对全国各级行政机关、国营企业、事业单位进行经济监督和检查。1966 年，随着"文化大革命"的开始，此阶段我国无独立审计机构，国家审计功能遭受重创。直至 1978 年 12 月，党的十一届三中全会召开，作出了开展社会主义现代化建设的战略决策，改革开放成为中国特色社会主义事业发展新时期最鲜明的特征，对经济进行有效监督的重要性地位提升，我国现代国家审计讨论和研究此时才正式展开。

二、1982—1994 年

1982 年第五届全国人民代表大会第五次会议决定在中国实行审计监督制度，该制度被写入了《宪法》，明确了各级审计机关的独立监督权。

此阶段，鉴于我国审计制度刚刚恢复，规范审计工作的规章制度不健全，各项工作仍处于探索之中；加之改革开放初期，我国国情复杂多变，故关于国家审计的研究主要集中在对我国审计制度的基本探索，以及研究如何建立适合我国的审计制度上。

首先，学者们对审计的基本定义进行了探讨。娄尔行和唐清亮（1987）以审计本质为中心，兼顾审计对象、类别、职能和作用等问题进行了分析，他们认为定义审计本质为专职机构和受委托的专业人员以被审单位的全部或一部分经济活动为对象，进行审核检查，收集和整理证据，确定其实际情况，对照法规和一定标准，以判断经济活动的合规性、合法性、合理性和有效性,以及有关经济资料的真实性和公允性的经济监督、评价、鉴证活动。阎金锷(1989)则强调审计是一项具有独立性的经济监督活动,其最基本职能为经济监督。

其次,学者们对我国的审计体系进行了研究。张鸿欣(1982)认为,我国审计学体系可以按审计基础知识、内部审计、外部审计三部分安排,其中,外部审计包括政府审计、国营企业审计和中外合资经营企业审计。刘大贤和赵连城(1982)提出我国审计机构的特点是"一头三线","一头"指国家审计机构体系的最高领导机关,"三线"指国家审计机构体系的组成部分,包括:国家审计总局,中央各部委到管理局、公司、企业的内部审计机构,以及业务上附属于各级审计局的以民间群众团体组织名义出现的会计师事务所。张莉莎(1984)则建议,我国应当建立由国家统一领导下的分级审计体系,包括国家审计、部门和专业审计、企业单位内部审计,且我国的审计应该以部门和专业审计、企业单位审计为主,而国家审计则负责监督部门审计、专业审计和企业单位内部审计。也有学者持不同观点,认为在当时的市场经济条件下,我国审计体系将转变为国家审计为主导、民间审计为主体、企业内部审计为基础(边恭甫,1994)。虽然不同学者关于审计体系的区分和理解不同,但就主流观点来说,我国审计已由单一的国家审计发展为国家审计、内部审计和民间审计相结合的审计工作体系和审计机构体系(刘世林,1987)。

最后,学者们对此阶段我国国家审计体制的改革发展进行了探索。现代国家审计的发展,是公共受托责任扩大的结果,国家审计的对象即为受托管理公共资源的机构,范围包括中央和地方政府机构,以及各类国有企业事业单位(张杰明,1991)。我国的国家审计存在着一些问题,如以权压审、内部迁就变通等(周友梅,1992),加之经济体制改革的需要,故国家审计制度需要进行变革。学者们对变革方向进行了预测,有人认为,新审计体制应当符合"放权、分权与责任制约"要求,理想模式下,审计机关隶属于全国人民代表大会,作为国家的经济监督机关(周友梅,1992),具体来说,即使行使经济监督职能的国家审计机关与行使国家行政管理的政府部门、行使司法职能的各级人民法院、检察院之间处于平等地位上;还有学者建议转变政府职能,加强和改善国家对经济的宏观调控,强化审计和经济监督,使审计机关成为高层次的综合经济监督部门(杜水清,1993)。总的来说,学者们对于我国国家审计制度改革的建议主要分为两方面:一是提升国家审计机关的权威性、独立性(周友梅,1992;刘开瑞,1994);二是缩小政府审计范围(秦荣生,1994),加强对政府宏观经济调控体系的监督,减少对企业的监督(邱学文,1994)。

第二节 探索阶段(1995—1999年)的研究综述

1994年《审计法》颁布,标志着我国国家审计进入新的阶段。伴随国家审计实务进步及审计内容拓展,审计基础理论、绩效审计、经济责任审计、环境审计、审计制度改革、审计结果公告制度及审计技术等方面的研究成为该时期的热点主题。

一、环境审计

1995年,最高审计机关国际组织在埃及开罗召开第十五届大会,该大会将环境审计列为主要议题,并将其纳入《开罗宣言》,这一行为受到了国际审计界的重视,并对环境审计的发展起到了积极作用。我国学者们意识到建立环境审计制度的重要性和必要性,故开始对其展开研究。

《开罗宣言》的定义框架针对国家审计,其内容涵盖了最高国家审计机关的日常工作,例如,审计机关可以对环境政策的拟定提出意见或建议,把环境审计立项作为一个独立审计项目,以此扩大审计机关的职责和权限。

一般认为,环境审计的主体和一般审计一样,分为国家审计机关、民间审计组织和内部审计机构,三者职责和范围有不同的侧重点(郭照敏,1998),这些审计组织在形式上与一般审计组织形式没有什么不同,但审计人员的区别很大(包强,1999),环境审计必须聘请有关环境方面的专家以提高审计效率。其中,政府环境审计是由独立于国家环保部门的国家审计机关,在宏观上依法对环境管理经济活动进行综合评价和审查。具体来讲,企业履行环境保护法的法律责任是需要评价的,违反相关环境保护法律法规,对环境造成污染,理应受到惩罚,此时便需要国家审计机关应对它进行执行监督,评价履行法律责任,提示其违法行为(张以宽,1997)。

有学者认为,环境审计通过对环境管理系统的监督和评价,成为环境管理系统的一个重要组成部分,而环境管理本身是一个巨大的系统工程,其涉及多部门、广范围,故需要综合性的经济监督,这也是具备综合性经济监督能力的国家审计机关建立环境审计制度的客观基础(陈东,1999)。基于此,学者们认为不同审计组织在环境审计中的地位是不一样的,国家审计机关和内部审计机构才是环境审计的主体,在我国,环境审计应作为一项政府审计,主要由国家审计机关依据有关法规对环境保护活动的合法性和经济性,以及环境资源的质量进行审计,以促进经济发展与环境保护相协调(包强,1999)。

二、绩效审计

审计是由于经济责任的产生而产生,并随着经济责任的发展而发展,这对政府工作提出了要求,即取之于民的,不仅要用之于民,且这一过程应当是经济有效的(任强,1996)。而自改革开放以来 我国的财政支出飞速发展,公共支出规模不断扩大,出现了规划不当、经济责任不清和铺张浪费等问题,导致公共资金浪费日趋严重(尚兆燕,1999),随着人们对提高公共部门支出的效益和明确支出的经济责任要求的提高,开展绩效审计,提供公共资金使用方面的信息,加强对政府部门的监督已成当务之急。

我国绩效审计由政府审计机构实施,由于起步较晚,与西方各国较成熟的绩效审计在各方面存在一些差异。例如,我国将企业经济效益审计与政府绩效审计并列为绩效审计对象,某些程度上导致了对行政事业单位的政府绩效审计的忽视;在审计手段与方法上,我国仍大量采用传统方法如统计分析法、比较法等，效率较低（曾晓平和陈宋生，1998）。总体来说，此时绩效审计在我国已经起步发展，虽然仍处于初级阶段，但我国当时以立法形式确立绩效审计在审计体系中的地位，并及时在全国范围的公营部门实施绩效审计，是面临上述形势需求和挑战的最明智的选择（尚兆燕，1999）。

除此之外，学者们也指出，绩效审计要求国家审计人员对公营部门非营利机构的活动从经济性、效率性和效果性三方面重点进行审计（任强，1996），而当前我国审计机关尚未对政府部门和使用公共资金的单位进行完全意义上的绩效审计，仅停留在对真实性、合法性的审计上，注重业务活动分析，忽视目标及管理制度的分析（徐鸿飞，1998），这是我国当时绩效审计亟须解决的问题之一。学者们针对上述情况，提出了一些建议，包括：制订全国性的政府绩效审计规范；确立科学的评价标准；加强对审计人员的培训；处理好真实性、合法性审计与绩效审计三者之间的关系等（尚兆燕，1999；徐鸿飞，1998）。

三、国家审计风险

与注册会计师审计一样，国家审计也存在审计风险。学者们认为国家审计风险是指国家审计机关派出的专业人员依法对被审单位进行审计后，由于提出的审计意见或作出的审计结论和决定不恰当或不正确而给审计主体带来某种损失的可能性（谭劲松，1999）。构成国家审计风险主体的不仅包括对审计事项的客观、真实性的评价，还应包括审计机关或审计人员依法审计，依法行政的内容。国家审计风险带来的损失一般指引起法律诉讼，例如，被审计单位提出行政复议或上诉人民法院以维护自己的合法权益（廖洪，1999），导致审计主体向被审单位赔礼道歉并撤销审计决定，若败诉，还需承担撤销审计决定和支付诉讼费用并赔偿经济损失等责任，这会对审计机关的形象造成极大的损害（廖洪，1999）。

也有不同观点认为，虽然在国家审计风险发生时的某些情况下，存在支付一定赔偿的可能，但绝大部分还是以撤销审计决定的形式纠正审计结论偏差，承担风险损失的后果是相对有限的（谭劲松，1999）。关于国家审计风险的防范，学者们认为要提升审计人员的素质，强化审计风险意识，严格履行审计责任，并治理审计环境，在审计工作过程中控制审计风险，加强审计项目质量管理（张伏玲，1999；谭劲松，1999）。

第三节　发展阶段（2000—2010年）的研究综述

2000—2010年是我国国家审计的发展阶段。经过15年的探索和发展，国家审计的格局已经基本形成。施松青和赵刚（2000）研究了国家审计的特点和发展趋势。随着审计环境逐步优化，社会公众对国家审计机关的期望值提高，对于审计中存在的问题更加不容忽视。审计法确立了审计机关的职责，但其法定职责还不够完整，审计范围和内容在实际中的约束程度还不够（崔振龙，2004）。王松华（2004）对比国内外的政府审计工作，发现我国审计机关在计划制订上有一定的盲目性，没有全盘统一的审计重点。

一、宏观治理层面

从宏观角度，罗良辰（2000）提出宏观调控是将国家审计区别于内部审计和社会审计的重要特征，是较高层次经济监督的体现。韩丽荣和郑丽（2004）对我国财政监督与审计监督所属层次进行了区分，指出财政监督是属于财政管理下的监督，审计监督则是一种独立的经济监督。李子雄和陈永福（2002）研究了国家审计在宏观经济管理方面发挥的作用，主要对财政收支计划、财政政策的执行及资本市场运作进行监督评价。除上述作用外，曹严礼（2004）还提出国家审计加快了金融市场化改革进程，为金融机构市场化经营提供了监督保障。京津冀特派办课题组（2006）在明确国家审计与宏观调控之间存在互动关系的前提下，总结了二十几年来国家审计在宏观调控中发挥的作用：一是促进决策，实现宏观调控政策的调整与完善；二是促进执行，监督宏观调控政策的贯彻实施。

随着我国社会主义市场经济体制的逐步建立与完善，叶笃鳌（2002）探讨了国家审计在财政监督体系中地位和作用的变化趋势。审计署科研所课题组（2003）提出国家审计是对权力监督的长效机制，从权力必须受到监督、权力监督系统要不断完善、正确认识国家审计对权力的监督、深化国家审计对权力的监督等四个方面论述了国家审计对权力的监督问题。石爱中（2003）运用寻租理论对审计寻租行为进行了解释，并得出结论：国家审计通过增加寻租成本抑制寻租行为。赵劲松（2003）指出国有经济和国有金融机构占主体的国情为国家审计全面发挥金融监管作用提供了客观基础，国家审计具有对监管者进行监管的"再监管性"。张冰（2004）认为审计的本质就是监督，加强对权力的监督和制约，就是从更高层次体现审计的本质。王世谊和刘颖（2009）通过研究发现国家审计发挥作用的主要方式就是以科学发展观为指导，以审计人员综合素质为支撑，以探索创新精神为动力。

在新的国有资产监管体系下，陕西省审计学会课题组（2004）重新审视了国家审计在国有资产监管中的角色和职能定位，深入剖析国有资产管理体制调整对国家审计监督的影响，在审计的目标、内容、对象、方式、手段等方面有针对性地提出适应新的国有资产监管体制。乔瑞红（2009）论述了国家审计在维护国家经济安全中的作用，提出了国家审计维护国家经济安全的具体途径。蔡春等（2009）对二十国集团国家审计在应对金融危机中所发挥的作用进行系统分析，在此基础上提出了"后危机时代"更好地发挥国家审计功能的相关措施。张庆龙和谢志华（2009）通过审计本质、政府监管、制度均衡三个视角分析了国家审计介入国家经济安全的理论依据，从完善审计制度、建立经济安全评价指标体系、国家经济信息安全审计等几个方面提出了国家审计如何在维护国家经济安全方面更好地发挥作用。

二、微观企业层面

国有企业改革之前，国有企业审计一直是国家审计的重要内容之一。蔡春（2000）在中国审计学会"审计在国有企业改革与发展中的作用"课题研讨会中发表观点，阐述了国家审计拥有对国有企业审计权的必要性与必然性。陈艳（2000）认为国家审计机关在国有企业改革中对企业财务状况和经济效益的监督不够，只注重事后监督，却很少进行事前预测和事中控制，没有发挥审计的预警作用。

在国有企业改革中，杨苗（2007）分析了国家审计"缺位""错位"和"不到位"的问题。张先治和蒋美华（2008）则从国家审计管理和审计技术两方面国有企业改革中的审计问题。随着国有企业改革的深化，王宏（2000）提出，国家审计逐渐不适应国有企业形式发展的多元化，未来国家审计应由直接转间接，由社会审计担当审计主力。进一步地，余玉苗（2001）认为重要的国有企业还是应当由审计机关进行审计，注册会计师则在中小型国企和国有控股、参股企业发挥审计作用。除了充分利用内部审计和社会审计资源外，王晓梅和邢楠（2009）指出妥善处理国有企业中非国有股股东的关系也至关重要。

三、国家审计、内部审计与社会审计的关系

如何处理国家审计与内部审计和社会审计的关系，这也是学术界的研究重点。徐汉友（2004）研究发现，若对国有企业逐个进行详细审计，审计机关会显得力不从心。因此按照国家改革的思路，实行抓大放小，将某些审计对象移交给社会审计执行具有一定的现实意义。孙宝厚（2001）提出国有企业普遍委托社会审计组织审计是基础，审计机关应当对此加以监督并充分利用其成果。欧阳丽君和武喜元（2006）从审计目标、审计地位、从属关系及审计职能方面对国家审计、内部审计和社会审计进行了区分。耿建新和杜美杰（2001）将国家审计与社会审计的沟通界定为利用工作的起点，报表审计的资产、负债和损益等科目也为国家审计利用社会审计提供了必要性。谢志华（2003）则建议对审计体系具体分工，由国家审计负责对公共财政进行审计，社会审计主要对企业进行审计，内部审计则对强化企业内部治理结构发挥作用。马玉珍（2008）提出审计资源整合观点，以建立审计资源库为契机，协调与其他监管部门的相互关系，系统整合审计领域的信息资源。车嘉丽（2008）和张文慧（2010）认为通过政府审计和社会审计资源的整合，可以实现审计资源共享，从而达到审计范围、审计优势领域及审计目标的协调。

四、绩效审计

在2000年的中央部门预算执行审计工作会议上，李金华审计长和翟熙贵副审计长发表重要讲话，强调国家审计的首要任务是对财政收支进行监督。根据国务院第181号令《中央预算执行情况审计监督暂行办法》的规定，汪照全（2001）指出审计机关开展财政收支审计，揭露财经领域的违法违纪问题，对政府加强预算管理和人大监督政府财政收支具有重要意义。汪照全（2002）从我国法律赋予审计机关的基本职责出发，指出国家审计随财政而产生，因此财政审计是国家审计的永恒主题，是建立社会主义市场经济体制的客观需要。沈葳（2005）引入了公共财政责任概念，得出结论：公共财政审计正逐步代替传统的财政审计。

2008年金融危机后，何洪彬（2010）借鉴西方各国政府审计理论，认为深入开展绩效审计具有目标准确性、任务准确性和对象清晰性，符合提高公共财政支出绩效的需要。蒋

云根（2005）也提出，将绩效审计纳入政府公关服务能提高资金使用效果，促进资源的有效配置。刘力云（2001）将绩效审计定义为利用资源的经济性、效率性和效果性进行评价。开展绩效审计的目的是从第三者角度，向利害关系人提供经济责任履行情况的相关信息，促进资源管理者和经营者改进工作，更好地履行经济责任。天津市审计学会（2000）将政府绩效审计的特征总结为以下四点，分别是：审计层次上具有宏观性，审计对象上具有系统性和广泛性，评价方法上具有科学性和综合性，审计目标上突出效益性。通过比较英国、加拿大、澳大利亚、德国、日本等国家的政府绩效审计，张继勋（2000）建议我国政府机关可以将财务收支审计与经济效益审计相结合，以提升工作效率。程新生（2000）、郭振林（2006）、廖洪（2007）、顾晓敏（2010）等则具体分析了中美法绩效审计所处的政治、经济、法律、科技、社会和文化教育环境，杨肃昌和肖泽忠（2004）认为我国绩效审计与国外的不同点体现在三方面：一是绩效审计在我国处于初级阶段；二是我国政府机关的审计人员专业胜任能力还不够；三是违法违纪现象严重，审计任务艰巨。为深入探究国内外绩效审计的效果差异，朱小平等（2004）提出建立与国家审计绩效指标体系相衔接的"成本效益比"综合指标。通过对国家审计和公共行政关系的考察。王素梅和赵杨（2000）也发现，绩效审计的价值体现在引入效益指标，实现了形式合理性与实质的融合。温美琴和胡贵安（2005）结合我国国家审计的环境变迁，分析得出结论：我国已具备建立和推行绩效审计制度的社会经济、政治和法治环境基础。在前述研究基础上，温美琴（2007）设计了行之有效的政府绩效审计评价指标体系，由公共资源耗费、政府管理绩效和项目绩效三大审计评价指标构成。

对于如何加强我国政府的绩效审计，蒋云根和孟文海（2005）认为最重要的是加强绩效审计法治化建设，进一步完备绩效审计法律体系，确立绩效审计的权威性与独立性。此外有研究提出在市场经济条件下，改进政府绩效审计，首先要改革现有国家审计管理体制（张丽华，2001）。陈晓媛（2005）也认为在倡导政府绩效审计的同时，应当集中力量转变政府绩效审计的模式由行政型转变为立法型。实现人大立法监督和审计监督的有效结合，有助于增强政府绩效审计的独立性（许宁宁，2008）。

五、国家审计体制

审计制度是国家的基本政治制度之一。因此在围绕国家审计展开的浩如烟海的研究中，审计体制是颇具争议的研究主题。我国双重领导体制下的国家审计模式始于20世纪80年代，国家审计署隶属于国务院，受国务院总理领导；地方审计机关接受双重领导体制，既对本级人民政府负责，又向上一级审计机关报告工作。王家新（2003）、刘威（2007）等分析了英美国家审计机关的立法型隶属模式，其不受行政当局的控制和干预，具有较强的超然独立地位。郑雅琴和郑文生（2002）分析了我国选择行政型审计体制的原因，因其不仅能充分发挥地方审计机关的积极性，还能充分发挥其在国家宏观经济管理中的作用。杨肃昌和肖泽忠（2004）分析后认为宪法思想对我国政治制度发挥决定性作用，正如分权论制约西方的政治制度，由于民主集中制的马克思主义理论，我国人民代表机关统一行使权力。尹平（2001）和郝振平（2000）指出该模式具有明显的时代特征，但同时存在客观必然性和现实可行性。

基于之前的研究，尹平（2002）将行政型审计体制的缺陷归结为以下三方面：一是审计监督职责的履行很难落实到位，二是审计报告制度的实施受到制约，三是依法独立实施审计监督缺乏必要的保障。在对世界主要国家的国家审计体制进行研究后，曹霞（2001）提出建立立法型国家审计模式，采用垂直领导与分级领导相结合的领导体制。吴秋生（2001）也认为将我国国家审计体制由行政型改立法型是必要的，也是可行的。吴联生（2002）通过建立国家审计隶属关系的评价模型，运用经验数据开展实证研究，最后认为国家审计应隶属于国务院，建议把双重领导体制改为单一的垂直领导体制，将地方审计机关从地方行政机关的权力范围中脱离出来，业务上和行政上都直接接受审计署的领导。邓君（2000）和钱小平（2008）等则是从审计机关执法权角度，指出双重领导体制是导致国家审计执法不严的客观因素，国家审计权应当完全有别于行政权，居于立法权之下。马曙光（2005）基于博弈均衡视角，认为国家审计制度变迁的实质是一个均衡向另一个均衡变动的过程，其动力来源于制度环境压力和内部环境冲突。

随着市场经济日趋完善，政府职能发生转变，现代企业制度开始建立，郎少平（2000）研究发现要克服双重领导体制的缺陷，必须将地方审计机关从地方政府的领导之下解放出来，实现一元化垂直领导。自我国加入世界贸易组织，政府行为的公开透明化和法治化，为国家审计制度变迁至非行政模式铺平了道路（沈永贵等，2003）。张乃炎（2002）也认为，国家审计环境发生变化，因此审计体制改革势在必行，但焦婷和王冬（2005）指出改革是一个循序渐进的过程。为增强国家审计体制改革的可行性，肖泽忠（2009）采用问卷调查法研究得出了结论，建议采用双轨制作为过渡模式。陈一博（2003）、李君（2005）等提出改革两步走战略：第一步将省级以下审计部门从政府部门中独立出来，审计署仍归国务院领导；第二步审计署改归人大领导。针对国家审计体制改革的研究也存在不同观点，马曙光（2006）应用新制度经济学思想和方法，研究发现政治制度和历史传统深刻影响国家审计体制选择，改革时机尚不成熟，反而应当将重点放在审计职责的全面履行上。宋夏云（2007）通过对学界专家开展网上问卷调查，结果显示不少学者认为国家审计体制向立法模式转换还存在诸多现实阻碍，如特殊时期的客观需要和历史条件等。

六、国家审计质量

南京市审计局课题组（2008）从审计风险出发，认为行政型审计体制虽符合行政权强势的基本国情，但地方审计机关容易遇到以权力压审计的情况，而审计体制改革在增强审计机关独立性的同时，也能有效降低审计风险。迟和权（2003）综合多种观点，将国家审计风险的内涵概括为：国家审计机关及其审计人员在履行审计监督法定职责过程中，对特定审计事项发表不恰当审计意见而承担责任或损失的可能性。余春宏和辛旭（2003）总结出国家审计风险具有客观性、潜在性及深层次性。针对国家审计风险的构成，鹤翔（2000）认为宏观政策法规的多变、法规的前后矛盾是引起审计风险的重要原因。李保伟和冀玉玲（2000）将国家审计风险分为客观和主观层面，陈媛（2002）认为审计风险的客观成因包括被审计单位内控制度、经济业务复杂性、外部行政干预和审计管理体制等，王会金和尹平（2000）将主观原因归于审计主体行为和审计人员素质。成文辉（2003）提出审计质量控制机制不健全，也会增加审计风险。在前述研究基础上，干胜道和王磊（2006）运用信息不对称理论分析出国家审计风险来源的一个重要因素是信息不对称，构建国家审计信息平台有助于多渠道掌握被审计单位信息。

在与国家审计风险相关的研究中，对于提升国家审计质量的论述也屡见不鲜。赵劲松（2005）运用比较分析法和相关分析法，建立了函数模型，将影响政府审计质量的因素细化为八个方面：审计人员的专业知识和审计技术；审计人员理解和执行国家政策法规的能力；审计人员的宏观视野和分析能力；审计人员的数量；审计工作量；审计人员的声誉；审计体制独立程度；审计发现问题被纠正的程度。孙伟龙（2009）向地方审计机关工作人员发放问卷，通过专题调研的分析方法，揭示了目前政府审计质量管理中存在内部控制僵化、资源配置不合理等问题。从哲学、法学、经济学相结合的视角，王芳和周红（2010）以2005—2007年间参加"全国优秀审计项目评选"的审计项目为样本，实证研究发现程序审计质量对于结果审计质量具有显著的正面影响。张龙平和李璐（2009）借鉴了注册会计师审计质量控制相关理论和做法，提出了制定基本准则及具体准则、建立健全质量控制制度等五项国家审计质量控制的改进设想。

七、审计"免疫系统"论

2007年全国审计工作会议上，刘家义审计长首次提出国家审计"免疫系统"论。在2008年3月召开的中国审计学会五届三次理事会暨第二次理事论坛上，刘家义审计长对此观点又进行了较为详尽的、系统的阐述。他指出，犹如人类免疫系统能够预防病毒侵害一般，国家审计也可以通过预防、揭示与抵御的方式发挥国家经济社会运行的"免疫系统"的作用。《审计署2008至2012年审计工作发展规划》也把审计的本质定位为国家经济社会运行的"免疫系统"，要求把充分发挥审计的"免疫系统"功能作为审计工作总体目标的重要内容。李凯（2009）结合公共受托责任变化来考察国家审计本质的变迁，得出了国家审计的本质是国家经济社会运行的"免疫系统"的结论，由此印证了刘家义审计长的观点。

陆晓辉（2009）从审计理论创新、审计制度强化和审计组织价值提升三方面，肯定了审计"免疫系统"功能论的重要意义。段兴民和赵晓玲（2009）将我国国家审计与美国的进行比较，发现"免疫系统"论所提出的审计目标与美国政府问责总署的目标相比范围缩小了很多，内容更加具体。赵保卿（2009）对国家审计的预防功能进行了剖析，他认为要发挥审计预防的职能作用，必须通过强化审计的约束力、协调审计与其他经济监督形式的关系、强化内部控制审计程序、科学考评审计工作质量等来建立审计预防的运行机制。宋常（2009）分析了"免疫系统"理论视野下国家审计的防御、自稳和监督职能。唐振达（2009）在审计"免疫论"的基础上，设计了建设项目跟踪审计的运行机制，以形成利益制衡。舒利敏（2010）研究了国家审计免疫系统的实现路径。赵彦锋（2009）将国家审计作用机理形容为识别问题、处理问题、完善机制、抵御病毒的螺旋式上升过程，并提出实现国家审计"免疫"功能的路径如下：树立科学审计理念、确定重点审计领域、筑牢审计工作根基。马玉珍和徐行恕（2010）探讨了审计免疫系统的理论框架构建，包括构建多层次的经济社会风险预警指标。此外，孟焰和张军（2010）还提出改进人力资源管理、建立审计技术跟进手段，以保障国家经济运行的安全和稳定。

八、未来研究方向

针对国家审计的发展展望，陈尘肇（2007）提出在科学发展观的指导下，审计工作应做到：项目选择以民为本；强调协调与可持续发展；项目实施要围绕监督权力、紧扣监督职责；加大效益审计力度，狠抓审计成果落实；提高审计工作自身的效率，以促进社会主义和谐社会建设。王会金和陈希晖（2008）提出应当坚持"依法审计、客观公正、全面审计、突出重点"的原则，以人为本，关注政府责任。秦荣生（2008）则从战略入手，提出国家审计发展战略应受制于、服务于国家的发展战略。王善平和宋艳（2010）则倡导国家审计文化建设，鼓励把儒家文化与西方文化的精髓吸收到国家审计文化建设中，把国家审计制度融入国家审计文化建设中，在绩效考评中落实并完善国家审计文化建设。随着民主政治的进程和公共行政模式的转变，廖洪和王素梅（2009）认为我国正步入问责审计阶段，将在责任政府的框架下引领各国审计，成为国家审计发展的新阶段和必然方向。

第四节　完善阶段（2011—2017年）的研究综述

一、国家审计与国家治理

在这一阶段，我国的国家审计制度与体系在逐步完善，与此同时，我国的国家审计理论也处于一种与时俱进的演变状态。2011年7月8日，刘家义审计长在中国审计学会第三次理事论坛上发表了关于"国家审计与国家治理"的报告，认为国家审计是国家治理的重要组成部分，其本质是国家治理大系统中内生的具有预防、揭示和抵御功能的"免疫系统"，实质上是国家依法用权力监督制约权力的行为。这与其2008年首次提出的国家审计的本质是保障经济社会健康运行的"免疫系统"这一观点有所不同，体现出国家审计的实质从经济监督演变成国家治理中一种依法用权力监督制约权力的行为，国家审计的意义从保障经济社会健康运行演变到实现国家良好治理（杨肃昌和李敬道，2011）。

自此学术界和实务界对"国家审计与国家治理"进行了大量的讨论研究。刘家义（2012）

认为，国家审计产生于国家治理的需要，国家治理的目标决定了国家审计的方向，国家治理的模式决定了国家审计的制度形态。Jiayi L（2016）与刘家义（2012）观点相同，认为国家审计是国家治理的基石，是推动国家治理现代化的重要保障。廖义刚和陈汉文（2012）则以福山的国家构建理论为分析框架，进一步剖析了国家治理与国家审计的关系及互动机制，认为组织的设计与管理、政治制度的设计、合法化的基础、文化与社会等要素的完善有助于国家审计的完善，同时国家审计通过对组织的设计与管理、政治制度的设计、合法化的基础、文化与社会等要素的反向作用改进国家治理。蔡春和朱荣等（2012）基于受托经济责任观的角度对国家审计服务国家治理的路径进行探讨，提出构建并实施权力导向审计模式和治理导向审计模式。蔡春和蔡利（2012）则基于国家治理的角度，对国家审计理论研究的未来发展进行了论述。王姝（2012）基于公共政策过程对国家审计如何服务国家治理进行论述。

谭劲松和宋顺林（2012）将"审计监督"论、"免疫系统"论与"国家治理"论三种观点的理论基础、本质、目标与职能进行了深刻的剖析对比，认为不同于其他两种观点以受托责任观为理论基础，"国家治理"论的理论基础是不完全契约下的代理理论，其目标为为国家治理服务，"国家治理"论实现了对审计理论基础认识和审计本质认识的升华。张立民和崔雯雯（2014）基于国家审计信息属性对国家审计推动完善国家治理的路径进行分析，认为我国审计机关由于具有法定授权、独立地位和专业能力等特点，拥有独特的信息权威，能够为国家治理提供高质量的信息，但为了进一步实现国家治理功能，仍需要提高国家审计机关人员素质、完善国家公告制度及加强关注公众对审计结果信息的反馈情况。

二、资源环境审计

在这一时期，我国对资源环境的审计处于探索阶段，相关研究以规范研究为主。王淡浓（2011）认为资源环境审计是指政府审计机关为落实科学发展观，促进可持续发展战略的实施，对政府和企事业单位有关资源开发、环境保护的管理及经济活动的真实、合法和效益性所进行的监督、评价或鉴证工作。随着十八届三中全会的《中共中央关于全面深化改革若干重大问题的决定》中提出探索编制自然资源资产负债表，对领导干部实行自然资源资产离任审计，建立生态环境损害责任终身追究制，将环境资源保护的责任进一步落实到领导干部身上。学者们开始对领导干部自然资源资产离任审计的概念、审计对象、审计目标及审计方法等方面进行了大量的讨论研究。

（1）概念。蔡春和毕铭悦（2014）认为自然资源资产离任审计是环境审计与经济责任审计深度融合的产物，林忠华（2014）持相同的观点，认为领导干部自然资源资产离任审计是一种特殊的经济责任审计，也是一种特殊的资源环境审计，是对经济责任审计的拓展和延伸。陈波（2015）则认为自然资源资产离任审计可以视为广义自然资源产权制度的有机组成部分。刘明辉和孙冀萍（2016）将自然资源资产离任审计定义为"审计机关按照相关法律法规等标准，获取和评价审计证据，对党政主要领导干部受托自然资源资产管理和生态环境保护责任的履行情况进行监督、评价和鉴证，并将审计结果传达给预期使用者的系统化过程"。

（2）审计对象。刘明辉和孙冀萍（2016）认为自然资源资产离任审计的审计对象是领导干部受托自然资源资产管理和生态环境保护责任的履行情况；不同的是，钱水祥（2016）认为自然资源资产离任审计的审计对象是领导干部任期内所辖地区拥有或占有的自然资源，主要包括国土资源、水利资源、林业资源、海洋资源等。

（3）审计目标。①责任观：蔡春和毕铭悦（2014）和林忠华（2014）都认为自然资源资产离任审计的审计目标重在促进领导干部履行保护自然资源资产的责任。②资源观：陈献东（2014）和钱水祥（2016）认为自然资源资产离任审计的根本目标是为了维护人民群众的根本利益及维护国家资源安全。③国家治理观：李胜和阳立高（2016）则认为自然资源资产离任审计的目标是促进国家生态治理体系和治理能力现代化。④产权保护观：陈波（2015）认为推行自然资源资产离任审计，就是要发挥审计的产权保护功能和审计监督的独立性、专业性优势，通过加强对领导干部的监督和问责，促进其尽职履行受托责任，进而保护自然资源资产产权主体的合法权益，促进社会经济的可持续发展。

（4）审计方法。刘明辉和孙冀萍（2016）认为应当使用法律、法规及准则等正式标准和专门针对特定审计对象的非正式标准来评价或计量自然资源资产离任审计；李博英和尹海涛（2016）在归纳整理前人研究的基础上，提出了基于环境法规与政策落实的审计方法、基于自然资源资产负债表的审计方法、基于环境会计理论的审计方法、资源环境状态比较法、调查统计法、检查测量法、模糊综合评价法、分析综合法八种审计方法。

三、国家审计理论体系

在我国国家审计实践发展丰富的背景下，我国国家审计理论体系的发展则较为滞后。在这一时期，我国尚未形成完善的国家审计理论体系，且相关研究较少。尹平（2011）认为政府审计理论体系应以国家治理与国家经济安全为目标导向和逻辑起点，构建以"八论"为主体内容的理论框架。王会金等（2012）以国家治理为框架，对我国国家审计实践发展经验在理论上进行归纳总结，系统分析构筑了包括国家审计基础理论、国家审计应用理论和国家审计发展理论为内容的国家审计理论体系。杨肃昌（2012）认为国家审计理论体系应具有一定的逻辑结构和层次，并提出以政治学为主体作为国家审计理论的基础。我国的政府审计应当以公共受托责任为基础，立足于审计的本质，结合我国政府审计环境的发展和要求，构建出具有中国特色的政府审计理论体系（李明辉，2015）。

四、国家审计与金融安全

国家审计的目的是通过审计财政、财务收支真实、合法和效益，最终达到维护国家财政经济秩序、促进廉政建设、保障国民经济的健康发展。由此可知，国家审计的法定职能和目标之一就是维护国家金融安全。

基于"国家审计与国家治理"的观点，许多学者认为金融审计是审计机关参与国家治理的重要手段与途径，其中主要的途径就是对金融监管政策和货币政策的执行情况和效果、对财政政策及相关宏观经济政策的执行情况和效果进行评估（潘博，2012）。吕劲松（2012）和吴玉宇（2017）则对金融审计服务国家治理的路径进行了探讨，分别从政府治理、市场治理和公司治理三个层面具体阐述了金融审计发挥作用的途径。黄国桥（2013）根据公共受托经济责任与免疫系统理论，结合我国金融审计的实践并借鉴各国应对金融危机的政策和做法，论述了国家审计维护金融安全的功能和路径。魏明和乔泷楠（2016）以善治理论为依据，认为当前金融审计报告缺少有关金融创新业务的内容，其监管力度不够，应当加大金融审计力度、拓展金融审计范围，并进一步完善金融审计相关法律制度。

由于金融活动本身就伴随着不确定性，因此金融风险的存在也是金融活动的常态。学者们基于系统性风险进行了一系列的研究。蔡利（2013）对政府审计维护国家金融安全的作用机理和实现方式进行了研究，认为政府审计维护金融安全的着力点在于监控系统性风险，具体表现在促进金融机构稳健运行和促进宏观经济平衡发展。并进一步基于系统性风险监控的角度，系统论述了连续审计适用于政府审计系统性风险的基本依据、实施条件和实施路线（蔡利等，2013）。蔡利和周微（2016）采用上市银行作为样本进行研究，进一步验证了政府审计具有防范系统性风险的功能，但发现这种功能作用具有一定的滞后性，在金融机构中主要是通过改善资产质量和提高流动性来实现的。陈献东（2015）对国家审计在管理区域金融风险中的功能定位和实现机制进行了研究，认为国家审计应当在事前发挥预防作用、事中发挥揭示作用、事后发挥御防作用。

随着我国逐渐加快金融体系对外开放的步伐，国内金融行业和金融市场创新加快，我国金融体系面对新的形势和新的挑战，应当推进金融监管政策的绩效审计，更加注重监管政策的道德风险和监管者舞弊，拓展国家金融审计的对象与内容，同时也要积极开展研究型审计，更好发挥国家审计维护金融安全的作用（张维，2017）。

五、绩效审计

绩效审计因国家治理绩效管理的需要而产生，其基本目标是推进和完善国家治理。李凤雏等（2012）基于公共受托责任理论和政府绩效管理理论，论证了绩效审计推动完善我国国家治理的作用和路径。在推行绩效审计时，应当结合财政财务真实、合法性审计，促进国家审计的转型与创新。在进一步完善绩效审计法律法规建设的同时，也要对宏观政策的贯彻落实和目标实现情况进行有针对性的绩效审计，同时也不可忽视对于绩效审计人才的培养和建设。宋夏云（2013）根据能力要素法构建了我国绩效审计人员能力框架，构成要素包括专业知识、专业技能和专业品质，通过问卷调查法得出了各项要素的具体内容，并且认为强化我国政府绩效审计人员专业胜任能力的主要方法有专业技能培训、实务经验积累及职业道德教育。蔡春和蔡利等（2011）从绩效审计理念、绩效审计目标、绩效审计模式、绩效审计工作方式和方法、绩效审计职业制度、绩效审计监控体系、绩效审计报告和审计公告、绩效管理制度等十个方面论述了有关绩效审计创新的思考。

绩效审计的重点是资金的流出，宋常和赵懿清（2011）基于调查问卷和统计分析，构建了投资项目绩效审计评价的基本框架，包括 5E 属性层、11 个一级指标、43 个二级指标层和标准层。李素利（2013）基于文献分析法和访谈法，构建了政府绩效审计发展的影响因素模型，发现影响政府绩效审计发展的因素有审计人员素质因素、政治因素、法律因素、经济因素和信息因素等五个方面，其中审计人员素质因素的影响最大。同时，随着环境问题的逐步凸显以及可持续发展理念的盛行，政府审计将自然资源绩效纳入审计范围，徐泓和曲婧（2012）阐述了自然资源绩效审计的目标和内容，并从自然资源政策、资金、开发保护、使用自然资源、收益分配等五个方面构建了自然资源绩效审计的评价指标体系。此外，寇永红和吕博（2014）认为我国财政扶贫资金绩效存在审计重视不够、覆盖范围有限、审计力度和深度不够、资源整合不到位及公开程度不够等问题，应当强化扶贫资金绩效审计意识、加强与其他专业性审计相结合、深化绩效审计的深度和力度、有效整合审计资源、加大审计结果公开力度及拓宽结果利用渠道。何小宝和徐荣华（2014）则对财政专项资金绩效审计的方法和路径进行了论述。

第五节 飞速发展阶段（2018 年至今）的研究综述

自 2018 年开始，关于我国国家审计的研究逐渐变得更加丰富多元，国家审计研究飞速发展，结合时代特点，大数据审计、跟踪审计等方面的研究成为热点话题。

一、大数据审计

数字化时代下，各学科都顺应时代潮流开展研究，在审计领域内，专家学者们则展开了对大数据审计的研究。2018 年以前，学者们对于大数据审计的关注重点在于理论层面的探索，如大数据审计对于传统审计思维模式的影响。学者们经过探索，认为在大数据环境下，转变思维模式是不可避免的。

大数据时代下，国家审计迎来新的机遇，同时也面临着新的挑战。采用大数据技术，意味着传统政府审计的时间、地点限制很大程度上被化解（刘文，李宜，2018），并驱动抽样审计向全样本审计转变、精确性审计向混杂性审计转变、被审计单位内部对账向社会对账转变、从数据信息的因果性向相关性转变（靳思昌，2018）。审计范围扩大的同时，审计效率得到提高，审计结果客观性也更强，这对国家审计来说是极大的发展机遇。秦荣生（2019）也认为，大数据技术可以应用在国家审计的每个阶段，包括计划及风险评估、控制测试、实质性测试等，而事前风险分析、事中数据分析、事后业绩分析等都将成为新的审计内容，蒋尧明等（2021）还提出，大数据技术可用于反腐当中，"区块链加国家审计"的模式对于其有极大的促进作用。

有机遇，但挑战也同时存在。商思争（2018）提出，虽然大数据审计使得全样本审计可行，但并不意味着相关风险的消失，如非抽样风险、检查风险等仍会存在。除此之外，陈伟和居江宁（2018）指出，除了上述风险，大数据技术还可能由于网络环境的复杂性，为审计带来新的数据采集、传输、存储、分析等风险。要将大数据技术应用到国家审计中，现有审计数据的存储能力是明显不足的（刘文，李宜，2018），此外，大数据处理平台的缺乏，政府审计数据的安全性、保密性、共享性难以保证（张薇薇，2021），以及信息化高端人才严重紧缺等问题（刘国常和胡枫，2018），都需要纳入考虑范围。

学者们提出了多种应对措施，例如，构建电子政务审计体系和云计算技术管理平台、构建可以实现审计信息共享的国家审计数据系统和跨行业数字化审计平台、加强信息安全防护、培养复合型专业审计人才等（靳思昌，2018；刘文，李宜，2018；秦荣生，2019；张薇薇，2021）。

二、跟踪审计

（一）精准扶贫政策落实跟踪审计

国家审计在我国具有较为特殊的本质和功能，在推动政策落实中发挥着重要作用，早在2016年5月，审计署就在"十三五"发展规划中提出，要"加强扶贫审计，对扶贫政策落实情况进行跟踪审计"，学者们纷纷以精准扶贫政策落实跟踪审计为主题展开了研究。

精准扶贫政策落实跟踪审计的本质目标在于保障和促进政府全面有效地履行扶贫治理责任，而国家审计具有高独立性、强制性和权威性等特征，这也使其承担起一定时间内精准扶贫治理审计的牵头责任（"国家审计在决战脱贫攻坚中的作用研究"课题组，2021），扶贫政策跟踪审计的方法是多样的，如利用实现扶贫数据对比（周汉强，2018）、利用网络爬虫技术发现扶贫领域内存在的违规问题等（陈伟，孙梦蝶，2018）。

关于精准扶贫政策落实跟踪审计的具体实施，颜盛男等（2019）对审计内容进行了梳理，从精准扶贫政策制定与执行机制情况、扶贫对象识别与扶贫资源分配情况等开始，到政策执行结果反馈与问责整改情况结束。刘国城和黄崑（2019）则从扶贫政策措施落实情况审计、扶贫资金管理使用情况审计、扶贫项目建设运营情况审计三方面分析了扶贫政策跟踪审计的运行机制，总的来说，可以看出审计策略主要为全过程跟踪模式。杨桂花和王莹娟（2021）以流程图的形式，提供了更为细化的"政策落实跟踪绩效审计目标及审计路径"说明图，这再次印证了精准扶贫政策落实跟踪审计需要关注各个环节，对审计过程进行全面的诊断。

但根据实践经验来看，我国的精准扶贫政策落实跟踪审计，并未能完全实现对扶贫全流程跟踪审计的完全覆盖，在事前、事中、事后，审计的预防性功能、揭示性功能、抵御性功能均存在不足，需要从审计功能全覆盖这一维度入手，优化精准扶贫政策落实跟踪审计机制（李晓冬等，2020），颜盛男（2019）则强调从问责体系出发，提升精准扶贫政策跟踪审计的监督治理作用。

（二）重大突发公共事件跟踪审计

2019 年末，一场来势汹汹的疫情打乱了人们的生活，至 2020 年 1 月 29 日，全国 31 个省份均启动了重大突发公共卫生事件 1 级响应，根据国务院印发的《关于加强审计工作的意见》（国发〔2014〕48 号），对于重大突发事件可以开展全过程跟踪审计，关于重大突发性公共事件的跟踪审计成为了学界内的研究热点。

国家审计参与重大突发公共事件跟踪审计可以总结为以下几方面。参与突发公共事件预防预警阶段、参与突发公共事件应急处置与救援阶段、参与突发公共事件恢复重建阶段（马亚红，2021）。针对本次疫情，郭强华和闫维艳（2020）两人总结了"非典"和"汶川"重大突发性公共事件跟踪审计的中国经验，对本次疫情跟踪审计提出了优化路径，包括制定专项审计实施指南、对红十字会等慈善组织接受捐赠款物实施专项审计、启动疫情防控不力领导干部失职渎职问责审计等。郑小荣和董新（2020）认为，疫情防控政策跟踪审计的目标在于检查疫情防控相关政策措施的执行情况和效果，并揭示各地方、部门是否在政策措施落实过程中存在问题，而资金和物资是疫情防控政策措施的载体，需要重点关注。此外，突发公共事件审计重点应主要集中于处置、恢复和重建环节，郑石桥（2020）则进一步指出，国家审计还需对突发公共事件应对体系健全性、行为合规性、信息真实性进行审计。

我国目前的重大突发公共事件还存在着一些不足，例如，审计结果公开不及时、对非营利组织监督不力等（郑小荣，2020），基于此，刘霞和刘畅（2022）构建了疫情跟踪审计三维评价体系，强调在形式、事实和价值三维度下，应分别关注公共政策的合法合规性、结果有效性和价值有效性，促进疫情跟踪审计发挥监督作用。

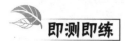

自学自测　扫描此码

第三部分

注册会计师审计理论与实务

第七章 注册会计师审计的理论概述

1. 熟悉注册会计师审计的发展过程；
2. 掌握注册会计师审计的特点。

第一节 注册会计师事务所审计的发展

一、注册会计师事务所审计在西方的发展

（一）起源于意大利威尼斯

注册会计师事务所审计，也称为独立审计，其雏形出现于 16 世纪意大利的威尼斯。随着当时地中海地区商业的不断发展繁荣，企业的经营规模不断扩大，单独的个人难以提供能够满足企业日益增长需求的资金。在这样的背景下，威尼斯出现了由多方合伙人共同出资的合伙制企业。在这类合伙制企业中，一部分合伙人出资的同时并负责经营企业，而另一部分合伙人则只是出资却不参与企业的经营活动，由此产生了所有权和经营权的分离。为了保证后一类合伙人的利益，威尼斯出现了一批专门负责编制、审阅和检查企业会计信息的专业人员。这些具有良好会计知识的专业人员所从事的审阅和检查企业会计信息的活动被看作是现代独立审计的起源。

（二）形成于英国

独立审计虽然最早发源于意大利，但是其正式形成则是在英国。1720 年，英国的公司制企业南海公司（the South Sea Company）陷入编造虚假会计信息的丑闻并宣告破产。在此之前，南海公司通过一系列会计造假、虚假宣传等方式使得自身的股票价格扶摇直上，从而吸引大量投资者对其进行投资。当最后股价泡沫破灭时，投资者承受巨大损失并要求对南海公司的会计造假行为进行彻底调查。为此，英国议会聘请会计师查尔斯·斯耐尔（Charles Snell）对南海公司的会计账目进行审计。查尔斯在完成审计之后，于次年发表对南海公司的正式审计报告。审计报告开宗明义写道"会计师查尔斯·斯耐尔对南海公司会计账目进行检查后的意见"，接着指出南海公司存在会计造假的行为，但并没有对造假的原因进行分析。在此次事件中，查尔斯被认为是世界历史上第一位受聘对公司制企业的会计信息进行审计的会计师，而他所编制的报告也同样被认为是历史上第一份审计报告。该事件标志着独立审计的诞生。

在经历了第一次工业革命之后，英国社会的经济得到飞跃发展。与此同时，随着商业规模的进一步扩大，有能力筹措巨额资金的公司制企业也如雨后春笋般逐渐发展壮大，吸引了无数投资者。然而，层出不穷的会计造假事件以及经济危机中大量公司制企业的破产严重动摇投资者信心并造成市场急剧动荡。这种严峻的事实让英国当局意识到，如果不对公司制企业进行必要的监督，将会造成巨大的社会灾难。为此，英国议会于1844年颁布《合作股份公司法》(*The Joint Stock Companies Act*)。该法案规定：董事有编制企业会计信息的义务；为了保证会计信息的真实可靠性，企业的会计信息必须由董事外的第三方监事进行审计；从事审计的监事由股东大会选举产生。虽然负责审计的不是专业的注册会计师，但是《合作股份公司法》的出台却标志着独立审计制度在历史上第一次形成。

（三）发展完善于美国

独立审计虽发源于意大利，形成于英国，发展壮大却是在美国。随着19世纪美国的工业化进程不断加剧，个人独资企业向公司制企业转变，英国的审计人员受在美投资的英国投资者委托，开始频繁造访美国，为美国带去了先进的审计技术和经验。到19世纪末，体量巨大的铁道公司的出现及企业合并浪潮的开始使得民间对独立审计的需求迅速增长，进一步促进了独立审计的发展和完善。为了规范和提高执业质量，1887年，美国注册会计师协会（American Association of Certified Public Accountants，AICPA）的前身——美国公众会计师协会（American Association of Public Accountants，AAPA）在纽约州成立。随后，纽约州于1896年进一步颁布《管理公共会计师职业的法案》(An Act to Regulate the Profession of Public Accountants)，首次提出对满足一定专业资格条件，负责审计企业会计信息的专业人员授予"注册会计师"（Certified Public Accountants，CPA）的称号，并且根据此法案在同年度举行了第一次注册会计师专业资格考试。在这同一时期，独立审计的思想也发生了第一次革新：从详细审计过渡到资产负债表审计。具体而言，始于英国的独立审计着重于对企业发生的每笔交易，会对会计信息里每个账目进行逐一审查核实，因而此阶段的独立审计被称为详细审计。然而，随着企业的规模不断扩大，经济交易的不断复杂化，对每个账目进行详细审计需要花费注册会计师的大量时间和精力。详细审计已经变得得不偿失。鉴于此，注册会计师开始逐步将独立审计与企业的内部控制相结合：对企业的内部控制有效性进行评估，并在评估的基础上对少数重要会计账目进行集中彻底的审计。由于这一时期的美国还没有建立一个全国性的资本市场，企业的融资大部分依赖于银行借款。作为债权人的银行必然重点关注企业的偿债能力，所以注册会计师的工作重点也放在了合理保证企业的资产和负债账目正确反映了企业财务状况上面，此阶段的独立审计被称为资产负债表审计。

1929年，纽约证券交易所遭受自建所以来的最大股灾，随后这场股灾演变成了席卷整个资本主义世界的经济危机。导致这场危机的罪魁祸首之一就是企业肆意操纵会计信息，人为制造股价泡沫。为了挽救资本市场，重振投资者信心，美国政府于1933年和1934年分别颁布《证券法》(Securities Act)和《证券交易法》(Securities Exchange Act)。《证券法》

要求企业在公开发行有价证券时必须向联邦贸易委员会提交经注册会计师审计的财务报表；而《证券交易法》则授权美国国会成立了美国证券交易委员会（United States Securities and Exchange Commission，SEC）负责对证券监督和管理工作。《证券交易法》同时要求所有公开上市的企业必须在 SEC 注册，并且在每个年度向 SEC 提交经过审计的年度报告。这两份法案同时也对注册会计师所承担的法律责任做出了规定：如注册会计师未尽到应尽职责而导致出现会计信息虚假陈述的情况，注册会计师需承担民事责任；如注册会计师被证实是主动参与会计信息造假，则将会承担刑事责任。至此，美国进入了强制审计时代，也称为法定审计的时代。也同样是在这场经济危机中，独立审计的思想发生了第二次革新。由于大量公司制企业破产，股价暴跌，不仅使得股东和债权人遭受严重损失，同时也导致了失业人口剧增。这种情况使人们意识到，企业的委托代理关系不仅仅限于经理人与股东和债权人之间，工人需要企业经理人创造利润用以发放工资，顾客同样也希望企业盈利从而获得安全保障。与此同时，随着资本市场的发展，美国企业也越发依赖于通过发行股票的方式进行融资。这一时期企业的盈利能力逐渐取代偿债能力成为人们关注的新焦点，独立审计也不再仅仅局限于只对企业的资产和负债，而是对所有反映企业财务状况和经营成果的财务报表提供真实性和准确性的保障。独立审计的思想从资产负债表审计开始转变为财务报表审计。

虽然相关法律规定注册会计师一旦出现未尽到应尽职责的情况就将承担相应的法律责任，但是由于缺乏指导注册会计师行为的规范，如何判断注册会计师是否尽到了应尽职责却成为了一件极其困难的事情。1938 年，美国的麦克森·罗宾斯药材公司宣告破产。随后经 SEC 的调查发现，麦克森·罗宾斯药材公司在破产之前频繁使用虚构存货、虚增利润及伪造交易等手段编造会计信息，欺骗股东和债权人。然而，负责对麦克森·罗宾斯药材公司审计的注册会计师却表示这家公司所编制的会计信息是真实和准确的，并且对其财务报表出具了标准无保留意见。由于依赖于经审计的财务报表进行决策，麦克森·罗宾斯药材公司的债权人遭受重大损失。在公司破产之后，债权人向法庭同时起诉麦克森·罗宾斯药材公司及公司的注册会计师要求赔偿。然而，因为无法证明注册会计师是否尽到应尽职责，法庭最终只判决注册会计师退还已获得的审计费用。这个事件的爆发使得 SEC 意识到了建立注册会计师行为标准的重要性和急迫性。最终，SEC 授权 AICPA 于 1947 年颁布了历史上的第一个独立审计准则——《审计准则暂行说明》（Tentative statement of auditing standards），对注册会计师在执业过程中的行为作出了规范。在《审计准则暂行说明》的基础上，AICPA 于 1956 年进一步公布了《公认审计准则》，并于 1978 年起逐步制定了一系列审计准则说明和解释。该审计准则至今仍在完善，其建立和发展为指导注册会计师高质量执业，判断注册会计师是否尽到应尽职责提供了参考和依据。

虽然要求注册会计师承担法律责任最根本的目的是提高他们的执业质量，然而随着 20 世纪 60 年代起民事诉讼条件的放宽，特别是 1965 年《民事侵权法总结》的出台使得集体诉讼越发普遍，美国的注册会计师开始暴露于过度的法律风险之下[①]。由于法律规定遭受损

---

① 集体诉讼指多数成员彼此间具有共同利益，因人数过多致无法全体进行诉讼，由其中一人或数人为全体利益起诉或应诉。

失的投资者可以通过起诉那些违反准则的注册会计师从而获得相应赔偿,所以一旦当自己的投资出现损失的时候,许多投资者会选择联合起来集体起诉注册会计师以求弥补部分或者全部的损失。而因为这类集体诉讼的佣金一般较为丰厚,一些律师也会主动承接这类诉讼案件。对于注册会计师而言,即使自己在执业的过程中完全遵照准则,他们也需要在诉讼中付出大量的金钱和时间去证明自己并无过错。更为严重的是,在采用普通合伙制组建会计师事务所下,一旦事务所中任何一个注册会计师被证明违反准则,所有同所的其他注册会计师都需要承担无限连带责任[1]。这种无限连带责任连已经退休的注册会计师也无法避免,有的时候甚至会导致注册会计师倾家荡产。据统计,自20世纪80年代后期开始到90年代初,美国针对注册会计师发起的诉讼超过4000起,总诉讼标的额超过150亿美元。1990年,当时全美排名第七的Laventhol Horwath事务所因无力负担巨额的诉讼成本而宣告破产。这种过度的法律风险使得注册会计师在执业过程中开始过分保守。同时,为了规避风险,越来越少的人选择从事注会行业[2]。为了应对这种情况,一方面,AICPA加紧制定更加完善的审计准则和各种指引;另一方面,注册会计师也在寻求一种更为合理的事务所组织形式以降低风险暴露。在注册会计师的不断努力之下,1991年美国得州修改《得州统一合伙制法案》允许会计师事务所采用有限责任合伙制[3]。在有限责任合伙制下,那些违反准则的注册会计师需承担无限连带责任,而在同一个事务所的其他注册会计师则只承担有限责任。此后,美国其他州也陆续允许会计师事务所采用有限责任合伙制。到1995年,当时的美国六大会计师事务所均完成了由普通合作制到有限责任合伙制的转制。有限责任合伙制也逐步变成世界上其他国家的会计师事务所的主流组织形式。

注册会计师除了面对法律风险之外,同时也受到行业监管机制的监督。虽然SEC拥有对上市企业注册会计师的最终调查权和处罚权,但为了保持注会行业的独立性,SEC将这种监管权委托给了AICPA。因此早期美国注会行业的监管一直依赖于行业自律。1977年,AICPA在SEC的授权下成立公众监督委员会(Public Oversight Broad, POB),此举标志着美国注会行业的行业自律机制正式确立。POB制定了多种注会行业的监督机制,例如,现如今被广为人知的会计师事务所同业复查制度。在此后的几十年里,行业自律在对保证美国注册会计师高质量执业的方面发挥了重要作用。在行业自律的时代,美国的注册会计师逐渐接纳并吸收了泰罗科学管理理论。在向客户提供审计服务的同时,注册会计师同时也逐步开始提供诸如会计信息系统设计、内部审计、税收筹划、财务、生产、销售及行政管理等方面的管理咨询服务。管理咨询服务的开展为注册会计师带来了丰硕的回报。在一些全球性的大事务所中,如安达信事务所,管理咨询服务的收入一度占到事务所总收入的40%

---

[1] 针对会计师事务所公司制的禁令已经存在。

[2] 过分保守,指注册会计师出于自我保护的目的,对真实公允的会计信息出具非标意见,或者对财务状况良好的企业出具持续经营不确定审计意见。

[3] 虽然美国自1997年开始允许会计师事务所采用有限责任公司制。但是根据AICPA的职业道德准则,在这种有限责任公司制事务所中的所有注册会计师同样也承担无限连带责任。在这里,我们不过多阐述。

以上。但是向客户同时提供管理咨询和审计服务却不可避免地影响了注册会计师的独立性。一个典型的例子就是注册会计师为被审计客户提供会计信息系统设计服务，这样便陷入了"自己审计自己"的怪圈。注册会计师独立性的受损最终造成21世纪初美国的几大会计丑闻。其中，最为著名的就是"安然事件"。安然（Enron）公司成立于1985年，在2002年宣告破产。在破产之前，安然公司是当时世界上最大的能源、商品和服务公司之一。2001年，安然公司在面对SEC调查的压力之下，主动承认自身通过关联交易及构建复杂的会计系统等方式，自1997年以来共虚构利润5.86亿美元，同时未将巨额负债入账。安然公司的破产造成投资者巨额损失，而安然造假的丑闻也重挫了投资者信心并引发了全球股市下跌。作为"安然事件"的主要负责人之一，负责安然公司审计的安达信事务所在20世纪90年代中期即开始为安然公司提供多种管理咨询服务，包括负责安然公司及其多家分公司的会计和内部审计工作。为了追求高额收入，安达信事务所对安然公司会计造假的行为视而不见，其最终也被迫以破产收场。一系列的会计丑闻最终使得SEC在2002年颁布《塞班斯法案》（Sarbanes-oxley Act），进一步规范会计信息披露要求。《塞班斯法案》严厉禁止注册会计师从事可能会影响其独立性的大部分咨询管理服务，如编制报表、设计会计信息系统及内部审计服务等，同时也导致了注册会计师行业监管体制的根本性改革。根据《塞班斯法案》，SEC于同年度成立下属独立机构——公众公司会计监督委员会（Public Company Accounting Oversight Board，PCAOB），全权负责注册会计师行业的监督。至此，美国注册会计师行业从行业自律时代跨进独立监管时代。PCAOB制定了多种政策以保证注册会计师执业质量，例如，对事务所进行抽检，要求注册会计师定期轮换，以及要求注册会计师披露个人信息等。

21世纪初一系列会计丑闻的发生一方面是由于负责外部审计的注册会计师因为提供大量咨询服务而独立性受损，但更重要的方面则在于企业内部控制的失效及治理结构的不完善。以"安然事件"为例。安然公司从事会计造假的一个重要且根本的原因在于安然公司对于风险的识别存在着严重不足，而且缺乏风险应对的手段。自20世纪80年代中期美国对能源价格解禁的开始，能源价格一路飙升。利用这一机会，安然公司通过投资能源类企业及买卖能源期货和期权等手段获得了大量收益。然而，1997年金融危机过后，能源的价格却遭受重挫并长期在低位徘徊。由于对风险识别的不足，安然公司并未在事前察觉到能源价格的大幅度下落。而且，缺乏相对应的风险防范手段使得安然公司遭受了巨大损失，最终走上了会计造假的道路。除此之外，安然公司的内部监督机制也形同虚设。尽管破产前安然公司聘请了包括得州大学校长、斯坦福大学商学院前院长，及英国能源部前部长在内的许多学界和政界精英担任独立董事，但是却没有一位独立董事发现公司的造假行为。为了提高会计信息质量，减少未来会计造假行为的发生概率，《塞班斯法案》也推出了一系列针对加强企业内部控制和公司治理结构的规定。其中，《塞班斯法案》的第302条款要求企业的管理层需在每个季度就企业内部控制的有效性进行评估，并基于评估结果发表内控有效性的声明。《塞班斯法案》的第404条款进一步要求企业提交给SEC的年度报告也必须包括内控有效性的说明。同时，按照第 404 条款的规定，注册会计师在每个会计年度需要对上市企业进行独立的内控有效性审计，并针对企业管理层做出的内控有效性说明出具适当的审计意见。为了保证内控审计的质量，PCAOB 于 2004 年发布第 2 号审计准则——《与财务报表审计协同进行的对财务报告内部控制的审计》对注册会计师内控审计进行指导和规范。为了进一步节约审计成本，提高审计效率，2007 年，PCAOB 发布第 5 号审计准则——《与财务报表审计相整合的财务报告内部控制审计》以取代第 2 号审计准则。第 5 号审计准则提出整合审计的要求，即企业需聘用同一家会计师事务所对企业的财务报表和内控有效性进行审计。这一系列法规和准则的颁布标志着独立审计思想的又一次革新，独立审计的范围从此自企业财务报表扩展到了内部控制。

二、注册会计师审计在中国的发展

（一）新中国成立前独立审计的发展

独立审计的产生源自于企业所有权和经营权的分离。在我国 2000 多年的封建社会历史中，农业一直占据主导地位。虽然在历史上也曾经出现过一些从事如制茶、纺织及制糖等方面业务的手工作坊，但是这些作坊普遍以家族为单位进行经营，其规模较小，而且所有权与经营权合一。因此，在我国漫长的封建社会时期，始终没有产生对独立审计的强烈需求，从而也没有形成过独立审计制度。1840 年鸦片战争过后，随着帝国主义国家在经济上的入侵，我国传统自给自足的自然经济逐渐瓦解，一些具有资本主义性质的工商业企业开始出现。1903 年，清政府颁布《公司注册试办章程》，首次对民间举办公司制企业提供了政策指导。然而，由于清政府在此之后仅仅继续存在了 9 年，公司制企业创办的数量有限。而且，由于缺乏交易证券的资本市场，这些公司制企业并没有真正意义上的向社会公众募股，其股份基本都持在经营者手中。因此，直至清朝灭亡，独立审计也没有在我国出现。

1911 年爆发的辛亥革命终结了清政府的统治，我国新兴的资产阶级取得政权，成立中华民国。中华民国在成立之初即颁布了一系列诸如《公司条例》《公司章程》等法律法规以促进工商业的发展。同时，第一次世界大战的爆发使得帝国主义国家无暇东顾，为我国本土资本主义经济的发展提供了空间，而且，全国各地此起彼伏的抵制洋货运动也使得国货异常畅销，本土企业收获大量利润，从而吸引了更多人创办企业。最后，大批接受过西方教育的留洋人员及海外华侨纷纷归国创办企业，带来了先进的企业管理及西式借贷记账法等会计方面的技术，进一步促进了资本主义工商业的发展壮大。在这样的背景之下，民国政府农商部于 1918 年颁布实施《会计师暂行章程》，宣告我国历史上独立审计制度的首次诞生。《暂行章程》规定对符合要求的人员授予会计师的称号，而著名的会计学者谢霖先生则在《暂行章程》颁布的当年成为了第一位获得中国会计师证书的人士。

1920 年，上海证券交易所建立。公司制企业开始向社会公开募股并逐步走向成熟。公司制企业的逐步成熟也带动了独立审计的进一步发展。1921 年，谢霖先生与秦开等会计师创办了我国历史上的第一家会计师事务所——正则会计师事务所。随后，以立信、大信及公信等为代表的一批会计师事务所也陆续成立。在事务所中执业并获得会计师称号的人数也不断增加。为了规范和促进独立审计行业的发展，从 1927 年开始直至新中国成立的 20 多年内，民国政府先后发布《会计师注册章程》《会计师条例》及《会计师法》等一系列法律法规，对会计师的业务范围、会计师称号获得的资格和条件及违反规定会计师的处罚措施等方面作出了详细规定。《会计师法》更进一步要求会计师执业所在的省市需建立会计师公会，负责对会计师日常执业进行规范，并且要求所有执业的会计师加入当地会计师公会。截至 1948 年，共有上海、北平（北京）、天津、重庆等 11 个省市建立会计师公会，而在会计师公会注册的执业会计师数量则超过 2000 名。

（二）新中国成立后独立审计的发展

1. 我国的独立审计制度的恢复重建

1978 年党中央召开第十八届三中全会，会议确立了"对外开放，对内搞活"的经济建设方针。为了扩大国际经济合作和技术交流，我国相继颁布了《中外合资经营企业所得税法施行细则》《外国企业所得税法施行细则》等法规，规定合营企业、外国企业在纳税年度内无论盈利或亏损，都应当按规定期限，向当地税务机关报送所得税申报表和会计决算报表，并附送注册会计师的查账报告。这些规定促进和推动了我国独立审计制度的恢复与发展。财政部于 1980 年发布《关于成立会计顾问处的暂行规定》（简称《暂行规定》）。《暂行规定》明确提出，各省、自治区、直辖市可根据工作需要和现有条件，逐步设立会计顾问处（财政部的印发通知将会计顾问处称为会计师事务所）。会计顾问处是由注册会计师组成，承办会计公证、咨询等业务的独立单位，受省、自治区、直辖市财政厅、局的业务监督。会计顾问处设主任会计师一人，副主任会计师若干人，负责领导顾问处的工作。主任会计师、副主任会计师均由本处注册会计师选举产生。会计顾问处可根据工作需要，配备必要的业务助理人员和其他工作人员。成立会计顾问处，应将顾问处的名称、章程、负责人和注册会计师名单等报经省、自治区、直辖市财政厅、财政局审查批准，并转报同级人民政府和财政部备案。该暂行规定对取得注册会计师资格的条件提出了要求。凡热爱中华人民共和国，积极为社会主义事业服务，在企业、行政、事业单位从事财务会计工作，并已取得高级会计师、会计师技术职称的人员，或担任财务会计专业教授、副教授、讲师，并具有一定财务会计工作经验的人员，或熟悉财务会计制度，担任查账等工作三年以上，适合从事注册会计师工作的人员，经考核批准，可以取得注册会计师资格。注册会计师须经居住地的省、自治区、直辖市财政厅、局考核批准，并报财政部备案。财政部如发现审批不当，应通知财政厅、局重新审查。注册会计师可以专任，也可以兼职，在执行工作任务时，一律用注册会计师称号。《暂行规定》的发布标志着我国独立审计制度的重新建立。为了与国际通行的叫法一致，会计顾问处后改称为会计师事务所。从 1980 年开始，会计师事务所在财政机关的管理与监督下恢复与发展起来。同时，在审计机关的推动下，审计（师）事务所也逐步建立。会计师事务所与审计（师）事务所在业务上既有共性，又各具特点，适应了改革开放，发展经济的需要。1981 年，我国财政部筹建了自独立审计制度恢复重建后的第一家会计师事务所——上海公证会计师事务所。随后"国际五大"会计师事务所也陆续在我国设立办事处。经过6年的发展，到1986年，活跃在我国市场的注册会计师人数已超过500名，会计师事务所超过80家，其服务的对象主要为在我国境内经营的外资及中外合资企业，服务的内容主要包括审计、会计及管理咨询等方面。由于创办资金的缺乏，除了"国际五大"之外，我国其余的本土会计师事务所均由其上级主管单位创办，事务所本身只是挂靠于上级主管单位的附属单位。在这些事务所中工作的注册会计师，其人事关系依然归属于上级主管单位，而且这些注册会计师中的绝大部分原先也是主管单位的工作人员。这种特殊的会计师事务所模式称为挂靠制，是我国早期独立审计行业区别于国外行业的显著特点。

由于当时的历史条件，注册会计师的地位和性质不明确，社会认知度低，行业发展极为缓慢，为加快行业重建的步伐，国务院于1986年发布《中华人民共和国注册会计师条例》（简称《会计师条例》）。该条例第2条规定，注册会计师是经国家批准执行会计查账验证业务和会计咨询业务的人员注册会计师依法独立执行业务，受国家法律保护。第3条规定，注册会计师的工作机构为会计师事务所，注册会计师必须加入会计师事务所，才能接受委托，办理法律、行政法规规定由注册会计师执行的业务。条例第5章规定，会计师事务所是国家批准的依法独立承办注册会计师业务的事业单位。会计师事务所应当自收自支、独立核算、依法纳税。成立会计师事务所，应当按照规定报财政部或省级财政厅（局）审查批准。省级财政厅（局）批准成立的会计师事务所，应当将会计师事务所的名称、章程、负责人等报财政部备案。经批准成立的会计师事务所，应当按照规定向当地工商行政管理机关办理登记，领取执照后，始得开业。注册会计师办理业务，必须由会计师事务所统一接受委托。注册会计师出具报告书，应当由本人签署并经会计师事务所加盖公章。会计师事务所可以跨越行政区域承办业务。《会计师条例》强调注册会计师依法独立执行业务，受国家法律保护，确立了注册会计师的法律地位，是新中国第一部针对注册会计师的法案。《会计师条例》同时也在注册会计师资格获取、事务所设立条件及执业范围等方面进行了规定。为了满足早期独立审计行业的人才需求，《会计师条例》允许长期从事会计相关职业的人员无须进行考试，只需要通过考核就可以获得注册会计师资格。

1988年，中国注册会计师协会建立。随后，各省注册会计师协会也相继成立，我国注册会计师行业自此进入了政府监督与行业自律相结合的发展轨道。1992年10月12日，党的十四次全国代表大会指出，发展会计、审计咨询业，不仅有利于促进市场发育，提高服务的社会化、专业化水平，提高经济效益和效率，方便和丰富人民生活，而且可以广开就业门路，为经济结构调整、企业经营机制转换和政府机构改革创造重要条件。

1993年11月14日，党的十四届三中全会通过的《中共中央关于建立社会主义市场经济体制若干问题的决定》进一步提出，在培育和发展市场体系方面，要发展会计师、审计师事务所。随着我国社会主义市场经济的发展，国有企业体制改革不断深入，资本市场逐步建立与完善，在审计、财政等政府机关的大力推动下，社会审计队伍不断壮大、社会审计制度不断健全，在社会主义市场经济中发挥着越来越重要的作用。同年，中国注册审计师协会成立，注册审计师从此也同注册会计师一般步入政府监管和行业自律相结合的发展轨道。但是由于两支队伍分属不同的部门管理，资格准入标准不一、执业规范标准不一，给市场竞争和行业管理带来很大混乱。

为协助国有企业的股份化改革，在 20 世纪 90 年代初，我国先后筹备成立了上海和深圳两大证券交易所。以飞跃股份、广电电子等为代表的最早一批上市企业开始在证券交易所挂牌交易。随着上市企业数量的增加及社会主义市场化经济改革的深化，独立审计的需求量急剧上升，我国独立审计行业迎来高速发展阶段。截至 1991 年底，全国会计师事务所已达到 450 余家，批准执业的注册会计师人数超过 6700 名，承办了大量企业的纳税申报、查账、验资、外汇收支报表审查等业务，对改善当时的投资环境，吸引境外投资，发挥了积极的促进作用。然而，在独立审计行业飞速发展的同时，一些问题，例如，考核制下注册会计师从业人员素质参差不齐，事务所分支机构管理混乱以及缺乏统一执业标准等，也逐渐暴露出来。1992 年 9 月 17 日，财政部、国家经济体制改革委员会联合发布《注册会计师执行股份制试点企业有关业务的暂行规定》，较早地明确了对公开发行股票和股票上市的股份有限公司执行业务的会计师事务所的条件，以及注册会计师对股份制试点企业执行的业务内容。1992 年前后，我国接连爆发了"深圳原野""长城机电"及"海南中水"等一系列重大审计失败事件。在这些事件中，有的注册会计师非但没有报告企业的会计舞弊行为，反而积极配合企业伪造会计数据。为应对这种情况，我国独立审计行业监管者陆续制定实施一系列旨在提高注册会计师执业质量的政策。1993 年 2 月，财政部和中国证监会联合发布《关于从事证券业务的会计师事务所、注册会计师资格确认的规定》，对上市公司的审计业务建立准入制度，规定具有证券期货相关资格的会计师事务所和注册会计师才能执行上市公司的审计业务。1993 年 9 月 30 日，财政部、中国证券监督管理委员会发出《关于从事证券业务的会计师事务所对审计、验资报告复审、确认以及合作开展业务的通知》，进一步明确了注册会计师证券相关业务的一些问题。例如，已取得资格的事务所在从事证券业务时，必须委派本所不包括未取得资格的分析业务骨干和辅助人员按照专业准则的要求到现场查验。1993 年，证监会公布《禁止证券欺诈行为暂行办法》，加大了对于上市企业注册会计师的行政处罚力度，并随后宣布吊销一批参与会计造假的注册会计师的资格证书。同年，国务院颁布实施《中华人民共和国注册会计师法》(简称《注册会计师法》)，要求注册会计师资格不能够再由考核，而是必须通过全国统一考试才能获得，从而加强了从业人员的专业素质。《注册会计师法》同时也首次强调了注册会计师的民事法律责任："注册会计师违反本法规定，给委托人、其他利害关系人造成损失的，应当依法承担赔偿责任"，试图通过加大法律责任的方式迫使注册会计师在执业过程中更加客观、公正和谨慎。1993 年颁布的《注册会计师法》总结了注册会计师业务的特点，从法律的高度明确注册会计师的审计业务包括：审查企业会计报表，出具审计报告；验证企业资本，出具验资报告；办理企业合并、分立、清算事宜中的审计业务，出具有关的报告；法律、行政法规规定的其他审计业务。另外注册会计师可以承办会计咨询、会计服务。注册会计师法规定的审计业务，统一并完全涵盖了注册会计师条例规定的会计查账验证业务，但是没有规定咨询、服务业务。同年，我国独立审计准则组在财政部的授权下由中国注册会计师协会成立，开始着手制定适应于我国国情的独立审计准则。

1994年5月7日，财政部、国家体改委、国务院证券委员会又发出通知，明确了国内注册会计师执行国内企业境外上市有关业务的规定。在有关政府部门的推动下，随着证券市场的完善，注册会计师证券相关业务越来越规范，成为会计师事务所的主要业务之一。1995年，中国注册审计师协会和中国注册会计师协会（以下简称"两会"）实行联合，成立了新的中国注册会计师协会，审计（师）事务所改名为会计师事务所。"两会"联合后，会计师、审计（师）事务所开始执行统一的法规，具有相同的业务范围。为适应我国社会主义市场经济发展的需要，增强竞争能力，改制后的会计师事务所积极合并，不断"上规模、上档次、上水平"，产生了一批会计师事务所集团，形成了具有中国特色的社会审计制度。另外，1995年，首批独立审计准则制定实施，此批准则共包括10个准则项目，其内容涵盖审计计划书编制，审计证据收集，审计报告编写等方面。此后，财政部陆续发布六批独立审计准则，基本形成包括独立审计基本准则、职业道德基本准则、质量控制基本准则、后续教育基本准则，以及具体准则在内的注册会计师独立审计准则框架体系，为规范注册会计师执行审计业务，提高执业质量和队伍素质，维护社会公众利益发挥了重要的作用。

2. 会计师事务所的脱钩改制

事务所脱钩改制的主要目的就是使事务所脱离原主管部门，把注册会计师个体利益同事务所的信誉和整体利益紧密结合起来，促进注册会计师树立起高度的风险意识，恪守职业道德确保执业质量，使事务所成为自主执业、自担风险、自我约束与自我发展的独立的社会中介组织机构。在我国独立审计制度恢复重建阶段，监管者所推出的一系列举措显著提高了注册会计师的执业质量。根据DeFond等（2000）的统计，自1993—1996年，我国收到非标审计意见的上市企业数量从2家增长到39家，其比例从小于1%上升至10%左右。尽管如此，在我国独立审计市场中依然存在许多阻碍注册会计师进一步提高执业质量的严重阻碍。会计师事务所的"挂靠制"就是其中之一。在"挂靠制"下，会计师事务所是其上级主管政府单位的附属单位，而注册会计师在本质上则是这些上级政府单位的工作人员。尽管《注册会计师法》规定注册会计师若是因为行为不当而造成投资者损失则需要承担民事赔偿责任，但是对于在挂靠所中工作的注册会计师而言，他们的民事法律风险实际上已经全部转移至挂靠所的上级主管单位，个人财产并不受法律威胁（DeFond et al., 2000）。这种对于注册会计师民事法律责任的限制很可能会导致他们在执业过程中的谨慎性下降。另外，"挂靠制"也会严重损害注册会计师的独立性。许多研究显示，受各级政府部门控制的国有上市企业更倾向于聘用挂靠于这些政府部门的会计师事务所（Chan et al., 2006; Wang et al., 2008），而在这些挂靠所中工作的注册会计师由于受到主管部门的压力，通常纵容，甚至是配合国有企业的会计数字操纵行为。而且，由于开办会计师事务所是政府部门创收的重要手段，因此不同的部门争先创办会计师事务所，并利用行政手段帮助它们的挂靠所获得客户，承揽审计业务。这种情况一方面降低了事务所通过提高执业质量以获得业务的积极性，另一方面也导致我国独立审计市场的地区和部门分割，不利于会计师事务所发展壮大。因而，当我国独立审计行业逐步发展成熟之时，原先有助于行业发展的"挂靠制"已经变成了阻碍行业继续发展的障碍。

在这种情况之下，1998年，财政部、中国注册会计师协会连续下发了十多个有关改制问题的文件，包括《关于进一步加快会计师事务所及审计事务所体制改革的通知》《关于会计师事务所改制中产权界定与资产处置问题的通知》《关于中外合作会计师事务所中方事务所改革的若干规定》等。同时，财政部还与国家工商行政管理局联合发出了《关于会计师事务所和审计事务所体制改革中登记注册有关问题的通知》，为脱钩改制后的人员安排、产权界定与资产处置等工作提供处理依据和规范。同年7月初和12月初，中国注册会计师协会会同中国证券监督管理委员会联合召开两次具有执行证券、期货相关业务资格会计师事务所的脱钩改制会议。同年12月，国务院体改办就会计师（审计）事务所改制的缘由、存在问题及有关意见等向国务院领导做了翔实的报告，朱镕基总理批示事务所体制改革"是一项十分重要的基础设施建设"，为事务所改革工作指明了正确方向。

各地在脱钩改制方面做了大量推动工作。1998年4月，海南省根据1996年海南省人大通过的《海南省注册会计师条例》及财政部的改制文件规定，通过兼并联合将全省70多个事务所改制为30个。同年8月，河南省财政厅与河南省体改委、工商局、国资局联合签发全省脱钩改制通知。同年12月，北京市政府办公厅转发了全市事务所改制实施方案。

1999年4月13日，财政部进一步颁布《会计师（审计）事务所脱钩改制实施意见》（简称《意见》），决定根据党中央、国务院关于党政机关与所办经济实体脱钩的部署，加快事务所体制改革的进程。该意见明确了事务所脱改制的目标和原则、脱钩的内容、改制的形式、脱钩改制的期限和实施步骤，以及相关问题的处理等。《意见》指出：脱钩改制的目标是建立与社会主义市场经济相适应的事务所管理体制，形成以注册会计师为投资主体、独立承担法律责任的运行机制，使事务所成为自主经营、自担风险、自我约束、自我发展的社会中介机构；增强注册会计师风险意识，恪守职业道德，遏制作弊造假，确保执业质量。事务所脱钩改制工作，要正确处理改革、发展和稳定的关系；妥善处理国家、集体和个人利益，保护国有资产不流失，考虑注册会计师智力劳动形成事务所积累的因素；鼓励事务所走联合发展的道路。

《意见》要求各级党政机关、政法机关和社会团体、事业单位、企业及其下属单位（以下简称挂靠单位），必须与挂靠本单位或以本单位名义发起兴办的事务所在人员、财务、业务、名称四个方面进行脱钩。人员脱钩，指事务所与挂靠单位不再具有隶属关系，事务所从业人员不再列入行政或事业编制，其人事档案转由人才交流中心或经政府人事管理部门认可的有关机构管理。财务脱钩，指挂靠单位不再是事务所的投资者，不再享有所有者权益。业务脱钩，指事务所不得利用原挂靠单位的权力或影响招揽业务，原挂靠单位不得违反国家规定将其行政职责范围内的工作委托给事务所转化为有偿服务，也不得为事务所指定业务或干预事务所执业。名称脱钩，指事务所名称不得冠有原挂靠单位的名称字样或痕迹，不得仅以行政区域或地名作为事务所名称。

《意见》同时指出，事务所的改制要建立以注册会计师为投资主体发起设立的合伙制和有限责任制事务所。合伙制事务所由两名以上符合规定条件的注册会计师出资设立。合伙人按照出资比例或协议约定，以各自的财产承担法律责任，对事务所的债务承担连带责任。有限责任制事务所由五名以上符合规定条件的注册会计师出资发起设立。出资人以其出资额为限承担责任，事务所以其全部资产对其债务承担责任。

《意见》进一步要求，挂靠单位与事务所的脱钩工作和事务所的改制工作同步进行。第一，挂靠单位与事务所就"四脱钩"内容进行协商，提出脱钩方案，明确脱钩进度，达成脱钩协议。第二，挂靠单位与事务所进行资产清查和财务审核，由挂靠单位的国有资产管理机构进行产权界定，待人员安置方案确定后，挂靠单位与事务所签订资产处置协议。资产清查和财务审核的截止日期作为产权界定和资产处置的基准日。第三，事务所职龄内从业人员的人事档案转入人才交流中心或经政府人事管理部门认可的有关机构。第四，事务所依据有关法律和规定，民主协商确定事务所的改制组织形式，产生发起人或合伙人、出资人，制定章程和出资人协议、合伙人协议并进行公证。第五，事务所按照财政部《有限责任会计师事务所审批办法》和合伙会计师事务所审批办法规定的程序，向省级或省级以上注册会计师协会提交改制报告和有关资料，经省级以上财政部门批准后办理变更或设立登记手续。

最后，就脱钩改制中的产权界定和资产处置问题，《意见》提出，事务所产权界定和资产处置应坚持"谁投资、谁拥有产权"的原则，确保国有资产不流失。通过对事务所存量资产的清查，确定资产总额，界定产权，处理净资产，切断与挂靠单位的经济关系。资产处置要按照财政部《关于会计师事务所改制中产权界定与资产处置问题的通知》办理。此外，《意见》对员工安置与补偿，党团、工会关系及外事管理等问题也提出了解决方案。

截至1999年12月底，全国6045个事务所基本完成了脱钩改制工作，在脱钩改制过程中，由于进行了合并或撤销，事务所总数减少到4805个，其中合伙事务所405个。103个具有证券期货相关业务资格的会计师事务所，除因事务所合并和取消资格的2个事务所外，有101个具有证券相关业务资格事务所全部与挂靠单位脱钩，改制成为由注册会计师发起设立的有限责任事务所。脱钩改制后，事务所和注册会计师的风险和责任意识有明显提高。据中国证券监督管理委员会统计，1999年具有执行证券期货相关业务资格的会计师事务所在对上市公司1998年年报审计中，出具非标准无保留意见的审计报告152份，占18%，比1998年增长了5个百分点，其中出具无法表示意见报告14份，而1998年仅有1份。这项工作改变了我国事务所的"官办"形象，增强了国内外投资者对我国事务所的信赖度。亚太会计师联合会等国际机构、国际"五大"会计公司和许多来访的外国会计师职业组织，对此极其关注并给予了高度评价，认为这是中国向世界发出的进一步扩大对外开放的重要信号。同时，也引起国外会计师、律师、医师三大职业团体的浓厚兴趣，他们认为，中国注册会计师行业的体制改革，以及清理整顿和制止行业作假工作，在许多方面开创了自律性职业组织管理行业的先河，充分显示了中国注册会计师协会管理行业的能力和潜力，对苏联和东欧等国家有着非常重要的借鉴意义[①]。

3. 会计师事务所合并浪潮

在经历了"脱钩改制"之后，我国会计师事务所演变为独立的经营实体，独立审计行业也开始向市场化迈进。然而，挂靠制下政府部门对会计师事务所日常经营的长期干预导致我国独立审计市场呈现出严重的地区和行业的分割性，市场集中度低，会计师事务所数量较多且规模普遍较小。根据我们的统计，在"脱钩改制"基本完成的1999年，我国沪深两市挂牌上市的企业仅942家，而为这些上市企业提供审计服务的会计师事务所却高达101所，平均每个事务所的上市企业客户不到10家。极小的经营规模使得会计师事务缺乏与企业的谈判能力，同时也限制了会计师事务所为那些经营复杂程度高的企业提供服务的能力。

与逐渐改善审计质量，通过增加客户认可度从而提升市场占有率并扩大经营规模的方式相比，通过合并的方式可以使得会计师事务所在短时间内实现规模的巨大增长。因此，为了迅速扩大会计师事务所经营规模，我国政府大力推动会计师事务所之间的合并。自"脱钩改制"以来，在相关政府部门的引导下，我国会计师事务所经历了两次较大的合并浪潮。第一次合并浪潮发生在"脱钩改制"之后到2006年期间。1999年，中美就中国正式加入世界贸易组织达成共识。为了适应经济全球化的影响，满足国内外企业的需求，我国会计师事务所的规模急需扩大，独立审计市场的市场结构也亟待改善。为此，我国政府于2000年先后发布《会计师事务所扩大规模若干问题的指导意见》《会计师事务所分所设立审批管理办法》《会计师事务所合并审批管理办法》及《关于会计师事务所和注册会计师换发证券、期货相关业务许可证的通知》等文件。其中，《相关业务许可证的通知》要求申请证券期货资格的会计师事务所必须满足：①拥有至少20名有证券期货资格的注册会计师；②上年度收入不低于800万元人民币；③60岁以下注册会计师人数不少于40名。从而对具有证券期货资格的会计师事务所在规模上作出了硬性规定。而《会计师事务所扩大规模若干问题的指导意见》则明确提出我国会计师事务所可以通过合并，建立分所以及吸收专业人员三种方式实现规模的扩大。随后，《分所设立审批管理办法》和《合并审批管理办法》分别针对事务所分所设立和合并的基本要求及具体实施流程进行了规范。其中，《分所设立审批管理办法》要求在会计师事务所设立的分所中必须拥有五名以上注册会计师，同时需具备一定数量的运营资金并有固定的办公场所，而且，分所在人事、财务、执业标准、质量控制、人员培训等方面必须接受事务所总所的统一管理。《合并审批管理办法》则要求合并的各方会计师事务所在自愿平等的基础上实行合并，并规定事务所合并可以采取吸收合并和新设合并两种方式。到2006年底，我国上市企业数量已达到1450余家，而具有证券期货资格的会计师事务所则缩减至68所。同时，我国独立审计市场的行业前四名份额

---

① 《中国审计年鉴》编辑委员会. 中国审计年鉴（1999）. 北京：中国审计出版社，2000：770.

集中度指标也从 1999 年的 12.25%增加至 20.86%。这些统计数据说明了通过我国政府的一系列举措，我国会计师事务所实现了规模的增长，而且独立审计市场的市场结构也得到了一定改善。

我国会计师事务所第二次合并浪潮发生于 2007—2013 年间。此次合并浪潮的发生主要有两个方面的原因。其中一方面是为了配合我国企业的"走出去"战略。早在改革开放之初，我国政府便确立了"走出去"战略，积极鼓励我国企业进行对外投资和跨国经营。随着改革开放的加深，我国经济总量不断增加，国际影响力不断提升，我国企业也越来越多参与国际资本市场的竞争。为了配合企业的"走出去"战略，我国亟须一批能够胜任国际资本市场审计的大型会计师事务所。然而，一直以来"国际四大"凭借其成熟完善的国际网络，形成了我国跨国经营企业审计业务的垄断。由于 PCAOB 具有对所有在 SEC 注册的会计师事务所的调查权，将我国跨国企业的审计事务完全委托给"国际四大"显然不利于我国经济安全。另一方面，在我国的审计市场上，即使是对同一审计项目，"国际四大"往往也能够收取超过我国本土事务所审计收费 2～5 倍的溢价。这种不合理的收费模式同样严重阻碍了我国注册会计师行业和本土事务所的健康发展。为了培养出能够与"国际四大"相抗衡，同时能够为国际资本市场服务的本土事务所，我国财政部于 2007 年正式发布《中国注册会计师协会关于推动会计师事务所做大做强的意见》（以下简称《意见》）。《意见》确定了我国会计师事务所做大做强的总体目标，并提出以国际市场为平台，以国际环境为参照，以国际发展为方向，积极鼓励、支持和培育一批又大又强的事务所。随后，在 2009—2010 年间，我国财政部又先后发布《关于加快发展我国注册会计师行业的若干意见》《会计师事务所分所管理暂行办法》及《会计师事务所合并程序指引》等一系列文件，为我国注册会计师行业加快发展指明了方向，为注册会计师行业的发展提供了有利契机，为事务所合并工作提供了有力参考。

事务所合并指两家或两家以上的会计师事务所通过产权关系的转移和重组，使原有事务所的经营服务集合于一体的行为。事务所的合并按合并方式可划分为吸收合并与新设合并两种基本类型。吸收合并指一家事务所吸收另一家或多家事务所的合并方式，合并后被吸收的事务所不再保留法人资格。吸收合并通常发生于实力存在明显差距的事务所之间，吸收方在合并过程中占主导地位。例如，2012 年，国富浩华事务所吸收合并了深圳鹏城会计师事务所，尽管吸收方有时相对于被吸收方并不具备规模上的优势，但由于其在市场渠道、执业质量、市场声誉和业务范围（如具有证券期货资格）等方面的优势，使得其能够兼并规模更大的事务所。新设合并是指两个或两个以上的会计师事务所经过合并后，各合并方的执业许可注销，共同组成一个新事务所的合并方式。例如，瑞华会计师事务所，便是由中瑞岳华与国富浩华通过新设合并方式成立。市场中，规模相当的事务所进行合并时通常会采用此种合并方式。

两种不同类型的合并方式各有其优劣。新设合并意味着合并双方在合并前均具备一定的规模和声誉。因此，这种"强强联合"能够迅速提升事务所品牌的影响力及其在审计市场的话语权。但由于参与合并的各家会计师事务所在体量上较为接近，并已形成较为成熟的企业文化，任何一家会计师事务所都难以取得主导地位。新设合并往往要求事务所采取强有力的整合措施实现不同合并方向的融合，这无疑提高了事务所合并的成本。吸收合并与新设合并相比，由于吸收方占据主导地位，其对整个合并过程有较强的控制力，进而降低了整合的成本，提高了整合的效率。但由于吸收合并通常发生于规模存在较大差异的事务所之间，该合并方式对吸收方规模和声誉的增量并不明显。

4. 我国注册会计师事务所的模式

通常而言，会计事务所的组织形式分为如下三种：有限责任公司制、有限责任合伙制、普通合伙制[①]。在普通合伙制下的会计师事务所中，注册会计师承担无限连带责任，即只要会计师事务所被判决赔偿，无论在这个事务所中工作的注册会计师是否直接对被判决的事件负责，他们都需要承担无限的赔偿责任。而在有限责任公司制下的注册会计师则以自己的出资额为限，承担有限责任。除了这两种情况之外，若注册会计师处在有限责任合伙制下的事务所中，则对被判决事件负直接责任的注册会计师需承担无限责任，而同所其他的注册会计师则以出资额为限承担有限责任。由此可见，与注册会计师承担法律责任从大至小所对应的事务所组织形式分别为普通合伙制、有限责任合伙制、有限责任公司制。

与英美等主要发达国家中会计师事务所组织形式由普通合伙制转为有限责任合伙制不同，在我国审计市场上，会计师事务所组织形式的变迁经历了"普通合伙制—有限责任公司制—有限责任合伙制"的转变过程。在"脱钩改制"之前的挂靠所中，无论事务所的组织形式为何，注册会计师的法律责任都完全被转移至事务所的上级主管政府单位，因此本书不对"脱钩改制"之前我国会计师事务所的组织形式进行探讨。在完成"脱钩改制"演变为独立经营的法律实体之后，我国注册会计师所按照财政部的规定可以自由选择以普通合伙制或有限责任公司制组织事务所。出于自我保护的目的，我国大部分的注册会计师选择均选择有限责任公司制以对他们的法律责任设限，只有少部分注册会计师选择普通合伙制。而且，随着时间推移，有限责任公司制会计师事务所占我国所有会计师事务所的比例在逐步增加。到2005年，几乎所有具备证券期货审计资质的会计师事务所均选择了有限责任公司制（Firth et al., 2012）。

有限责任公司制固然可以保护注册会计师的个人财产不受法律威胁，但是另一方面却可能导致注册会计师执业的谨慎性下降，因而不利于审计质量的提高。Firth等（2012）的研究发现，在有限责任公司制下，注册会计师报告的激进程度显著高于处在普通合伙制下的注册会计师。20世纪90年代，英美等发达国家的会计师事务所逐步完成由普通合伙制到有限责任合伙制的组织形式演化以应对针对注册会计师的诉讼浪潮。为了与国际主流接轨，同时也为了提高我国注册会计师的执业质量，在2009年发布的《关于加快发展我国注

---

① 会计师事务所组织形式同时也包括独资企业制。但是独资制的会计师事务所普遍规模较小，而且注册会计师所承担的法律责任也与普通合伙制中注册会计师所承担的法律责任类似。所以我们不做单独讨论。

册会计师行业的若干意见》中，财政部明确提出推动大中型会计师事务所采用有限责任合伙制[①]。紧接着，财政部在 2010 年进一步发布《关于推动大中型会计师事务所采用特殊普通合伙组织形式的暂行规定》，对我国会计师事务所转制为有限责任合伙制的对象、条件及程序等方面进行了规定。2012 年，在最新发布的会计师事务所证券期货审计资格条件上，财政部明确要求所有具备证券期货审计资质的事务所必须采取有限责任合伙制。截至 2013 年底，我国所有具备证券期货审计资质的会计师事务所均转制为有限责任合伙制。从有限责任公司制到有限责任合伙制的转变将注册会计师的个人财产暴露于法律威胁之下，对我国注册会计师的审计质量提升有重要意义。He 等（2017）以注册会计师发表非标意见的概率及被审计企业的盈余管理程度等指标衡量审计质量，发现在转制为有限责任合伙制后，我国注册会计师的审计质量显著提高。他们进一步发现转制之后被审计企业的市场价值在事务所转制之后也得到了大幅度提升，由此表明投资者对加强注册会计师法律责任的举措持肯定态度。

2021 年 11 月，财政部研究起草了《会计师事务所一体化管理办法（征求意见稿）》，分别从人员管理、财务管理、业务管理、技术标准和质量管理、信息化建设等一体化管理的五个方面提出基本要求。第一，会计师事务所应当建立实施统一的人员管理制度，制定统一的人员聘用、定级、晋升、业绩考核、薪酬、培训政策与程序并确保有效执行。会计师事务所的人员业绩考核、晋升和薪酬政策应该将质量因素作为员工考评、晋升和薪酬的重要因素，建立和实施质量一票否决制度。设立分所的会计师事务所应当对分所负责人和质量控制负责人、财务负责人等关键管理人员实施统一委派、监督和考核，在全所范围内实施统一的人力资源调度和配置。第二，会计师事务所应当实施统一的财务管理制度，制定统一的业务收费、预算管理、资金管理、费用和支出管理、会计核算、利润分配、职业风险补偿政策与程序并确保有效执行。业务收费应当以"优质优价"为导向，以项目工时预算和人员级差费率为基础，禁止低价竞争。因此，会计师事务所应当实施统一的合伙人业绩考核政策与标准，确保全体合伙人在统一的"利润池"中分配，禁止以费用报销代替利润分配，禁止业务分部或合伙人"各自为政""分灶吃饭"。第三，会计师事务所应当实施统一的业务管理制度，制定统一的客户与业务风险评估与分类标准、业务承接与保持、项目分派与承做、独立性与职业道德管理、报告签发、印章管理政策与程序并确保有效执行。会计师事务所应当为每个审计项目投入充足的资源，确定不同层级员工合理的工作负荷。会计师事务所应当结合所服务客户的行业特点和业务性质，以及本会计师事务所分所的地域分布，对业务团队进行专业化设置，实行矩阵式管理，以团队专业能力的匹配度为依据分派业务。第四，会计师事务所应当实施统一的技术标准与质量管理制度，制定项目咨询、意见分歧解决、项目质量复核、项目质量检查、质量管理缺陷识别与整改等方面的

---

① 准确来说，在我国财政部所发布的文件中，关于有限责任合伙制是被称为特殊普通合伙制。虽然称呼有所区别，但有限责任合伙制和特殊普通合伙制在本质上是完全相同的。在相关文件的英文翻译版中，特殊普通合伙制的译名也为 limited liability partnership。

政策与程序并确保有效执行。会计师事务所执业人员应当按照依据有关法律法规和注册会计师执业准则制定的统一技术标准执行业务并出具报告。会计师事务所应当明确质量复核人员资格条件并建立合格人员清单，建立独立于业务执行团队的质量控制团队，统一委派质量复核人员。质量控制人员、业务质量检查人员的人选，以及相关人员的业绩考评与薪酬不应受业务执行团队的干预或影响。第五，会计师事务所应当统一开展信息系统的规划、建设、运行与维护，通过持续有效的投资维护信息系统的安全性、实用性，以信息技术手段提高审计作业效率与质量，提升独立性与职业道德管理水平，保障一体化管理体系有效实施。

第二节 注册会计师事务所审计的特点

一、注册会计师事务所审计的定义

美国会计学会基本审计概念委员会于1973年在《基本审计概念说明》中对审计所下的定义是：审计是通过客观地获取和评价有关经济活动与经济事项认定的证据，以查明这些认定与既定标准之间的符合程度并将其传达给利害关系人的一个系统过程。美国会计学会前会长阿尔文·A.阿伦斯在其所著的《审计学：一种整合方法》中对审计的定义为：审计是由有胜任能力的独立人员对特定的经济实体的可计量信息进行收集和评价证据，以确定和报告这些信息与既定标准和符合程度。

二、注册会计师审计与内部审计、国家审计的区别与联系

注册会计师审计与内部审计和国家审计的最大区别在于，注册会计师审计是受托审计，也就是说是一种双向选择，被审计单位可以选择会计师事务所，会计师事务所也可以选择被审计单位。此外，国家审计人员和内部审计人员的工资收入就是其做审计工作的报酬，不存在与被审计单位收费的问题。而注册会计师审计是有偿审计，被审计单位需要付费给会计师事务所，因此，注册会计师与被审计单位存在经济利益关系。这种关系对独立性存在一定的威胁，关键是看委托方是谁。一般国外的企业都通过审计委员会来聘用会计师事务所，如美国的审计委员会全部由独立董事承担，使其不受制于被审计单位。可以看出，注册会计师审计属于双向独立，既独立于被审计单位，也独立于委托方。国家审计属于单向独立，由于其属于政府部门，不能独立于委托方，但是可以独立于被审计对象。内部审计属于相对独立，由于内部审计机构不能完全脱离企业，其只能相对独立于委托方和被审计对象。国家审计遵循国家审计准则，注册会计师审计遵循审计准则，内部审计遵守内部审计准则。国家审计的定位主要是财政财务收支与国家经营效益等，注册会计师审计主要针对企业财务报表进行审计，而内部审计主要针对企业经营绩效进行审计。国家审计对于审计结果以审计公告的形式对外公布，注册会计师审计要发表审计意见并附在企业年报中

对外公布，内部审计报告不对外公布，因为内部审计报告内容翔实，会涉及很多企业内部信息，只供企业管理层使用。其三者的对比见表 7-1。

表 7-1 注册会计师审计、国家审计、内部审计对比

项 目	国 家 审 计	注册会计师审计	内 部 审 计
法规（工作依据）	宪法、审计法、审计法实施条例、国家审计准则、地方审计法规和规章等	注册会计师法、注册会计师执业准则（审计准则）等	内部审计准则、内部审计规定等
独立性	单向独立	双向独立	相对独立
审计范围	财政财务收支，国家经营绩效等	企业财务报表	企业经营绩效
审计报告公布	发表审计意见，发布审计公告	发表审计意见，对外公布	发表审计意见，不对外公布
工作目标	服务国家和社会，维护经济安全，推动全面深化改革，促进依法治国，推进廉政建设，保证经济社会健康发展	对财务报表是否在所有重大方面按照适用的财务报告编制基础发表审计意见	服务组织自身发展，促进组织完善治理、实现组织发展目标
工作权限	由法律法规赋予，并以国家强制力保证实施，被审计单位和其他有关单位应当予以支持和配合	由委托人在协议中承诺或授予的，其权限不具有法定性和强制性	由组织内部规章制度确定，审计权限在一定程度上受本组织管理层制约

虽然三种审计存在差异，但是它们的相同点表现在都需要搜集证据，搜集证据的方法可以相互借鉴。同时，国家审计和注册会计师审计一般都可以借鉴内部审计的工作成果。因为首先，内部审计是单位内部控制制度的重要组成部分，国家审计和注册会计师审计在实施时，都需要对内部控制进行了解和测试，必然需要了解内部审计的情况。其次，内部审计和外部审计在审计依据、审计内容、审计方法等方面具有一致性。再次，利用内部审计工作成果，可以提高审计工作效率、节约审计费用等。此外，国家审计与内部审计、注册会计师审计之间存在着法定的监督与被监督关系。2018 年 1 月审计署颁布《关于加强内部审计工作业务指导和监督的意见》，专门指出国家审计机关对于内部审计具有指导和监督的作用，并且也需要利用内部审计的工作。同时根据审计法及其实施条例的规定，依法属于审计机关审计监督对象的单位，其内部审计工作应当接受审计机关的业务指导和监督。注册会计师审计组织审计的单位依法属于审计机关审计监督对象的，审计机关有权对该注册会计师审计组织出具的有关审计报告进行核查。目前如何协调三种审计的关系也是研究的热点。内部审计、注册会计师审计是实现国家审计全覆盖的重要力量。内部审计作为单位经济决策科学化、内部管理规范化、风险防控常态化的重要制度设计和自我约束机制，其工作越有效，单位出现违法违规问题和绩效低下问题的可能性就越小，国家审计监督的综合效能也就越高。国家审计可以按规定向注册会计师审计组织购买审计服务，根据《国务院关于加强审计工作的意见》《国务院办公厅关于政府向社会力量购买服务的指导意见》等规定，审计机关可以有效利用注册会计师审计力量，除涉密项目外，根据审计项目实施需要，可以向社会购买审计服务。

三、注册会计师审计的流程

独立审计过程一般分为计划阶段、实施阶段和报告阶段，如图 7-1 所示。审计计划阶段主要活动包括受托、签订义务约定书、编制审计计划。一般来说，会计师事务所在接受被审计单位的委托后，就会与其签订审计业务约定书，其实就是一个合同，对审计双方的责任义务进行界定，然后会计师事务所就会派出一个审计小组，指定审计组长，到被审计单位去收集证据，我们也称这个过程为审计的外勤工作。一般外勤工作是有时间限制的，一般为一个月或两个月的时间。会计师事务所到达被审计单位那天，一般要举行一个进点会，进点会的参与者为被审计单位的主要负责人和审计小组人员。审计小组组长要就本次审计做一个大概的介绍，例如，审计的目的，这次审计参与的人员，大概审计的范围，以及需要被审计单位提供什么帮助等与被审计单位进行沟通。沟通完毕后，审计小组进入正式审计实施阶段。

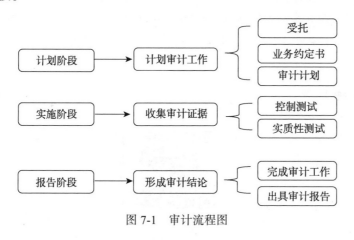

图 7-1　审计流程图

审计实施阶段主要就是收集审计证据，也就是实施外勤工作。审计的主要工作就是收集证据，因此这个阶段是审计最为重要的阶段，审计师需要通过收集证据来判断被审计单位管理层的认定和既定标准是否相符，才能为审计报告阶段提供依据和基础。在该阶段，审计师主要通过实施控制测试与实质性测试收集证据。控制测试是针对内部控制是否执行有效所实施的测试，实质性测试是针对具体的交易、事项、金额所实施的测试。

审计报告阶段主要是对收集到的证据进行分析汇总，然后决定给被审计单位出具的审计结论。在收集证据（也就是外勤工作结束）后，一般要举行一个出点会，在出点会上，审计人员会说明这次审计发现的问题，需要对方调整的事项，最后大概出具什么审计结论和意见。审计报告是指注册会计师根据审计准则的规定，是在执行审计工作的基础上，对财务报表发表审计意见的书面文件；也是注册会计师对财务报表是否在所有重大方面按照财务报告编制基础编制并实现公允反映发表审计意见的书面文件。审计报告的内容包括审计意见、关键审计事项、强调事项段和其他事项段等。审计意见包含无保留意见和非无保留意见两类，非无保留意见包括保留意见、否定意见和无法表示意见。关键审计事项是指注册会计师根据职业判断认为对当期财务报表审计最重要的事项。强调事项段是指审计报告中含有的一个段落，该段落提及已在财务报表中恰当列报或披露的事项，且根据注册会计师的职业判断，该事项对财务报表使用者理解财务报表至关重要。其他事项段是指审计报告中含有的一个段落，该段落提及未在财务报表中恰当列报或披露的事项，且根据注册会计师的职业判断，该事项与财务报表使用者理解审计工作、注册会计师责任或审计报告相关。

审计师在审计的整个过程中都需要与被审计单位进行沟通，审计中发现问题应该及时与被审计单位沟通，并得到对方的回馈，因为被审计单位更了解企业，有的时候可能审计师发现的问题并不是问题，例如，审计师审计一个企业发现其年末应收账款的占比达到总资产的80%，于是审计师就认为被审计单位应收账款管理存在问题，应收账款的回收问题严重，但是在询问被审计单位为什么其应收账款占比那么高时，被审计单位解释由于企业的销售旺季在12月25日，我们都知道应收账款的回收具有一定的期限，一般为30~60天，因此12月31日应收账款的占比高就是正常的。所以在审计过程中，一定要注意与被审计单位的沟通，这也有利于审计工作的顺利开展，同时更好地为被审计单位提供服务。

第八章 注册会计师事务所的研究综述

 学习目标

1. 了解会计师事务所合并与整合的相关文献；
2. 了解会计师事务所审计与公司治理的相关文献；
3. 了解审计质量的相关文献；
4. 了解审计费用的相关文献；
5. 了解审计需求与契约的相关文献；
6. 了解审计监管的相关文献；
7. 了解审计报告及其使用的相关文献；
8. 了解审计行业专长的相关文献。

第一节 会计师事务所合并与整合

目前对会计师事务所的研究主要是针对会计师事务所合并与整合后引起的经济后果的研究，主要体现在以下方面。

一、审计质量

对于事务所合并对审计质量的影响，已有研究基于不同的背景所得到的结论不尽相同。在西方，以 De Angelo（1981b）为代表的学者支持的"声誉说"，认为由于规模效应的存在，再加上大所对声誉更加看重、受到的监管更多且在客户中话语权更大从而审计质量会更高。Jiang 等（2019）利用美国 Big N 会计师事务所并购 Non-Big N 事务所的外生冲击事件发现 Non-Big N 的客户的审计质量在合并后得到显著提升，从而证实了事务所规模与审计质量的正向关系。

在我国，许多学者对规模—质量的正相关结论提出了异议。王咏梅和邓舒文（2010）认为我国相当多的事务所合并并非市场自发行为，现有研究显示出事务所合并带来审计质量提升的结果在控制治理结构和地区经济发展状况等因素后并不显著，合并并没有导致审计质量提高。刘峰等（2009）以港股上市公司为样本，研究得出大所审计师在可操控应计的要求上，并没有表现出比小所审计师更为严格的特征，甚至出现了"店大欺客"的现象。以"中天勤"合并案例为考察对象，吴溪（2006）发现我国事务所合并后低效的管理整合手段抵消了合并的预期效应，其审计质量并没有提高。

针对上述结论的不一致，Chan 和 Wu（2011）以出具非标意见频率度量审计质量，认为事务所合并对于审计质量的影响，与被合并方是否具备证券从业资格有关。He 等（2021）基于我国会计师事务所合并场景考察了事务所间行业专有知识转移对审计质量的影响，发现在特定行业专有知识上存在差异的事务所合并后，那些在合并前被缺乏行业专有知识事务所审计的上市公司的审计质量得到显著提升。此外，法治环境的差异也导致了审计师执业约束的不同，法律风险也是影响盈余和审计质量的一个重要因素（Francis and Wang，2008；白云霞等，2009）。

二、审计收费

事务所合并对于审计收费的影响受到监管部门及其他社会各界的关注。

西方学者普遍认为事务所的合并能使事务所实现规模经济，共享审计知识并降低单位成本（Scherer and Ross，1990；Junius，1997）。对于事务所合并后的审计收费，事务所、客户及监管部门的观点并不统一。事务所表示合并将会产生规模经济，因而会降低审计收费（Iyer and Iyer，1996）；而客户及监管部门则认为事务所合并以后会降低审计市场的竞争性，导致审计费用上升。

国内研究显示近年发生合并的事务所的收费显著高于未发生合并的事务所，这表明，事务所合并确实会导致审计收费的显著提高，且事务所合并后第一年审计收费的提升较第二年更为明显。此外，本土事务所之间合并对审计定价的影响不如涉及"四大"的合并显著，但这一结论仅限于稳定客户；而新设合并与吸收合并对审计定价的影响没有显著差异（李明辉等，2012）。Gong 等（2016）也指出，合并带来的审计效率的提高并不一定会使审计收费减少，反而由于合并后事务所的品牌溢价等，审计收费会增加。

三、市场集中度

不同的学者采用不同的样本和测量市场集中度的指标得到的结论不尽相同。尽管面向公众公司的审计服务市场集中度日益提高，大事务所的市场势力日益强大，但并没有证据表明审计服务市场的竞争被削弱。

事务所合并是否会改变其自身市场份额或者改变整个市场集中度，关键在于合并是否会导致其流失旧客户和吸引新客户，尤其是前者。如果合并后的老客户继续聘用合并后的事务所，那么合并后的市场份额就会有所增加。那些原本市场份额就较大的事务所，合并后市场份额会更大（Dunn et al.，2011）。因此，合并实际上提高了第一层次大事务所之间的竞争性，同时扩大了领先与落后事务所之间的市场份额差距（李明辉和刘笑霞，2010）。

四、财务报表可比性

会计信息质量不仅取决于会计准则，还受到准则执行、管理层动机及会计信息生产过程中各中介机构的影响（Ball et al., 2003）。在会计准则既定的前提下，作为信息生产过程重要环节的审计则会显著地影响财务报表可比性，不同风格的事务所审计的财务报表在会计准则执行效果上存在差异，因此同一事务所审计的财务报表之间的可比性显著高于不同事务所审计的财务报表间的可比性（Francis et al., 2014）。

事务所合并后的整合程度会影响可比性的提升效果，而事务所合并的效果也很大程度上取决于事务所合并后的整合，尤其是人力资源的整合。审计师影响审计风格进而影响财务报表可比性，因此审计师的流动性是影响财务报告可比性的重要因素（曹强等，2016）。合并后事务所对审计师重新配置的比例越高，则事务所合并对报表可比性的提升作用越明显（叶飞腾等，2017）。因此合并后的事务所能否根据客户特点和审计师个人特征如专业特长、审计风格等对审计师统一调配至关重要。

五、审计风格

不同的会计师事务所有不同的审计标准，使得它们形成了自己的审计风格，其所审客户之间的会计信息也更加可比（Francis et al., 2014）。同样地，我国的会计师事务所在发展过程中，也形成了各自特有的审计风格。

事务所合并之后可以更好地进行专业化投资，也更有能力进行技术研发和培训（李明辉和刘笑霞，2015）。因此合并在促进专业知识的标准化和整合时也能更好地形成一致的审计风格。但是会计师事务所的标准化和整合能力受到一定的限制。一方面，知识转移主要发生在员工之间，而合并会导致员工身处高度紧张的环境，包括不确定性、担忧及不信任，这些因素都可能妨碍合并后员工间的专业知识分享（Empson, 2000, 2001）；另一方面，标准化知识的解读和应用需要经验和洞察力，这些知识归员工个人私有，无法强迫分享。如果合并后的事务所无法实现有效知识分享和整合，合并前的不同审计风格会依然存在，那么，短期之内就会弱化合并后事务所的整体审计风格。不过这种弱化并不会长期存在。如果进一步将事务所的合并事项划分为强强、强弱和弱弱合并三类，可以发现规模较大的会计师事务所在专业知识标准化和整合方面存在一定的优势，能够加快其合并整合速度（宋云玲等，2017）。

六、专题思考

现有文献主要依据西方理论直接研究事务所合并与审计质量的关系。但是西方经典理论与我国审计市场合并实践是否真正适配，也许正是现有结论存在明显差异的主要原因（吴溪，2021）。为何经历了多次合并浪潮的瑞华最终却在频频"暴雷"中走向衰落，并没有达到我国政府主导的以"做大做强"为目标的事务所规模扩张的预期效果？既然"规模—质量"的正相关结论在我国审计市场并不完全适配，那么影响合并后审计质量的主要因素有哪些？实践中如何实施有效的一体化管理？以上将是事务所需要思考的话题。

其次，许多会计师事务所通过在境外发展成员所，实现全球化发展，获得更多国际审计市场份额。但是境外所与总所所处地区的制度、文化、法律等环境大相径庭，导致其经营理念、内部制度等都难以统一。那么总所应该如何管理这些境外成员所、对于这些境外成员所的客户如何进行风险控制都是事务所在选择合并目标时需要考虑的问题。

第二节　会计师事务所审计与公司治理

一、审计与会计信息质量

企业会计信息是利益相关者进行决策的主要依据。高质量的会计信息不仅能够减缓委托人和代理人之间的信息不对称，便于委托人了解受托责任的履行情况，还能够及时向内外部信息使用者如债权人、政府等和企业有密切关系的主体提供决策有用的信息，有效降低交易成本。而外部投资者相较于公司"内部人"处于信息劣势，存在"内部人"提供了扭曲财务报告信息的可能性，此时投资者就无法直接观测企业的经营业绩，同时"内部人"为了谋求自身利益的最大化，在某种程度上会向股东报告扭曲的业绩信息。因此，信息使用者需要独立、公正的第三方注册会计师对企业的内部控制制度有效性和财务报告重大方面的合法性、真实性和一致性进行检查和验证，确保企业会计信息质量。

国内外研究普遍表明，高质量审计能够起到信息鉴证和外部监督作用。Teoh 和 Wong（1993）发现审计师声誉会作用于其审计的财务报告，由"八大"审计的公司比非"八大"审计的公司的盈余反应系数更高，财务报告更加可信。Francis 等（1999）考察了高质量审计在高应计公司中的作用，发现具有较高应计利润的企业为了缓解外部投资者对管理层操纵盈余的担忧，倾向于聘请"六大"作为外部审计机构，并且聘请"六大"审计显著降低了可操控应计利润，减少了高应计公司报告收益的不确定性。同时由于投资者对于企业向上操纵利润行为更加敏感，当审计师与夸大收益的财务报表相关联时，被起诉的概率更高，所以审计师更可能制止管理层向上而非向下盈余管理的行为（Becker et al., 1998）。得益于希腊资本市场对审计工时的披露，Caramanis 和 Lennox（2008）进一步探究了审计投入时长和盈余管理—应计项目的关系，结果表明审计时间越长，可操作应计为正的概率越低，并且正向盈余管理的程度也更低，说明审计的高质量参与能够有效提升企业会计盈余质量。

基于我国资本市场，针对外部审计对信息环境的改善作用，许多学者也得出了类似的结论。陆建桥（1999）和陆宇建（2002）研究了早期我国上市公司在管制环境下的盈余管理行为，他们发现企业为了避免股票停牌，在首次出现亏损的年份，公司存在着显著的非正常调减盈余的应计会计处理，在首次出现亏损的前一年度和扭亏为盈的年度，又明显地存在调增收益的盈余管理行为。而为了获得配股权，上市公司通过盈余管理将净资产收益率（return on equity, ROE）维持在略高于6%或10%之上，提供了上市公司盈余管理行为随着配股政策的演进而改变的证据。而聘请高质量审计机构能够有效减少企业盈余管理行为。蔡春等（2005）实证检验了沪市制造业343家公司的可操纵应计利润与事务所规模（"前十大"或非"前十大")的关系,发现聘请"前十大"事务所公司的可操纵应计利润显著低于来自聘请非"前十大"事务所公司的可操纵应计利润。类似地,王艳艳和陈汉文(2006)发现"四大"审计的上市公司会计信息的透明度显著高于非"四大"审计的上市公司,高质量审计提升了会计信息的稳健性和及时性,降低了企业盈余激进程度。徐浩萍(2004)则发现盈余管理程度较大的公司被出具非标准意见的可能性更大,并且由于注册会计师进行职业判断所需要的信息来源、广度和深度的差异,独立审计的质量受到盈余管理手段的影响,体现在对操控非经营性应计利润的审计质量较高,而对操控经营性应计利润的审计质量较低。这说明,我国注册会计师能够在一定程度上鉴别企业盈余管理程度,并将其反映在审计意见中。

二、审计与代理成本

审计师基于专业能力和独立性在审计过程中充分识别客户重大错报风险,并在审计工作结束时将评估的风险降至可接受的水平,使得审计后的会计信息公允地反映企业的财务状况、经营成果和现金流量,有效提高了财务报表信息的质量,大大降低了利益相关者面临的信息风险。

基于Jensen和Meckling(1976)的研究,在"资本市场完善有效"的假设前提下,西方学者提供的经验证据大多表明,代理成本越高的公司更愿意引入高质量的信息中介来缓解代理冲突,从而越有可能聘请"N大"会计师事务所为公司提供独立审计服务。然而,与欧美等较为成熟的市场不同,新兴地区的资本市场大多处于弱势有效阶段(比如东亚地区),"资本市场完善有效"的假定并不存在坚实的现实基础。在信息不对称较为严重的外部环境下,外部投资者可能无法及时准确地判断公司释放信号的真实性,进而精准地评估企业价值,这将导致存在严重代理问题的公司引入外部监督降低代理成本的动机被大大削弱,甚至与外部审计师合谋,购买对企业发展更为有利的审计意见,欺骗外部投资者与其他利益相关者。与此同时,在新兴国家,产权保护水平低下、法治环境尚不健全,企业的不道德行为或违法行为的成本远低于其违规所带来的收益。审计客户有动机维持信息不透明,以保障私利或政治寻租,以减少市场竞争。基于此,审计能否在新兴市场尤其是东亚各国发挥公司治理作用成为新世纪以来的热点话题。DeFond等(1999)发现审计独立性和审计选择相背离。Francis等(2003)认为如果支撑环境不足,审计方指出的违规不能获得有力的惩戒,审计选择就无关紧要。但Fan和Wong(2005)发现即使在第二类代理问题严重的东亚国家,审计师仍能作为外部治理机制发挥公司治理职能,代理冲突越严重的公司越倾向于选择国际"五大"会计师事务所作为审计机构。此外,国内的研究也普遍支持传统的代理成本越高,代理问题越突出的公司倾向于选择高质量审计师的结论,说明具有此类特征的企业将独立审计师作为治理手段来完善公司治理机制(曾颖和叶康涛,2005;车宣呈,2007),增加公司价值。并且企业对于独立审计的异质性选择具备信息含量,资本市场对选聘高质量事务所的公司表现出积极的市场反应(雷光勇等,2009)。上述研究表明，无论是在较为成熟的欧美市场，还是在制度环境尚不健全的新兴市场，审计作为外部信息中介都能够发挥公司治理作用，降低企业内部代理成本。

三、审计与企业融资

（一）审计与股权融资

信号传递理论认为，信息披露有助于降低信息不对称性，为投资者提供对其决策有用的增量信息。当资本市场存在信息不对称时，知情交易者相对非知情交易者拥有更多的信息，往往能利用信息优势购买到具有投资价值的股票，而非知情交易者只能根据其他主体的行为作出判断，最终购买到知情交易者所规避的、不具有投资价值的股票。因此，非知情交易者为了弥补自身的信息劣势选择减少持有公司股票。而股票发行人需要吸引非知情交易者的投资，因此不得不降低新股发行价来弥补其所承担的风险，确保发行的顺利进行，这就意味着公司权益融资成本的升高（Easley and O'Hara，2004）。审计作为参与企业IPO过程的重要中介机构，能否发挥信息鉴证作用，降低企业股权融资成本，是学术界和实务界共同关注的话题。

企业IPO阶段信息匮乏，审计师作为外部专家有助于传递专业信息，能够帮助资本市场进行定价。Weber和Willenborg（2003）专注于审计在小型企业IPO过程中的作用，考察了大所和小所在提供信息方面的能力差异，研究发现聘请"六大"事务所的公司的上市前审计意见与上市后的财务困境概率存在很大关联，更准确地预测了上市后退市风险。在大所审计的客户中，上市前意见和上市后一年的持有回报显著相关，但在小所的客户中无此关系。由于在无风投机构持股企业的IPO过程中，审计成为主要的信息来源，因此在剥离了其他机构的影响后，该研究的结论表明高质量的审计机构能够提供有用的信息，帮助投资者进行投资决策。Balvers等（1988）和Beatty（1989）针对IPO抑价现象，发现高声誉审计师有动机维护长期建立起来的声誉资本，在执行审计程序时将更加严格，这使得经审计鉴定的财务报表更加真实地反映公司价值，进而能够改善外部投资者面临的信息环境，降低企业在新股发行中的不确定性，降低IPO抑价水平。事前不确定性的降低和事后财务状况的精准预测大大激发了投资者参与资本市场的信心和热情。因此，虽然高质量审计可能会带来审计溢价，但在权衡其降低股权融资成本的作用后，越来越多的企业选择聘请高质量审计参与IPO过程，帮助公司进行权益融资（Titman and Trueman，1986）。

（二）审计与债权融资

债权融资作为企业外部融资的主要方式，是企业发展和国家经济增长的助推器。一直以来，围绕着风险管控问题，许多学者针对信贷机构如何最优化地分配信贷资源进行了大量探索。相比银行等外部信息使用者，企业管理者在借贷过程中处于信息优势地位，银行等债权人通过公开渠道获得的信息有限。因此确保债务企业提供的会计信息真实可靠，能够有效减少契约双方的信息不对称（Watts and Zimmerman，1983），提高信贷资源的配置效率。在此过程中，审计作为外部治理机制，能否实现对银行等债权方的保护，监督债务企业会计信息质量并帮助企业降低债权融资成本，成为重要的话题。

已有的研究表明，在难以充分了解和评估企业经营状况的情况下，银行为了防控信贷风险，往往会高估企业的经营风险（Rahaman and Zaman, 2013）。而审计通过对会计信息进行鉴证，可以提高会计信息的可靠性，以缓解债务双方的信息不对称，从而更好地建立起企业与银行等金融机构之间的信任。此外，独立审计意见也将在企业与债权人之间起到重要的担保作用（Dye, 1993）。银行会根据审计意见相应地调整信贷决策（胡奕明和唐松莲，2007）。如果债务企业被出具非标准审计意见，银行等金融机构债权方会认为债务企业的财务报表中包含的信息存在需要进一步说明的事项，或未在所有重大方面公允地反映债务企业的真实状况，可能存在重大错报风险，甚至对债务企业的持续经营能力存疑（周楷等，2016；朱凯和陈信元，2009）。这一消极信号增加了债权人的信贷风险，银行等金融机构债权方会做出回应并采取适当的自我保护措施，例如，要求更高的贷款利率等。当获得标准审计意见时，银行等金融机构债权方会认为债务企业的财务报表真实公允地反映了公司的经营状况，公司的财务信息质量比较高，传达出利好消息，契约双方的信息不对称程度较低，从而会在契约订立上给予一定的让步，例如，降低贷款利率等。

审计在债权融资的事前、事中、事后阶段都能发挥积极作用。首先，信贷机构需要根据企业财务报表，初步评估企业运营风险及还贷能力，选择放贷对象。而经审计的财务报表能够起到信息鉴证作用，让银行快速准确地把握企业的财务状况，决定是否放贷，因此审计降低了事前决策成本。其次，在确定债务契约具体条款时，银行在深入企业走访调查的过程中，也会部分地利用审计师的工作，并向审计师咨询关于企业的相关信息，降低事中信息收集成本。最后，在银行放贷后，高质量的审计也能确保企业持续呈现真实的财务报表，便于银行跟进企业后续发展状况，及时进行贷后管理，降低事后监督成本。在外部审计监督下，企业与信贷机构间信息不对称程度的下降将有助于促进债务融资的市场化定价，提高信贷资源的配置效率，降低企业债务融资成本。

（三）审计与融资方式

此外，审计质量对于企业的融资方式也会产生影响。Myers 和 Majluf（1984）认为当管理层拥有比潜在投资者更多的关于公司价值的信息时，信息不对称使得外部资金的成本高于内部资金，这将导致公司不愿意发行股票以筹集投资项目所需的现金，并放弃有价值的投资机会，此时公司更倾向于发行安全的证券，采用债务融资而非权益融资。也就是说，权益融资对信息不对称问题的敏感性高于债务融资，因此，在信息不对称环境下，公司会更倾向于选择债务融资。Chang 等（2009）的逆向选择模型表明，与由高质量审计师审计的公司相比，由较低质量的审计师审计的公司将更多地依赖于债务融资，他们对美国公司的实证研究表明，选择"六大"的公司更可能选择权益融资。基于我国的制度场景和法律环境，李明辉和杨鑫（2014）也发现审计质量与权益融资倾向性呈正向关联。上述研究表明，相比于低质量审计，高质量审计对于信息环境的改善更加明显，这将导致选聘不同审计机构的企业在融资方式的选择上也存在差异。

四、审计与投资者保护

投资者作为重要的市场参与主体,为经济发展注入了源源不断的资金与活力。但是在世界范围内,如何保护投资者权益是一大难题。尤其在新兴经济体中,上市公司的股权相对集中,大股东利用私人权力进行"隧道挖掘"的能力更强,使得公司治理问题主要体现为大股东与中小股东的利益冲突,即第二类代理问题(La Porta et al., 2002)。并且长期以来,由于行权成本高、行权能力不足等问题,中小投资者往往会表现出"厌诉"和"搭便车"的行为,习惯于"用脚投票"。这些因素导致大股东侵占中小股东利益的案件时有发生。基于此,审计作为外部监督机制,能否发挥公司治理功能,保护广大中小投资者利益成为重要话题。

从事前和事中的角度来看,审计发挥的信息鉴证作用能够有效缓解内部人与外部投资者间的信息不对称问题,抑制大股东掏空行为,帮助中小投资者更好地决策。从审计需求和供给两方面出发,周中胜和陈汉文(2006)发现我国上市公司大股东资金占用现象越严重,越没有动机聘请高质量的审计事务所,而审计机构则更可能对其出具非标审计意见。洪金明等(2011)基于深圳 A 股 2007—2009 年上市公司数据,研究发现信息披露质量高的公司更倾向于聘请高质量审计师,且高质量审计师在抵制控股股东资金占用行为上具有增量作用。这些研究表明审计具有公司治理作用,在我国特殊的股权结构下能够缓解大股东与中小股东间的代理冲突。从投资者角度来看,在外部审计作用下产生的高质量的会计信息能缓解市场的信息不对称,将公司内部信息转化为外部信息以控制可能的逆向选择,并且能够提高投资者对公司价值与风险估计的精度,降低其投资失误的概率,进而促进资源的合理配置及投资者与企业的良性互动。

审计所具有的保险功能也为中小投资者事后维权提供了保障。"深口袋"理论认为,审计师的价值属性之一是提供隐形保险。投资者有权向审计师追回因信赖包含虚假陈述的已审计财务报表而遭受的损失。且事务所的规模越大,媒体曝光度越高,在发生审计失败时遭受法律诉讼的损失也越重。因此,出于规避法律风险的考量,规模越大的事务所将愈加关注审计质量(Menon and Williams, 1994; Baber et al., 1995)。伍利娜等(2010)以我国证券市场民事诉讼法规的颁布为事件窗口进行实证检验,发现上市公司股票在短时间窗口内的累计超额回报率与公司的审计特征和其他诉讼因素显著相关,国际"五大"会计师事务所审计的上市公司,其股票在事件窗口内的累计超额报酬率,高于非国际"五大"会计师事务所审计的上市公司。王春飞和陆正飞(2014)基于事务所改制场景,同样发现事务所改制提高了审计师的法律责任,为公司股票注入了保险价值,从而有利于投资者保护。并且审计提高的保险价值仅在"四大"所审计的公司成立,而在非"四大"所未有明显的发现。上述结果表明,审计机构对上市公司财务信息出具的鉴证报告具有一定的保险功能,审计师的损害赔偿责任制度一定程度上增加了外部投资者的维权收益。

五、审计与其他公司治理机制的关系

正如前文所提到,审计作为一项公司治理机制,能够降低企业代理成本,缓解信息不对称问题，并提供一定的保险价值。而在探讨审计与公司治理话题时，一些不可避免的问题是，审计与其他内外部治理机制存在何种关联？其是否具有区别于其他机制的独特价值？明白这些问题将有助于理解审计存在的必要性和有效性。

替代观是一种较为流行的观点。为了优化企业内部治理决策体系，保护投资者权益，促进资本市场乃至国家经济的发展，众多的公司治理机制相继建立起来。虽然各种治理机制采用不同的方式参与到公司治理过程中，但其发挥的作用和功能存在重叠，这使得审计与其他公司治理机制存在替代关系。Choi 和 Wong（2007）使用来自 39 个国家的企业层面数据，检验了一国的法律制度如何影响公司的审计师选择，研究发现，在法制环境薄弱的地区，外部审计发挥了更重要的公司治理作用。一方面，由于法律相对完善的地区有更多的监督和惩戒机制，审计所承担的降低代理成本的需求大大减弱，另一方面，弱法治环境下信息不对称问题普遍成为制约资本市场发展的关键所在。在这些地区，审计能更好地发挥信号功能，通过专业的信息鉴证服务，降低内部人与外部投资者间的信息不对称程度（Datar et al.，1991）。因此，融资需求与高质量审计的关联程度在弱法治环境下更为显著。除了企业外部诸如法律等较为宏观的监督机制可能会影响审计在公司治理中发挥的作用外，其他内外部机制也可能对审计职能起到替代作用。曾颖和叶康涛（2005）认为负债和审计均具有治理作用，债务融资与外部审计在降低代理成本方面具有相互替代性。企业负债率越高，则企业价值越高，此时企业更有可能选择非"四大"会计事务所。而雷光勇等（2009）发现企业对高质量审计的需求可能会被企业政治关系弱化，一方面，政治关联能够给予企业税收优惠和低廉的融资成本，银行等主要利益相关者对政治关联公司的会计信息质量要求比对无政治关联公司的会计信息质量要求低（Ball et al.，2000），这使得审计的信息鉴证作用被弱化。另一方面，当因财务报告质量被监管者处罚时，政治关联公司往往会利用政治背景减轻处罚或免于处罚，因而并不真正需要外部审计师作为其财务报告质量的保障机制。

另一种观点认为，审计与其他治理机制相互依存。良好的制度环境是高质量审计的土壤，在内外部治理机制失效的情形下，审计也就成为了"无源之水、无本之木"，难以"独善其身"。从供给方的角度来看，Choi 等（2008）发现相对较弱的法治环境也可能抑制独立审计在降低代理成本和缓解信息不对称中起到的作用。当法律系统无法有效地支持审计师揭发舞弊犯罪行为时，审计师可能会与客户达成妥协，因为此时默许客户请求的收益超过了潜在处罚的成本，法制弱化使得审计方没有动机提升质量并建立声誉。从需求方的角度来看，弱法治环境下，投资者保护力度不足，大股东掏空的动机和能力更强（Shleifer and Vishny，1997；La Porta et al.，1999），企业享受信息不对称带来的私益，对于高质量审计的需求也将下降。Francis 等（2003）通过对比各国审计市场，发现弱法治环境下"五大"的市场份额明显低于强法治环境市场，为上述理论提供了现实依据。同时，审计作为一种外部公司治理机制也可能受内部公司治理的影响，审计监督的治理效应在不同的公司控制权下可能大相径庭。魏志华等（2009）的研究结果表明，家族控制作为内部治理机制会对审计效率、审计师选择及审计意见产生重要影响。与非家族上市公司相比，家族上市公司更不愿意聘任高质量审计师,高质量审计师和审计意见在家族上市公司中揭示财务报告的风险的能力被大大削弱。此外,独立董事与独立审计之间的独立性、竞争—合作关系也可能影响到审计发挥的公司治理效果。吴溪等(2015)通过比较独立董事和审计师之间关系的不同模式对审计调整的影响,发现对于独立董事与审计师合作程度相近的两种模式("前同行"模式 VS "同门"模式),独立性更强的模式("前同行"模式)伴随着更严格的审计结果。另一方面,对于独立董事与审计师之间独立性相近的两种模式("前同行"模式 VS "同行"模式),合作程度更强的模式("前同行"模式)伴随着更严格的审计结果,而存在利益竞争、合作程度更弱的模式则伴随着更加宽松的审计结果,这意味着不同治理机制之间的相互合作(而非竞争)能够显著提高公司治理的效果。

注册会计师审计作为一种外部审计,能够降低企业代理成本,缓解信息不对称问题,有助于降低外部利益相关者的决策成本。而内部审计目标是评价和改善风险管理、控制和公司治理流程的有效性,帮助企业实现其目标。依照审计准则,外审可以合理利用内审的工作。然而实务中,外审和内审关系如何,外审是否利用内审的工作,内审如何利用外审工作等,依然是一个"黑箱"。此外,外审作用于公司治理的提高,除开前述直接路径,是否存在其他路径值得进一步思考。

第三节 审 计 质 量

一、审计质量的定义

国际审计和鉴证准则理事会(The International Auditing and Assurance Standards Board, IAASB)在 2014 年发布的《审计质量框架:创造审计质量环境的关键要素》中明确指出:"'审计质量'一词常用于利益相关者间的辩论,监管者、标准制定者、被审计单位与其他方间的沟通及相关研究和政策制定。审计质量是一个复杂的主题,尚未对其准确定义"。美国公众公司会计监督委员会(Public Company Accounting Oversight Board,PCAOB)也指出审计质量的定义尚未达成共识。国内外学者对审计质量的定义在表述上存在差异。例如,DeAngelo(1981)将审计质量定义为审计师发现被审计单位会计系统存在缺陷并对外报告这一缺陷的联合概率,二者分别取决于审计师的专业胜任能力和独立性;Lee 等(1999)认为审计质量是审计师拒绝对存在重大错报的财务报告发表无保留意见的可能性;Defond 和 Zhang(2014)将审计质量定义为基于财务报告系统和公司内在特征,高水平保证财务报表真实反映公司基本经济状况的程度。

上述质量框架对以下要素进行了区分:①输入要素;②过程要素;③输出要素;④财务报告供应链内的关键互动;⑤情景要素。

输入要素包括审计师的价值观、道德和态度及审计师的知识、技能、经验和时间安排。上述输入要素会受到审计环境、与利益相关者的互动及输出要素的影响。过程要素包括审计程序和质量控制程序。输出要素包括来自审计师、公司实体、监管机构和会计师事务所的各项报告及其他不可观察的产出，如财务报告系统和公司内部控制的改进。此外，财务报告供应链上利益相关者的互动也可能对审计质量产生特定影响。国际会计师联合会（International Federation of Accountants，IFAC）在其 2008 年的报告《财务报告供应链：当前观点和方向》中将财务报告供应链描述为"参与财务报告编制、批准、审计、分析和使用的人员和流程"。利益相关者间的互动包括正式沟通和非正式沟通两种，通过这些互动，供应链的参与者能够影响他人的行为和观点，从而有助于提高审计质量。审计允许投入要素与产出要素间存在动态关系。IAASB 认为法律法规和公司治理等许多环境或背景因素可能会直接或间接影响财务报告的性质和质量及审计质量。在适当情形下，审计师在确定如何更好地获取充分适当的审计证据时会考虑这些因素，具体包括商业惯例和商法、与财务报告有关的法律法规、适用的财务报告框架、信息系统、公司治理、文化因素、审计准则、诉讼环境、人力资源、财务报表的时间安排等。

PCAOB 于 2013 年 3 月 15 日至 3 月 16 日召开咨询小组会议，讨论常设咨询小组对审计质量指标的初步意见，重点关注评估审计项目组和会计师事务所层面提供审计服务过程中，哪些措施对审计委员会和投资者来说最有帮助。会议形成的文件《常设咨询小组会议讨论——审计质量指标》也提出了一套审计质量框架。PCAOB 将审计质量框架分为输入、过程、输出三个部分。输入要素包括合伙人的工作量、员工的工作量、审计项目组、专业经验、继续教育及监督和审查。过程要素包括项目合伙人的职业怀疑、客观性和独立性、风险评估、信息沟通、控制活动、监控和人事管理。输出要素包括可靠的财务报告及相关披露、对内部控制的鉴证、持续经营警告以及与审计委员会的沟通等。

二、审计质量的衡量指标

Defond 和 Zhang（2014）将审计质量的替代性指标分为输入指标和输出指标两大类。输入指标利用审计过程中可观察到的输入要素度量审计质量，主要包括审计师特征和审计师与客户间的合同特征。输出指标则基于审计过程的产出度量审计质量，与公司财务报告系统的固有特征密切相关，可以进一步分为重大错报、审计意见类型、财务报告的质量特征和感知质量四类。

（一）基于审计输入的计量方法

1. 审计师特征

现有文献多使用会计师事务所的规模和审计师行业专长来度量审计质量。DeAngelo（1981）首次提出事务所规模并不独立于审计质量而存在的观点，且诉讼风险和声誉风险会对大型会计师事务所的审计师产生更大的激励以提供高质量审计。行业专长审计师拥有更丰富的行业经验和技术，能够更有效率地感知到客户存在的审计风险并做出恰当的职业判断以提高审计质量（Talyor，2000）。

使用大型会计师事务所度量审计质量的优势在于其与几乎所有其他的审计质量衡量指标相关联。审计师行业专长的相关文献扩展了大型会计师事务所提供高质量审计的结论，为事务所内部项目团队间审计质量存在差异提供证据。局限性在于其隐含地假设同一事务所内部提供相同水平的审计质量，难以捕捉审计质量的微小变化，且该指标的计算方法存在争议，用以度量审计质量存在较大误差。

2. 审计师与客户间的合同特征

审计费用一般是由审计产品成本、预期损失费用和事务所的正常利润三部分构成（伍利娜，2003），与审计质量直接相关，通常被用于审计需求和供给方面的研究。除客户存在额外审计之外，审计师不得单方面增加审计费用（Defond and Zhang，2014）。

审计费用衡量审计质量的优势在于审计费用作为连续变量，能够捕捉审计质量的微小变化。同时，审计费用模型发展相对成熟，一定程度上可以缓解遗漏变量的问题。由于现有研究很难将审计师的努力和其对承担风险所要求的补偿区分开，利用审计费用衡量审计质量也存在较大的局限性，体现在审计费用的增加并不能明确解释为审计质量的增加。

（二）基于审计输出的计量方法

1. 重大错报

现有研究多数使用财务重述和会计审计强制性公告来度量已审计财务报表是否存在重大错报。财务重述用以纠正以前期间已发布财务报表存在的错报。会计审计强制性公告是美国证券交易委员会在联邦法院或行政程序中提起的民事诉讼的执法行动。两者均表明审计师对存在重大错报的财务报表出具了无保留意见的审计报告。因此可以使用重述和强制性公告来度量实际的审计质量，这是证明审计质量差强有力的审计证据。Rajgopal（2020）利用与审计缺陷相关的指控证明了财务重述这一指标可以预测最常被引用的六大审计缺陷。

如上文所述，不论是财务重述还是会计审计强制性公告都能提供直接证据证明审计质量较差，且二者均为离散变量，有较强的一致性和更低的测量误差。该指标的局限性在于：①公司当年不存在财务重述和会计审计强制性公告并不意味着其审计质量较高；②二者的发生率很低，存在研究样本数量不足的问题；③审计师仅是对企业财务报告提供"合理保证"，即使是高质量的审计也可能不能发现企业精心策划的财务舞弊。

2. 审计意见

审计意见是注册会计师与报表使用者沟通审计过程及结果的直接途径。审计准则要求注册会计师针对财务报表发表的审计意见独立承担责任。注册会计师对财务报表发表非无保留意见，表明财务报表存在重大错报或审计范围受到限制。注册会计师对被审计单位的持续经营能力发表审计意见，表明注册会计师对被审计单位的持续经营能力存在重大疑虑或被审计单位财务报表编制基础选择不恰当。由于持续经营审计意见是上市公司向美国证券交易委员会提交的备案文件中唯一包含在内的非无保留审计意见，在美国审计意见的价值研究中常使用持续经营审计意见。

该指标的优点在于：①出具不恰当审计意见是审计质量差的直接证据，持续经营审计意见的形成过程能较为直接地体现审计师独立性问题，与财务重述和会计审计强制性公告一致；②审计意见类型为离散变量，测量误差相对较低。其局限性在于：①审计意见只能传递财务报告可信或不可信的"二元"信息，注册会计师出具非无保留审计意见的比率很低，往往发生在持续经营能力陷入困境的公司，因此，对于持续经营能力较好的公司，该指标反映审计质量的有效性存在限制；②持续经营审计意见可能是由审计师保守主义造成的。

3. 财务报告质量特征

审计质量是财务报告质量的重要组成部分（Defond and Zhang，2014），基于高质量审计可以约束投机性盈余管理的假设，研究者广泛使用盈余质量作为审计质量的替代性指标。常用方法包括可操纵性应计（Jones，1991；Dechow et al.，1995；Kothari et al.，2005）、损失确认及时性（Basu，1997）、达到或超过盈利目标（Behn et al.，2008；Prawitt et al.，2009）。由于注册会计师只需要对财务报表是否不存在重大错报提供合理保证而非绝对保证，且盈余管理并不直接违反会计准则与财务舞弊存在本质区别，因此注册会计师对财务报告质量影响较小。与财务重述和审计意见相比，盈余质量对审计质量的衡量较为间接。

用盈余质量衡量审计质量的优点在于：①审计质量是财务报告质量的重要组成部分，用盈余质量能较好地反映审计的最终目标；②财务报告质量可以发现不违反一般公认会计原则的盈余操纵；③即使在小样本中，盈余质量也能够较好地反映审计质量的变化。

其局限性在于：①盈余质量的测算方法具有较高的计量误差，这一问题在可操纵性应计和会计稳健性中更严重；②盈余质量的度量方法存在有限共识，存在针对同一研究问题影响方向不一致的情形。

4. 感知质量

衡量审计质量的指标包括盈余反应系数、股票市场对与审计相关的事件的反应和资本成本。由于审计对企业价值的影响与其他公司层面因素和外部因素，如股权结构（朱武祥和宋勇，2001）、股权激励（王华和黄之骏，2006）、企业社会责任（李正，2006）等相比较弱，因此感知质量对审计质量的度量更为间接。

感知质量指标的优势在于：①比实际产出衡量方法能更全面地反映审计质量；②连续变量能较好地反映审计质量的细微变化；③可以反映对审计质量高低的选择所带来的收益和成本；④市场份额的变化也能反映审计委员会对审计质量的感知。其局限性在于：①对审计质量的度量更为间接；②和其他指标相比，资本成本的计算方法缺乏共识，存在计量误差。

5. 审计调整

审计调整指审计前盈余和审计后盈余之间的差异，并且不受非会计因素的影响（Lennox et al.，2017）。Lennox 等（2017）使用从中国财政部获得的独特数据集，研究审计调整对盈余的影响。自 2006 年以来，我国会计师事务所被要求向财政部提供其公开交易客户的税前收益和总资产在审计前和审计后的价值信息，这一数据具有研究价值。

审计调整指标的优势在于：①以前有关审计调整的研究依赖于会计师事务所提供的数据资源，但事务所有动机隐瞒高度敏感的审计信息，存在样本选择偏误的问题，相比之下，在我国，会计师事务所必须向财政部提交审计调整的数据；②样本量很大，可以用来测试以前期间未测试过的研究问题;③用审计前后的收益差异来度量审计质量,有助于控制非会计因素的影响;④相比于用财务报告质量间接衡量审计质量,这一指标更加直接精确。

6. 审计报告激进度

在我国,非无保留审计意见包括带强调事项段的非无保留意见、保留意见、无法表示意见和否定意见。Gul 等(2013)及 Hu 等(2022)依照先前研究的做法(Francis and Krishnan,1999;Defond et al.,2000),定义虚拟变量审计意见类型(当客户实际收到非无保留审计意见时取 1,否则为 0)。接着使用 Logistic 模型,以审计意见类型为被解释变量,以一组客户特征为解释变量,进而估计针对该客户审计师出具非无保留审计意见的概率。审计报告激进度为 Logistic 回归后的预测概率减去审计意见类型的实际值。审计报告激进度的值较高意味着审计师发布非无保留审计意见的倾向低于从整个样本中预测的倾向。

该指标的优点在于:与直接使用审计意见类型来度量审计质量相比,该指标衡量审计质量更加精确,并且可以反映审计师对待审计意见的态度是较为激进还是较为保守。

三、审计质量的影响因素

(一)制度背景对审计质量的影响

1. 诉讼风险对审计质量的影响

法律环境对审计师而言,主要是指一个国家(或区域)内审计师在执业过程中面临的市场秩序、法律法规及行政规章等监管制度,包括正式与非正式制度(刘明辉等,2015;王鹏和周黎安,2006)。经验表明,审计失败导致事务所面临的法律风险和声誉风险所带来的损失是难以估计的。因此,法律环境越好,事务所面临的诉讼风险越高,事务所在业务质量控制上越严格,事务所及其人员更能遵守职业准则和适用法律法规的规定,更能出具适合具体情况的审计报告(刘明辉等,2015)。诉讼风险是由审计期望差异的存在而引起的,针对审计师的诉讼索赔足以威胁一家会计师事务所的生存(Defond and Zhang,2014)。为了降低法律风险,审计师必须努力缩小审计期望差异。审计师可以通过付出更多的审计努力降低重大错报风险,进而提高审计质量(Caramanies and Lennox,2008)。但是由于审计师提供的是合理保证,诉讼风险始终存在(Sullivan,1992)。因此审计师还会通过收取一定的风险溢价,将诉讼风险转移给被审计单位(Simunic and Stein,1996)。此外,审计师在接受和保持客户关系时,保持应有的职业怀疑,拒绝承接高风险审计客户的业务也可以避免诉讼风险。有证据表明审计师更有可能与风险较高的审计客户解除业务约定,也不太可能接受高风险审计业务(Bockus and Gigler,1998;Choi et al.,2004)。

2010 年 7 月 21 日,财政部和国家工商行政管理总局(2018 年改为国家市场监督管理总局)联合发布了《关于推动大中型会计师事务所采用特殊普通合伙组织形式的暂行规定》财会〔2010〕12 号,要求"大型会计师事务所应当于 2010 年 12 月 31 日前转制为特殊普通合伙组织形式;鼓励中型会计师事务所于 2011 年 12 月 31 日前转制为特殊普通合伙组织形式。"2012 年 1 月 21 日,财政部和证监会联合发布《关于就修订会计师事务所从事证券期货相关业务有关问题的通知》（财会〔2012〕2 号），要求从事证券期货相关业务的会计师事务所的组织形式必须为合伙制或特殊普通合伙制，之前是有限责任公司制的要转制为合伙制或有限责任合伙制，如果到 2013 年 12 月 31 日仍未达到要求的，财政部、证监会将撤销其证券许可证。研究发现，事务所转制强化了审计经验对审计质量的正向影响，即由事务所转制引起的法律风险的提升有效地约束了审计师的个人行为，促使其更加积极地利用经验积累来提高审计质量（张健和魏春燕，2016）。

2. 监管干预对审计质量的影响

对审计质量影响程度最大的就是《萨班斯法案》及其修订条款。从美国安然事件开始，有关《萨班斯法案》条款的改革都是为了提高审计质量。有学者发现，在《萨班斯法案》颁布后，审计师更有可能在公司破产前发布持续经营审计意见（Geiger et al.，2005）。然而，也有学者继续研究发现《萨班斯法案》颁布对审计师独立性影响是暂时的，该影响在 2003 年后恢复到了《萨班斯法案》颁布之前的水平（Fargher and Zhang，2008; Feldmann and Read，2010）。Patterson and Smith（2007）发现，《萨班斯法案》的颁布降低了企业盈余管理，这与《萨班斯法案》改善内部控制的理论一致。但也有学者认为，虽然《萨班斯法案》颁布之后应计项目管理有所下降，但真实盈余管理有所增加，这可能对股东更有害（Cohen et al.，2008）。

《萨班斯法案》的主要规定包括要求审计委员会具备财务专业知识、限制聘用前任审计师、强制 PCAOB 检查、禁止非审计服务等；审计委员会中包含至少一名财务专家；在纽约证券交易所和纳斯达克上市的企业需要配备至少有三名董事以上的审计委员会。该法案颁布的一个主要后果是提高了公众对审计在有效公司治理中所起作用的认识（Defond and Zhang，2014）。

《萨班斯法案》实施的最根本的变化是用政府监管取代审计市场的自我监管，并促使PCAOB 的成立。PCAOB 的重要职责是"在编制信息丰富、公正和独立的审计报告时，保护投资者的利益，并促进公众利益"（Defond and Zhang，2014）。PCAOB 最具争议的监督机制之一是强制性的事务所执业质量检查，它取代了之前 AICPA 进行的自愿同行审查（Lennox and Pittman，2010a; DeFond，2010）。PCAOB 检查能否提高审计质量尚不清楚。支持性证据表明，PCAOB 检查提高了小型会计师事务所的审计质量，并对小型会计师事务所的审计质量产生补救效果，例如，持续经营审计意见的增加（Gramling et al.，2011）。此外，PCAOB 检查迫使一批小型会计师事务所退出审计市场，它们的客户转向更高质量的审计师（DeFond and Lennox，2011）。目前几乎没有证据表明 PCAOB 检查可以提高大型审计师的审计质量。

（二）行业竞争对审计质量的影响

审计市场竞争对审计质量的影响是制定监管审计师和客户公司的公共政策的核心（Hackenbrack et al.，2000）。审计市场的竞争程度主要通过国家层面和省层面的市场集中度衡量（Boone et al.，2012; Kallapur et al.，2010）。Boone 等（2012）检验了美国本土审计市场的集中度是否会影响审计师对审计客户盈余管理的容忍度。研究结果表明，审计市场集中度越高，审计质量越低。Kallapur 等（2010）也得到了相同的结论。而 Huang 等（2016）研究中国审计市场集中度对审计质量的影响却发现审计市场集中度可以通过增加审计费用间接提高审计质量，这种积极的间接效应抵消了集中度对审计质量的负面直接效应。吴溪等（2018）研究发现新设分所在设立当年能够成功从竞争对手争揽到上市客户，并存在着明显的低价竞争和降低审计质量的行为。

我国审计市场从高度分散转变为较为集中主要是由政府推动的，其目的是提高效率和核心竞争力，保护市场份额（Gong et al., 2016）。Chan 和 Wu（2011）提出，对于国内会计师事务所来说，取得 A+H 股上市公司审计资格最直接地方式就是同行合并。例如，中国注册会计师协会 2007 年印发的《中国注册会计师协会关于推动会计师事务所做大做强的意见》（财会〔2007〕33 号）及 2009 年国务院办公厅转发财政部《关于加快发展我国注册会计师行业的若干意见》（国办发〔2009〕56 号）。这两份文件均鼓励会计师事务所优化组合、兼并重组。但会计师事务所合并能否提高审计质量，在做大的同时实现做强尚存在争议。曾亚敏和张俊生（2010）研究发现事务所合并完成后，客户企业的可控性应该显著下降，盈余信息含量显著提高，即事务所合并有助于提升审计质量。而王咏梅和邓舒文（2010）从市场集中度和合并交易两个角度分析事务所合并对审计质量的影响，研究发现事务所合并仅可以改善行业结构，并不会显著提高审计质量。

（三）事务所规模对审计质量的影响

DeAngelo（1981）首次提出事务所规模用于衡量审计质量的方法。其认为在其他条件相同的情况下，由于机会主义行为可能会导致其丧失更多准租金，规模较大的会计师事务所提供更高质量的审计服务。此后，大量研究对事务所规模与审计质量间的关系进行了检验。研究发现经"四大"审计的客户比"非四大"审计客户的可操纵性应计更低（Becker et al., 1998）、盈余反应系数更高（Teoh and Wong, 1993）。基于"深口袋"假说，"四大"会计师事务所被起诉的概率更高，但实际上"四大"更少发生法律诉讼（Pierre and Anderson, 1984）。但相关研究存在内生性问题，即事务所规模越大，越有可能选择审计风险较低的公司。审计质量高可能是由于报表质量本身就很高（Defond and Zhang, 2014）。

（四）非审计服务对审计质量的影响

学者们对于审计师提供非审计服务究竟会损害审计质量还是改善审计质量争论一直不断。Axelson（1963）最早使用规范研究方法考察非审计服务与审计质量的关系。其指出由于审计师只是意见的提供者而非决策者，因此审计师提供管理咨询服务并不会损害独立性，进而影响审计质量。Goldman 和 Barlev（1974）认为审计师为审计客户提供的非日常服务越多，审计客户对审计师的依赖性越强，在双方的博弈中审计师越处于有利地位，从而其独立性不会受到损害。Defond 等（2002）研究发现非审计服务规模与公司持续经营审计意见间不存在显著的相关关系。Barkess 和 Simnett（1994）也发现了相同的结论。而 Sharma 和 Sidhu（2001）研究发现企业破产前一年的非审计服务比重越大，企业越不可能被出具保留意见，即其支持非审计服务影响审计质量的观点。刘星等（2006）首次基于中国数据检验了非审计服务对审计独立性的影响，研究发现非审计费用与总费用比重的大小对操控性应计利润没有明显影响，即提供非审计服务并不会显著影响审计质量。李晓慧和庄飞鹏（2015）进一步发现在非国有企业及企业处于较差的法治环境时，二者显著正相关，且事务所非审计业务的规模与客户的盈余管理显著负相关。Lim 和 Tan（2008）又进一步发现非审计费用对审计质量的影响取决于审计师行业的专业化程度。具体表现为，与非专业审计师相比，随着行业专业审计师所提供非审计服务水平的提高，审计师发布持续经营意见的倾向性增加、分析师预测的准确性提高及盈余反应系数提高，即行业专业审计师提供的非审计服务评分越高，审计质量提高。

（五）审计师行业专长对审计质量的影响

Arrow（1962）提出了"干中学效应"，即人们在生产产品与提供服务的同时也在积累经验，从经验中积累知识，从而有助于提高生产效率和增加知识总量。知识总量的增加可使所有厂商的生产效率提高。审计师行业专长对审计质量的影响正是这一效应的体现。长期为特定行业客户提供审计服务所积累的经验及行业认知有助于审计师对客户所处行业的风险做出判断并形成一套独特的行业审计方法（Wright and Wright, 1997；Bell, 1997）。研究表明，具有行业专长的审计师审计质量更高，具体表现为被审计单位的盈余质量更高（Balsam et al., 2003；Reichelt and Wang, 2010）、审计师发表持续经营审计意见的倾向更大（Lim and Tan, 2008）、分析师预测误差的绝对值减小（Payne, 2008）等。

（六）审计过程对审计质量的影响

Cho 等（2017）使用韩国审计服务市场的审计小时数据研究了审计师是否会调整审计工时和审计费用来考虑公司得盈余质量。研究发现应计项目质量与审计时间/费用之间存在负相关关系，这表明审计师会通过修改审计程序和实质性测试来增加审计工作，并对增加的现金流风险收取更高的费用。Heo 等（2020）使用韩国审计工时的独特数据集研究了在繁忙季节时，审计师工作量不平衡是否会损害他们的审计质量。研究发现审计忙季与较低的审计质量有关，且会计师事务所会降低高级审计人员在忙季审计项目中的参与程度。此外，高级审计员和初级审计员的参与程度越高，审计质量的恶化程度越小。

（七）审计师个人特征对审计质量的影响

审计师个人特征对审计质量的影响是学界一直热点讨论的话题。其主要是从人口因素、职业能力、社会关系三部分展开的。Gul 等（2013）使用大量的中国档案数据来检验个别审计师是否及如何影响审计结果。研究发现审计师个人对审计质量的影响可以部分地解释为审计师的特征，如教育背景、大型会计师事务所的经验、在会计师事务所的级别和政治背景。具体表现为，受过教育或曾在国际大型审计公司工作过的人更为保守，而获得硕士或以上学位或有政治背景的审计员则更为激进。Chin 和 Chi（2008）研究发现注册会计师为女性时，被审计单位的可操纵性应计相对更低，且当两位签字注册会计师均为女性时，可操纵性应计数值最低。

制度分为正式制度与非正式制度，关系文化作是非正式制度的重要组成部分。在审计研究中，关系的连接点为签字注册会计师，根据高管角色的不同，可分为签字注册会计师与 CEO 的关系、签字注册会计师与独立董事的关系、签字注册会计师与审计委员会成员的关系及签字注册会计师与 CFO 的关系，同时签字注册会计师也可能与企业外部利益相关者之间存在社会关系（宋婕和张俊民，2019）。Du（2019）从社会学理论出发，发现关系文化对审计质量的影响取决于不同的情景与动机，具体表现为合谋效应与合作效应。当签字注册会计师与审计客户的高管间存在关联关系时，审计客户更可能收到标准审计意见，且客户的应计盈余管理行为和真实盈余管理更严重（Menon and Williams，2004；Lennox，2005a；蔡春，2015）。Guan 等（2016）首次将校友关系引入审计质量研究中并得出如上结论。吴溪等（2015）对独立董事与审计师之间关系的三种模式进行了检验，研究发现公司聘请来自主审会计师事务所的雇员担任独董，即同门模式下，独立董事与审计师之间具有更高的合作程度，但其独立性下降；公司聘请曾在事务所从业的人士担任独董，即前同行模式下，独立董事与审计师的独立性明显增强，合作程度较高；公司聘请的独立董事正在事务所从业，但并非来自主审事务所，即同行模式下，独立董事虽然独立于审计师，但对审计师构成业务竞争威胁，从而可能削弱审计师对客户的监督动机与效果。Du（2019）在检验同一关系对 IPO 审计质量的影响时发现，CEO 与签字审计师同姓的公司更容易获得标准审计意见，公司的应计盈余管理显著减少，但真实盈余管理明显增加。

关于审计质量的影响因素，可以借鉴 Wong（2016）的 Top-down（自上而下）思路进行梳理，即根据制度（正式及非正式制度）—市场—事务所层面—审计师团队—审计师个体特质视角，此思路可对现有文献进行有益探索与补充。

第四节 审 计 费 用

一、审计费用的定义

审计费用（auditing fees），又称审计定价（auditing pricing）、审计收费，是单位价格与管理层要求的审计服务数量的乘积（Simunic，1980），也可以理解为会计师事务所或注册会计师提供专业审计服务所取得的报酬，是会计师与客户之间最重要的经济联系。

目前在我国，审计费用并没有统一的标准。根据我国《价格法》和《中介服务收费管理办法》，代理性中介机构（具体指提供律师、会计、收养服务，及提供专利、商标、企业注册、税务、报关、签证代理等服务的机构）实行在国家政策调控、引导下，主要由市场形成价格的机制。

为规范上市公司信息披露行为，提高信息披露质量，保护投资者合法权益，根据 2001 年 12 月 10 日中国证监会发布关于印发《公开发行证券的公司信息披露内容与格式准则第 2 号〈年度报告的内容与格式〉》（2001 年修改稿）的通知（证券发〔2001〕153 号），上市公司应在年报中披露其聘任、解聘会计师事务所的情况以及，报告年度支付给聘任会计师事务所的报酬情况。2001年12月24日，中国证监会发布《公开发行证券的公司信息披露规范问答第6号——支付会计师事务所报酬及其披露》证监会计字〔2001〕67号，对上市公司在年度报告中披露支付给会计师事务所报酬的内容和形式作了具体规定，例如，上市公司在年度报告中将支付给会计师事务所的报酬作为重要事项加以披露。按照规定，上市公司在年度报告中披露支付给会计师事务所的报酬时，上市公司应当分别按照财务审计费用和财务审计以外的其他费用进行披露，披露时应列明差旅费等费用的承担方式，支付会计师事务所的报酬中包括应付未付款项的也应同时列明。上市公司披露支付给会计师事务所的报酬，应当以表格或其他适当的方式披露报告年度和前一会计年度的比较数字，在上述期间内曾更换过会计师事务所的应当分别披露。如果上市公司和其子公司聘任了不同的会计师事务所，应当分别披露支付给不同会计师事务所的报酬。上市公司在披露支付给会计师事务所的报酬时，也应当取得该会计师事务所的确认。

2010年1月27日，国家发展改革委、财政部印发《会计师事务所服务收费管理办法》，（发改价格〔2010〕196号）管理办法规定，会计师事务所服务收费实行政府指导价和市场调节价。会计师事务所提供审查企业会计报表并出具审计报告等审计服务的收费，实行政府指导价；会计师事务所按照自愿有偿原则提供会计咨询、会计服务等其他服务的收费实行市场调节价。审计服务可实行计件收费、计时收费或者计件与计时收费相结合的方式。实行政府指导价的具体收费项目、基准价及其上下浮动幅度，由各省、自治区、直辖市财政部门提出意见，报同级价格主管部门制定。实行市场调节价的其他服务，应由会计师事务所根据服务成本和当地社会经济发展状况，自主制定不同服务的收费标准范围，具体收费标准由会计师事务所与委托人协商确定。

二、审计费用的影响因素

（一）Simunic 审计费用模型

由于审计费用并没有公认明确的决定因素，现有文献多在 Simunic（1980）的审计定价经验研究基础上进行拓展，目前已经形成一个较为成熟的领域，且在部分影响因素上达成了统一的结论。

基于审计客户和审计方在报告财务时承担来自报告使用者的诉讼风险；审计客户的总成本 $(T\tilde{C})$ = 内部会计报告投入 + 支付的外部审计费用 + 诉讼成本中归属于内部报告的部分；审计方的总成本 $(\tilde{C})$ = 外部审计投入成本 + 诉讼成本中归属于外审的部分的假设，Simunic 认为当审计市场具有竞争性时，审计客户及审计方总成本的模型如下。

$$\min E(T\tilde{C}) = va + pq + E(\tilde{d}|a,q)(1-E(\tilde{\theta})) \quad (8-1)$$

$$E(\tilde{C}) = cq + E(\tilde{d}|a,q)E(\tilde{\theta}) \quad (8-2)$$

其中：a——内部会计投入数量；q——外部审计投入数量；v——内部会计单位要素成本；c——外部审计单位要素成本，包括机会成本，提供审计方正常利润；p——客户支付给审计方的单位价格,取决审计服务市场的竞争状况;$\tilde{d}$——该期间经审计的财务状况可能产生的未来损失的现值。$E(\tilde{d}) = f(a,q)$;θ——审计师承担的风险损失占比。

在完美市场的假设下,客户支付的审计费用=审计方承担的成本即 $pq = E(\tilde{C})$。为控制审计费用的影响因素,Simunic(1980)基于上述成本模型从预计承担损失,审计师承担风险损失比例以及审计师审计服务产品三个角度总结影响因素,得到审计费用定价模型:

$$\frac{\text{FEE}}{\text{ASSETS}^e} = b_0 + b_1\text{SUBS} + b_2\text{DIVERS} + b_3\text{FORGN} + b_4\text{RECV} + b_5\text{INV} +$$
$$b_6\text{PROFIT} + b_7\text{LOSS} + b_8\text{SUBJ} + b_9\text{TIME} + b_{10}\text{AUDITOR} + u \quad (8\text{-}3)$$

模型(8-3)中解释变量如表 8-1 所示。

表 8-1 解释变量表

影响因素	解释变量	变量含义
被审计企业规模	ASSETS	总资产
业务复杂度	SUBS	子公司数量
	DIVERS	行业经营范围
	FORGN	境外资产/总资产
固有风险	RECV	年末应收账款/总资产
	INV	年末存货/总资产
财务风险	PROFIT	净收入/总资产
	LOSS	两个会计年度内是否发生净亏损
审计意见	SUBJ	当年是否收到非标准审计意见
审计任期	TIME	被审计企业使用当前注册会计师的年数
事务所品牌	AUDITOR	审计事务所是否为八大

审计费用由审计成本、预期风险损失、审计事务所的正常利润三部分构成。审计成本是指审计程序中发生的成本。它与审计客户规模大小、业务复杂程度及风险有关。预期风险损失包括诉讼风险损失和非诉讼风险损失。具体而言,以上三部分成本构成可以从被审计单位特征、事务所特征及外部监管政策进行综合考虑。

(二)被审计单位特征

1. 被审计企业规模

被审计单位规模越大,其经济业务事项也越多,相应的审计固有风险与控制风险的水平也越高,注册会计师需要扩大审计测试范围,增加审计工作量,从而增加审计费用。衡量企业规模一般选择用总资产或总收入(Simunic, 1980;Menon and Willianms, 2001)。

2. 业务复杂程度

审计业务越复杂,需要的审计证据越多,相应地需要更多的时间和费用,对注册会计师能力也会要求越高。一般使用子公司的数目、国外业务数量、行业经营范围(Simunic,

1980）、资产负债表日与审计报告披露日间隔天数等指标衡量业务复杂程度。

3. 固有风险

固有风险是审计风险的重要组成部分，注册会计师能够采取措施分析并对固有风险水平进行认定。固有风险越高，在控制风险与检查风险不变的情况下，审计风险越高，因此注册会计师会通过扩大审计范围，增加审计程序等措施，降低检查风险，从而减少审计风险。

从 Simunic（1980）开始，存货、应收账款的比重常被用于衡量固有风险。Gul 等（1998）通过对自由现金流（free cash flow，FCF）[①]与审计费用的研究发现，用低增长、高自由现金流量来界定高代理成本时，自由现金流量越高，审计方对公司内控失调而引发的固有风险的预期越高，从而引发更多的审计投入和资源，即审计费用增加。

4. 财务风险

财务风险是指企业因借入资金而产生的丧失偿债能力的可能性和企业利润（股东收益）的可变性。财务风险越高，管理层舞弊的可能性会更高，因此，与固有风险类似，当注册会计师评估时发现被审计企业的财务风险较高，就会提高审计风险评估水平，扩大审计范围，花费更多的审计资源以验证财务报告的真实性，审计费用就会增加。衡量财务风险可采用资产负债率、速动比率、Z 指数（Altman，1968）等。

5. 盈利能力

通常情况下，企业盈利能力越强，进行盈余管理的动机就越低，相应的审计费用会更低（Simunic，1980）。盈利能力通常可以使用资产收益率、净资产收益率、是否亏损进行衡量。

6. 审计意见

审计意见包括以往审计意见及当期审计意见。就以往审计意见而言，如果被审计企业上一年被出具非标准审计意见，会使得注册会计师怀有较高的谨慎性，实施更多的审计程序降低审计风险，从而导致更高的审计费用。从当期审计意见来看，一方面，注册会计师为避免诉讼风险，会进行更多的审计努力，从而提高审计费用（Simunic，1980；Francis，1984）；另一方面，盈余管理幅度大的被审计企业，为了达到盈余管理的目的，会支付较高的审计费用进行标准审计意见购买（曹琼等，2013）。

7. 盈余管理

企业盈余管理迹象越明显，可操纵应计项目金额越高，注册会计师面临的诉讼风险越大，因此会相应增加审计费用（Defond et al.，1998）。盈余管理可以通过净资产收益率是否处于微利、修正琼斯模型及非主营业务利润比重对企业盈余管理迹象进行衡量（Dechow，1995；伍利娜，2003）。

8. 议价能力

Casterell 等（2004）在审计定价模型中增加变量 POWER，即公司销售额的自然对数除以该公司审计师审计的行业内所有公司的行业销售额之和来衡量客户议价能力。研究发现

[①] FCF = 折旧前营业利润 - 总税收 - 短期和长期负债的财务费用 - 优先股股利 - 普通股股利

当客户规模较小且讨价还价能力较弱时,审计费用较高;但当客户讨价还价能力较强时,审计费用较低,并且当公司的绝对规模较大且相对于审计师的行业客户较大时,审计费用低的概率更高。

9. 审计师变更

一方面,审计师变更可以提高审计师与客户的匹配度,较高的匹配度降低了审计过程中的信息不确定性,提高双方信息沟通效率,节约审计师信息获取的成本(De Franco et al.,2011),进而降低审计费用;另一方面,如果是审计师主动辞聘,传递出的信号会提高后任审计师对被审计公司的风险评价水平,并导致审计费用增加(李爽和吴溪,2004a)。

10. 内部审计

内部审计贡献是外部审计费用的重要决定因素。Felix 等(1998)表明,外部审计师在执行财务报表审计时使用内部审计工作的主要原因是为了降低外部审计成本。具体而言,内部审计师对财务报表审计的贡献越大,审计费用越低(Felix et al.,2001)。内部审计与外部审计理论上存在替代监督的潜力(Simunic,1980)。外部审计师有动机选择内部审计师的工作来减少完成财务报表审计所需的证据,则外部审计费用相应减少。

(三)事务所特征

1. 事务所品牌

审计费用会随着不同审计事务所品牌的不同而变化。从会计师事务所来看,良好的职业声誉、高质量的专业审计人员、过硬的专业素质,显然会使得这些事务所收入更高(Betty,1993)。也有学者将客户对事务所的选择中出现的自选择问题纳入研究范围,发现考虑自选择因素后,大所反而会调低对客户的审计收费,由此证明大所的审计收费并不高于小所(Chaney et al.,2004;陈冬华等,2006)。

2. 事务所提供的非审计服务

非审计服务是指除了审计服务之外,会计师事务所提供的其他服务,包括设计会计系统、税务服务、管理咨询、财务咨询及资产评估等。但是同一事务所对被审计公司,既提供审计服务又提供非审计服务,可能会影响会计师的独立性。《中国注册会计师职业道德守则第 4 号——审计和审阅业务对独立性的要求》要求注册会计师在业务期间和财务报表涵盖的期间独立于审计客户,如果在财务报表涵盖的期间或之后,在审计项目组开始执行审计业务之前,会计师事务所向审计客户产提供了业务期间不允许提供并对独立性产生不利影响的非鉴证服务,会计师事务所应当评价其对独立性产生的不利影响是否超出可接受的水平,并采取防范措施将其降低至可接受的水平,唯此方可接受审计业务。Simunic(1984)发现,向同一审计事务所同时购买两种服务的客户所支付的审计费用,要显著高于只购买审计服务所支付的审计费用。

3. 审计任期

审计任期指签字注册会计师、项目负责人、合伙人或会计师事务所为同一客户提供审计服务的年限。国内对于公司上市后签字会计师轮换存在特殊规定，根据《关于证券期货审计业务签字注册会计师定期轮换的规定》（证监会计〔2003〕13号）以及《国有企业、上市公司选聘会计师事务所管理办法》（财会〔2023〕4号），为首次公开发行证券公司提供审计服务的签字注册会计师，在该公司上市后连续提供审计服务的期限，不得超过两个完整会计年度，即要求上市两年后签字会计师强制轮换。国外学者围绕首次接受业务委托展开大量研究，发现事务所初期存在"低价揽客"的行为，中后期审计收费随着审计任期时间的延长而逐步增长（Simon et al., 1988；李爽和吴溪，2004b）。

4. 注册会计师的个人特征

已有研究针对注册会计师个人特征对审计收费的影响进行实证检验，并取得了丰硕成果。在专业水平上，事务所的注册会计师的专业资格水平直接影响到审计的质量和效率。Zeri（2012）基于瑞典2003—2007年"四大"的862个样本观测值，实证检验签字注册会计师个人层面的行业专长对审计收费的影响，研究发现签字注册会计师的行业专长可以显著提高审计收费。Goodwin和Wu（2014）以澳大利亚2003—2010年"四大"会计师事务所审计的6368个样本观测值为样本，实证研究发现具有行业专长的签字注册会计师向审计客户收取了显著更高的审计收费。性别上，西方的社会学和心理学研究表明，女性易于追求稳健，而男性则倾向于高风险高收益的理念，因此，男性和女性对待风险的态度有很大的差别。Hardies等（2015）基于比利时2008—2011年的57723个样本观测值，实证检验客户是否会为女性签字注册会计师支付了更高的审计费用，研究发现客户为女性注册会计师多支付了大约7%的审计费用。

（四）外部监管

1. 由监管政策引起的市场竞争

Maher等（1992）通过调查1977—1981年美国审计市场中没有发生审计师变更的样本公司的审计费用差异，探究市场竞争与审计费用的关系。在此期间，美国联邦政府对会计行业反竞争行为进行调查，1979年注册会计师行业协会为禁止客户侵占和非正常招揽客户而颁发规章，再加上该时间段处于经济衰退时期，以上均加剧了审计服务市场的竞争。研究发现1977—1981年在审计服务市场竞争日益激烈的情况下，实际审计费用出现大幅下降。

2. 法律环境

法律环境在确定审计人员的法律责任方面发挥了至关重要的作用。在交叉上市的研究中，基于不同强度的法律制度，审计师承担不同的法律责任。在较强法律制度下交叉上市的事务所的审计费用溢价可能是由于诉讼风险的增加（Choi et al., 2009），也可能是外国监管和披露要求相关的额外审计工作导致审计工作复杂性的增加。总的来说，审计费用与审计监管环境的强度呈正相关（Bronson et al., 2017）

我国新《证券法》自2020年3月1日正式实施，审计由审批制转为备案制，规定会计师事务所从事证券、期货相关业务不需再经国务院证券监督管理机构和有关主管部门批准，资本市场将通过市场选择更多的会计师事务所进入资本市场从事证券期货业务。以 *ST 新亿与深圳堂堂会计师事务所为例，停牌四年的 *ST 新亿依靠深圳堂堂按时给出的"保留意见"逃过暂停上市，这也是 A 股历史上首份无证券经验会所出具的审计报告。但是 *ST 新亿该年审计费用较此前增长 50%，达到 120 万元。

从表面上看，备案制的实施似乎是降低资本审计市场的门槛，加剧审计市场竞争。但《证券法》新规定的"集体诉讼制＋连带赔偿责任"违法处罚力度，加大了对包括注册会计师在内的证券服务机构的法律责任，进一步加大了会计师事务所面临的审计风险，审计师有动机提高审计投入以保证审计质量避免风险。

3. 证券交易所非处罚性监管——问询函

交易所质询作为资本市场重要的非处罚性监管手段，主要聚焦上市公司的风险敏感事件，具有丰富的信息含量。一方面被审计公司收到交易所问询函可能会使审计师感知到更高的监管风险，从而要求更高的风险溢价作为补偿；另一方面，为了避免审计失败而引发的声誉损失与行政处罚，审计师会针对交易所关注的问题实施更多的审计程序，验证相关信息的可靠性，审计投入的增大同样导致审计费用增加。

4. 监管部门处罚或调查

外部审计师在进行风险评估和审计决策时，会更加关注客户公司违规行为被调查或处罚的风险。公司面临的监管风险不仅会影响审计意见的类型，还会显著影响审计收费。当违规公司披露接受调查或处罚信息时，审计师能够察觉到审计风险，从而增加审计投入并要求更高的风险补偿（宋衍蘅和何玉润，2008；宋衍蘅，2011）。

5. 媒体负面报道

作为信息媒介的媒体负面报道具有信息传递功能，可能会揭示客户存在的潜在问题和风险。刘启亮等（2014）发现公司面临的媒体负面报道越多，审计收费越高。并且，媒体负面报道会使公司容易受到监管部门的行政处罚，说明媒体的治理作用可能主要通过增加法律诉讼风险从而提高审计收费。

除去上述可能对审计费用的影响因素之外，被审计企业经营地址、审计业务市场的供需关系等也可能会对审计费用产生影响，在此不再赘述。

三、异常审计费用

（一）异常审计费用的来源

异常审计费用指高于或低于正常审计费用的情况，反映了审计师与客户的特定关系。正常审计费用是注册会计师提供审计服务的正常市场价格，包括上文提到的审计成本、预期审计损失以及正常利润。对于异常审计费用，不少学者对正向异常审计费用以及负向异常审计费用展开了丰富的研究。

1. 正向异常审计费用

正向审计费用指被审计企业实际支付的审计费用高于正常审计费用。一方面，较高的审计费用可能代表了会计师事务所对被审计企业的经济依赖或者被审计企业出现审计意见购买行为，即异常审计费用与审计质量负相关；另一方面，较高的审计费用也可能反映会计师事务所的努力程度，异常审计费用越高，会计师事务所的审计工作会更加谨慎负责，即异常审计费用与审计质量正相关。

其中关于意见购买，以前有研究通过比较公司更换审计师前后观察到的审计意见来测试意见购买，结果发现变更后的审计意见通常不会变得更有利，得到公司没有成功地进行意见购买的结论；Lennox（2000）通过构建了一个审计意见的预测模型，发现当相似的被审计企业做出不同的是否更换审计师的决策，他们将会收到不同的审计意见。实际上，更换审计师的公司收到非标意见的概率大幅降低，表明审计意见被购买了。

2. 负向异常审计费用

负向审计费用是指被审计企业实际支付的审计费用低于正常审计费用。当会计师事务所出于"低价揽客"的目的时，会导致负向审计费用的出现，监管方通常认为这会减少必要的审计程序和审计资源的投入，有损审计师独立性从而降低审计质量；但是也有观点表明"低价揽客"源自于市场竞争，审计方预期到在未来能够通过准租弥补，从而在期初降低费用，并且期初降低的费用已经沉没，所以低价揽客无损于审计的独立性，即不会影响审计质量（DeAngelo，1981）。其次高管如果存在审计经历，通常会具有较强的应对审计能力，其感知的客观性、作证能力、专业水平均得到强化。这些因素会导致审计师低估被审计企业的固有风险，进而降低审计收费，影响审计质量（蔡春等，2015）。但是，当注册会计师本身对某一行业有一定的专业了解，或因多个审计任期而产生学习成本优势，此时由于更高的审计效率和更小的行业间隔，也会使得审计费用出现降低的情况。

（二）异常审计费用的度量

异常审计费用，由于其不宜观测，不能直接获取数据，大多数学者采用残差法和比例法对其计算和衡量。

1. 残差法

残差法中用异常审计费用 = 实际审计费用 - 估计的正常审计费用。首先要对正常审计费用进行估计。现有研究一般基于 Simunic（1980）的审计定价模型并增加后续补充的控制变量来估计正常审计费用，即利用被审计单位规模、业务复杂度、被审计单位营利能力、固定风险、财务风险及审计单位特征等因素对正常审计费用进行解释；最后实际审计费中由模型不能解释的部分即残差反映异常审计费用。

Simunic 最初构建的模型在前文已经提及，这里不再赘述。最后审计定价模型拟合后的残差（u）定义为异常审计费用。但是这种估计方法对研究样本较为敏感，研究样本规模以及研究样本时间区间的变化均会导致审计定价模型中的回归系数模型发生显著性变化，同时由于研究目的偏好以及变量选取不同，审计定价模型的设定也存在差异，这也是造成以往研究结果不一致的重要原因。

2. 比例法

鉴于审计收费实际观察值变动与异常审计收费变动显著、高度正相关，比例法通过单位资产实际审计费用的变化率来计算异常审计费用。（方军雄和洪剑峭，2008）。具体估计模型如式（8-4）所示。

$$\text{ABFEE} = \left(\frac{\text{FEE}_{i,t}}{\text{Aseet}_{i,t}} - \frac{\text{FEE}_{i,t-1}}{\text{Aseet}_{i,t-1}}\right) \bigg/ \left(\frac{\text{FEE}_{i,t-1}}{\text{Aseet}_{i,t-1}}\right) \tag{8-4}$$

（三）异常审计费用信息含量

自 2001 年审计费用被强制要求披露，作为单独披露的会计信息，审计费用具有信息功能。Higgs（2006）的研究表明异常审计费用与盈利反应系数[①]（earning response coefficient，ERC）存在正相关关系，即市场将异常高的审计费用解释为公司致力于高收益质量的信号，支持了信号假说。Ball 等（2012）验证了审计费用作为财报鉴证投入的一种信号，和公司其他传递内部信息的方式正相关，例如，在高审计费用投入的情况下，自愿披露一些信息，可能更容易被相信，即公司可以通过审计费用来提升其他披露的有用性。

因此会计信息使用者也会对异常审计费用传达出的信息做出特有的经济行为。

1. 投资者

上市公司投资者利用上市公司披露的审计费用做出判断，当大多数投资者投资意向趋于一致时，并对其投资的股票进行买入或卖出的操作，在一段时间内会引起该股票价格的波动。当审计费用披露后，公司股价发生了异于正常情况下的变动，可以认为审计费用信息具有信息含量，引起市场反应。

我们可以利用累计异常收益率（CAR）模型来量化这种股价的异常变动。

股票异常收益是等于股票收益与股票正常收益的差。股票的正常收益率需要根据 CAPM 模型算出

$$R_{ti} = R_f + \beta_i(R_{tm} - R_f) \tag{8-5}$$

其中：R_{ti} 是 i 股票在 t 时刻的正常收益率；R_f 是当日的无风险利率；R_{tm} 是 t 时刻市场基准指数的收益率。用当时实际股票收益率减去正常收益率就可以得出异常收益率，t_1 至 t_2 日之间的异常收益相加可得到 CAR 值，然后对这个 CAR 值/(t_2-t_1+1) 得到平均累计异常报酬率。

2. 债权人

审计费用对债务成本的影响研究较少。Huguet 等（2019）使用西班牙审计的中小企业

[①] 盈利反应系数：1968 年，美国的鲍尔（Ball）和布朗（Brown）采用实证研究方法探讨了会计收益是否与股票价格相关。其用来衡量某一证券的超额市场回报相对于该证券发行公司报告盈利中非预期因素的反应程度。

样本，发现审计费用对债务成本的影响是不对称的：对于自愿审计的公司，较高的审计费用与较低的债务成本相关，而对于强制审计，这种关联并不显著。Dhaliwal 等（2008）以 560 例新发行的债务为样本，发现非审计费用与投资级发行人的债务成本直接相关，并且随着审计费用的增加，收益和债务成本之间的关联降低，但没有发现审计费用直接影响非投资级公司的债务成本的证据。

3. 信用评级机构

2007 年证监会颁布《证券市场资信评级业务管理暂行办法》（证监会令第 50 号），对信用评级机构的业务许可、业务规则、监督管理和法律责任等做出详细规定。信用评级机构通过其专业的数据收集与分析能力，为债权投资者提供关于借款企业信誉和违约风险的前瞻性观点，从而改善金融市场运行效率，提高资源配置效率，是投资者判断债券的违约风险、评估债券价格的重要依据。

会计师事务所与信用评级机构作为市场的两个信息中介，工作具有相似性与互补性，从而会相互参考对方的工作结果。当信用评级机构注意到企业存在异常审计费用，会认为审计质量受损，违约风险提高，从而给予较低的评级（林晚发等，2018）。反之，当信用评级机构认为审计质量高时，则有助于提高债券评级。

但是信用评级机构对于企业的债务成本的影响仍有待考证。寇宗来（2015）指出，当考虑到内生性问题，以各地区评级机构的竞争程度作为债券评级的工具变量重新回归，结果与 OLS 分析完全不同，发现信用评级对发债成本的影响明显降低，且不再显著。这表明，中国的信用评级机构并没有获得市场认可的公信力，而评级膨胀也不会真正降低企业的发债成本。而以往直接利用 OLS 进行回归分析的处理表示良好的信用评级显著降低债务融资成本。

4. 分析师预测调整

与信用评级机构类似，证券分析师作为资本市场信息中介之一，通过自身专业知识与经验，分析上市公司信息，从而为资本市场提供研究报告或投资建议等。优秀的证券分析师能够减少信息不对称，提高资源配置效率。同时，分析师的预测依赖于上市公司的财务信息，而异常审计费用对审计质量可能存在消极影响。因此当证券分析师通过异常审计费用感知到风险时，其对该公司的跟踪意愿降低。其次异常审计费用可能代表的低盈余质量，也会使得证券分析师预测精度降低，分歧度增加。

5. 管理层业绩

在我国 IPO 审核制的背景下，公司首次公开募股申请受到发审委等机构的严格监管，所有实现首次公开发行的公司不仅要获得无保留审计意见，还须在财务数据上达到要求。刘迪等（2019）发现在国内，异常审计收费与 IPO 后的业绩恶化显著正相关。较高的审计费用往往会损害注册会计师独立性，考虑到维系客户、经济依赖及较低的事务所违规成本等原因，注册会计师存在协助 IPO 公司粉饰财务报表行为的动机，从而增加了企业 IPO 后业绩下滑的概率。基于此观点，监管层可以通过 IPO 中的异常审计费用识别 IPO 企业的业绩恶化，以提高防范与监管。

四、审计费用与审计质量

审计费用与审计质量直接相关,且之间存在互为因果的关系,并受其他因素的共同影响。实际审计费用由正常审计费用和异常审计费用两部分组成,正常审计费用由是审计成本、预期风险损失和事务所正常利润构成,而异常审计费用才会造成对审计质量的影响。

基于审计意见购买、注册会计师的经济依赖等原因,多数文献支持正向异常审计收费会损害审计师独立性,而导致审计质量下降;若出现"低价揽客"现象,则注册会计师会减少必要的审计程序和审计资源的投入,从而负向异常审计费用也会降低审计质量。但是注册会计师的独立性受损导致的审计质量下降一旦暴露,会存在诉讼成本、名誉损失等,因此注册会计师会在这之间作出权衡,使得异常审计费用并不会损害审计质量。因此对于审计费用对审计质量影响的解释,如何避免内生性问题,得到准确清晰的影响渠道也是相关研究的难点。

叶丰滢等(2020),利用2010年国家出台的《会计师事务所服务收费管理办法》(发改价格〔2010〕196号)这一外生冲击带来的审计收费水平变化,构建双重差分模型进行实证检验,有效避免了部分内生性问题,并结合我国资本市场特点,对国营企业和民营企业进行分组,得出国有企业中,审计质量并不受异常审计费用的影响,而在民营企业中,不论是正向还是负向异常审计费用均会降低审计质量。

审计费用溢价成因有多种解释途径:一是审计师为保证更高质量的审计服务额外投入的审计工作的成本,即成本溢价;二是审计师为应对高风险业务时所需的承担风险补偿,即风险溢价;三是审计事务所良好的品牌与声誉在价格上取得的竞争优势,即品牌溢价。

(一)成本溢价

当注册会计师当期审计投入的成本增加时,审计费用会出现相较于上期的正常溢价,该部分溢价代表了注册会计师为完成审计服务,投入更多的审计资源,是高审计质量的体现。审计成本可以通过审计人员数量、审计工作时长、业务复杂度等核算。

(二)风险溢价

风险溢价是注册会计师基于保险理论提出的审计收费的一部分,是对未来赔偿责任的估价。赔偿责任的兑现取决于两个条件:一是企业发生严重的财务危机企业导致价值严重贬值;二是投资者诉诸法律后,法庭判决注册会计师有责任予以赔偿。因此注册会计师未来面临的风险则是企业价值严重低于审计确认价值的风险,以及法庭判决注册会计师应承担责任的风险。

Simunic(1980)指出,对于高风险企业,由于执行审计的成本较高及面临诉讼的可能性较大,会计师事务所将收取更高的审计费用。张天舒等(2013)基于2008年金融危机这一外生冲击,考察了公司风险与审计收费的关系,研究发现,当危机下公司的经营风险提高时,会计师事务所的审计收费增加,表明公司审计费用存在风险溢价。

(三)品牌溢价

一般认为,良好的品牌与声誉能够提供高质量的审计服务,而客户选择大所的动机在于向市场发出信号,表明自身的优良品质(Francis,1984)。通常品牌对审计费用的溢价是通过引入"是否为国际四大"或"是否为国内八大"的哑变量,当其的系数估计值显著为正,则被解释为大品牌的事务所收取了更高的审计费用。该方法隐性假设是,客户随机选择事务所。而事实上,客户对事务所的选择通常是不随机的,高质量的客户倾向于选择大所,由此产生自选择问题。

当控制自选择因素后,Chaney等(2004)发现在英国非上市公司中,大所的审计收费并不高于小所,陈冬华等(2006)以我国A股上市公司为研究样本,发现自选择问题对审计费用存在显著影响,考虑自选择因素后,大所会调低对客户的审计收费,小所反之。

因此,当上市公司审计费用出现溢价时,应采取何种有效方式能够区分该溢价形成的原因值得进一步探究,从而为市场提供准确且有效的增量信息,减少信息不对称。

第五节 审计需求与契约

一、代理成本与审计需求

委托代理理论认为,随着生产力发展和规模化生产的出现,所有者由于知识、能力和精力等原因不能全权管理企业相关事务,于是产生了一大批具有专业知识的代理人。但由于委托人和代理人之间存在利益冲突,代理人的决策往往与股东利益最大化目标相背,并且两者之间的信息不对称也导致委托人难以衡量代理人工作的好坏。为了降低企业的代理成本,委托人往往会引入一系列激励和监督机制来约束代理人的行为,以保障自身利益。

审计作为一项外部监督机制,其对委托代理关系的作用不容忽视。基于此发展起来的审计需求理论最早由Watts和Zimmerman(1979)提出,Balachangon和Ramakriaman(1980)进行了较为全面的阐述:审计的出现促使经理人按照契约的要求来追求正当利益,抑制其机会主义行为动机,因此审计是维护股东利益最大化的治理机制;审计的需求并不完全由股东们产生,正直诚实的经理人员也希望通过聘请外部审计人员来鉴证财务报告的真实性,以展示其良好的经营绩效。也就是说,降低代理成本的需要会催生高质量的审计需求。Chow(1982)基于委托代理理论的分析框架,实证检验了企业的代理成本与外部审计需求的关系,研究发现,公司规模越大、债务比例越高、债权合约中的会计信息使用得越多,公司越可能聘请高质量的外部审计,但由于数据的局限性,其未能发现管理层持股与外部审计需求的联系。Francis and Wilson(1988)结合多个表征公司代理成本的指标,考察了股东、经理、债权人之间的代理冲突如何影响审计需求,研究发现高管持股可以降低代理冲突,但是会引发经理人霸权,所以高管持股比例过低和过高都需要外部审计。此外,激励合约有助于激励经理人,但是会产生额外的审计成本,如审查合约中会计指标的可靠性等。Tauringana 和 Clarke（2000）以 92 家英国小企业作为样本，研究了自愿接受审计的情况，结果表明，如果经理人员剩余索取权分享份额越小，企业的规模越大，那么企业越有可能自愿接受审计。这在很大程度上弥补了 Chow（1982）研究中的遗憾。Carey 等（2000）则对家族型企业自愿接受审计的情况进行了调查，以 186 家澳大利亚家族型企业为样本进行观察，结果表明，企业管理层和董事会中非家族成员的比例越大，企业资本结构中债务所占的比例越大，企业越有可能自愿接受审计。这些经验研究的结果与审计需求的代理理论基本一致，即审计具有抑制代理人的机会主义行为，降低企业代理成本的作用。

与欧美国家企业股权结构不同，我国上市公司的股权相对集中，因此委托代理问题在我国企业中更多地体现为大股东与中小股东间的利益冲突。针对在我国突出的第二类代理问题，曾颖和叶康涛（2005）基于两时点大股东掠夺模型，考察了股权结构、代理成本与外部审计需求之间的关系，研究发现，代理成本较高的上市公司更有可能聘请高质量的外部审计师，以降低代理成本，提高公司市场价值。同样地，韩东京（2008）发现在其他股东持有较低比例的股权情况下，第一大股东的持股比例越高，上市公司越愿意聘请高质量的审计事务所；而在其他股东持有较高比例股权的情况下，第一大股东的持股比例越高，上市公司越不愿意聘请高质量的审计事务所。这进一步验证了代理问题越严重的公司，越有可能聘请高质量的审计师来缓解代理冲突。无论基于第一类还是第二类委托代理关系的研究都表明，代理成本是企业选择聘请独立审计的重要原因。

二、信息不对称与审计需求

（一）信号传递观

公司经营者和投资者之间存在信息不对称，相比投资者，经营者对公司的未来收益和投资风险有充分的信息。投资者无法直接拥有这些内部信息，只能通过对经营者提供的信息来评价市场价值。当公司的市场价值被评价得越高，投资者就越愿意投资。而审计作为信息中介，其信息鉴证服务很大程度上保证了公司披露信息的准确性。因此，管理当局通过聘请高质量审计向市场传递出企业具有较高信息质量的信号。

高质量审计的信号传递作用主要体现在企业 IPO 定价。由于是首次发行股票，市场很难从企业过去的业绩预期未来收益，并且企业有较大的空间利用报表粉饰或财务舞弊，此时市场对高质量审计师事务所具有依赖性。Titman 和 Trueman（1986）对公司拟发行股票和债券等特定事件的发生对审计师选择产生的影响进行了研究。发现基于信号传递理论，选择高质量会计师事务所的企业会提高投资者对公司价值的评价。Betty（1989）直接测试了 Titman 和 Truman（1986）的分析性模型，发现投资于那些选择大型事务所作为主审事务所的 IPO 公司股票，其在一级市场的投资收益率较低，因此 IPO 企业能通过聘请大型事务所审计提高股票发行价格，降低融资成本。Menon 和 Williams（1991）认为审计从两个方面减弱了投资风险：一是了保证客户会计信息的可靠；二是使得投资者相信公司的投资前景。在公司信息缺乏的时候，IPO 公司可以通过聘请可信的审计方来向投资者传递信号。这使得在 IPO 前夕，公司更换更高质量会计事务所的动机更为强烈。

除此之外，审计的信号传递功能也在其他领域发挥作用。Baber（1983）首次研究了公共审计在政治选举中的作用，其认为在领导人选举过程中，存在着严重的信息不对称问题。单个选民因投票份额较低，获取候选人信息的成本太高，而候选人在获选后违背承诺的成本很低。因此，为了增强选民的信任度，候选人会和相关方签订合约。此时，公共审计作为一种降低交易成本的机制，通过对信息进行监督降低了合约成本。并且选区竞选的竞争强度越大，候选人不履约的成本越高，从而增加了公共审计需求。通过聘请高质量外部审计，企业也能够表征其优质的特征，以区别于其他劣质公司。Simunic 和 Stein（1987）发现"八大"事务所的客户大都规模较大且经营风险较小。这些经验证据有力地证明了客户所选择的主审事务所的类型是一种"信号"这一假设，说明审计具有传递有关客户特征的"信号"的功能。

（二）信息系统观（决策有用）

会计信息不仅是委托人评价代理人受托责任履行情况的基础，如今也越来越成为广大利益相关者行为决策的依据。审计通过严格执行相关程序，对企业提供的信息进行鉴证，确保了会计信息的真实公允，充分发挥着优化资源配置的作用。

随着股份公司和股票交易市场的兴起与发展，对于许多投资者来说，投资收益不仅仅包括过去单纯的股利，还包括股票市场的转让所得。为了获得投机收益，投资者不仅需要关注所投资企业的会计信息，也要同时关注其他备选投资企业的会计信息，通过不断变换投资对象来获取股票价差。对于投资者来说，信息获取的目的在于价值发现和决策有用，获取的途径就不再仅仅局限于现有的契约关系。在这种情况下，股东及利害关系人广泛依赖于财务信息，并将其作为决策的依据，但同时他们又不具有判断财务报表是否真实、公允的能力，因此必须聘请具有专门会计专长的审计师来进行审查和判断，进而做出鉴定证明，并予以报告（Wallace，1980）。审计师出具报告的内容也确实能够影响投资者的决策。Dodd 等（1984）选择了 1973—1980 年间首次收到保留意见的美国上市公司作为样本，按保留意见原因分为五个样本组，研究发现虽然在非标意见公布前后短窗口期内负的累计非正常收益率在统计上不显著，但在公布前长达 6 个月的时间内，累计非正常收益率达到 –8.9%，且在统计学意义上显著。这表明，审计对于投资者的决策存在增量作用。

债务契约的签订也很大程度上依赖于高质量的审计。经审计的会计信息是债权人评估企业经营状况和风险的基础，为后续债务契约的签订和债务管理提供了参考依据。LaSalle 和 Anandarajan（1997）研究了银行信贷经理在信贷决策中对因诉讼和持续经营原因出具无法表示意见审计报告的反应。结果发现，信贷经理在面对无法表示意见审计报告时减少了贷款意愿，调低了对该客户还款能力和改善盈利能力的评价，调高了可能贷款的边际利率。基于国内借贷场景的研究也发现在很多银行的贷款审批过程中，审计意见作为银行内部评级的一个指标占有相当高的权数。银行的贷款利率无论长期还是短期都与借款企业的审计特征（审计意见和审计师规模）有关（胡奕明和唐松莲，2007）。

三、风险分担与审计需求

保险理论认为审计将财务报表使用者的信息风险降低到社会可接受的风险水平之下，其本质在于分担风险。决策者依赖于信息提供者提供的信息，但这些信息提供者可能会存在偏见或其他动机，导致信息出现差错，从而产生信息风险，这意味着信息使用者很可能因虚假信息而遭受损失。考虑到信息提供者承担风险的能力十分有限，一种更为有效的制度安排是投资者通过保险的方式将财务信息风险全部或部分转移给审计师，实现财务信息风险的消除或降低，即在财务信息质量一定的情况下，增加审计师的民事赔偿责任，降低信息使用者的信息风险。这就派生出了审计需求的保险理论。

审计的价值属性之一是提供隐性保险。当投资者依赖经审计的财务报表投资而遭受损失时，其希望从审计机构得到价值补偿。为此，投资者会赋予高质量审计一定的保险价值，并直接体现在股票价格上。Menon 和 Williams（1994）、Baber 等（1995）是较早通过实证的方式检验审计的保险价值的研究，他们基于 20 世纪 90 年代初 Laventhol and Horwath 会计师事务所（以下简称 L&H）的倒闭案，考察了原 L&H 客户股票价格的波动情况，结果表明 L&H 倒闭对其客户股价有显著的负向影响，即使客户后续聘请了同等规模的审计机构，公司价值仍未得到修复。Willenborg（1999）通过研究 IPO 抑价现象考察了 IPO 市场对审计的保险需求，通过选择处于发展阶段企业的 IPO 作为研究对象，排除了其他因素对审计需求的影响。这种小型 IPO 对企业披露的会计信息要求不高，因此，寻求风险分担成为企业选聘会计师事务所的主导因素。伍利娜等（2010）、王春飞和陆正飞（2014）基于我国的制度场景，研究发现审计师面临的诉讼风险增加会带来正向的市场反应，向审计师寻求追回投资损失的合法权利被投资者赋予了价值。上述研究表明，对于信息使用者来说，从投资回报中获取经济利益，抑或从审计师那里取得经济赔偿，两者之间并无差异，投资者对审计存在保险需求。

审计的保险价值也体现在审计定价上。由于审计费用往往在与客户签订审计契约时就已确定，而审计师受客户舞弊诉讼的影响在事后才得到确认，时间上的逆差会增大审计机构的破产风险。因此，为了保障自身权益，审计机构在定价时就会充分考虑预期的诉讼成本。已有文献普遍表明，在更严厉的法律环境中、当审计师面临的法律诉讼风险更高时，会计师事务所会通过收取更高的审计费用来分摊未来的法律责任成本（Hill et al., 1993；Simunic and Stein, 1996）。审计的保险机制是在风险总额一定情况下，具体参与人（明示或暗示的审计契约各方）之间对风险的重新分配，审计费用就是客户转移风险所付出的成本。

四、寻租动机与审计需求

基于传统的代理成本、信号传递和风险分担诞生的审计需求理论并不能很好地解释部分场景下企业的审计师选择行为。例如，在面临会计准则变更、政府管制和被审计机构出具非标审计意见的压力时，企业表现出更强烈的变更审计师的意愿（DeAngelo，1982；陆正飞和童盼，2003；王兵和辛清泉，2009）。这说明寻租动机可能是影响审计需求的另一重要原因。

　　随着社会的发展进步，会计准则一直处于逐步修改完善的过程，以适应新行业、新业务、新情况的出现。然而，不同的公司管理层对于会计准则变更的态度是不尽相同的。假设新准则有助于公司突破某些瓶颈，管理层自然欣然接受。但是如果新准则给公司的财务报表带来了不利影响，那么管理层就有可能会采取其他措施来冲减会计准则变更所增加的成本。1977年12月，财务会计准则委员会（Financial Accounting Standards Board，FASB）第19号财务会计准则公告（SFAS No. 19）——天然气生产公司的财务会计与报告，要求所有石油天然气公司对勘探成本采用成功法进行核算禁止完全成本法。由于采用新的计量方法并不影响现金流量，这一举动是否具有经济后果，一直遭到学术界的怀疑。Collins等（1981）认为管理层在准则变更之前已经采取了最优化的决策，准则的修订会打破企业的最优状态，从而产生调节成本，例如，签订的债务合约可能因会计指标变化而违约。管理层为了减少准则变更带来的负面冲击，有可能修改会计估计（如坏账准备的计提、资产的预计使用寿命）、改变用于投资税收抵免的会计方法等。当独立审计对这些改变具有较低的容忍度时，审计师有可能选择退出业务，管理层也可能选择更换审计师作为回应（DeAngelo，1982）。Watts和Zimmerman（1981）也认为，公司和审计方在游说准则的过程中如果处于不同的立场，那么矛盾就会产生，当客户和审计师之间的矛盾大到客户预期自己的立场会引发非标准审计意见时，公司将更可能更换审计机构。上述研究表明，会计准则变更改变了企业的寻租空间，将致使其更有动机变更审计方，以寻求签订更符合公司利益的审计契约。

　　此外，基于审计意见购买的考量，企业也可能更换现有的审计机构。陆正飞和童盼（2003）运用单变量回归模型和审计意见估计模型，分析了2000年、2001年上海证券交易所A股上市公司的意见购买动机及其实现情况，研究发现，在2000年和2001年，审计师变更与上年审计意见存在显著的相关性，即上市公司存在意见购买的动机。这说明上市公司在意审计意见，并试图改善审计意见。但研究结果表明，虽然被出具"不清洁"审计意见和预计审计师变更将给审计意见带来改善将促使企业作出变更决策，但是并没有证据显示审计师变更能够起到改善审计意见的作用。这些证据并没有清晰说明企业是否以寻租为动机变更现有审计机构。

　　基于我国政府对资本市场高度管制的场景，一些研究也表明，寻求管制下的便利也成为审计师选择的重要因素。Wang等（2008）发现相对非国有企业，由省、市、县政府控制的国有企业更可能雇佣在相同地区的小型事务所，他们解释这种选择模式是出于国有产权和地缘关系的结果。王兵和辛清泉（2009）基于我国IPO发行管制的场景，研究发现如果会计师事务所合伙人在证监会发审委担任专职委员，则该所在IPO审计市场中的份额越高，并且获得了更高的审计收费。类似地，朱红军等（2004）也发现了地缘关系、事务所特征等因素影响着审计市场份额。如果事务所进入 IPO 专项复核名单或补充审计名单，那么其 IPO 审计市场份额更大，如果事务所曾被证监会处罚，那么其 IPO 审计市场份额更小。这些结果表明，在转型经济体中，由于政府在市场资源配置中起着主导作用，企业在选择审计师时可能会有不同的需求。

审计师聘请是一个双向选择的过程，限于数据因素，现有研究多着眼于上市公司聘任动机，少有研究考察事务所的受聘决策，作为事务所风险控制的前端，审计师受聘决策值得进一步探索。此外，就上市公司而言，聘任本地审计师或异地审计师的动机及其经济后果同样值得进一步探索。

第六节 审计监管

审计行业的监管模式主要包括政府监管、行业自律监管和独立监管（谢德仁，2002）。本节将从事前监管、事后监管及媒体监督三个角度进行梳理。前两类均是从正规审计监管机构出台的相关监管政策出发，并对具体监管政策的研究成果分类整理。最后一类是随着时代科技进步，出现的媒体舆论监督，这种监督方式并没有官方政策规定，但已然成为重要的社会监督力量。

一、审计监管机构及职责

国内审计监管模式是以政府为主要领导的政府监管和行业自律监管。政府监管机构包括审计署、财政部、证监会。审计署负责全国审计工作，主要是国家政府公共部门审计[1]；财政部负责管理全国会计工作，监督和规范会计行为，制定并组织实施国家统一的会计制度，指导和监督注册会计师和会计师事务所的业务，指导和管理社会审计[2]；证监会同有关部门审批会计师事务所从事证券期货中介业务的资格，并监管有资格的会计师事务所从事证券期货相关业务的活动[3]。行业自律监管由中国注册会计师协会（以下简称"中注协"）执行，中注协是在财政部党组领导下开展行业管理和服务的法定组织，其主要职责是组织对注册会计师的任职资格、注册会计师和会计师事务所的执业情况进行年度检查，并制定行业自律管理规范，对会员违反相关法律法规和行业管理规范的行为予以惩戒等[4]。

在美国，审计监管模式在 2002 年发生较大转变。2002 年之前，美国以行业自律式监管为主，美国被审计上市公司的任何属于美国注册会计师协会成员的会计师事务所都必须每三年接受一次同行审查。受安然、世通等一系列造假事件影响，美国于 2002 年中旬出台《萨班斯法案》，该法案设立美国公众公司会计监督委员会，由此，独立性监管逐渐取代自律式监管。当前，美国审计监管机构包括美国注册会计师协会，其主要职责是制定有关会

---

[1] https://www.audit.gov.cn/n10/n14/index.html.
[2] http://www.mof.gov.cn/znjg/bbzn/.
[3] http://www.csrc.gov.cn/csrc/c100002/c5c05724baf164183a5c1c7ab0da7eb34/content.shtml.
[4] https://www.cicpa.org.cn/jggk/association_intro/gk/201501/t20150127_13645.html.

计准则、规则，制定审计准则和职业道德规范以及后续教育准则，并组织开展会员后续教育等；美国证券交易委员会，是直属美国联邦的独立准司法机构，负责美国的证券监督和管理工作，是美国证券行业的最高机构；美国公众公司会计监督委员会，其主要负责注册、检查、调查与执行以及准则制定（不包括会计准则），美国公众公司会计监督委员会拥有调查和处罚权，负责监管上市公司审计，检查、调查和处罚执行公众公司审计的会计师事务所及相应的注册会计师。

英国财务报告理事会于2021年3月发布审计监管方案（Our Approach to Audit Supervision）①，详细介绍了英国审计监管机构及职责。其设立了会计师事务所监管、审计市场监管及审计质量审核三个部门，共同履行会计行业监管职责。

由此可见，各国都极其重视审计行业的监管，大量学者也针对不同的监管政策展开了丰富的学术研究。

二、审计监管的有效性

（一）事前监管

1. 增加审计信息披露

信息披露一直都是监管制度建设的重要议题。从决策有用观来讲，信息披露的增加，固然是有利于信息使用者做出决策的。从审计报告准则的变化来看，关键审计事项、强调事项段与其他事项段、审计范围及重要性水平描述增加，都显示出监管机构正在逐渐规范和增加审计信息披露内容。美国证券交易委员会在20世纪90年代发现，事务所非审计服务费用占比已经超过了审计服务费用；2000年11月，美国证券交易委员会正式要求在2001年2月5日后提交的声明中披露支付给审计师费用。Francis等（2006）在此背景下，研究了不同水平的非审计费用企业首次公开披露费用前一年与后一年的市场反应，发现在2001年首次披露费用后，非审计费用水平高的公司的超额累计收益率显著低于非审计费用水平低的公司。相比之下，在首次费用披露之前的一年中，对于随后报告非审计费用水平高的公司，超额累计收益率没有更低。因此他们认为美国证券交易委员会强制披露审计和非审计费用提供了新信息，并且非审计费用水平高的披露产生了负面影响。关键审计事项方面，大量学者证实关键审计事项的披露具有市场反应（Reid et al.，2015；Kohler et al.，2020），且导致股价同步性降低（Su et al.，2015；王木之，2019），但信息披露的模板化、审计师以消极态度披露（Gutierrez et al.，2018；张金丹，2019）等原因也可能导致相关政策有效性受损。

2. 审计资质要求

企业审计报告需要两名注册会计师签名盖章，并经会计师事务所盖章才具备法定效力，而签字的注册会计师也承担了相应的责任与风险。因此对于注册会计师执业前的教

---

① FRC-Approach-to-Audit-Supervision-FINAL.pdf.

育要求也是事前监管的重要部分。我国于 2021 年 12 月重新修订了《中国注册会计师继续教育制度》与《中国注册会计师协会非执业会员继续教育制度》并于 2022 年 1 月 1 日正式实施，该制度增加了职业道德学时并将考核期间缩小至每年。Lee 等（1999）以 1988 年美国注册会计师协会提出新注册会计师会员拥有150小时的大学会计教育才能参加注册会计师考试为背景，通过数学与逻辑推导，得出了关于 150 小时规则的影响的预测：相较于没有 150 小时规定，有 150 小时规定时，审计费用更高，一些本想进入审计市场的注册会计师候选人不再进入，从而被规定发布前那些较为贫穷不富有且受教育少的注册会计师候选人替代，并提供更低的审计质量。因此虽然该规定会提高审计师个人的专业能力，但是短期平均审计质量会下降，从长期影响来看，对注册会计师教育要求仍会提高审计质量。

审计师强制轮换有效性的讨论实际上也是关于审计任期的探讨。意大利于 1974 年开始实施强制轮换，美国于 2002 年颁布的《萨班斯法案》中明确提出公司审计项目的负责人连续任职的期限不得超过五年，我国也在 2004 年 1 月 1 日正式实施签字注册会计师的强制轮换制度。而关于审计师强制轮换对审计质量的影响并未得到统一结论。一些学者认为，随着审计任期的增长，审计师容易与客户形成亲密关系，从而对审计独立性与审计质量造成不利影响（Mautz and Sharaf，1961；DeAngelo，1981；刘启亮，2006），监管机构也认可审计师任期与审计质量之间的负相关关系，并认为审计师强制轮换是一种可能的解决方式（AICPA，1978；Berton，1991；SEC，1994）。但是，强制轮换也会增加审计成本和审计失败的风险，随着审计任期的增加审计师可以获得针对被审计公司的专业知识，降低审计失败的概率。研究表明更大比例的审计失败通常发生在新客户身上（Berton，1991；Petty and Cuganesan，1996），审计任期延长并不会降低审计质量（Myers et al.，2003）。蒋心怡等（2016）进一步对审计师轮换后重新上任的注册会计师的审计质量展开实证研究，发现被审企业应计盈余管理幅度显著提高且审计费用显著增加，说明注册会计师重新上任可能会降低审计质量，并对强制轮换制度实施效果造成不利影响。

3. 非审计服务业务限制

非审计服务是指除了审计服务之外，会计师事务所提供的其他服务，包括设计会计系统、税务服务、管理咨询、财务咨询及资产评估等。《中国注册会计师职业道德守则第 4 号——审计和审阅业务对独立性的要求》要求会计师对提供的咨询服务是否会影响其独立性做出判断，并要求提供此类服务时，注册会计师应采取措施降低对审计的影响。在 2000—2002 年期间，美国国会就是否禁止同一家审计方提供非审计业务而争论，最终 2002 年《萨班斯法案》颁布结果是仅允许税务服务。Omer 等（2006）调查了 2000—2002 年的审计师提供的税务服务的动态过程，发现在研究期间税务服务费用与正向异常审计费用之间的显著正相关关系在 2002 年明显减弱，即一些支付高额审计费用的公司在 2002 年减少或终止了审计师提供的税务服务；并且还发现，税务服务业务费用与审计任期从不相关变为正相关，说明税务服务可能削弱了审计师独立性；最后税务服务费用与税率变化负相关关系逐渐变弱，即审计师提供的税务服务给公司带来的早期"回报"（即税率降低）减少了。以上结果从税务服务角度，说明了非审计服务业务确实可能影响了审计独立性。

4. 行业自律监管

2002年，中注协制定《注册会计师行业谈话提醒制度》。2021年12月，中注协修订印发了《上市公司年报审计监管工作规程》，在第10条明确指出：年报审计约谈应当根据事务所可能存在的风险、上市公司的重要性及舆论关注重大事件等，分为不同的主题和批次，采取当面约谈、书面约谈和电话约谈等多种方式保证实施。由此可见约谈机制仍在积极实践中，该机制的有效性也得到了大多数学者的肯定（吴溪等，2014；黄益雄等，2016；刘文欢等，2017）。

2002年之前，美国注册会计师协会采取同业互查的方式进行注册会计师行业监管，有上市公司客户的审计方必须互查，只有非上市公司的审计方可以自愿互查，但是学术界对此观点不一。一部分人认为同业互查缺乏可信度，因为审查人员缺乏识别重大缺陷的专业能力（Fogarty，1996），其次同业互查的审查人员缺乏进行独立审查的动机。但是Hilary等（2005）研究发现同业互查出具的意见能够造成会计师事务所后续客户优势或损失，从而说明审计客户认为同业互查意见能够揭示审计质量情况。Lennox等（2010）在Hilary等（2005）的研究基础上，发现美国公众公司会计监督委员会在选择最初检查的审计事务所时依赖同行互查报告，说明监管方（美国公众公司会计监督委员会）认为同行互查报告提供了审计公司审计质量信息。

5. 独立机构审查

《萨班斯法案》颁布后，美国审计行业监管模式转为美国公众公司会计监督委员会的独立监管模式。独立监管模式的责任主体既不是政府部门，也不是注册会计师行业本身，因此相较于行业自律更具有独立性。我国目前并没有出现独立监管模式。

尽管美国公众公司会计监督委员会更具独立性，但其设立受到了大量争议。首先，一部分学者对美国公众公司会计监督委员会及其检查员是否具备足够监管审计公司的专业能力表示怀疑（Wallison，2005；Johnson et al.，2015）。其次，根据《萨班斯法案》第104节的规定，美国公众公司会计监督委员会报告中存在不完整的公开披露："如果被检查公司处理了这些批评或缺陷，则检查报告中涉及被检查公司质量控制系统批评或潜在缺陷的部分不得公开"，且美国公众公司会计监督委员会报告没有提供公司整体质量水平的评估性总结，而同行互查提供了无保留、保留或否定意见。因此，由于缺乏全面公开披露和评估性总结，美国公众公司会计监督委员会报告的信息价值可能会受到损害（Lennox et al.，2010）。最后，审计公司可能会拒绝采取高成本的补救措施（Johnson et al.，2015；Newton et al.，2016）。基于此，学者并没有发现美国公众公司会计监督委员会被视为审计质量的信息信号。

但是也有研究发现美国公众公司会计监督委员会的检查流程更严格，提高了审计质量（Lennox and Pittman，2010；Carcello et al.，2011；Defond et al.，2011）。Defond（2011）发现《萨班斯法案》的通过与在市场上运营的小型审计公司的数量大幅减少同时发生，并认为这是美国公众公司会计监督委员会监管模式增加了低质量审计师审计成本，从而使得低质量审计公司退出审计市场。作者通过研究现任审计师相较于之前退出审计市场的事务所审计质量是否有提高，分析了2001—2003年间审计事务所退出的原因，发现2004—2008

年退出的审计公司的质量相对较低。Carcello 等（2011）采用单变量与多变量相结合的方式研究美国公众公司会计监督委员会对外国审计公司检查受阻情况，发现市场会对无法接受美国公众公司会计监督委员会审查的事务所的客户产生负面反应，证明美国公众公司会计监督委员会为其检查计划投入的大量资源受到了市场参与者的重视。Patterson 等（2007）通过构建模型：审计师可以将资源用于内部控制测试和实质性测试，而管理者可以选择内部控制的强度和欺诈的数量。发现《萨班斯法案》具有加强内部控制系统和减少欺诈的预期效果。Defond 等（2011）发现那些当年审计缺陷率（$\{DEF\_IC\%_{it}\}$）[①]较高的审计缺陷率会在随后年度收到更多不利的内部控制意见，即美国公众公司会计监督委员会的检查能够促使审计公司对其内部控制审计中的缺陷进行补救从而提高内部控制审计质量。

（二）事后监管

1. 处罚性监管

审计行业的处罚性监管是监管机构在事后约束审计方的较为严厉的手段。我国作为一个新兴市场，审计师面临的法律风险较低，虽然存在处罚性监管措施，但不完全有效。一方面基于不同的行政处罚方式，学者发现惩罚力度较弱的方式并不能产生警示作用，例如，仅仅处罚签字注册会计师（吴溪，2008；刘峰等，2010）等；甚至，王兵等（2011）从会计师事务所和注册会计师个人两个层面均未发现行政处罚能够显著提高上市公司审计质量。但是也有不少研究发现了行政处罚的显著效果，从事务所层面来看，相比于受到行政处罚之前，被审计公司操控性应计利润显著下降（Sami et al.，2012；刘笑霞，2013），审计师出具非标准审计意见的概率显著增加（Firth et al.，2005；朱春艳等，2009）。从审计师层面看，杨金凤等（2018）发现行政处罚不但提高了被处罚注册会计师的审计质量，还会对与之有过合作关系的审计师产生溢出效应，提高合作审计师审计质量。葛锐等（2020）注意到行政处罚这一结果之前的另一重要事件——立案调查，并从注册会计师个体层面发现立案调查后，出具非标准意见的概率显著上升，被审计公司操纵性应计利润显著下降，即立案调查能显著提高审计质量。

2. 非处罚性监管

2013年交易所实施信息披露直通车改革，对上市公司存在的问题更多地以问询函形式发布。问询函监管是当前交易所一线监管中极为重要的一环，与处罚性监管不同，问询函是针对信息披露不充分、不准确等问题的非处罚性监管措施，具有及时准确的特点。目前的大量研究大多肯定了问询函监管的有效性。

国外早期关于年报意见信的研究发现内部控制差、有财务重述历史、市盈率异常、聘用小型审计公司、高复杂性、存在严重避税行为的企业更有可能收到意见信（Ettredge et al.，2011；Cassell et al.，2013；Kubick et al.，2016）。随着研究的深入，问询函监管的研究逐

---

① 在审计公司层面上衡量，等于 i 公司的审计公司被美国公众会计监督委员会检查员发现有内部控制缺陷的审计数量，除以检查中检查的审计总数，其中美国公众会计监督委员会检查发生在检查后窗口的开始和审计师发布内部控制意见之前。

渐丰富，国外已有文献表明意见信能够改进信息披露，提高信息透明度。一方面从公司治理来看，企业在收到意见信后，盈余管理程度显著下降（Gao et al.，2010；陈运森等，2019），信息披露内容增加，可读性增强（Zahn et al.，2017；Bozanic et al.，2017），大股东掏空水平显著减低（Hu et al.，2018）。另一方面从其他信息使用者来看，当上市公司收到意见信后，机构投资者会减持相应公司股份（Gietzmann et al.，2013），企业债务资金成本显著上升（胡宁等，2020），分析师预测更加准确集中且预测乐观偏差也会减小（Wang et al.，2016），审计师更有可能出具非标审计意见（陈运森等，2018；Hu et al.，2022）。进一步对问询函具体内容研究，陈运森等（2018）发现涉及内部控制、风险和诉讼等内容时，对审计质量的影响更大。胡宁（2021）基于我国独特的市场环境，以国家产业政策及反腐败为切入点，考察了交易所选择性问询监管及其错配经济后果。研究发现，监管部门在发布问询函过程中考虑了国家产业政策和高级官员处罚情况，即中国交易所在年报问询决策中存在选择性。但通过对收到问询函企业的市场反应分析发现，我国投资者消化了监管问询的选择性。

三、媒体监督

随着信息化时代的到来，媒体凭借其及时性、低成本性、广泛性等优势，对资本市场的影响日益明显（Dyck et al.，2008）。媒体除了具备高效传递信息的职能（Drake，2014；周开国等，2014），同时也具备监督治理职能，这一点不仅在公司治理、市场反应上得到验证（Miller，2006；戴亦一等，2013；李培功等，2013；孔东民，2013），其对审计行业的监督作用也得到肯定。

媒体对于审计师行为的影响，可通过信息传递—感知改变—行为调整的传导机制解释（吕敏康等，2017）。现有研究一方面从信息效应考察，即将媒体看作审计师重要信息来源，丰富了审计判断的依据（Church et al.，2008；吕敏康等，2015）；另一方面从监督效应考虑，即将媒体视作外部监督力量，当媒体报道被审计企业的负面消息时，对审计师也具有风险警示作用（Joe，2003）。负面舆论可能引起监管部门介入（李培功等，2010），强制审计师实施更严格的审计程序，提高审计质量；媒体的关注也可能使审计师受声誉影响，从而提高审计质量。但是媒体监督的正向作用并不必然，当媒体报道出现正面评价信息时，审计师审计风险敏感性可能降低，表现为审计质量存在对媒体报道的从众效应，即媒体的正面评价与审计质量负相关（吕敏康等，2017）。刘笑霞等（2017）用审计延迟衡量审计努力程度，发现媒体负面报道引起审计费用显著上升，但对审计延迟并没有显著影响，表明相较于审计投入增加，负面报道导致的审计费用溢价主要来自于风险溢价，这从侧面说明负面报道不会引起审计质量的提高。

四、研究展望

2020年3月1日新修订的《中华人民共和国证券法》（新《证券法》）正式实施。其中与审计机构相关的重要内容包括：①全面推行注册制；②证券服务业务资格由批准制改为备案制；③提高违法违规成本；④增加证券服务机构保存工作底稿相关规定；⑤加强投资者保护，规定证券服务机构的连带赔偿责任，引入特别代表人诉讼制度。随着资本市场的放开，审计行业的监管也愈加规范严格。2021年，广州市中级人民法院对"康美药业"一案作出判决，这也是法院审理的原告人数最多、赔偿金额最高的上市公司虚假陈述民事赔偿案件。在这起案件中，审计机构正中珠江会计师事务所承担100%的连带赔偿责任，正中珠江合伙人和签字会计师在正中珠江责任范围内承担连带赔偿责任。未来研究可以针对新《证券法》的实施对审计行业、公司治理等方面展开丰富研究。

第七节 审计报告及其使用

一、审计报告政策背景及国内外差异

自从20世纪80年代重新建立以来，我国注册会计师行业目前大概经历了40年的发展变革。目前，我国推行的审计报告是根据2016年发布的新版审计准则要求编制的。新审计报告准则中，最为核心的一项是《中国注册会计师审计准则第1504号——在审计报告中沟通关键审计事项》，该准则要求在上市公司的审计报告中增设关键审计事项部分，披露审计工作中的重点难点等审计项目的个性化信息，并要求注册会计师说明某事项被认定为关键审计事项的原因、针对该事项是如何实施审计工作的。2021年3月9日，中国证券监督委员会发布《监管规则适用指引——审计类第1号》进一步规范非标准审计意见，要求注册会计师披露：详细重大错报的相关信息、"受限"形成过程与原因、重要性水平、广泛性及上期非标意见在本期的情况。

如表8-2所示为各国的审计报告准则的异同。从该对比来看，各国的审计报告准则都存在国际趋同的形势，各国审计报告内容的具体要求与国际准则基本一致。

二、审计意见的影响因素

国内外学者关于审计意见影响因素的研究非常丰富，主要包含被审计单位、审计单位、外部监管环境三方面。

（一）被审计单位

被审计单位特征主要从财务特征与公司治理两方面考虑。

Dopuch等（1987）最早利用公司财务指标建立了非标准审计意见的预测模型，从而说明其影响因素。研究结论显示，资产负债率、应收账款比率等财务指标对审计意见的影响显著。在此基础上，对审计意见有影响的财务特征研究逐渐扩大至权益净利率、重复性经营损失、破产可能性（基于财务指标计算的破产概率）等。公司治理方面，通常认为良好的公司治理机制在减少盈余操纵和改进财务报表质量方面是重要的（Warfield et al., 1995）。

表 8-2 审计报告准则的国际比较

发布国家		国际①	英国②	中国③	美国④
发布机构		国际审计与鉴证准则理事会	英国协会报告委员会	注册会计师协会	美国公众公司会计监督委员会
时间		2013 年	2019 年	2016 年	2017 年
关键审计事项	事项认定原因	有	有	有	有
	对该事项的应对措施	有	有		
	结果或者发现	可以有	可以有		
对审计范围和重要性水平描述		无	有（2013 年）	针对非标审计意见披露重要性水平（2021 年）	无
企业持续经营观点		就被审计单位持续经营能力是否存在重大不确定性得出结论			
其他信息		增加"强调事项段""其他事项段"并做出详细解释			未作出新的阐述
形成审计意见的基础		有			

注：以上表格信息分别来自于国际审计与鉴证准则理事会、FRC、中国注册会计师协会、PCAOB 官网查询所得。

基于中国独特的政策环境，我国企业存在动机操作利润迎合规定所要求的盈利水平，从而增加了上市公司被出具非标准审计意见的可能性，因此，上市公司改善公司治理、管理层持股和海外持股比例越高越有可能减少被出具非标准审计意见的可能性（Chen et al.，2001）。公司治理的具体考察角度还包括红利计划、大股东资金占用、盈余管理、监事会等。

（二）审计单位

审计单位作为审计市场供给方，其影响审计意见类型的因素包括事务所规模、审计费用、会计事务所变更、审计任期等。

首先，基于声誉影响、专业能力等因素，大所比小所更可能发现企业重大错报并出具非标审计意见（Lennox，1999；Reynolds and Francis，2000）。其次，当企业出现审计意见购买行为即提高异常审计费用或更换会计事务所，注册会计师的职业独立性受损，更容易出具虚假的审计意见，此时正向异常审计费用及会计事务所变更与审计意见之间存在关系（Teoh and Lim，1996），更换审计师的公司收到非标意见的概率也出现大幅降低（Lennox，2000）。但是较高的审计费用也可以视为审计成本，注册会计师的审计工作会更加谨慎负责，从而不会对审计意见造成负面影响。

---

① International Standard on Auditing (ISA) 705 (Revised), Modifications to the Opinion in the Independent Auditor's Report | IFAC (iaasb.org);
International Standard on Auditing (ISA) 701 (NEW), Communicating Key Audit Matters in the Independent Auditor's Report | IFAC (iaasb.org);
International Standard on Auditing (ISA) 706 (Revised), Emphasis of Matter Paragraphs and Other Matter Paragraphs in the Independent Auditor's Report | IFAC (iaasb.org);
International Standard on Auditing (ISA) 570 (Revised), Going Concern | IFAC (iaasb.org).
② 审计 I 审计与鉴证 I 审计师标准和指导 I 现行审计准则 I 财务报告委员会（frc.org.uk）。
③ 中国注册会计师协会（cicpa.org.cn）。
④ AS 3101: The Auditor's Report on an Audit of Financial Statements When the Auditor Expresses an Unqualified Opinion | PCAOB (pcaobus.org).

审计任期对审计意见的影响还没有得到一致的结论。一方面，随着审计任期的延长，注册会计师可以获得更多对某一特定客户的专门知识，进而更好地保证其发表的审计意见的准确性，同时审计任期的初期，注册会计师更容易受客户影响，而这种影响随着任期延长而逐年变弱，即审计任期与审计意见的准确性存在正相关关系（Marshall and Raghunandan，2002）。另一方面，审计任期越长，注册会计师越容易失去对某些事物的警觉性和敏感度，注册会计师与被审计单位之间容易形成亲密关系，不能保持一贯的独立性，进而影响其出具审计意见的准确性（DeAngelo，1981）。

（三）外部监管环境

国内外关于外部监管环境与审计意见之间的研究并不如前两类丰富。外部监管环境越严厉，注册会计师将承担更高的法律诉讼和处罚风险，从而在识别到重大错报时更可能出具非标审计意见。

公司面临的监管风险会显著影响审计意见的类型。一方面，注册会计师在受到处罚之后出具非标准审计意见的概率显著增加（Firth，2005）；另一方面，被审计单位被处罚当年及之后年度也更可能被出具非标准审计意见（朱春艳等，2009）。冯延超和梁莱歆（2010）通过实证研究得出，上市公司的法律风险与审计意见类型显著正相关，上市公司面临的法律诉讼和违规事件越多，审计师在审计时更倾向于出具非标意见以降低自身被诉讼或处罚的风险。年报问询函监管与外界媒体报道，也是有效的外部监督机制。交易所披露监管问询函能够有效降低信息不对称（胡宁，2020），使得审计师感知到风险，因此企业收到证监会问询函或媒体存在对企业的负面报道，将增大审计师出具非无保留意见的可能性（Mutchler et al.，1997；陈运森，2018）。

（四）DHL 审计意见的预测模型

DHL 审计意见预测模型是最早出现的通过指标对审计意见进行预测的概率回归模型，在该领域中具有重大影响。Doupuch 等（1987）以 1969—1980 年首次获得保留审计意见的 275 个公司及标准审计意见的 441 个公司为样本，利用五个财务变量和四个市场变量，预测注册会计师是否会在当年出具保留意见，或是在以后年度继续出具保留意见。由于样本审计意见类型的不同基于选择，因此为纠正对保留意见的过采样（oversampling）问题，采用了 probit 和加权外生样本最大似然概率（WESML）程序来估计多元化 Probit 模型为

$$Q_i^* = \beta' X_i + \epsilon_i \tag{8-6}$$

其中：$\epsilon_i \sim NID(0, \sigma^2)$，且当 $Q_i^* > 0$，Q_i 取 1，表示为保留意见，否则为 0，即无保留意见。再利用 WESML 来估计 $\hat{\beta}$：

$$L^{WESML} = \left(\frac{\alpha_p}{\alpha_s}\right) \sum_{i=1}^{N} (Q_i) \ln[\varnothing(\beta' X_i)] + [(1-\alpha_p)/(1-\alpha_s)] \sum_{i=1}^{N} (1-Q_i) \ln[1-\varnothing(\beta' X_i)] \tag{8-7}$$

其中 α_s、α_p 分别为样本和总体中保留意见的比例，以对数似然函数进行加权。自变

量 X_i 及回归结果符号如表 8-3 所示。

表 8-3 DHL 模型自变量定义与回归结果符号

	变量名称	定义	结果符号
财务变量	Δ总负债/总资产	总负债（包括资本化租赁）与总资产（包括资本化租赁）比率的变化	+
	Δ应收账款/总资产	应收账款占总资产（包括资本化租赁）比率的变化	-
	Δ存货/总资产	存货占总资产（包括资本化租赁）比率的变化	+
	总资产账面价值	年末总资产账面价值的自然对数	+
	当年损失	哑变量，如果当年亏损则为 1，否则为 0	+
市场变量	上市时间	哑变量，公司上市时间超过五年则为 1，否则为 0	
	Δβ	β 变化，市场模型回归的斜率系数	+
	个股收益与行业收益之差	个股年收益率（包括股利）减去所在行业加权平均年收益率	-
	残差标准化的变化	市场模型回归的剩余标准偏差变化	+

上述变量中，$\Delta\beta$ 与残差标准化的变化计算如下。

通过回归方程：$Y_i = \alpha + \beta X_i + \varepsilon$，对每家公司每年的日收益率（$Y_i$ 已加权）对市场日收益率（X_i 按照市值加权）进行年度回归，取回归系数 β，再求前后两年 β、ε 的变化值。

研究结论表示该预测模型中，审计意见与上述变量之间呈显著相关，且该模型的估计概率分数在不同类型的意见中预测准确率不同。对持续经营意见的预测准确率最高，对诉讼保留意见的预测准确率最低。

Bell 和 Tabor（1991）对 DHL 模型进行了改造，选用了净收益/净权益、净权益/销售净额、存货/销售额、现金/现金支出等财务指标及 Beta 估计值，按公司市值将收到标准审计意见和非标准审计意见公司进行配对，所得模型的预测准确率达到 93%。

三、审计报告的市场反应与信息含量

基于审计报告的不同内容、不同种类，研究者进行了较为丰富且具有针对性的信息含量研究，主要包含四个方面：审计意见、关键审计事项、持续经营审计意见、中期审计报告。

（一）审计意见

1. 审计意见的市场反应

审计意见包含无保留意见及非无保留审计意见两大类，在其信息含量的研究上，没有发现证据表明预期之外的标准无保留意见与正异常收益率相关（Fleak and Wilson 1994），大多数研究都是针对非无保留意见展开讨论。

审计意见的信息含量研究通常需要克服两大问题：一是事件日的选择；二是市场的预期。审计意见信息内容的衡量对事件日期的选择是敏感的，例如，管理层可以决定审计意见在盈余公告之前还是之后发布,从而无法单纯地研究审计意见的影响(Dodd et al., 1984; Dopuch et al., 1986)。就市场期望而言,审计意见可能导致正或负的异常回报,这取决于审计意见反映的是比先前预期更少还是更严重的消息,当审计意见包含了股价中没有包含的信息才会具有信息含量。

非无保留审计意见是否向资本市场参与者提供信息内容,是财务会计文献中一个长期存在但尚未解决的问题。美国早期许多研究根据保留意见形成的缘由具体分类为五类,即诉讼、资产变现贬值、未来融资不确定、多重不确定性(同时涉及多个问题,如股东诉讼和未来融资)和无法表示意见,检查审计师在存在不确定性时得出的审计意见是否与股票回报相关。早期的论文发现很少有证据支持这些意见的信息内容(Elliott, 1982;Dodd et al., 1984),但随后有研究表明,这些意见在特定情况下影响股票回报,例如:审计意见是否受到媒体报道(Dopuch et al., 1986);审计意见是否撤销(Fields and Wilkins, 1991);审计意见是否在预期之外(Loudder et al., 1992)。

在我国市场上,虽然我国经济正在逐步向市场经济发展,但市场机制在管理商业运作方面的作用有限。审计工作受到国家机构的监控与管理,由国家机构制定专业标准和直接监督会计师事务所的运作。具体不同点包括:①我国的披露规则要求审计报告在年度报告发布当天公布,而在美国,审计报告可能在不同的场合时间公布;②我国的法规要求保留意见侧重于实质(如违反公认会计准则)和形式;③与美国等更发达经济体相比,我国上市公司公布的财务报表的可信度可能会受到质疑;④我国市场由个人投资者主导,他们使用财务信息的资源有限(Chen et al., 2000)。Chen 等(2000)最早考察了在 1995—1997 年期间市场对上交所上市公司首次审计意见公告的反应,研究发现在控制其他同时发布公告的影响后,非标准无保留意见与累积异常收益之间存在显著的负相关;但市场对是否实质违反公认会计准则的非标准无保留意见提供的信息无法区分,并且对保留意见的反应与对带强调事项段的无保留意见的反应也没有显著差异。

2. 审计意见的信息含量

关于审计意见在企业融资方面的影响,目前没有统一的结论。研究者通过向银行信贷员发放问卷的形式,发现不同的审计意见类型不会影响信贷人员的决策(Estes and Reimer, 1977;Houghton, 1983)。但接下来更多的学者通过对审计意见的细分,发现了个别类型的审计意见会对商业信誉、贷款额度、贷款利率产生影响(Libby, 1979;Firth, 1980;Bamber et al., 1997)。张勇(2013)从信任角度考察了审计意见对公司融资的影响,发现企业被出具非标准审计意见后,下年度的商业信用融资水平呈现下降趋势,但国有企业性质能够缓解这种下降趋势,提出国有性质与审计意见之间具有替代作用。

其次,审计意见与企业盈余管理之间的关系也引起了争论。早期一些观点认为非标准无保留的审计意见要么受到更普遍的盈余管理的影响,要么提供了更普遍的盈余管理的证据,即投资者可以从非标准审计意见中分辨出企业盈余管理情况(Francis and Krishnan, 1999;Bartov et al., 2000;Bradshaw et al., 2001)。Butler(2004)提出,鉴于审计过程的性质和管理会计报告的联邦证券法,审计师和管理层实际上总是在发表意见之前解决盈余管理，盈余管理不太可能导致非标准无保留审计意见，并通过实证数据说明非标准无保留的审计意见与异常应计利润无关，不应推断出因果关系。

（二）关键审计事项

以往的审计报告基本存在标准化报告模式，语言表述单一，模式上仅有通过或者不通过两种结论特点。然而程式化的信息表述并不利于投资者感知到审计报告传递的信息，无助于缓解管理层与投资者之间信息不对称的问题。因此，越来越多的学者对传统审计报告的形式内容及其对投资者的价值提出了质疑。为了让社会公众有效了解公司的信息，减少信息不对称，英国财务报告理事会、国际审计与鉴证准则理事会、中国财政部和美国公众公司会计监督委员会已经分别于2013年、2015年、2016年和2017年发布或修订了相关审计准则，要求注册会计师在审计报告中沟通重大错报风险或关键审计事项。

《中国注册会计师审计准则第1504号——在审计报告中沟通关键审计事项》作为我国2016年末发布的新版审计准则中最为核心的一项，2017年1月1日起，A+H股上市公司供内地使用的审计报告率先适用此准则，披露关键审计事项信息，2018年1月1日起，沪深两市上市公司的审计报告中都需要披露关键审计事项。国内研究学者在2016年后对关键审计事项的市场反应和信息含量上展开了大量研究。

1. 关键审计事项的市场反应

关键审计事项相较于以往的审计报告，增加了注册会计师认为当期财务报表审计最重要的事项，同时披露确定事项的具体原因及审计师如何应对等内容，提供了被审计公司的增量特有信息。基于此观点，关键审计事项具有市场反应（Reid et al., 2015；Kohler et al., 2020），注册会计师不仅能通过增加财务信息可信度来降低股价同步性（Gul et al., 2010；Su et al., 2015），也可以通过沟通关键审计事项影响公司股价同步性（王木之，2019），即公司的特有信息更多地被反映在股价中，并且，披露的关键审计事项越多，其公司股价同步性越低。关键审计事项准则的实施得到了积极评价。但是就另一个角度而言，关键审计事项的选择依赖于注册会计师主观判断，且需要与治理层沟通，审计师可能为了维护客户关系，不披露重大风险项；其次关键审计事项内容可能已经在财务报表或附注体现，也有可能无法引起增量市场反应（Lennox et al., 2015）。

2. 关键审计事项的信息含量

关键审计事项的信息含量可以从投资者、债权者、分析师三类信息使用者角度展开。首先是对投资者的影响。当企业的审计报告中添加了关键审计事项采取相应措施的结论与评价，投资者会认为其更具有投资价值，从而影响投资决策，带来累计超额收益率的差异变化。这也说明关键审计事项的披露会给投资者带来增量信息（王艳艳等，2018；张继勋等，2019）。

对债权人而言，其决策预期也会受到关键审计事项披露的影响。关键审计事项一定程度上反映了企业当期的重要风险，可能会作为一种明确的风险信号通过审计报告传递给债权人。Christensen 等（2014）进一步研究了信息增量对信贷决策的影响机理，研究发现审计报告改革后信贷人员会倾向于更加消极的信贷决策。

对分析师而言，基于关键审计事项提供了企业特有的增量信息，降低了信息不对称，已有研究大都支持关键审计事项的披露会提高分析师预测的准确性，降低其盈余预测的乐观度，且披露数量越多，分析师预测质量越高。但也有学者认为关键审计事项反而会降低分析师预测准确度。一方面在审计报告中增设关键审计事项对管理层产生了压力，显著抑制了管理层盈余管理程度，使其无法迎合分析师预测（薛刚等，2020）；另一方面关键审计事项降低了使用者对财务报表的信赖导致分析师获取信息不足（Kachelmeier et al.,2014）。

3. 审计师责任变化

IAASB（2015）[①]提出披露关键审计事项不应该改变审计人员从整体上对财务报表发表的意见，如果注册会计师保持了足够的职业审慎，进行了合理全面的风险评估，并采取了足够的审计程序，基于充分可靠的审计证据发表审计意见，披露审计事项也不会改变注册会计师的潜在责任。但审计从业者、学者和律师都表示担心，认为披露关键审计事项将增加针对审计师的法律责任。一方面，当未能发现重大错报时，审计师恰好在未发现错报相关领域披露关键审计事项将更容易受到诉讼；另一方面，当未能发现重大错报时，审计师在不相关领域披露关键审计事项也将更容易受到诉讼（Katz，2014，Gimbar et al.，2016）。但如果考虑审计师公开披露关键审计事项，能够有效提醒信息使用者财务报表相关领域内可能存在的错报，起到了预先警告的作用。那么根据之前心理学研究，如果陪审员认为审计师向财务报表使用者提供了风险预警，那么他们就不太可能要求审计师承担损害赔偿责任即披露关键审计事项能减轻审计公司的法律责任（Brasel et al.，2016）。通过研究我国市场，我们进一步发现，当关键审计事项披露中含有结论性评价时，例如，基于上述审计程序及结果，我们认为管理层评估的权益性可供出售金融资产减值准备结果是合理的，审计师感知的审计责任更大（韩冬梅，2018）。

4. 审计质量

作为审计报告中新增字段，关键审计事项能否提高审计质量备受关注。现有研究共有提高、降低、无影响三种观点。

关键审计事项可能会通过三种途径提高财务报告质量。其一，根据《中国注册会计师审计准则第 1504 号——在审计报告中沟通关键审计事项》的规定，关键审计事项要求注册会计师披露从与治理层沟通过的事项中确定在执行审计工作时重点关注过的事项并提供沟通基础，这会影响财务报告信息的形成过程，从而间接提高审计质量（张继勋等，2016；王艳艳等，2018）。其二，关键审计事项提供的增量信息，提高了审计工作的透明度，带来更高水平的外部监督，使注册会计师面临更高的声誉风险与品牌风险。其三，沟通关键审

---

① IAASB. 2015 Reporting on Audited Financial Statements: New and Revised Auditor Reporting Standards and Related Conforming Amendments.

计事项也强化了注册会计师的受托责任（许静静等，2019）。基于以上原因，注册会计师有理由更加积极、谨慎地开展审计工作，关注审计风险领域，从而提高审计质量。

关键审计事项也可能会降低审计质量。注册会计师对关键审计事项进行披露，反而可能会放弃对这些事项与管理层进行进一步的沟通并调整（Asbahr and Ruhnke，2017）。其次，注册会计师会将关键审计事项视为免责声明，很有可能通过其来规避自身风险，减少对复杂风险事项付出的努力，这都将导致审计质量的下降。

考虑到注册会计师对关键审计事项的态度如果是消极的，那么审计师可能会披露一些对投资者而言不太重要的信息或给出模式化的陈述，不充分全面披露重要事项，此时关键审计事项也就无法提供有效的增量信息，自然也难以提高审计质量，关键审计事项与审计质量之间也不会有显著关系（Gutierrez et al.，2018；张金丹，2019）。

（三）持续经营审计意见

持续经营审计意见是指注册会计师在审计报告中明确指出被审计单位运用持续经营假设编制财务报表不适当或被审计单位的持续经营能力存在重大不确定性的一种"非标"意见。《中国注册会计师审计准则第1324号——持续经营》中对注册会计师实施风险评估程序、评价管理层的评估、审计程序等方面都作出了具体要求。

1. 持续经营审计意见的市场反应

作为一种"非标"审计意见，持续经营意见引起的市场反应是持续经营研究中的重点，持续经营意见的存在被证明是有关股票回报和破产事件的信息。国内外许多学者基于不同国家的数据、政策背景及不完全相同的方法检验持续经营意见的市场反应，均得出市场对其有显著负反应的结论（Firth，1978；Melumad et al.，1997；Taffler et al.，2004；Ogneva et al.，2007）。进一步研究中，一方面针对持续经营意见负面市场反应的及时性，投资者实际上在处理持续经营审计意见所传达的坏消息方面会存在偏见，从而导致市场反应不足，使得交易价格与有效价格设定不符，即市场对坏消息的反应效率存在问题（Taffler et al.，2004）。另一方面，不同类型持续经营审计意见的市场反应并不一致，市场不能区分带持续经营事项段的无保留意见、持续经营保留意见及持续经营无法表示意见（Bessell et al.，2003）。

2. 持续经营审计意见的信息含量

关于持续经营的信息含量一般从两方面展开。

一方面是融资约束，研究普遍证明持续经营意见对债权人而言具有信息含量，会对企业债务融资的规模、成本、期限及其他契约的拟定等产生不利影响。Firth（1980）较早对审计师发表的持续经营和资产计价两类保留意见进行研究，发现持续经营保留意见会影响企业的借款规模。Francis（2013）研究发现，对于处于财务困境泥潭的公司而言，持续经营审计意见的出具会提高贷款利息，增加债务契约的数量，并降低贷款期限。周楷唐等（2016）研究发现，"非标"审计意见会降低企业债务规模、提高债务成本，而持续经营审计意见作为一种特定类型的"非标"意见，对债务规模和债务成本的影响程度比其他非持续经营"非标"意见分别高 6 倍和 16.7%。

另一方面是在破产预测上的信息含量,大部分学者认为持续经营意见能够在破产预测中提供增量信息(Hopwood et al., 1989; Kennedy and Shaw, 1991),也有学者在控制债务违约后,发现持续经营意见对企业破产的解释消失了。Willenborg等(2000)探讨了持续经营审计意见在首次公开募股中的预测性和信息内容,从而深入了解了审计报告与小企业融资活动之间的关系。预测性上,不再局限于破产事件,而是研究发生于破产之前的退市事件(样本量更多,且对于投资者来讲退市已经意味着投资失败)。研究结论发现持续经营意见有助于预测公司的退市,且被出具持续经营意见的公司的 IPO 抑价更少。但在我国特殊的市场环境下,公司基本不会退市,因此我国持续经营意见在退市破产预测上几乎没有意义。

(四)中期审计报告

中期审计是对中期财务报告(包括季度财务报告以及半年度财务报告)的审计。注册会计师对中期财务报告的鉴证方式有两种:审计和审阅。中美两国对中期报告审计的相关规定有显著差异。美国证券交易委员会于 1975 年要求审计师在年终审计时对年报中的中期数据进行追溯性的审阅。2000 年 3 月美国证券交易委员会进一步强制要求上市公司在提交中期财务报告之前要及时审阅,但是并没有要求其披露审阅报告。目前,中国证监会仅针对部分上市公司的半年报做强制审计要求,即我国中期审计报告仅有半年报。

由于我国法规对大部分上市公司中期财务报告的审计并无强制要求,企业进行中期财务报表审计为自愿行为。因此大多研究从自愿审计中期报表的公司特征与动因(Chow, 1982; 林斌, 2009)、自愿审计中期审计的市场反应、自愿中期审计与盈余质量的关系(Haw et al., 2008; 陈欣等, 2008)及与审计延迟(李瑛玫, 2016)的关系展开。就企业进行自愿中期审计的动因而言,主要有基于代理成本理论,缓解代理冲突(Abdel-Khalik, 1993),及基于信号显示理论,及时传递盈利能力好的正向信息(Haw et al., 2008)。就经济后果而言,上市公司自愿实施的中期财务报告审计能够降低公司盈余管理的水平(张天舒等, 2010),且相较于未进行中期审计的企业而言,能够显著降低审计延迟,保证会计信息的及时性(徐焱军, 2010; 李瑛玫, 2016)。

而在美国,由于强制要求对中期报表进行及时的中期审阅,相较于增加的审阅成本,学者期望及时的审查能够通过减少无意的估计错误和抑制盈余管理来提高中期收益报告的质量。David(2003)通过研究中期审阅后,中期财务报表披露的收益与股价回报的同时性程度,发现及时审查的中期收益比追溯性审查的收益更好地反映了同期股票收益中的经济信息。

四、专题探索

(一)关键审计事项文本信息挖掘

关键审计事项作为我国 2016 年末发布的新版审计准则《中国注册会计师审计准则第

1504 号——在审计报告中沟通关键审计事项》中最为核心的一项,目前学术界关于其文本信息挖掘的相关研究并不充分。大多局限于是否披露关键审计事项,关键审计事项披露的数量和文本字数(王木之等,2019),是否具有结论性评价(韩冬梅等,2018;陈丽红等,2021)等,而对于披露的具体内容研究尚浅。

按照该准则的要求,关键审计事项应该会具有更多的企业特征增量信息,后续研究既可以通过文本挖掘探究这部分特征信息类别以及各类信息对应的信息含量与经济后果。王艳艳等(2018),从关键审计事项的可读性、语气语调、精确度三个方面的文本特征探究关键审计事项的市场反应,并进一步将关键审计事项内容划分为重大交易或事项、或有事项、资产定价等类别,分别探究其市场反应。吴溪等(2019)探究了关键审计事项中关于资产减值的信息与会计信息质量的关系。此外,还可以通过文本挖掘检验目前资本市场中,关键审计事项是否真正披露了增量信息,还是只通过标准化的语句、不重要的信息或与其他事项段、财务报告内容重复的信息避免负面信息的传递。国际审计与鉴证准则理事会关于关键审计事项的要求早于我国,在此基础上,可以进一步研究国内事务所在早期出具关键审计事项时,是否会向"四大"模仿,即是否存在"羊群效应",影响关键审计事项的信息含量。

实际上,我国关键审计事项披露先经过了试点运行,直到 2018 年 1 月 1 日起,沪深两市上市公司的审计报告中才都需要披露关键审计事项。而大多数学者的研究是基于关键审计事项政策发布这一外生冲击,构建 DID 模型进行对照探究(鄢翔等,2018;张金丹等,2019)。但是 A 股公司也有可能针对关键审计事项的试点做出反应,从而前置企业重大风险,这将使得学者实证研究有偏。这也可能是国内关于关键审计事项对审计质量的影响结果不一致的原因之一。

(二)重要性水平披露

基于监管机构发现注册会计师发表的审计意见不准确,尤其在非标准审计意见中甚至存在不同类型审计意见间替代的问题,证监会在中国注册会计师协会发布了《中国注册会计师审计准则问题解答第 16 号——审计报告中的非无保留意见》后,结合证券审计业务特点及资本市场监管需求,又发表了《监管规则适用指引——审计类第 1 号》,就注册会计师对上市公司财务报表发表非标准审计意见做出规范,并于 2021 年 3 月 23 日起正式实施。

该规范在信息披露上提出了更高的要求,如表 8-4 所示。

实际上,重要性水平披露要求最早是英国于 2013 年正式发布,并且英国财务报告委员会同时还提出了对审计范围的总结。这是因为英国财务报告委员会认为国际审计与鉴证准则理事会提出的关键审计事项实际上仅反映了与管理层沟通后的产出角度,而并没有关注注册会计师在审计范围本身的投入角度。由于国内发布政策时间较新,后续研究在有足够的数据支撑后,可对该部分信息的有用性进行拓展研究,探讨其是否改善了审计质量。

表 8-4　信息披露要求

意见类型	披露内容
存在错报	重大错报的相关信息，包括错报项目及金额、导致错报的原因、违反的会计准则等
存在"受限"	"受限"事项的形成过程及原因；"受限"事项对公司财务状况、经营成果和现金流量可能的影响金额，如不可行应解释不可行的原因；"受限"事项未能获取的审计证据内容，即应获取何种审计证据方可解决"受限"
非标准审计意见	披露使用的合并财务报表整体的重要性水平，包括选取基准及百分比、计算结果、选取依据。若本期重要性水平内容较上期发生变化，应披露变化原因
非无保留意见	充分披露广泛性的判断过程：相关事项是否影响公司盈亏等重要指标；汇总各个事项的量化影响和无法量化的事项影响后，发表非标事项是否具有广泛性的结论
上期"非标"意见	如本期为标准无保留审计意见，注册会计师须额外出具专项说明，披露上期非标事项的具体内容、消除上期非标事项的具体措施；如本期为非标准审计意见，注册会计师应在非标准审计意见专项说明中，披露上期非标事项在本期消除或变化的判断过程及结论，评价相关事项对本期期初数和当期审计意见的影响

注：以上信息均来自证监会官网的《监管规则适用指引——审计类第 1 号》。

第八节　审计行业专长

一、审计行业专长概述

审计行业专长（industry expertise）是指会计师事务所拥有的对某一行业的专有知识和专业技能的集合（DeAngelo，1981）。Zeff 和 Fossum（1967）通过计算美国会计师事务所的不同行业市场占有份额对审计行业专长展开实证研究，由此开启了审计行业专长的研究视角。

美国总会计师事务所 2008 年发布的一份关于美国审计市场的报告承认了行业专业知识的重要性，提出具有行业专长的事务所可以通过开发和营销专门针对该行业客户的审计相关服务来利用其专业性，并提供更高水平的保证。我国的审计准则亦强调了审计师必须具备专业胜任能力，如《中国注册会计师职业道德守则第 1 号——职业道德基本原则》[①]明确指出：注册会计师应当遵循专业胜任能力原则，运用与客户所在的特定行业和业务活动相关的知识，以恰当识别重大错报风险。审计行业专长的主张，对上市公司的审计事务所选择、监管机构的市场监管、高质量审计的实现以及保持事务所的行业竞争地位有重要意义。

（一）审计行业专长的类别

1. 事务所层面与审计师个人层面

会计师事务所层面以事务所为焦点，具体又可以分为国家层面与城市层面（Ferguson et al.，2003）。其中国家层面指事务所的各个分所之间均不存在差异。当会计师事务所通过

[①] https://www.cicpa.org.cn/ztzl1/Professional_standards/xxzztx/zyddsz/zyddsz_6676/202105/P020210507629165059767.pdf.

知识共享实践获取行业专业知识时，就会产生积极的协同效应，集团整体具有同质的专业服务、标准的培训、审计程序、知识管理系统等。城市层面是指事务所的投资具有地域性、个人性和专有性。会计师事务所每个单独的分所本身就是一个独特的分析单位，审计合同是通过当地分所进行的，审计业务通常由位于客户总部所在城市的分所审计团队管理（Francis et al., 1999；Reynolds and Francis, 2000）。该情况下的行业专业知识不容易被事务所整体捕获。两种观点的区别在于，行业专业知识是被视为集团层面的现象还是公司分部特有的现象。

例如，Ferguson 等（2003）对审计行业专长的度量方式是以澳大利亚全国的审计市场份额和具体城市（悉尼、墨尔本等）的审计市场份额来区分国家领导者与城市领导者的差异。

审计师个人层面是以审计师个人为焦点，行业专业知识存在于个别人员中，并通过与特定行业的个人客户合作获得（Solomon et al., 1999）。根据相关准则要求，我国的审计报告应当由两名注册会计师签名盖章，其中一名为项目复核合伙人，另一名为负责项目的注册会计师。以往文献主要使用签字审计师的审计业务的市场份额或签字数量衡量其行业专长。例如，Chen 等（2010）基于行业市场份额法，将个人审计师具备行业专长定义审计师是行业的领导者，或在行业中的市场份额大于10%。相较于会计师事务所层面，审计师个人层面研究较少。

2. "产品型"与"低成本型"

"产品型"行业专长指事务所的客户组合偏向于数量少但规模大的客户。当事务所形成"产品型"行业专长时，事务所针对更为复杂的经济活动需要更多的审计时间与审计费用以识别、评估和应对重大错报风险。"低成本型"行业专长指事务所的客户组合偏向于数量多但规模小的客户。"低成本型"行业专长更容易形成规模经济效应（Fung et al., 2012）。二者的区别在于客户类型。

（二）审计行业专长的衡量方式

实证研究中，审计行业专长通常采用行业市场份额（industry market shares，IMS）与行业专长份额（industry portfolio shares，IPS）作为替代变量。

1. 行业市场份额法

行业市场份额法（Zeff and Fossum, 1967）基于特定的行业市场，计算某一会计师事务所在该行业所占份额。行业市场份额往往是其在特定行业的经营战略、行业专长投资、行业知识与技术积累等因素共同作用的结果，行业市场份额的数值越大，说明会计师事务所在该行业审计行业专长水平越高。随后文献多沿用该方法度量审计行业专长。

$$IMS = \frac{会计师事务所i在k行业的审计收入总额[①]}{所有会计师事务所在k行业的审计收入总额}$$

[①] 早期审计研究中，审计费用数据难以获得，所以也会使用客户的规模（资产、营业收入）或数量等替代变量估计审计费用。

国内外研究通常将这一连续变量设定10%～30%的阈值进行二元化处理,当某一会计师事务所市场份额高于阈值,则认为其具有审计行业专长,否则不具有审计行业专长或直接认定特定行业第一名或第二名为具有行业专长的事务所。另外,也可以对特定行业第一名与第二名的市场份额差值进行进一步限制。

2. 行业组合份额法

行业组合份额法(Yardley,1992)是基于特定的会计师事务所考察其在某行业所占市场份额的指标。行业组合份额反映出事务所开展业务的行业重点不同,行业专长事务所往往将其资源重点投入某些特定行业。行业组合份额的数值越大,说明会计师事务所在该行业审计行业专长水平越高。

$$IPS = \frac{会计师事务所i在k行业的审计收入总额}{会计师事务所i在所有行业的收费总额}$$

通常将每个会计师事务所行业组合份额最高的一个行业定义为其专长行业。研究者也会将会计师事务所在特定行业的市场份额大于30%(50%)的认定为具有审计行业专长,该方法更多关注规模经济效应。

3. 加权市场份额法

考虑到行业市场份额法与行业组合份额法并不存在完全替代关系,Neal和Riley(2004)研究发现两种方法之间存在互补关系,因此认为采用两种方法结合的加权市场份额法会比采用单一的方法结果更具说服力。但在实际运用中,该方法由于其实际意义较难解释,文献中也很少使用。

$$WMS = IMS \times IPS$$

4. 自我宣称的行业专长

除上述指标外,Hogan和Jeter(1999)使用事务所在网上宣扬自己是特定行业专长的事务所就认定为具有行业专长的事务所的方法,但是该方法较为主观,使用较少。

以上四种方式均是国内外研究者们使用的间接度量审计行业专长的方式,尚没有研究对审计行业专长进行直接度量,并且以上四种方式确认的行业专长事务所也存在较大差别,这也是导致后续实证研究结论不统一的原因之一。

二、审计投入角度

(一)审计费用

国内外关于审计行业专长与审计费用之间的关系并未得到一致结论。一方面,行业专家可能由于存在激烈的竞争行业(Pearson and Trompeter,1994)或规模经济(Craswell et al.,1995)降低审计费用;另一方面,审计师进行大量行业专用性投资于特定行业利于差异化战略实施,进一步提高事务所声誉获得可持续竞争优势,从而获得审计费用溢价(Craswell et al.,1995;Mayhew and Wilkins,2003;Casterella et al.,2004;韩洪灵和陈汉文,2008)。

进一步研究中,Ferguson等(2003)首次将会计师事务所层面行业专长按照国家与城市进行分析。研究发现，当审计人员所处的事务所既是城市特定行业的领导者，又是国家行业内排名前两位的公司之一时，与行业专长相关的平均溢价为24%。然而，全国排名前两位的事务所在其所在城市并没有获得行业专长收入溢价。在这座城市中它们并不是领导者。因此得出结论：行业专长定价主要基于事务所城市层面的行业专长地位，行业专长并不存在国家层面的正外部性。该研究帮助我们进一步理解了头部事务所标准化审计程序是否能使整个事务所共享行业专长，让客户享受均等服务。

Casterella等（2004）发现了客户议价能力（POWER[①]）在行业专长溢价的重要作用。通过对样本整体、大小型客户分组回归，发现审计行业专长存在审计费用溢价，并且客户议价能力与审计费用负相关。当客户规模小时，审计行业专长的审计费用溢价仍然存在，但客户溢价能力参数不显著；当客户规模大时，审计行业专长不存在审计费用溢价，但客户议价能力与审计费用显著负相关。作者认为这是产品差异化战略提高审计价格和规模经济降低审计成本两种效应的作用，规模小且议价能力较弱的客户无法通过谈判得到较低费用，行业专家可以凭借其差异化服务获得超额回报；而规模大且议价能力强的客户会使差异化服务溢价与向客户让渡的规模经济成本节约相抵消，最终无法获得行业专长溢价。

Goodwin和Wu（2014）通过对澳大利亚2003—2010年的审计市场研究，将审计行业专长从公司到办公室的逻辑进一步延伸到合作伙伴个人层面，发现在签字合伙人具备行业专长的情况下，审计费用有溢价，而这种溢价与事务所或事务所分所是否具备行业专长无关。这一发现说明，行业的专业知识具有较强的个人特色，事务所内的合作伙伴之间很少有专业知识的转移。Khairul et al.（2019）在英国也发现，审计师个人行业专长能通过提供高质量的审计报告获取审计溢价。

宋子龙和余玉苗（2018）将审计行业专长分为产品型与低成本型，发现相较于低成本型行业专长，具备产品型行业专长的事务所能获取更多的审计费用。

（二）审计延迟

审计延迟（审计报告时滞）与公司收益信息披露的及时性直接相关。审计延迟是指资产负债表日至审计报告签署日之间的日历天数。审计延迟越短，说明上市公司披露年度审计报告所需时间越短，审计报告越具有及时性。较长的审计延迟意味着信息使用者需要通过其他替代渠道及时获取财务信息，从而削弱了年度报告的使用价值。

现有研究鲜有涉及审计行业专长与审计延迟之间的关系。Whiteworth和Lambert（2014）发现，美国具备行业专长的"四大"分所内部审计团队之间能更好地分享行业信息，从而减少审计延迟。余玉苗等（2021）以中国2008—2014年A股上市公司为对象，研究发现具备行业专长的审计团队审计延迟更长，但进一步研究发现，延长的审计报告时滞促进了对审计质量的积极影响。

[①] 客户议价能力（POWER）：客户审计费用占事务所审计收入比例。

三、审计产出角度

从产出角度来看,审计行业专长的经济后果研究集中在审计质量方面。

大部分学者认为具备行业专长的审计师有能力也有动机提供高质量的审计服务。首先,具备行业专长的审计师有能力更好地评估客户的业务风险,以执行更有效的审计程序,发现财务报表中的重大错报(Owhoso et al., 2002);其次,行业专长可能会产生经济与知识的规模效应从而降低成本(Gong et al., 2016)并提高审计质量;最后,基于对声誉的保护,具有行业专长的审计师有动机执行高质量审计,从而保护自己的声誉,将诉讼风险降至最低(Owhoso et al., 2002; Reichelt et al., 2010)。因此行业专长事务所审计的客户比非行业专长事务所审计的客户具有更低的异常应计项目,事务所层面的行业专家事务所更有可能发布持续经营审计意见(Lim and Tan, 2008),财务报表重述概率更低。

在考虑城市层面后,Reichelt 等(2010)在 Ferguson(2003)的研究框架下,利用四大事务所审计客户 2003—2007 年的数据发现,同时是国家和城市特定行业专家的审计师,其客户的异常应计利润最低,这表明国家和城市特定行业专家的联合审计质量(分析师盈利预测、持续经营审计意见、应计盈余)最高。进一步扩展到个人审计师层面,Hsin 和 Chen(2011)研究发现,同时具备事务所层面和个人审计师层面的行业专长审计师,其客户应计项目最低;而对于审计意见,保留意见发布的可能性主要归因于签字注册会计师的行业专长,仅事务所层面的行业专长与更高的发布保留意见的可能性无关。周楷唐等(2020)对中国沪深 A 股公司 2004—2011 年的样本进行 PSM 配对后回归,在个人审计师层面的行业专长与审计质量的关系上也得到相同结论。也有一部分学者从其他角度,例如被审计公司信息透明度、分析师盈余预测精确度、降低股价崩盘风险、缓解资产误定价和促进或有事项信息披露等说明具备行业专长的审计师能够提高审计质量(陈小林等,2013;王生年等,2018)。

但是,也有少部分研究不支持两者的正相关关系。蔡春和鲜文铎(2007)以中国 2001—2004 年的非金融行业上市公司为样本,发现国内会计师事务所行业专长与审计质量负相关。进一步发现这是由会计师事务所总体上独立性相对不高、易受行业内经济依赖度的负面影响和行业专长发展程度较低导致的。

四、其他方向

除了上述审计投入和审计产出主流方向的研究,也有学者将二者综合考虑,探究审计效率问题(Bae et al., 2016;周楷唐等,2020),或者将审计行业专长作为调节效应引入其他实证研究。

结合本节投入角度与产出角度的内容,即是对审计效率问题的探讨。周楷唐等(2020)同时研究了审计行业专长对审计工时投入、审计收费和审计质量的影响。作者采用审计工时投入[①]作为审计投入的代理变量,按照会计师事务所层面的行业专长使用倾向得分匹配法

[①] 作者认为由于中国年报披露采用预约披露制度,因此审计延迟无法准确衡量审计投入时间;而审计费用不仅包括审计投入还包括风险、品牌溢价等(Simunic, 1980)。

配对，发现在会计师事务所层面和个人审计师层面，行业专长审计师的审计工时投入更少，且并未降低审计质量，说明行业专长提高了审计效率；进一步研究发现，这一效应在规模大的事务所与规模大的客户中更明显。

就行业专长作为调节效应的研究而言，Lim 和 Tan（2008）在研究非审计服务费用对审计质量的影响时发现，非审计费用对审计质量的影响是有条件的。具体而言，行业专长审计师比非专长审计师更有可能关注声誉损失和诉讼风险，并从提供非审计服务的知识外溢中获益。实证结果显示，随着行业专长审计师获得的非审计服务费用的提高，审计质量（发表持续经营意见的倾向、增加未达分析师预测的倾向以及盈余反应系数）也会增加。

五、研究展望

行业专长的度量方式目前仍有缺陷，常使用的行业专长替代变量计算结果之间也存在较大差别。后续研究可以结合可获得的数据进一步丰富行业专长指标的度量，增强审计行业专长实证研究结果的稳健性。

审计行业专长与审计质量之间的因果关系研究中，一方面，学者通过倾向得分匹配法以及对等匹配法克服了一定的内生性问题，现有的实证研究方法可能并不能完全解析审计行业专业化和审计质量测试中的混杂效应。另一方面，也可能存在自选择问题，例如高质量的审计客户可能更愿意选择具有行业专长的审计团队审计以增强企业财务报告的公信力。

自学自测　扫描此码

主要参考文献

包强, 1999. 论环境审计概念结构[J]. 审计与经济研究, (4): 15-17.
边恭甫, 1994. 论社会主义市场经济体制下我国审计体系的构建[J]. 中南财经大学学报, (3): 74-77.
曹霞, 2001. 国家审计体制比较研究[J]. 山西财经大学学报, (2): 99-101.
曹严礼, 2004. 国家审计在金融风险防范中的作用[J]. 中国审计, (17): 26-28.
车嘉丽, 2008. 政府审计和社会审计资源整合的研究[J]. 会计之友(下旬刊), (6): 48-49.
陈波, 2015. 论产权保护导向的自然资源资产离任审计[J]. 审计与经济研究, 30(5): 15-23.
陈尘肇, 2007. 科学发展观与政府审计[J]. 审计研究, (5): 3-6.
陈东, 1999. 环境审计若干理论问题初探[J]. 财经论丛(浙江财经学院学报), (3): 67-71.
陈骏, 时现, 2018. 审计全覆盖驱动下的审计技术方法创新研究[J]. 审计研究, (5): 22-29.
陈献东, 2014. 开展领导干部自然资源资产离任审计的若干思考[J]. 审计研究, (5): 15-19.
陈献东, 2015. 全面深化改革背景下的经济责任审计策略研究[J]. 会计之友, (16): 116-121.
陈艳, 2000. 国家审计部门应加强对国有资本的审计监督[J]. 财会通讯, (5): 20-21.
陈一博, 2003. 对现行国家审计体制改革的初步探讨[J]. 改革与理论, (6): 63-64.
陈玉, 2019. 领导干部自然资源资产离任审计制度研究[D]. 赣州: 江西理工大学.
陈忠玉, 2020. 湖北"四个紧盯"强化领导干部经济责任审计[J]. 审计月刊, (9): 33
成文辉, 2004. 论国家审计风险及其防范对策[J]. 财会研究, (5): 58-59.
程新生, 陶能虹, 2000. 中、美、法政府绩效审计环境比较研究[J]. 审计与经济研究, (6): 9-12.
池国华, 杨金, 谷峰, 2018. 媒体关注是否提升了政府审计功能?——基于中国省级面板数据的实证研究[J]. 会计研究, (1): 53-59.
迟和权, 2003. 谈我国国家审计风险的内涵[J]. 中国审计, (8): 44.
崔振龙, 2004. 政府审计职责及其发展展望[J]. 审计研究, (1): 36-39.
邓君, 2000. 对国家审计执法的思考[J]. 财经科学, (S1): 152-153.
丁岱著, 2012. 和谐审计的理论探索与实践[M]. 北京: 中国时代经济出版社.
杜永红, 史慧敏, 石买红, 2017. 大数据背景下精准扶贫的审计监督全覆盖研究[J]. 会计之友, (20): 106-109.
段兴民, 赵晓铃, 2009. 国家审计"免疫系统"论引发的思考[J]. 审计与经济研究, 24(2): 3-8.
房巧玲, 李登辉, 2018. 基于PSR模型的领导干部资源环境离任审计评价研究——以中国31个省区市的经验数据为例[J]. 南京审计大学学报, 15(2): 87-99.
方军雄, 洪剑峭, 2008. 异常审计收费与审计质量的损害——来自中国审计市场的证据[J]. 中国会计评论, 6(04): 425-442.
干胜道, 王磊, 2006. 基于信息不对称的政府审计风险的控制研究[J]. 审计研究, (1): 25-29.
耿建新, 杜美杰, 2001. 国有企业及国有控股企业领导人员任期经济责任审计探讨的新视角——兼论国家审计对社会审计工作及结果的利用[J]. 审计研究, (5): 17-22.
顾晓敏, 郑佳, 2010. 中美英政府绩效审计比较研究[J]. 财会月刊, (2): 64-65.
郭露雪, 计媛媛, 2017. 论国家审计对权力的制约和监督[J]. 行政事业资产与财务, (4): 74-75.
郭照敏, 1998. 环境审计与一般审计的关系[J]. 审计理论与实践, (8): 15-16.
郭振林, 王玉芳, 2006. 我国绩效审计环境分析和政策选择初探[J]. 审计与经济研究, (3): 21-23.
"国家审计在决战脱贫攻坚中的作用研究"课题组, 刘力云, 2021. 国家审计促进脱贫攻坚: 做法、成效和启示[J]. 审计研究, (3): 11-21.

韩丽荣, 郑丽, 2005. 我国财政监督与审计监督职责交叉问题的解决思路[J]. 生产力研究, (4): 217-219.

郝振平, 2000. 关于我国审计体制的战略思考[J]. 审计理论与实践, (10): 4-6.

何洪彬, 2010. 后金融危机时期深化财政绩效审计的思考[J]. 审计研究, (4): 18-21.

贺宝成, 熊永超, 2021. 国家审计如何影响政府治理效率？——基于Tobit-SDM模型的空间计量分析[J]. 审计与经济研究, (6): 16-25.

胡宁, 曹雅楠, 周楠, 等, 2020. 监管信息披露与债权人定价决策——基于沪深交易所年报问询函的证据[J]. 会计研究, (3): 54-65

黄益雄, 李长爱, 2016. 行业自律监管能改进审计质量吗？——基于中注协约谈的证据[J]. 会计研究, (11): 84-91.

蒋云根, 2005. 将绩效审计纳入政府公共服务过程[J]. 党政论坛, (3): 21-23, 1.

蒋云根, 孟文海, 2005. 绩效审计法制化建设中需要重视的几个问题[J]. 社会科学, (6): 56-59.

焦婷, 王冬, 2005. 关于国家审计体制改革的思考[J]. 财会月刊, (7): 32-33.

京津冀特派办课题组, 2006. 政府审计在宏观调控中发挥作用研究[J]. 审计研究, (3): 23-27.

寇永红, 吕博, 2014. 财政扶贫资金绩效审计工作现状及改进措施[J]. 审计研究, (4): 19-22.

郎少萍, 2000. 试探我国国家审计领导体制的改革[J]. 上海会计, (11): 51-53.

李博英, 尹海涛, 2016. 领导干部自然资源资产离任审计的理论基础与方法[J]. 审计研究, (5): 32-37.

李凤雏, 王永海, 赵刘中, 2012. 绩效审计在推动完善国家治理中的作用分析[J]. 审计研究, (3): 14-18.

李江涛, 苗连琦, 梁耀辉, 2011. 经济责任审计运行效果实证研究[J]. 审计研究, (3): 24-30.

李君, 方宝璋, 王治清, 2005. 国家审计体制改革方略[J]. 煤炭经济研究, (8): 54-55.

李凯, 2009. 从公共受托责任演进看国家审计本质变迁——兼论审计"免疫系统"论[J]. 审计与经济研究, 24(1): 12-15.

李磊, 杨道广, 2021. 国家审计高质量发展：内涵、现状与路径[J]. 审计研究, (5): 9-15.

李明辉, 刘笑霞, 2010. 会计师事务所合并的动因与经济后果：一个文献综述[J]. 审计研究, 157(5): 61-67.

李明辉, 张娟, 刘笑霞, 2012. 会计师事务所合并与审计定价——基于2003—2009年十起合并案面板数据的研究[J]. 会计研究, 295(5): 86-92, 94.

李胜, 阳立高, 2014. 基于国家治理现代化视角的自然资源资产离任审计研究[J]. 财经理论与实践, 2016, 37(6): 85-89, 135.

李越冬, 崔振龙, 王星雨, 等, 2015. 最高审计机关在维护财政政策长期可持续性领域的经验与启示——基于48个国家最高审计机关的审计实践[J]. 审计研究, (3): 9-14.

李子雄, 陈永福, 2002. 国家审计监督在宏观经济管理中的作用研讨会综述[J]. 审计研究, (1): 43-47.

廖洪, 1999. 国家审计风险的几个问题[J]. 经济评论, (3): 115-117.

廖洪, 王素梅, 2007. 中美政府绩效审计比较[J]. 审计与经济研究, (6): 7-11.

廖义刚, 陈汉文, 2012. 国家治理与国家审计：基于国家建构理论的分析[J]. 审计研究, (2): 9-13.

林斌, 刘瑾, 2014. 市场化进程、财政状况与审计绩效[J]. 审计与经济研究, 29(3): 31-39.

林忠华, 2014. 领导干部自然资源资产离任审计探讨[J]. 审计研究, (5): 10-14.

刘长翠, 张宏亮, 黄文思. 资源环境审计的环境：结构、影响与优化[J]. 审计研究, (3): 38-42.

刘大贤, 赵连城, 1982. 关于建立我国审计机构体系的探讨[J]. 经济与管理研究, (5): 23-27.

刘峰, 谢斌, 黄宇明, 2011. 规模与审计质量：店大欺客与客大欺店？——基于香港市场和大陆上市公司的经验数据[J]. 审计研究, (3): 45-54.

刘家义, 2012. 论国家治理与国家审计[J]. 中国社会科学, (6): 60-72, 206.
刘家义, 2015. 国家治理现代化进程中的国家审计: 制度保障与实践逻辑[J]. 中国社会科学, (9): 64-83, 204-205.
刘静, 2016. 完善扶贫资金审计的对策研究[J]. 审计研究, (5): 38-43.
刘开瑞, 1994. 各国国家审计模式的分析与中国审计模式的选择[J]. 当代财经, (7): 46-49.
刘雷, 崔云, 张筱, 2014. 政府审计维护财政安全的实证研究——基于省级面板数据的经验证据[J]. 审计研究, (1): 35-42, 52.
刘力云, 2001. 关于绩效审计的几点思考[J]. 审计研究, (3): 21-25.
刘明辉, 孙冀萍, 2016. 领导干部自然资源资产离任审计要素研究[J]. 审计与经济研究, 31(4): 12-20.
刘威, 周恺, 2007. 中美两国政府审计制度的比较与借鉴[J]. 财贸研究, (1): 134-139.
刘文欢, 何亚南, 张继勋, 2017. 审计监管约谈方式与投资者感知的会计信息可信性——一项实验证据[J]. 审计研究, (3): 59-64.
刘笑霞, 李明辉, 2014. 苏州嵌入领导干部经济责任审计的区域环境审计实践及其评价[J]. 审计研究, (6): 10-15.
娄尔行, 唐清亮, 1987. 试论审计的本质[J]. 审计研究, (3): 11-19.
陆晓晖, 2009. 审计"免疫系统"功能论的意义[J]. 审计研究, (6): 17-21.
吕劲松, 2012. 论金融审计服务国家治理的实现途径[J]. 审计研究, (5): 3-7.
罗良辰, 2000. 国家审计要在三个层次上积极发挥作用(摘登)[J]. 审计研究, (6): 31-33.
马东山, 叶子荣, 胡建中, 2013. 我国财政审计预警指标体系及指数的构建[J]. 现代财经(天津财经大学学报), 33(1): 47-59.
马曙光, 2005. 博弈均衡与中国政府审计制度变迁[J]. 审计研究, (5): 11-18, 71.
马玉珍, 2007. 政府审计资源整合与利用问题研究[J]. 审计与经济研究, (4): 22-26.
孟焰, 张军, 2010. 论国家审计"免疫系统"实施机制[J]. 中央财经大学学报, (5): 81-84.
孟志华, 李洁, 2018. 精准审计助力精准扶贫政策落实的实现路径[J]. 审计月刊, (2): 11-13.
苗丽, 2021. 领导干部经济责任审计的内容与方法[J]. 行政事业资产与财务, (2): 115-117
南京市审计局课题组, 储永宏, 2008. 我国政府审计风险的产生及其规制研究[J]. 审计与经济研究, (1): 20-24.
欧阳丽君, 武喜元, 2006. 试论国家审计、民间审计、内部审计在目标上的区别[J]. 山西财经大学学报, (S2): 154.
潘博, 2013. 金融审计理念的新探讨——从国家治理的角度认识金融审计[J]. 审计研究, 2012(5): 8-13.
裴文华, 成维一, 2017. 大数据环境下财政审计数据分析研究[J]. 审计研究, (3): 53-58.
戚振东, 尹平, 2013. 经济责任审计产生的动因和权力监督特征研究[J]. 审计研究 (1): 15-19+27.
钱小平, 魏昌东, 2008. 国家审计与法治国家建设[J]. 审计与经济研究, 23(6): 31-34.
乔瑞红, 2009. 论政府审计与国家经济安全之关系[J]. 现代财经: 天津财经大学学报, 29(6): 68-71.
秦荣生, 1994. 从国际趋势看我国政府审计的改革方向[J]. 审计理论与实践, (3): 23-25.
秦荣生, 2008. 对我国国家审计发展战略的思考[J]. 审计研究, (3): 20-25.
任强, 1996. 浅论绩效审计[J]. 黑龙江财专学报, (3): 62-64.
任姿, 2020. 浅析部门领导干部经济责任审计[J]. 经济与社会发展研究, (12): 57
陕西省审计学会课题组, 2004. 国有资产管理体制调整与政府审计监督互动[J]. 审计研究, (6): 44-49.
沈葳, 2005. 试论公共财政审计存在的客观理论基础[J]. 审计研究, (4): 59-64.
沈永贵, 陈汉文, 林起核, 2003. 加入 WTO 与国家审计模式重构[J]. 审计理论与实践, (11): 17-19.
审计理论研究课题组, 2009. 审计基本理论比较: 前后一贯的理论结构[M]. 上海: 立信会计出版社.

审计署长沙特派办理论研究会课题组，赵保林，申博文，等，2019. 新时代地方党政主要领导干部经济责任审计创新研究[J]. 审计研究, (2): 11-17.

审计署科研所课题组，2003. 论国家审计对权力的监督[J]. 审计研究, (5): 22-26.

审计署上海特派办理论研究会课题组，居江宁，高杰，等，2020. 大数据技术在国家重大政策措施落实情况跟踪审计中的应用研究[J]. 审计研究, (2): 14-21, 56.

审计署上海特派办理论研究会课题组，杨建荣，高振鹏，等，2017. 领导干部自然资源资产离任审计实现路径研究——以A市水资源为例[J]. 审计研究, (1): 23-28.

审计署武汉特派办课题组，程光，2018. 国家重大政策措施贯彻落实情况跟踪审计创新与发展研究[J]. 审计研究, (4): 18-23.

施松青，赵刚，2000. 试论我国国家审计的特点及发展趋势[J]. 审计与经济研究, (1): 8-11.

石爱中，2003. 寻租行为与国家审计[J]. 中国审计, (20): 49-51.

石晶，李兆勤，王树凯，等，2020. 为脱贫攻坚贡献审计力量——党的十八大以来全国扶贫审计工作综述[J]. 中国扶贫, (17): 8.

舒利敏，2010. "免疫系统论"视角下国家审计免疫系统功能的实现路径[J]. 财会通讯, (18): 154-156.

宋常，2009. "免疫系统"理论视野下的国家审计[J]. 审计与经济研究, 24(1): 4-11.

宋常，赵懿清. 投资项目绩效审计评价指标体系与框架设计研究[J]. 审计研究, (1): 40-46.

宋夏云，2007. 中国国家审计独立性的损害因素及控制机制研究——基于246位专家调查的初步证据[J]. 审计研究, (1): 24-29.

宋夏云，2013. 我国政府绩效审计人员的能力框架研究[J]. 会计研究, (4): 89-94, 96.

宋依佳，2012. 政策执行情况跟踪审计若干问题探讨[J]. 审计研究, (6): 10-14.

宋云玲，宋衍蘅，钱旭，2017. 会计师事务所合并对审计风格的影响研究[J]. 审计研究, (6): 58-66.

苏银梨，2021. 地方领导自然资源离任审计路径完善研究[J]. 经济与社会发展研究, (3): 264

孙宝厚，2001. 审计机关应当监督和利用社会审计组织对国有企业审计的成果[J]. 审计研究, (3): 18-20.

孙伟龙，2009. 我国政府审计质量管理现状与对策[J]. 财会通讯, (33): 90-92.

谭劲松，1999. 试论国家审计风险[J]. 审计研究, (6): 29-37.

谭劲松，宋顺林，2012. 国家审计与国家治理：理论基础和实现路径[J]. 审计研究, (2): 3-8.

唐振达，2009. 基于审计"免疫系统"理论的建设项目跟踪审计研究[J]. 中南财经政法大学学报, (5): 132-136.

陶媛婷，王帆，2019. 精准扶贫政策跟踪审计的问责方式与路径[J]. 财会月刊, (17): 124-129.

天津市审计学会，天津市审计科培中心课题组，2000. 政府绩效审计课题研讨综述[J]. 审计理论与实践, (3): 27.

汪照全，2001. 关于财政审计的几个基本理论问题[J]. 审计研究, (1): 33-38.

汪照全，2002. 论国家审计的"永恒"主题[J]. 审计研究, (6): 24-29.

王兵，李晶，苏文兵，等，2011. 行政处罚能改进审计质量吗?——基于中国证监会处罚的证据[J]. 会计研究, (12): 86-92

王帆，钱瑞，2019. 政策跟踪审计效果评价体系构建与应用研究——以稳增长等政策审计为例[J]. 西安财经学院学报, 32(5): 60-66.

王宏，2000. 对我国国有企业审计监督主体的思考[J]. 山西财经大学学报, (5): 65-66.

王会金，黄溶冰，戚振东，2012. 国家治理框架下的中国国家审计理论体系构建研究[J]. 会计研究, (7): 89-95, 97.

王会金，戚振东，2014. 政府审计协同治理研究[M]. 上海：上海三联书店.

王会金, 尹平, 2000. 论国家审计风险的成因及控制策略[J]. 审计研究, (2): 28-34, 27.
王家新, 裘育, 郑石桥, 等, 2015. 中国特色社会主义国家审计制度研究[M]. 北京: 中国言实出版社.
王家新, 王会金, 裴文英, 2003. 中英国家审计比较研究[J]. 审计与经济研究, (4): 25-27.
王善平, 宋艳, 2010. 我国国家审计文化建设的内涵和路径研究[J]. 审计与经济研究, 25(5): 12-18.
王善平, 谢妙, 唐红, 2013. 财政扶贫资金审计监管的"无影灯效应"改进研究[J]. 湖南师范大学社会科学学报, 216(4): 89-95.
王世谊, 刘颖, 2009. 政府审计在维护国家经济安全中发挥作用的途径和方式[J]. 审计研究, (4): 17-20.
王姝, 2012. 国家审计如何更好地服务国家治理——基于公共政策过程的分析[J]. 审计研究, (6): 34-39.
王松华, 2004. 完善国家审计职责的几点思考[J]. 审计与经济研究, (3): 11-14.
王素梅, 赵杨, 2004. 论国家审计的职能转型——基于公共行政模式的演变分析[J]. 理论学刊, (12): 73-75.
王晓刚, 2017. 基于5W1H模型的精准扶贫政策执行情况跟踪审计探析[J]. 财会通讯, (16): 124-126.
王晓梅, 邢楠, 2009. 国有企业改制后政府审计面临的问题与对策研究[J]. 北京工商大学学报(社会科学版), 24(5): 58-63, 68.
王学龙, 王复美, 2015. 审计机关绩效评价指标体系构建——以审计署绩效报告为例[J]. 审计研究, (1): 52-59.
王颖, 涂滨泉, 杨桅, 2020. 区块链技术在精准扶贫审计工作中的应用探究[J]. 会计之友, (18): 156-160.
王咏梅, 邓舒文, 2010. 事务所合并可以提高审计质量吗?——基于中国审计市场的研究[J]. 管理世界, (12): 180-181.
王振铎, 张心灵, 2017. 领导干部草原资源资产离任审计内容研究——基于内蒙古自治区审计实践[J]. 审计研究, (2): 31-39.
温美琴, 2007. 政府绩效审计评价指标体系的设计[J]. 统计与决策, (19): 67-69.
温美琴, 胡贵安, 2005. 论我国政府审计的环境变迁与职责重构[J]. 审计研究, (6): 26-30.
吴联生, 2002. 政府审计机构隶属关系评价模型——兼论我国政府审计机构隶属关系的改革[J]. 审计研究, (5): 14-18.
吴秋生, 2001. 论我国国家审计体制的转变[J]. 山西财经大学学报, (3): 67-69.
吴溪, 2006. 会计师事务所合并与质量控制: 基于中天勤合并案例的经验分析[J]. 会计研究, (10): 79-85.
吴溪, 王春飞, 陆正飞, 2015. 独立董事与审计师出自同门是"祸"还是"福"?——独立性与竞争—合作关系之公司治理效应研究[J]. 管理世界, (09): 137-146, 188.
吴溪, 2021. 中国注册会计师审计实证研究: 理论借鉴、本土特色与国际融合[J]. 会计研究, (2): 176-186.
吴溪, 杨育龙, 张俊生, 2014. 预防性监管伴随着更严格的审计结果吗?——来自中注协年报审计风险约谈的证据[J]. 审计研究, (4): 63-71.
吴勋, 王雨晨, 2016. 财政分权、经济责任审计功能与官员腐败——基于省级面板数据的实证研究[J]. 经济问题, (12): 124-128.
肖泽忠, 杨肃昌, 高培勇, 2009. 中国审计体制改革观点的比较与选择[J]. 经济理论与经济管理, (10): 41-47.
谢德仁, 2002. 注册会计师行业管制模式: 理论分析[J]. 会计研究, (2): 12-20.
谢志华, 2003. 走向公共审计[J]. 中国审计, (Z1): 25.

徐鸿飞, 1998. 浅析审计机关实施绩效审计[J]. 审计理论与实践, (12): 21-23.
徐薇, 2015. 国家审计监督全覆盖的实现路径研究[J]. 审计研究, (4): 6-10.
许汉友, 2004. 论政府审计与社会审计的协调[J]. 审计与经济研究, (1): 18-20.
许宁宁, 2008. 我国政府绩效审计调查研究[J]. 财会通讯(综合版), (4): 57-58.
闫雅雯, 2021. 精准扶贫政策跟踪审计问责探究[J]. 财会通讯, (21): 113-116.
颜盛男, 孙芳城, 王成敬, 等, 2019. 精准扶贫政策跟踪审计与问责路径研究[J]. 财会月刊, (2): 114-120.
杨成龙, 2021. 扶贫审计演进历史回顾及启示[J]. 审计月刊, (3): 7-10.
杨肃昌, 2012. 对构建国家审计理论体系的思考[J]. 审计与经济研究, 27(2): 11-19.
杨肃昌, 李敬道, 2011. 从政治学视角论国家审计是国家治理中的"免疫系统"[J]. 审计研究, (6): 3-8.
杨肃昌, 肖泽忠, 2004. 论宪法思想对审计制度的影响[J]. 审计研究, (1): 44-51.
杨肃昌, 肖泽忠, MAURICE PENDLEBURY, 2004. 中国绩效审计发展问题研究[J]. 财贸经济, (4): 54-57.
杨苗, 2007. 国有企业改革中政府审计"缺位"问题分析[J]. 求是学刊, (5): 55-59.
叶陈刚, 徐荣华, 2015. 审计学监督与鉴证[M]. 北京: 对外经济贸易大学出版社.
叶笃鳌, 2002. 试论政府审计在财政监督体系中地位和作用的变化趋势[J]. 审计研究, (5): 62-64.
叶飞腾, 薛爽, 杨辰, 2017. 会计师事务所合并能提高财务报表的可比性吗?——基于中国上市公司的经验证据[J]. 会计研究, 353(3): 68-74, 95.
尹平, 2001. 现行国家审计体制的利弊权衡与改革抉择[J]. 审计研究, (4): 43-46, 52.
尹平, 2002. 论我国地方审计体制改革[J]. 审计与经济研究, (5): 3-8.
余春宏, 辛旭, 2003. 国家审计风险: 类型、特征、成因及化解[J]. 山西财经大学学报, (5): 93-96.
余玉苗, 2001. 我国有企业审计中的几个问题研究[J]. 武汉大学学报(社会科学版), (1): 81-86.
曾晓平, 陈宋生, 1998. 中外政府绩效审计比较与分析[J]. 中国审计信息与方法, (5): 23, 31.
张冰, 2004. 国家审计对权力的监督和制约[J]. 财会研究, (8): 59-60.
张伏玲, 1999. 认识国家审计风险强化风险意识[J]. 审计理论与实践, (9): 5-7.
张复兴, 2017. 精准扶贫审计的重点及方式方法[J]. 审计月刊, (11): 33-34.
张宏亮, 刘长翠, 曹丽娟, 2015. 地方领导人自然资源资产离任审计探讨——框架构建及案例运用[J]. 审计研究, (2): 14-20.
张鸿欣, 1982. 略谈我国审计学体系[J]. 湖南财经学院学报, (4): 74-79.
张华, 2019. 浅谈领导干部经济责任审计[J]. 中国工会财会, (3): 30-31.
张继勋, 2000. 国外政府绩效审计及其启示[J]. 审计研究, (1): 55-61.
张军, 孙永军, 余应敏, 2015. 财政审计与现代财政制度构建——基于国家治理视角的分析[J]. 审计研究, (4): 11-15.
张莉莎, 1984. 建立中国式的审计体系[J]. 财会通讯, (S6): 26.
张立民, 崔雯雯, 2014. 国家审计推动完善国家治理的路径研究——基于国家审计信息属性的分析[J]. 审计与经济研究, 29(3): 13-22.
张龙平, 李璐, 2009. 我国政府审计质量控制的改进问题研究[J]. 管理世界, (5): 176-177.
张乃炎, 2002. 审计环境新变化及国家审计应对措施[J]. 审计与经济研究, (6): 27-29.
张琦, 谭志东, 2019. 领导干部自然资源资产离任审计的环境治理效应[J]. 审计研究, (1): 16-23.
张庆龙, 谢志华, 2009. 论政府审计与国家经济安全[J]. 审计研究, (4): 12-16.
张维, 2017. 国家审计维护金融安全的新形势与对策[J]. 审计与经济研究, 32(1): 8-14.
张文慧, 2010. 浅谈内部审计 注册会计师审计及政府审计的关系与协作[J]. 财会研究, (21): 62-64.

张文芊, 2019. 乡镇领导干部自然资源资产离任审计评价研究[D]. 南京: 南京审计大学.

张先治, 蒋美华, 2008. 国有企业改制中的政府审计问题研究[J]. 财经问题研究, (3): 82-87.

张阳, 张霖琳, 蔡祺, 2017. 经济责任审计制度溢出效应促进财政资金配置效率的实证研究[J]. 财政研究, (3): 56-70.

张以宽, 1997. 论环境审计与环境管理[J]. 审计研究, (3): 23-30.

张勇, 2013. 信任、审计意见与商业信用融资 [J]. 审计研究, (5) : 72-79

赵保卿, 2009. "免疫系统"论与审计的预防职能[J]. 审计与经济研究, 24(3): 3-7.

赵劲松, 2003. 国家审计在金融监管中仍将发挥重要作用[J]. 审计与经济研究, (5): 16-18.

赵劲松, 2005. 关于我国政府审计质量特征的一个分析框架[J]. 审计研究, (4): 65-68.

赵彦锋, 2009. 审计"免疫系统"论: 演进过程、作用机理与实现路径[J]. 审计与经济研究, 24(3): 21-26.

郑国芳, 江丽丽, 2020. 自然资源离任审计评价指标构建与应用[J]. 合作经济与科技, (13): 164-166

郑石桥, 2018. 领导干部经济责任审计评价: 理论框架和例证分析[J]. 财会月刊, (21): 139-145.

郑石桥, 2020. 论突发公共事件审计内容[J]. 财会月刊, (13): 88-91.

郑小荣, 韩雨肃, 2020. 精准脱贫政策跟踪审计研究[J]. 会计之友, (24): 13-19.

郑小荣, 彭璇, 2019. 重大政策跟踪审计结果公告质量实证研究[J]. 会计之友, (15): 141-147.

郑亚琴, 郑文生, 2002. 我国政府审计选择"行政模式"的历程及反思[J]. 财贸研究, (2): 100-103.

中国审计学会, 2000. "审计在国有企业改革与发展中的作用"课题研讨会论文主要观点摘编[J]. 审计研究, (6): 37-41.

中国特色社会主义审计理论研究课题组, 2013. 国家审计目标研究[J]. 审计研究, (6): 3-11.

中国注册会计师协会. 2007. 中国注册会计师协会关于推动会计师事务所做大做强的意见. 会协〔2007〕33 号.

中华人民共和国审计署. 关于进一步加强扶贫审计促进精准扶贫精准脱贫政策落实的意见[R/OL]. [2016-05-16]. https: //www. audit. gov. cn/n4/n19/c83877/content. html.

朱小平, 叶友, 傅黎瑛, 2004. 中美国家审计绩效衡量指标体系比较研究[J]. 审计与经济研究, (5): 1-4.

ARROW, KJ, 1962. The economic implications of learning by doing IJJ. Review of Economics Studies, 29(3).

BALACHANGON, B. V., RAMAKRIAMAN, R. T. S., 1980. Internal control and external auditing for incentive compensation schedules[J]. Journal of Accounting Research, 22(2): 425-444.

BALL, R, ROBIN, A., WU, J. S., 2003. Incentives Versus Standards: Properties of Accounting Income in Four East Asian Countries[J]. Journal of Accounting and Economics, 36(1): 235-270.

BOZANIC, Z., CHOUDHARY, P., MERKLEY, K. J., 2018. Securities Law Expertise and Corporate Disclosure[J]. The Accounting Review, 94(4).

BRONSON, S. N., GHOSH, A., HOGAN, C. E., 2017. Audit fee differential, audit effort, and litigation risk: an examination of ADR firms[J]. Contemporary Accounting Research, 34(1): 83-117.

CARPENTER, C. G., STRAWSER, R. H., 1971. Displacement of auditors when clients go public[J]. Journal of Accountancy, 131(6): 55.

CHAN, K. H., WU, D., 2011. Aggregate Quasi Rents and Auditor Independence: Evidence from Audit Firm Mergers in china[J]. Contemporary Accounting Research, 28(1) : 175-213.

CHEN, C. J. P., CHEN S. M., SU, X. J., 2001. Profitability Regulation, Earnings Management, and Modified Audit Opinions: Evidence from China[J]. AUDITING: A Journal of Practice & Theory, 20(2): 9-30.

CHOI, J. H., WONG, T. J., 2007. Auditors' governance functions and legal enviroments: An international investigation[J]. Contemporary Accounting Research, 24(1): 13-46.

CHURCH, B., DAVIS, S., MCCRAKEN, S., 2004. The auditor's reporting model: A literature overview and research synthesis[J]. Accounting Horizons, 2008(1): 69-90. Auditing: A Journal of Practice & Theory, 23(2): 169-177.

COLLINS, D. W., ROZEFF, M. S., DHALIWAL, D. S., 1981 The economic determinants of the market reaction to proposed mandatory accounting changes in the oil and gas industry: A cross-sectional analysis. Journal of Accounting and Economics, 3(1): 37-71.

DEANGELO, L., 1981. Auditor independence, "low-balling" and disclosure regulation. Journal of Accounting and Economics, 3(2): 113-127.

DEFOND M., ZHANG, J., 2014. A review of archival auditing research[J]. Journal of Accounting and Economics 58(2/3), 275-326.

DOPUCH, N., HOLTHAUSEN, R. W., LEFTWICH. R. W., 1987. Holthausen, and Richard W. Leftwich. "Predicting Audit Qualifications with Financial and Market Variables." [J]. The Accounting Review, 62(3): 431-454.

EASLEY, D., O'HARA, M., 2004. Information and the cost of capital[J]. The journal of finance, 59(4): 1553-1583.

EMPSON, L., 2000. Mergers between professional service firms: Exploring an undirected process of integration[M]. Advances in Mergers and Acquisitions, 205-237.

EMPSON, L., 2001. Fear of exploitation and fear of contamination: Impediments to knowledge transfer in mergers between professional service firms[J]. Human Relations, 54(7): 839-862.

ETTREDGE, M., JOHNSTONE, K., STONE, M., et al., 2011. The effects of firm size, corporate governance quality, and bad news on disclosure compliance[J]. Review of accounting studies, 16(4): 866-889.

FAN, J. P. H., WONG, T. J., 2005. Do external auditors perform a corporate governance role in emerging markets? Evidence from east asia[J]. Journal of Accounting Research, 43(1): 35-72.

FRANCIS, J. R., KE, B., 2006. Disclosure of fees paid to auditors and the market valuation of earnings surprises[J]. (11): 495-523.

FRANCIS, J. R., KHURANA, I. K., PEREIRA, R., 2003. The role of accounting and auditing in corporate governance and the development of financial markets around the world[J]. Asia Pacific Journal of Accounting and Economics, 10(1): 1-30.

FRANCIS, J. R., KRISHNAN, J., 1999. Accounting accruals and auditor reporting conservatism[J]. Contemporary Accounting Research, 16(1): 135-165.

FRANCIS, J. R., MAYDEW, E. L., SPARKS, H. C., 1999. The role of big 6 auditors in the credible reporting of accruals[J]. Auditing: A Journal of Practice & Theory, 18(2): 17-34.

FRANCIS, J. R., PINNUCK, M., WATANABE, O., 2014. Auditor Style and Financial Statement Comparability[J]. The Accounting Review, 89(2): 605-633.

FRANCIS, J. R., WANG, D., 2008. The Joint Effect of Investor Protection and big4 Audits on Earning Quality around the World[J]. Contemporary Accounting Research, 25(1): 157-191.

GONG, Q., LI, O. Z., LIN, Y., et al., 2016. On the benefits of audit market consolidation: Evidence from merged audit firms[J]. The Accounting Review, 91(2): 463-388.

GOODWIN, J., WU, D., 2014. Is the effect of industry expertise on audit pricing an office-level or a partner-level phenomenon [J]. Review of Accounting Studies, 19(4): 1532-1578.

GUTIERREZ, E., MINUTTI-MEZA, M., TATUM, K. W., et al., 2018. Consequences of adopting an expanded auditor's report in the United Kingdom[J]. Review of Accounting Studies, 23(4): 1543-1587

HARDIES, K., BREESCH, D., BRANSON, J., 2015. The Female Audit Fee Premium[J]. Auditing: A Journal of Practice & Theory, 34(4): 171-195

HE, X., KOTHARI, S. P., XIAO, T., et al., 2021. Industry-Specific Knowledge Transfer in Audit Firms: Evidence from Audit Firm Mergers in china[J]. The Accounting Review.

HILARY, GILLES, LENNOX, CLIVE, 2005. The Credibility of self-regulation: evidence from the accounting profession's peer review program[J]. Journal of Accounting and Economics, 40(1-3): 211-229.

IYER, V. M., IYER, G. S., 1996. Effect of Big 8 Mergers on Audit Fees: Evidence from the United Kingdom[J]. Auditing: A Journal of Practice and Theory, 15(2): 123-132.

JUNIUS, K., 1997. Economies of Scale: A Survey of the Empirical Literature. Working paper 813, Kiel Institute of World Economics. Available at: http: //www.researchgate.net/publication/251860051_ Economies_of_scale_A_survey_of_empirical_literature

KHAIRUL, A. M. K., ILIAS, G. B., DAVID H., 2019. Partner. industry specialization and audit pricing in the United Kingdom[J]. Journal of International Accounting, Auditing and Taxation, 35(2): 57-70.

KOHLER, A., RATZINGER, SAKEL, N. V. S., THEIS, J., 2020. The effects of key audit matters on the auditor's report's communicative value: Experimental evidence from investment professionals and non-professional investors [J]. Accounting in Europe: 105-128.

LASALLE, R. E., ANANDARAJAN A., 1997. Bank loan officers' reactions to audit reports issued to entities with litigation and going concern uncertainties[J]. Accounting Horizons, 11(2): 33-40.

LENNOX, C., 1999. Are large auditors more accurate than small auditors?[J]. Accounting and Business Research, 29(3): 217-227.

LENNOX, C., PITTMAN, J., 2010. Auditing the auditors: evidence on the recent reforms to the external monitoring of audit firms[J]. Journal of Accounting and Economics, 49(1-2): 84-103.

MENON, K., WILLIAMS, D., 1994. The Insurance hypothesis and market prices[J]. The Accounting Review, 69(2): 327-342.

MENON, L., WILLIAMS, D. D., 1991. Auditor credibility and initial public offerings[J]. The Accounting Review, 66(2): 313-332.

NEWTON, N., PERSELLIN, J. S., WANG, D., et al., 2016. Internal control opinion shopping and audit market competition[J]. The Accounting Review, 91(2): 603-623.

CAREY, P., R. SIMNETT, G., TANEWKI, 2000. Voluntary Demand for Internal and External Auditing by Family Businesses[J]. Auditing: A Journal of Practice & Theory 19(s-1): 37-51.

RAHAMAN, M. M., A. A. ZAMAN A, 2013. Management quality and the cost of debt: does management matter to lenders?[J]. Journal of Banking & Finance, 37(3): 854-874.

REYNOLDS, J. K., FRANCIS, J. R., 2000. Does size matter? The influence of large clients on office-level auditor reporting decisions[J]. Journal of Accounting and Economics, 30(3): 375-400.

SCHERER, F. M., ROSS, D., 1990. Industrial Market Structure and Economic Performance[M]. Boston: Houghton Mifflin.

SHLEIFER, A., VISHNY, R. W., 1997. A survey of corporate governance[J]. The Journal of Finance, 52(2): 737-83.

SU, L., ZHAO, X., ZHOU, G., 2015. Auditor tenure and stock price idiosyncratic volatility: the moderating role of industry specialization[J]. Auditing: A Journal of Practice & Theory, 35 (2): 147-166.

WARFIELD, T. D., WILD, J. J., WILD, K. L., 1995. Managerial ownership, accounting choices, and informativeness of earnings[J]. Journal of Accounting and Economics, 20(1): 61-91.

WONG, T. J., 2016. Corporate governance research on listed firms in China: Institutions, governance and accountability[J]. Foundations and Trends in Accounting, 9(4): 259-326.

教师服务

感谢您选用清华大学出版社的教材！为了更好地服务教学，我们为授课教师提供本书的教学辅助资源，以及本学科重点教材信息。请您扫码获取。

》 教辅获取

本书教辅资源，授课教师扫码获取

》 样书赠送

财政与金融类重点教材，教师扫码获取样书

 清华大学出版社

E-mail: tupfuwu@163.com
电话：010-83470332 / 83470142
地址：北京市海淀区双清路学研大厦 B 座 509

网址：https://www.tup.com.cn/
传真：8610-83470107
邮编：100084